즉석에서 가장 많이 활용하는

프리토킹
중국어회화
완전정복

즉석에서 가장 많이 활용하는
프리토킹 중국어회화 완전정복

저 자 이원준
발행인 고본화
발 행 반석출판사
2023년 10월 5일 초판 2쇄 인쇄
2023년 10월 10일 초판 2쇄 발행
홈페이지 www.bansok.co.kr
이메일 bansok@bansok.co.kr
블로그 blog.naver.com/bansokbooks

07547 서울시 강서구 양천로 583. B동 1007호
(서울시 강서구 염창동 240-21번지 우림블루나인 비즈니스센터 B동 1007호)
대표전화 02) 2093-3399 **팩 스** 02) 2093-3393
출 판 부 02) 2093-3395 **영업부** 02) 2093-3396
등록번호 제315-2008-000033호

ISBN 978-89-7172-928-1 [13720]

즉석에서 가장 많이 활용하는

프리토킹
중국어회화
완전정복

머리말

최근 들어 세계경제에 끼치는 중국의 영향력이 확대되면서 중국어를 배우려는 사람들이 점점 늘고 있다. 중국어는 세계에서 가장 널리 사용되는 언어이고, 여기에 경제력이 가세되면서 중국어의 위상이 그 어느 때보다 높아졌다. 특히 한류 열풍을 타고 중국 관광객이 밀려들면서 중국어에 대한 관심과 필요성은 더욱 커지고 있다.

저자는 우리나라 사람들이 잘못 사용하는 중국어 표현과 중국 현지에서 실제로 사용하는 표현 3,000여 개를 상황별로 정리하여 한 권의 책으로 엮었다. 상황에 따라 필요한 말을 찾아서 그때그때 활용할 수 있도록 하기 위해 사전 형식을 취해 이 책을 구성했다.

『프리토킹 중국어회화 완전정복』은 〈기본 어법편〉, 〈기본 회화편〉, 〈실용 회화편〉으로 나누어 회화의 모든 것을 총망라한 학습서이다. 이 책에서는 어떤 장면이나 상황에서도 중국어 회화를 가능한 정확하고 다양하게 익힐 수 있도록 체계적으로 배려하였다. 이 책의 특징은 다음과 같다.

★ 즉석에서 활용하는 기본 어법

★ 중국어 표현 3,000여 문장 수록

★ 응용력을 길러주는 체계적인 표현력 확장 프로그램

★ 중국어 프리토킹을 위한 구성과 편집

★ 한 권으로 끝내는 중국어 첫걸음에서 실용회화까지

끝으로 이 책이 세상에 나오기까지 기획에서 편집, 제작에 이르기까지 정성을 다해 주신 여러분에게 감사를 드린다. 아무쪼록 이 책이 독자 여러분의 학습에 많은 도움이 되면 더 이상 바랄 것이 없으며, 아낌없는 성원과 관심을 간곡히 부탁 드린다.

이원준

목차

Part 3 실용 회화[Advanced편]

이 책의 구성과 특징

이 책은 보다 자연스럽고 중국어다운 중국어 회화를 위해 언제 어디서든 즉석에서 사전처럼 바로바로 활용할 수 있습니다.

❶ 들어가기

해당 챕터의 대표적인 대화 표현을 재미있는 그림과 함께 먼저 익혀 보세요.

❷ 각 장면의 사전식 구성

각 장면과 상황을 설정하여 학습자가 원하는 회화 표현을 쉽게 찾아볼 수 있도록 사전식으로 세분화하여 분류하였습니다.

❸ 풍부하고 자연스러운 예문

예문을 쉽게 익힐 수 있도록 간단하고 자연스러운 표현만을 엄선하였습니다. 본문 mp3 파일은 반석출판사 홈페이지(www.bansok.co.kr)에서 제공됩니다.

❹ 명쾌한 해설

꼭 짚고 넘어가야 할 어법과 어휘는 간단하게 풀이하여 학습자의 이해를 돕습니다.

Part 1

즉석에서 활용하는 기본 어법

중국어는 매우 즐겁게 배울 수 있는 매력 있는 언어입니다. 무조건 어렵다고만 생각하지 말고 자신에게 맞는 공부 방법을 찾아서 공부하는 것이 필요합니다. 무엇보다도 중국어를 「사랑하는」 마음만 있으면 행복한 마음으로 중국어를 공부할 수 있고 그만큼 실력도 빠르게 향상될 거라고 자신 있게 말할 수 있습니다. Part 1에서는 중국어를 공부하는 데 있어서 필수적인 중국어의 품사, 문장 성분, 기본 문형에 대한 개요를 간략하게 정리하여 학습자 여러분이 중국어 어법의 개념을 파악할 수 있도록 하였습니다.

중국어의 품사

품사란 어휘의 문법적 분류이다. 다양한 방식으로 품사를 구분하고 있지만, 중국어에서 품사의 분류는 불명확하고, 한 단어가 사용되는 환경에 따라 여러 품사로 분류되는 경우가 매우 많다. 즉, 동일한 단어가 여기서는 동사, 저기서는 부사, 전치사 등으로 쓰이므로 단어의 다양한 쓰임과 표현을 중점적으로 학습해야 한다. 따라서 우리가 학습해야 하는 것은 각 품사의 특징과 대표적인 표현, 각종 활용법에 대해 학습해야 한다. 숲보다는 나무를 보는 연습을 해야 하는 것이다.

Unit 01
대사(대명사)

사람이나 장소, 사물의 이름을 대신하여 나타내는 말로서, 명사나 수사와 함께 문장에서 체언 구실을 하며 인칭대명사, 지시대명사로 나누어진다.

❶ **인칭대사**: 사람을 이름대신 가리키는 대명사이다.

wǒ nǐ tā tā
我, 你, 他, 她 …

❷ **지시대사**: 대명사의 하나로 사람 이외의 사물이나 장소를 가리키는 데 쓰이는 대명사이다.

zhè   nà   zhèlǐ   nàlǐ
这(근칭), 那(원칭), 这里, 那里 …

❸ **의문대사**: 모르는 사람이나 확실치 않은 사실을 지칭하는 대명사이다.

shéi   shénme   wèishénme
谁(사람), 什么(사물), 为什么(원인 · 목적),

nǎ
哪(뒤에 양사 또는 수량사가 오면 선택을 나타낸다) …

Unit 02
동사

사람이나 사물의 움직임이나 작용을 나타내는 말로서, 문장 주체의 서술어가 되는 용언의 한 가지이다.

❶ **동사의 기능상 분류**
  ① 본동사
  ② 조동사

❷ **동사의 형태상 분류**
 ① 규칙동사
 ② 불규칙동사
 ③ 불완전동사

❸ **동작의 영향에 따라**
 ① 자동사
 ② 타동사

❹ **움직임의 성질에 따라**
 ① 주동사
 ② 사동사
 ③ 능동사
 ④ 피동사

Unit 03
명사

사물의 이름을 나타내는 말로서, 대명사 · 수사와 함께 문장에서 체언의 구실을 함. 우리말의 경우, 조사의 도움으로 다른 말과의 문법적 관계를 나타낸다. 쓰임에 따라 고유 명사와 보통 명사로, 자립성의 있고 없음에 따라 자립 명사와 의존명사로 나뉜다.

❶ **고유 명사:** 특정의 사람이나 사물의 이름을 나타내는 명사
❷ **추상 명사:** 보통명사의 하나로 추상적 개념을 나타내는 명사
❸ **물질 명사:** 형상을 갖춘 것을 나타내는 명사

Unit 04
형용사

사람이나 사물의 성질 · 상태, 또는 존재를 나타내는 말로서 용언의 하나로 문장의 주체가 되는 말의 서술어이다.

Unit 05
부사

주로 용언 앞에 쓰여 용언의 뜻을 분명히 한정하는 말이다. 문장에서 수식어 구실을 하는데, 쓰임에 따라 성분 부사(성상, 의태, 의성, 지시, 부정, 정도부사), 문장부사, 접속부사로 나뉜다.

Unit 06
개사(전치사)

문법에서의 품사의 하나로 명사나 대사 앞에 놓여 다른 품사와의 문법적 관계를 나타내는 말이다. 시간, 장소, 위치, 목적, 원인, 방식, 대상, 비교 등을 지칭하는 단어이며, 개사가 명사나 대사와 함께 이루고 있는 구조를 개사 구조라고 한다.

zài cóng yòu yóu wǎng xiàng gěi hé gēn
在，从，又，由，往，向，给，和，跟 …

Unit 07
연사(접속사)

문장 가운데의 두 성분 또는 문장과 문장을 이어 주는 말이다.

gēn hé yǔ érqiě dànshì yīnwèi rúguǒ
跟，和，与，而且，但是，因为，如果 …

Unit 08
조동사(보조동사)

홀로는 문장의 주체를 서술할 힘이 없어 용언(동사와 형용사) 아래에서 그 뜻을 돕는 동사이다. 조동사는 중첩될 수 없으며, 단독으로 쓰일 수 있다.
① 조동사
② 능원동사

중국어의 문장성분

중국어에서는 품사와 기능 및 형식 간의 대응관계를 명확히 설정할 수 없기 때문에 문장 성분(成分)에 대한 인식이 상대적으로 중요하다. 중국어에는 주어(主语), 술어(谓语), 목적어(宾语), 보어(补语), 관형어(定语), 부사어(状语) 이렇게 6개의 문장성분이 있다.

예를 들어 문장은 한 그릇 안에 주어, 술어, 목적어, 보어, 관형어, 부사어, 보어 같은 재료가 모여 만들어지는 음식 같은 것이라고 할 수 있다.

Unit 01

문장성분

❶ 主语(주어)와 谓语(술어)

중국어도 영어와 마찬가지로 문장에서 주어와 술어의 위치가 같고 문법적 의미도 비슷하다.

Nǐhǎo
你好! 안녕하세요!

Wǒ qù shūdiàn
我去书店。 나는 서점에 갑니다.

회화에서는 주어와 술어가 생략될 수 있다.

Nǐhǎo ma
你好吗? 안녕하세요?

(wǒ) hěn hǎo。
▶ (我)很好。 (저는) 네. 주어('我')가 생략

Shéi shì xuéshēng
谁是学生? 누가 학생이죠?

Tā。
▶ 他。 그입니다. 술어('是学生')가 생략

❷ 宾语(목적어)

목적어는 주로 동사 뒤에서 동작이나 행위를 구체적이고 명확하게 해준다.

Wǒ chī fàn
我吃饭。 나는 밥을 먹는다. (우리말의 ~을(를)의 목적격 조사)

Wǒ hē jiǔ
我喝酒。 나는 술을 마신다.

❸ **定语**(한정어)

한정어는 주로 명사를 수식합니다. 한정어와 중심어 사이에는
조사 '的'를 붙인다.

Wǒ de shū
我的书。나의 책이다.

명사가 중심어로 될 때는 '的'를 생략할 수 있다.
Wǒ(de) gēgē
我(的)哥哥。저의 형님입니다. (친족 관계)

Tā (de) jiā
他(的)家。그의 집이다.

❹ **状语**(부사어)

부사어는 일반적으로 동사와 형용사를 수식하며 수식어 앞에
놓인다.
Lǎoshī hěn máng
老师很忙。선생님은 매우 바쁘시다.

Tāmen dōu zǒu le
他们都走了。그들은 모두 갔다.

Unit 02

의문문

❶ **吗**(ma)의 의문문

Nín shì lǎoshī ma
您是老师吗? 당신은 선생님입니까?

❷ **정반의문문**(=긍정 · 부정 의문문)

긍정과 부정을 같이 나열하여 선택하게 하는 방식이다.
Nǐ de shū, shìbúshì
你的书，是不是? 당신 책입니까?

Nǐ de shū, duì búduì
你的书，对不对? 당신 책이 맞나요?
Zhè yì běn shū, shìbúshì nǐ de
这一本书，是不是你的? 이 책은 당신 것입니까?

❸ 의문대명사를 사용하는 의문문

의문대명사 '谁(shéi) 누구, 什么(shén me) 무엇, 怎么样(zěn me yàng) 어떠한, 几(jǐ) 몇' 등을 이용합니다.

Shéi shì nǐ de māma
谁是你的妈妈? 누가 당신의 어머니입니까?

Jīntiān xīngqī jǐ
今天星期几? 오늘은 무슨 요일입니까?

❹ 还是(hái shì)의 선택의문문

의문문을 제기한 사람이 두 개의 답이 나올 것이라는 예측을 했을 때 还是(hái shì)를 이용하여 선택의문문을 만든다.

Nǐ qù háishì búqù
你去还是不去? 당신은 갈 겁니까, 안 갈 겁니까?

❺ 呢(ne)를 이용한 의문문

Wǒ hěn hǎo, nǐ ne
我很好, 你呢? 나는 매우 좋아요, 당신은요?

❻ 好吗(hǎo ma)의 의문문

Wǒmen qù shāngdiàn, hǎo ma
我们去商店, 好吗? 우리 상점에 가는 것이 좋습니까?

Unit 03

어기조사 了와 동태조사 了

어기조사는 문장 끝에서 어떤 사건이나 정황이 이미 발생한 것을 강조합니다. 그러나 동태조사는 동사의 끝에서 동작이 이미 완성되었거나 반드시 완성되는 것을 강조합니다.

❶ 사건의 발생 – 어기조사 了(le)

Zuótiān nǐ qù nǎr le
昨天你去哪儿了? 당신은 어제 어디 갔었습니까?

Wǒ qù xuéxiào le
我去学校了。학교에 갔었습니다.

❷ 동태조사 – 동작의 완성

Nǐ mǎi le shénme dōngxi
你买了什么东西? 당신은 어떤 물건을 샀습니까?

17

Wǒ mǎi le yí jiàn yīfù
我买了一件衣服。 저는 옷 한 벌을 샀습니다.

Unit 04
比를 이용한 비교문

개사는 2개 사물의 성질, 특징을 비교할 수 있는데, 이것을 이용한 문장에서는 多와 같은 정도부사를 넣을 수 있다.

Tā bǐ wǒ gāo
他比我高。 그는 나보다 크다.

　　Tā bǐ wǒ gāodeduō
▶ 他比我高得多。 그는 나보다 매우 크다.

Zhègè bǐ nàgè hǎo
这个比那个好。 이것은 그것보다 좋다.

　　Zhègè bǐ nàgè hǎo de duō
▶ 这个比那个好得多。 이것은 그것보다 매우 좋다.

Unit 05
동작의 진행형

❶ 正在(zhèng zài)

Wǒ zhèngzài kàn diànshì ne
我正在看电视呢。 지금 나는 텔레비전을 보고 있다.

❷ 正(zhèng)

Nǐ lái de zhèng hǎo
你来的正好。 당신은 마침 잘 왔습니다.

❸ 在(zài)

Tā zài kànshū ne
他在看书呢。 그는 (지금) 책을 보고 있다.

Unit 06
会와 能의 비교

❶ 会(huì)는 배워서 할 줄 아는 능력을 나타낸다.

Tā huì shuō hànyǔ
他会说汉语。 그는 중국어를 할 줄 안다.
*중국어를 배웠기 때문에 할 수 있는 것임

❷ 能(néng)은 자연적인 능력을 표시한다.

> Tā néng xué
> 他能学。그는 배울 수 있다.

Unit 07

在와 有의 비교

❶ 在(zài)는 문장의 주체가 어떤 장소에 존재함을 나타낸다.

사람(사물)＋在＋장소

> Tā zài jiālǐ
> 他在家里。그는 집에 있다.

> Shū zài zhuōzi shàng
> 书在桌子上。책이 책상 위에 있다.

❷ 有(yǒu)는 어떤 장소에 사람이나 사물이 위치하고 있음을 의미한다.

장소＋有＋사람(사물)

> Jiālǐ yǒu rén
> 家里有人。집에 사람이 있다.

> Zhuōzi shàng yǒu shū
> 桌子上有书。책상 위에 책이 있다.

중국어의 기본문형

중국어는 영어의 「talk, talks, talked」처럼 형태 변화가 없으며, 우리말의 「은(는), 을 (를), 이(가), 에(는)」 등에 해당하는 조사가 없다. 어순(语顺)으로 의미를 나타낸다. 어 순이 틀리면 의미가 달라지거나 없어지거나 한다. 예를 들면, 「猫吃(고양이가 먹다)」를 「吃猫」라고 하면 「고양이를 먹다」라는 뜻이 되어 버린다. 우리말을 그대로 한자로 나 열하여 필담(笔谈)을 하거나 말을 하면 뜻밖의 오해를 사는 경우가 있다.

❶ 주어＋술어(동사)

Tā hē
他喝。그는 마신다.

❷ 주어＋술어(형용사)

Zhōngguócài hǎochī
中国菜好吃。중국요리는 맛있다.

❸ 주어＋술어(동사)＋목적어

Tā hē kāfēi
他喝咖啡。그는 커피를 마신다.

Tā shì hánguórén
他是韩国人。그는 한국인이다.

❹ 주어＋술어(조동사＋동사)＋목적어

Tā ài hē kāfēi
他爱喝咖啡。그는 커피 마시는 것을 좋아한다.

❺ 주어＋술어(동사)＋간접목적어＋직접목적어

Wǒ gěi tā qián
我给他钱。나는 그녀에게 돈을 주었다.

❻ (주어)＋술어(동사)

(Nǐ) kàn
(你)看! 봐!

❼ (주어)＋술어(동사)＋보어

(Nǐ) kàn yīxià
(你)看一下。좀 봐요.

❽ 개사구조(介词构造)＋술어(동사)

Gěi wǒ kàn
给我看。나에게 보여 주세요.

❾ 개사구조(介词构造)＋술어(동사)＋보어

Gěi wǒ kàn yīxià
给我看一下。나에게 좀 보여 주세요.

❻~❾는 명령문으로 앞에 '请'을 붙이면 정중한 표현이 된다.
❻과 ❽ 앞에 '别' 또는 '请别'를 붙이면 금지의 표현이 된다.
❶~❺의 문장을 의문문으로 할 때는 다음 몇 가지 방법이 있다.

① 보통문＋吗?

Zhōngguócài hǎochī ma
中国菜好吃吗? 중국요리는 맛있습니까?

② 술어를 긍정과 부정의 형태로 열거한다.

Zhōngguócài hǎochī bù hǎochī
中国菜好吃不好吃? 중국요리는 맛있습니까?

③ 의문문을 사용한다.

Shénme cài hǎochī
什么菜好吃? 어느 요리가 맛있습니까?

21

Part 2

즉석에서 활용하는 기본 회화

처음에는 중국어로 현지인과 대화를 나눈다는 것이 두렵기도 하지만, 한편으로는 무척 흥미로운 일이 아닐 수 없습니다. 결코 당황하지 않고 자신감을 가지고 대화에 임하려면 무엇보다 회화의 기본 표현을 익혀두어야 합니다.

따라서 Part2에서는 중국어 회화를 시작하였으나 가닥을 잡지 못하고 망설이는 학습자를 위해 31개의 Chapter로 나누어 회화를 하는 데 가장 기본이 되는 「인사 표현」에서부터 「자신의 생각과 관심」을 피력하는 표현에 이르기까지 기본과 교양이 되는 회화 표현을 총망라했습니다.

일상적인 인사

사람을 대할 때 가장 먼저 쓰이는 것은 인사 표현이다. 손아랫사람에게는 你를 사용하고, 손윗사람에게는 您을 사용한다. 您은 你의 경어 표현이지만 실제 대화에서는 你로 해도 무방하다. 중국에서는 일반적인 인사 표현으로 你好가 있다. 你好는 하루 종일 사용할 수 있는 인사이다. 또한 중국에서는 아침인사 「早安, 早上好」, 점심인사 「午安」, 저녁인사 「晚上好」, 밤인사 「晚安」으로 나누어 사용하기도 한다.

🅰 你好, 王红。
　 Nǐ hǎo, WángHóng.

🅱 你好, 好久不见了。
　 Nǐ hǎo, hǎojiǔ bújiàn le.

🅰 没想到在这儿
　 能碰见你。
　 Méi xiǎng dào zài zhèr
　 néng pèngjiàn nǐ.

🅱 是啊。
　 你有什么好事吗?
　 领带好漂亮, 这衣服也
　 很适合你。
　 Shì à. Nǐ yǒu shénme hǎo shì ma?
　 Lǐngdài hǎo piàoliang, zhè yīfu yě
　 hěn shìhé nǐ.

🅰 안녕, 왕훙?
🅰 여기서 너를 보리라곤 기대하지 않았는데.

🅱 안녕, 정말 오랜만이다.
🅱 나도 마찬가지야. 너 무슨 좋은 일 있니? 넥타이
　 도 멋있고, 옷도 잘 어울려.

🅰 在这附近要见我女朋友。
　 Zài zhè fùjìn yào jiàn wǒ nǚ péngyòu.

🅰 对了, 你听说过小王的消息吗?
　 Duì le, nǐ tīngshuō guò xiǎo Wáng de xiāoxi ma?

🅰 他过得怎么样?
　 Tā guò de zěnmeyàng?

🅰 下次一起见面吧。 我有很多话要说。
　 Xià cì yìqǐ jiànmiàn ba.　 Wǒ yǒu hěn duō huà yào shuō.

🅱 是吗? 怪不得穿得这么帅。
　 Shì ma?　Guài bù de chuān de zhème shuài.

🅱 有时 能听到。
　 Yǒu shí　Néng tīng dào.

🅱 过得好。已经结婚了。
　 Guò de hǎo. Yǐ jīng jié hūn le.

🅰 이 근방에서 여자친구를 만나기로 했거든.
🅰 참, 너 소왕 군 소식 들었니?
🅰 그는 어떻게 지내고 있어?
🅰 다음에 한 번 같이 보도록 하자. 할 얘기가 많아.

🅱 그래? 어쩐지 멋있게 입었더라니.
🅱 가끔 들어.
🅱 잘 지내. 이미 결혼도 했고.

Unit 01

만났을 때

0001. 안녕히 주무셨어요?

早安。

Zǎo ān.

짜오안

0002. 안녕!

你好?

Nǐ hǎo?

니 하오

0003. 안녕하세요!

您好?

Nín hǎo?

닌 하오

손윗사람에게 你 대신
您을 사용하여
경어로 표현한다.

같은 표현으로는 早安이
있다. 이것은 아침 인사 표현
으로 오후나 저녁에 사용하는
것은 적절하지 못하다.

0004. 안녕하세요!(아침 인사)

早上好?

Zǎoshàng hǎo?

짜오샹 하오

0005. 안녕하세요!(밤 인사)

晚上好?

Wǎnshang hǎo?

완샹 하오

0006. 안녕히 주무세요!

晚安!

Wǎn ān!

완안

Unit 02

안녕을 물을 때

0007. 안녕, 왕홍.

你好，王红。

Nǐ hǎo, WángHóng.

니 하오, 왕홍

0008. 요즘 잘 있었니.(친한 사람끼리)

最近好吗?

Zuìzìn hǎo ma?

쭈이진 하오 마

0009. 자기, 안녕!

你好哇?

Nǐ hǎo wā?

니 하오와

25

안녕을 물을 때

0010. <u>안녕하세요?</u>

您可安康?

Nín kě ānkāng?

닌 커 안캉

0011. <u>주말 잘 보내셨어요?</u>

周末过得好吗?

Zhōmò guò de hǎo ma?

쭈어머 꾸어 더 하오 마

0012. <u>수고하세요.</u>

您忙吧。

Nín máng ba.

닌 망바

Unit 03

**안부와 건강에 대해
인사할 때**

0013. <u>건강하세요?</u>

您身体好吗?

Nín shēntǐ hǎo ma?

닌 션티 하오 마

이 문장에서 好는
健康의 의미로
사용되었다.

0014. <u>주말 잘 보내셨습니까?</u>

周末过得愉快吗?

Zhōumò guò de yúkuài ma?

쭈어머 꾸어 더 위쿠와이 마

0015. <u>어제 저녁은 괜찮았습니까?</u>

昨晚过得还好吧?

Zuówǎn guò de hái hǎo ba?

쭈어완 꾸어 더 하이 하오 바

好点(儿)은 「괜찮아지다,
호전되다」라는 의미로 해석하며
특히 병문안을 가서 안부를 물을 때
자주 사용되는 표현이다.

0016. <u>오늘은 좀 괜찮으세요?</u>

今天您好点了吗?

Jīntiān nín hǎo diǎn le ma?

진티엔 닌 하오 디엔 러 마

0017. <u>무슨 좋은 일 있으세요?</u>

您有什么好事?

Nín yǒu shénme hǎo shì?

닌 여우 션머 하오스

0018. <u>이발하셨네요.</u>

哟，您理发了!

Yō, nín lǐfà le!

요, 닌 리파러

0019. <u>넥타이가 멋있습니다.</u>

您的领带好漂亮啊。

Nín de lǐngdài hǎo piàoliang a.

닌더 링따이 하오 피아오리앙아

안부와 건강에 대해 인사할 때

0020. 옷이 잘 어울립니다.
这衣服很适合您。
Zhèyī fu hěn shìhé nín.
쩌 이프 헌 스흐어 닌

0021. 날씨 참 좋죠?
今天天气真好，是吧?
Jīntiān tiānqì zhēn hǎo, shì ba?
진티엔 티엔치 쩐 하오, 스바

Unit 04

오랜만에 만났을 때

0022. 오랜만이군요.
好久不见了。
Hǎojiǔ bújiàn le.
하오지우 부지엔러

0023. 오랜만입니다.
好久了。
Hǎojiǔ le.
하오지우러

0024. 여전하군요.
您一点也没变啊。
Nín yìdiǎn yě méi biàn a.
닌 이디엔 이에 메이 비엔아

0025. 참 오랜만이군요.
我们这是多久了?
Wǒmen zhè shì duōjiǔ le?
워먼 쩌스 뚜어지우러

0026. 몇 년 만에 뵙는군요.
有好几年了吧?
Yǒu hǎo jǐ nián le ba?
여우 하오 지 니엔러바

> 말을 할 때에 联系의 발음에 주의하자. 만약 성조를 뒤바꿔 읽어 lián xí로 읽으면 练习 (연습하다)가 되어 의미가 정확하게 전달되지 못할 수 있다.

0027. 오랫동안 소식 전하지 못해 죄송합니다.
好久没联系，真抱歉。
Hǎojiǔ méi liánxì, zhēn bàoqiàn.
하오지우 메이 리엔시, 쩐 빠오치엔

0028. 세월 참 빠르군요.
真是光阴似箭啊。
Zhēn shì guāngyīn sìjiàn a.
쩐스 꾸왕인 쓰지엔아

0029. 보고 싶었어요.
我好想你啊。
Wǒ hǎo xiǎng nǐ a.
워 하오 시앙 니아

> 想은 「생각하다, ~하려고 하다」의 의미이지만, 이 문장에서는 「그리워하다, 보고 싶다」는 의미로 해석한다.

오랜만에 만났을 때

0030. 별고 없으시지요?

您挺好的吧?

Nín tǐng hǎo de ba?

닌 팅 하오더바

0031. 다시 만나서 반갑습니다.

再次见到您，真高兴。

Zài cì jiàndào nín, zhēn gāoxìng.

짜이츠 지엔따오 닌, 쩐 까오싱

0032. 요즘 당신 보기 힘들군요.

这几天真是难得见你一面啊。

Zhè jǐ tiān zhēn shì nán de jiàn nǐ yí miàn a.

쩌 지티엔 쩐스 난더 지엔 니 이 미엔아

0033. 전에 한번 뵌 적이 있는 것 같네요.

好像以前见过您一次。

Hǎoxiàng yǐqián jiàn guò nín yí cì.

하오시앙 이치엔 지엔구어 닌 이츠

> 好像은 「아마도 ~한 것 같다」라는 추측을 표현하는 조동사이다.

0034. 잘 왔다. 기다리고 있었는데.

来得好，正等着你呢。

Lái de hǎo, zhèng děngzhe nǐ ne.

라이더 하오, 쩡 떵져 니너

> 来, 去는 말하는 사람을 기준으로, 멀어지면 去, 가까워지면 来를 사용하면 된다.

0035. 여길 어떻게 오셨습니까?

您怎么到这儿来了?

Nín zěnme dào zhèr lái le?

닌 쩐머 따오 쩔 라이러

0036. 여기서 당신을 보리라곤 기대하지 않았습니다.

没想到在这儿能碰见你。

Méi xiǎngdào zài zhèr néng pèngjiàn nǐ.

메이 시앙따오 짜이 쩔 넝 펑지엔 니

0037. 요즘 자주 만나게 되네요.

这一阵我们见面挺勤的。

Zhè yízhèn wǒmen jiànmiàn tǐng qín de.

쩌 이 쩐 워먼 지엔미엔 팅 친더

> 们은 인칭대명사나 사람을 지칭하는 명사 뒤에 쓰여 복수를 나타낸다.

0038. 또 만나게 되었군요.

我们又见面了。

Wǒmen yòu jiànmiàn le.

워먼 여우 지엔미엔러

0039. 그냥 인사하려고 들렀어요.

我只是来跟你问个好。

Wǒ zhǐshì lái gēn nǐ wèn ge hǎo.

워 즈스 라이 껀니 원거 하오

오랜만에 만났을 때

0040. 최근까지 어떻게 지내셨습니까?

到最近，你是怎么过来的？

Dào zuìjìn, nǐ shì zěnme guòlái de?

따오 쭈이진, 니 스 쩐머 꾸어라이더

到处는 「도처, 곳곳」이라는 의미로 여러 곳을 의미한다.

0041. 마음 편하게 잘 있었습니다.

心情舒畅，过得挺好的。

Xīnqíng shūchàng, guòde tǐnghǎo de.

신칭 슈창, 꾸어더 팅 하오더

0042. 어딜 그렇게 쏘다니고 있었니?

你到处瞎窜什么？

Nǐ dàochù xiā cuàn shénme?

니 따오추 시아 추안 션머

0043. 안녕, 왕훙(왕홍), 오랜만이야.

你好？王红，好久不见了。

Nǐhǎo? WángHóng, hǎojiǔ bújiàn le.

니 하오? 왕훙, 하오지우 부지엔러

0044. 몇 달 만에 만나 뵙는군요.

几个月才见到你。

Jǐ ge yuè cái jiàndào nǐ.

지거 위에 차이 지엔따오 니

0045. 어머, 오랜만이야.

天啊，这是多久了？

Tiān a, zhè shì duōjiǔ le?

티엔아, 쩌스 뚜어지우러

0046. 가족들은 안녕하신지요?

家里人都好吗？

Jiālǐrén dōu hǎo ma?

지아리런 또우 하오 마

0047. 모두 잘 있어요.

都挺好的。

Dōu tǐng hǎo de.

또우 팅 하오더

0048. 어떻게 지내셨습니까?

您过得好吗？

Nín guò de hǎo ma?

닌 꾸어더 하오마

得는 정도보어로 잘 지냈는지의 정도를 표시할 때 사용한다.

0049. 요즘 어떻게 지내고 계세요?

最近过得怎么样？

Zuìjìn guò de zěnmeyàng?

쭈이진 꾸어더 쩐머이양

오랜만에 만났을 때

0050. 가족들은 모두 잘 있습니까?

家里人都平安吧?
Jiā lǐ rén dōu píngān ba?
지아리런 또우 핑안바

상대방의 부모님을 물어볼 때에는 爸爸, 妈妈보다는 父亲, 母亲을 쓰는 것이 좋다.

0051. 부모님께서는 평안하신지요?

您父母亲都安康吗?
Nín fùmǔqīn dōu ānkāng ma?
닌 푸무친 또우 안캉마

0052. 모두들 잘 지내시는지요?

大家都好吗?
Dàjiā dōu hǎo ma?
따지아 또우 하오마

大家는 다수의 사람들을 나타낼 때 사용하며 「여러분, 모두」라 는 의미를 갖는다.

0053. 김 선생은 그 회사에서 어떻게 지내시죠?

金先生在那公司还好吗?
Jīn xiānshēng zài nà gōngsī hái hǎo ma?
진시엔셩 짜이 나 꽁쓰 하이 하오마

0054. 김 군이 당신 안부를 전하더군요.

金君让我问你好呢。
Jīn jūn ràng wǒ wèn nǐ hǎo ne.
진쥔 량 워 원 니 하오너

0055. 장평 씬 어떻게 됐어요?

张平怎么样了?
ZhāngPíng zěnmeyàng le?
짱핑 쩐머이양러

0056. 모르겠어요, 하지만 괜찮을 겁니다.

不清楚，我想不会有事吧。
Bù qīngchu, wǒ xiǎng búhuì yǒushì ba.
뿌 칭추, 워 시앙 부후이 여우스바

0057. 10년 전부터 그와 소식이 끊겼어요.

十年前就断了音讯呢。
Shí nián qián jiù duàn le yīnxùn ne.
스니엔 치엔 지우 뚜안러 인쉰너

0058. 자주 그의 소식을 들으십니까?

您时常听到他的消息吗?
Nín shícháng tīngdào tā de xiāoxi ma?
닌 스창 팅따오 타더 시아오시마

0059. 그가 요즘 어떻게 지내고 있는지 모릅니다.

不知道他现在怎么样?
Bùzhīdào tā xiànzài zěnmeyàng?
뿌 즈따오 타 시엔짜이 쩐머이양

오랜만에 만났을 때

0060. 그 사람은 건강하게 잘 지냅니다.

他那人挺健康，挺好的。

Tā nàrén tǐng jiànkāng, tǐng hǎo de.

타 나런 팅 지엔캉, 팅 하오더

0061. 북경 여행은 어땠습니까?

你到北京旅游，玩得好吗?

Nǐ dào Běijīng lǚyóu, wán de hǎo ma?

니 따오 베이징 뤼여우, 완더 하오마

0062. 이름이 갑자기 생각이 안 나는군요.

怎么突然想不起名字。

Zěnme tūrán xiǎng bù qǐ míngzi.

쩐머 투란 시앙부치 밍쯔

0063. 무엇 때문에 그렇게 바빴어요?

你干嘛那么忙啊?

Nǐ gàn ma nàme máng a?

니 깐마 나머 망아

0064. 댁의 식구들은 잘 있습니까?

您家里人都挺好吧?

Nín jiālǐrén dōu tǐnghǎo ba?

닌 지아리런 또우 팅 하오바

到나 在 둘 다 사용할 수 있으며 모두 「~에서」라는 의미로 사용되었다.

干嘛는 「무엇을 하다」라는 의미로 친한 친구나 격식 없는 사람에게 사용한다.

Unit 05

안부를 물을 때

0065. 김 씨가 안부 전하더군요.

老金托我给你带个好。

Lǎo Jīn tuō wǒ gěi nǐ dài ge hǎo.

라오진 투어 워 게이 니 따이거 하오

0066. 당신의 어머니는 어떻습니까?

您母亲贵体康健吧?

Nín mǔqīn guìtǐ kāngjiàn ba?

닌 무친 꾸이티 캉지엔바

0067. 왕홍(왕훙)과 장평(짱핑) 부부는 어떤가요?

王红和张平夫妻俩还好吧?

Wáng Hóng hé Zhāng Píng fūqī liǎ hái hǎo ba?

왕훙 흐어 짱핑 푸치 리아 하이 하오바

0068. 장평(짱핑)에 대한 소식 들었습니까?

你听到张平的消息了吗?

Nǐ tīng dào Zhāng Píng de xiāoxi le ma?

니 팅따오 짱핑더 시아오시러마

일반적으로 「再见」을 많이 사용하지만, 상황에 따라 사용되는 인사 표현은 매우 다양하다. 「再见」는 말 그대로 「다시 만납시다」라는 의미를 가지고 있다. 특히 「分手」는 연인간의 이별을 뜻할 수도 있기 때문에 사용에 주의하여야 한다. 초대를 받은 곳에서의 작별인사는 주인 측에서는 「慢走, 我陪送你吧(조심해서 가세요)」 등의 표현이 있고, 손님 측에서는 「请留步, 我太感谢你的招待(나오지 마세요, 초대에 감사드립니다)」 등의 표현이 있다.

Ⓐ 唉, 我们待得太晚了。
Āi, wǒmen dài de tài wǎn le.

Ⓑ 不知道时间过了这么久。
Bùzhīdào shíjiān guò le zhème jiǔ.

Ⓐ 我该走了。
到十一点了,
我无论如何得到家。
Wǒ gāi zǒu le. Dào shíyìdiǎn le,
wǒ wúlùnrú hé děi dào jiā.

Ⓑ 那, 我们走吧。
今天晚上真高兴。
Nà, wǒmen zǒu ba. Jīntiān
wǎnshàng zhēn gāoxing.

Ⓐ 이런, 시간이 너무 늦었네요.
Ⓐ 가봐야겠어요. 11시까지 집에 도착해야 합니다.

Ⓑ 시간이 이렇게 오래됐네요.
Ⓑ 그럼, 나갑시다. 오늘 저녁 정말 즐거웠습니다.

Ⓐ 我也很愉快。
Wǒ yě hěn yúkuài.

Ⓑ 你去哪个方向呢? 经过的路上陪你走吧。
Nǐ qù nǎge fāngxiang ne? Jīngguò de lùshang péi nǐ zǒu ba.

Ⓐ 没关系, 正在前边坐公车就行。
Méiguānxi, zhèngzài qiánbiān zuò gōngchē jiù xíng.

Ⓑ 那我们回头见吧, 请留步。
Nà wǒmen huí tóu jiàn ba, qing liúbù.

Ⓐ 路上小心。请给你的家人带个好。
Lùshang xiǎoxīn. Qǐng gěi nǐ de jiārén dài ge hǎo.

Ⓐ 저도 정말 즐거웠습니다.
Ⓑ 어느 방향으로 가시나요? 가는 길이면 태워다 드리겠습니다.
Ⓐ 아닙니다, 바로 앞에서 버스 타면 됩니다.
Ⓑ 그럼, 다음에 뵐게요. 안녕히 계세요.
Ⓐ 조심해서 가세요. 당신 가족에게 안부 전해 주세요.

Unit 01

헤어질 때의 기본 인사

0069. 안녕.

再见!

Zàijiàn!

짜이지엔

0070. 안녕히 가세요.

您好走。

Nín hǎo zǒu.

닌 하오 쪼우

0071. 다음에 뵙겠습니다.

回头见。

Huítóujiàn.

후이토우 지엔

0072. 다음에 또 봅시다.

后会有期。

Hòu huì yǒu qī.

호우후이 여우치

0073. 또 봅시다(이따 보자).

咱们回头见。

Zánmen huítóu jiàn.

짠먼 후이토우 지엔

0074. 그래요. 그럼 그때 뵙겠습니다.

那好，回头见。

Nà hǎo, huítóujiàn.

나 하오, 후이토우 지엔

0075. 재미있는 시간 보내세요.

希望您愉快。

Xīwàng nín yúkuài.

시왕 닌 위쿠와이

0076. 즐거운 하루 보내세요.

希望您今天快乐。

Xīwàng nín jīntiān kuàilè.

시왕 닌 진티엔 쿠와이르어

0077. 안녕히 계세요. / 살펴 가세요.

您留步。/您慢走。

Nín liúbù. / Nín mànzǒu.

닌 리우뿌/ 닌 만쪼우

0078. 조심해서 가세요.

路上小心。

Lùshang xiǎoxīn.

루샹 시아오신

后会의 성조에 주의하자. hòu huì는 「다음 기회」라는 뜻이지만 hòu huǐ로 읽으면 「后悔(후회하다)」라는 뜻이 된다.

希望은 「희망하다, 바라다」라는 의미로, 祝願과 같은 의미이다.

Part 2 주석에서 활용하는 기본 회화

33

0079. 즐거운 여행 되시길 바랍니다.

望您旅途愉快。
Wàng nín lǚtú yúkuài.
왕 닌 뤼투 위쿠와이

0080. 재미있게 보내!

望您玩好。
Wàng nín wán hǎo.
왕 닌 완 하오

0081. 즐겁게 보내게!

你要快快活活的。
Nǐ yào kuài kuài huo huo de.
니 이아오 쿠와이쿠와이 후어후어더

> 快快活活와 같이 형용사가 중첩이 되면
> 성질이나 정도가 심화됨을 나타낸다.
> 단음절 형용사의 경우에는 두 번째 음절이
> 1성으로 변한다. 예 好好儿(hǎo hār)
> 2음절 형용사의 경우에는 「AABB」 형식
> 으로 중첩을 한다. 예 高高兴兴

Unit 02

자리를 뜰 때

0082. 이만 가봐야겠어요.

我该走了。
Wǒ gāi zǒu le.
워 까이 쪼울러

0083. 당신을 알게 되어 기쁩니다.

认识你很高兴。
Rènshi nǐ hěn gāoxìng.
런스 니 헌 까오싱

0084. 여기서 작별인사를 해야겠어요.

我们在这里告辞了。
Wǒmen zài zhèli gàocí le.
워먼 짜이 쩌리 까오츠러

> 我想은 특별한 의미 없이
> 상대방의 주목을 유도하기
> 위해 사용되었다. 道 : 여기서는
> 「말하다」 의 뜻으로 쓰였음.

0085. 저, 이만 작별인사를 해야겠어요.

我想，我该跟你道别了。
Wǒ xiǎng, wǒ gāi gēn nǐ dàobié le.
워 시앙, 워 까이 껀니 따오비에러

0086. 떠나려고 하니 아쉽습니다.

要离开，真有些舍不得。
Yào líkāi, zhēn yǒuxiē shě bu de.
이야오 리카이, 쩐 여우시에 셔뿌더

0087. 아, 벌써 아홉 시입니까? 가봐야겠네요.

啊，都九点了，我该走了。
Ā, dōu jiǔ diǎn le, wǒ gāi zǒu le.
아, 또우 지우 디엔러, 워 까이 쪼울러

> 都는 「모두, 다」 라는 의미
> 로 사용되는 것이 일반적이나,
> 시간 앞에 사용되는 都는 「벌
> 써」 라는 의미로 사용된다.

자리를 뜰 때

0088. <u>그럼, 저 가볼게요.</u>

那我走了。

Nà wǒ zǒu le.

나 워 쪼울러

0089. <u>가봐야 할 것 같네요.</u>

看来我得走了。

Kànlái wǒ děi zǒu le.

칸라이 워 데이 쪼울러

0090. <u>이제 우리는 돌아가야 할 것 같네요.</u>

我想，我们该回去了吧。

Wǒ xiǎng, wǒmen gāi huíqù le ba.

워 시앙, 워먼 까이 후이취러바

0091. <u>너무 늦은 것 같군요(너무 오래 있었네요).</u>

我们待得太晚了。

Wǒmen dài de tài wǎn le.

워먼 따이 더 타이 완러

0092. <u>이제 가 봐야겠습니다.</u>

现在该走了。

Xiànzài gāi zǒu le.

시엔짜이 까이 쪼울러

0093. <u>가 봐야겠어요.</u>

我得回去了。

Wǒ děi huíqù le.

워 데이 후이취러

> 得는 「~해야 한다」라는 의미로 사용될 때는 děi로 읽는다.

0094. <u>미안하지만, 이제 가야겠어요.</u>

抱歉得走了。

Bàoqiàn děi zǒu le.

빠오치엔 데이 쪼울러

0095. <u>빨리 갑시다.</u>

我们快走吧。

Wǒmen kuài zǒu ba.

워먼 꾸와이 쪼우바

0096. <u>나는 급히 가야 돼요.</u>

我得趕紧走。

Wǒ děi gǎnjǐn zǒu.

워 데이 간진 쪼우

0097. <u>제발 저 좀 보내 주세요(저 이만 가보겠습니다).</u>

你就让我回去吧。

Nǐ jiù ràng wǒ huíqù ba.

니 지우 량 워 후이취바

자리를 뜰 때

0098. 미안합니다. 이제 일어서야 할 것 같아요.

对不起，现在该回去了。
Duì bu qǐ, xiànzài gāi huíqù le.
뚜이붙이, 시엔짜이 까이 후이취러

0099. 이런 말씀 드려서 죄송하지만, 전 이제 가봐야겠어요.

真抱歉，我得回去了。
Zhēn bàoqiàn, wǒ děi huíqù le.
쩐 빠오치엔, 워 데이 후이취러

0100. 정말 서둘러 가봐야겠습니다.

我得赶紧回去。
Wǒ děi gǎnjǐn huíqù.
워 데이 간진 후이취

无论如何 는 「무슨 일이 있어도, 무엇이든 막론하고」라는 의미이다.

0101. 11시까지 집에 도착해야 합니다.

十一点，我无论如何得到家。
Shí yì diǎn, wǒ wúlùnrúhé děi dào jiā.
스이 디엔, 워 우룬 루흐어 데이 따오 지아

0102. 저는 이만 일어나야겠어요.

我想，我得先走一步。
Wǒ xiǎng, wǒ děi xiān zǒu yí bù.
워 시앙, 워 데이 시엔 쪼우 이뿌

0103. 마음껏 즐겼습니다.

今天玩得真痛快。
Jīntiān wán de zhēn tòngkuai.
진티엔 완더 쩐 통쿠와이

0104. 정말로 식사 잘 했습니다.

谢谢你的美餐。
Xièxie nǐ de měicān.
시에시에 니더 메이찬

0105. 오늘 저녁 정말 즐거웠습니다.

今天晚上真高兴。
Jīntiān wǎnshang zhēn gāoxìng.
진티엔 완샹 쩐 까오싱

0106. 오늘 밤은 정말 재미있었습니다.

今天夜里太有意思了。
Jīntiān yèli tài yǒu yìsi le.
진티엔 이에리 타이 여우 이쓰러

有意思 는 「의미가 있다」가 아니라 「재미있다」라고 해석해야 옳다.

0107. 파티의 순간순간이 정말 재미있었어요.

今天的聚会，每个瞬间都那么有意思。
Jīntiān de jùhuì, měi ge shùnjiān dōu nàme yǒu yìsi.
진티엔더 쮜후이, 메이거 순지엔 또우 나머 여우 이쓰

자리를 뜰 때

0108. 멋진 파티 정말 고맙게 생각해요.

谢谢你让我参加这么好的聚会。

Xièxie nǐ ràng wǒ cānjiā zhème hǎo de jùhuì.

시에시에 니 량 워 찬지아 쩌머 하오더 쥐후이

0109. 그럼, 다음에 뵐게요. 안녕히 계세요.

那我们回头再见吧，您留步。

Nà wǒmen huítóu zàijiàn ba, nín liúbù.

나 워먼 후이토우 짜이지엔바, 닌 리우뿌

留步는 인사의 말로서 「나오지 마세요」 라는 의미를 가지고 있다.

Unit 03

오랫동안 헤어질 때

0110. 다시 뵙기를 바랍니다.

希望能再见到您。

Xīwàng néng zàijiàn dào nín.

시왕 넝 짜이 지엔따오 닌

0111. 좀 더 자주 만납시다.

让我们常见面吧。

Ràng wǒmen cháng jiànmiàn ba.

량 워먼 창 지엔미엔바

0112. 일찍 돌아오세요.

记着早点回来。

Jì zhe zǎo diǎn huílái.

지져 짜오디엔 후이라이

着는 진행의 의미를 나타 내며 正, 正在, 在 등과 함께 자주 쓰인다.

0113. 살펴 가세요.

一路小心。

Yílù xiǎoxīn.

이루 시아오신

0114. 자주 놀러 오세요.

请您常来玩。

Qǐng nín cháng lái wán.

칭 닌 창 라이 완

이 문장에서 一는 「하나, 일」 의 의미가 아니라 「모 두」 의 의미로 사용되었다.

0115. 그럼 거기서 봅시다.

那我们就在那儿见吧。

Nà wǒmen jiù zài nàr jiàn ba.

나 워먼 지우 짜이 날 지엔바

0116. 좋아요, 그럼 그때 봐요.

好，那我们呆一会儿见。

Hǎo, nà wǒmen dāi yí huìr jiàn.

하오, 나 워먼 따이 이후얼 지엔

0117. 조만간에 한번 만납시다.

我们找时间见个面吧。

Wǒmen zhǎo shíjiān jiàn ge miàn ba.

워먼 짜오 스지엔 지엔거 미엔바

Unit 04

방문을 마치고
헤어질 때

0118. 좀 더 계시다 가시면 안 돼요?
请呆一会儿再走好吗?
Qǐng dāi yíhuìr zài zǒu hǎo ma?
칭 따이 이후얼 짜이 쪼우 하오마

呆는 「머무르다」의
의미로 过 / 有 등으로
바꾸어 쓸 수 있다.

0119. 지금 가신다는 말입니까?
您这就要走了?
Nín zhè jiù yào zǒu le?
닌 쩌 지우 이야오 쪼울러

0120. 그렇게 서둘러 떠나지 마세요.
您不要急着走。
Nín búyào jí zhe zǒu.
닌 부이야오 지져쪼우

Unit 05

안부를 전할 때

0121. 가끔 전화 주세요.
请常来电话。
Qǐng cháng lái diànhuà.
칭 창 라이 띠엔화

0122. 거기에 도착하시는 대로 저한테 전화 주세요.
到那儿请你给我来个电话。
Dào nàr qǐng nǐ gěi wǒ lái ge diànhuà.
따오 날 칭 니 게이 워 라이 거 띠엔화

0123. 당신 가족에게 제 안부 전해 주세요.
请给你的家人带个好。
Qǐng gěi nǐ de jiārén dài ge hǎo.
칭 게이 니더 지아런 따이 거 하오

带好는 问好와 같은 의미로
「안부를 묻다」라는 의미이다.

0124. 당신의 누이에게 안부 좀 전해 주십시오.
请替我问你姐姐好。
Qǐng tì wǒ wèn nǐ jiějie hǎo.
칭 티 워 원 니 지에지에 하오

0125. 아무쪼록 가족들에게 안부 부탁합니다.
拜托您给您的家人带个好。
Bàituō nín gěi nín de jiārén dài ge hǎo.
빠이투어 닌 게이 닌 더 지아런 따이 거 하오

0126. 당신 부인께 안부 전해 주세요.
请给您夫人带个好。
Qǐng gěi nín fūrén dài ge hǎo.
칭 게이 닌 푸런 따이 거 하오

안부를 전할 때

0127. 나중에 저희 집으로 초대하고 싶은데요.

我想请您到我家做客。

Wǒ xiǎng qǐng nín dào wǒ jiā zuò kè.

워 시앙 칭 닌 따오 워 지아 쭈어커어

0128. 잘 있어요. 몸 건강하게.

再见，您多保重。

Zàijiàn, nín duō bǎozhòng.

짜이지엔, 닌 뚜어 빠오중

> 위 문장에는 祝愿이라는 말이 생략되어 있다. 원래의 문장은 祝愿你保重身体이나 祝愿과 身体가 생략되었다.

0129. 얘기 즐거웠어요.

跟你谈话真愉快。

Gēn nǐ tánhuà zhēn yúkuài.

껀니 탄화 쩐 위쿠와이

0130. 종종 연락할게요.

我会常跟您联系。

Wǒ huì cháng gēn nín liánxì.

워 후이 창 껀 닌 리엔시

> 联系는 「연락하다」라는 의미로 联络(lián luò)와 같은 의미이다.

0131. 계속 연락하고 지내요.

希望我们常联系。

Xīwàng wǒmen cháng liánxì.

시왕 워먼 창 리엔시

0132. 멋진 파티였어요.

真是难忘的聚会。

Zhēn shì nán wàng de jùhuì.

쩐스 난왕더 쥐후이

0133. 여러분이 보고 싶을 겁니다.

我会想你们的。

Wǒ huì xiǎng nǐmen de.

워 후이 시앙 니먼더

Unit 06

전송할 때

0134. 계시다가 저녁 드시고 가지 그러세요.

您再呆一会儿，吃晚饭再走吧。

Nín zài dāi yíhuìr, chī wǎnfàn zài zǒu ba.

닌 짜이 따이 이후얼, 츠 완판 짜이 쪼우바

0135. 저녁 드시고 가시지 않겠어요?

吃了晚饭再走好吗？

Chī le wǎnfàn zài zǒu hǎo ma?

츠러 완판 짜이 쪼우 하오마

> 동작의 완료를 나타내기 위해 了가 쓰였다. 미래형 문장이지만 밥을 먹은 후에 가시라는 표현이므로 먹는 동작이 끝나는 것을 나타내기 위해 완료를 나타내는 了를 사용하였다.

0136. 오늘 밤 재미있었어요?

今晚有意思吗？

Jīnwǎn yǒu yìsi ma?

진완 여우 이쓰마

0137. 오늘 즐거우셨어요?

今天你觉得有意思吗?

Jīntiān nǐ juéde yǒu yìsi ma?

진티엔 니 쥐에더 여우 이쓰마

0138. 다시 만날 수 있을까요?

我们能够再见面吗?

Wǒmen néng gòu zài jiànmiàn ma?

워먼 넝꺼우 짜이 지엔미엔마

0139. 또 오세요.

请您再来。

Qǐng nín zài lái.

칭 닌 짜이 라이

送은 「갖다주다, 건네주다」라는 의미로도 사용되지만 「배웅하다」라는 뜻으로도 사용된다.

0140. 제가 바래다 드릴까요?(자동차로)

用不用我开车送您?

Yòng bú yòng wǒ kāichē sòng nín?

용부용 워 카이처 쏭닌

0141. 가봐야 하는 것 아닌가?

是不是应该去看看?

Shìbúshì yīng gāi qù kànkàn?

스부스 잉까이 취 칸칸

한국어와 같이 「가보다」라는 표현은 去看이라고 말한다.

0142. 조만간에 또 놀러 오세요.

请您找机会再来。

Qǐng nín zhǎo jīhuì zài lái.

칭 닌 짜오 지후이 짜이 라이

0143. 와 주셔서 참 즐거웠습니다.

谢谢你的光临，我们真高兴。

Xièxie nǐ de guānglín, wǒmen zhēn gāoxìng.

시에시에 나더 꾸왕린, 워먼 쩐 까오싱

사람을 부를 때의 호칭

흔히 모르는 사람을 부를 경우에는 「喂(Wèi),请问(Qìng wen),对不起(Dui bu qǐ)」 등으로 표현한다. 서로 아는 사이라면 당연히 이름이나 애칭을 부르거나 덧붙여 주는 것이 친근함을 나타내는 어법이 된다. 일반적으로 「先生」이라는 표현은 「교수」의 의미가 아니라 일반적인 남자에 대한 경칭이다.

Ⓑ 小王，好久不见。
Xiǎo Wáng, hǎojiǔbújiàn.

Ⓐ 教授先生, 您好?
Jiàoshòu xiānsheng, nín hao?

Ⓑ 谢谢，这位是你
的朋友吗?
Xiexie　zhè wèi shi nǐ de
péngyou ma?

Ⓐ 你身体怎么样?
Nǐ shēntǐ zěnmeyàng?

Ⓐ 교수님, 안녕하세요?　　　　　　　　　　　　Ⓑ 왕군, 오랜만이구나.
Ⓐ 건강은 어떠세요?　　　　　　　　　　　　　　Ⓑ 고맙구나. 이쪽은 네 친구니?

Ⓐ 是，这位是我们系的教授。
Shì,　zhè wèi shì wǒmen xì de jiàoshòu.

Ⓒ 你好? 我是小王的朋友小金。见到你很高兴。
Nǐ hǎo? Wǒ shì xiǎo Wáng de péngyou xiǎo Jīn. Jiàn dào nǐ hěn gāoxìng.

Ⓑ 好。你们去哪儿?
Hǎo.　Nǐmen qù nǎr?

Ⓐ 我们去小金的家准备考试。
Wǒmen qù xiǎo Jīn de jiā zhǔnbèi kǎoshì.

Ⓑ 好，加油。再见。给父母问好。
Hǎo,　jiāyóu.　Zàijiàn.　Gěi fùmǔ wènhǎo.

Ⓐ 再见。
Zàijiàn.

Ⓐ 네, 이분은 우리과 교수님이셔.
Ⓒ 안녕하세요? 저는 왕군의 친구 김입니다. 만나뵙게 되어 반갑습니다.
Ⓑ 그래. 어디 가는 길이니?　　　　　　　　　Ⓐ 김군의 집에 가서 시험공부하려고 합니다.
Ⓑ 그래, 열심히 해라. 잘 가. 부모님께 안부 전해드리렴.　　Ⓐ 안녕히 가세요.

0144. 손 씨.

孙先生。

Sūn xiānsheng.

쑨 시엔셩

0145. 손 여사.

孙夫人 (孙太太) 。

Sūn fūrén (Sūn tàitai).

쑨 푸런(쑨 타이타이)

0146. 리리 양.

莉莉小姐。

Lìlì xiǎojie.

리리 시아오지에

0147. 아빠! / 아버지!

爸爸！/父亲！

Bàba!   / Fùqīn!

빠바 / 푸친

0148. 엄마! / 어머니!

妈妈！ / 母亲！

Māma   / Mǔqīn

마마/무친

흔히 先生（xiān sheng）은 우리 말에 「김 선생」, 「김 형」 하는 것처럼 일반적으로 남자를 지칭할 때 쓰이나 약한 존칭어에 가깝다.

0149. 죄송합니다만.

打扰你了。

Dǎrǎo nǐ le.

따라오 니러

0150. 실례합니다.

矢礼了。

Shīlǐ le.

스리러

0151. 저, 여보세요.(모르는 남자를 부를 때)

哦，我说。

É   wǒ shuō.

으어, 워 슈어

0152. 저기요.

我说。

Wǒ shuō.

워 슈어

喂도 「여보세요」의 의미를 가지고 있으나 그다지 예의바른 표현은 아니다.

모르는 사람을 부를 때

0153. 거기 너!

那边那人!

Nàbiān nà rén!

니비엔 나런

0154. 이봐!(아랫사람이나 친근한 사이에 쓰임)

喂!

Wèi!

웨이

Part 2 즉석에서 활용하는 기본 회화

Unit 03

직함을 부를 때

0155. 의사 선생님!

大夫!

Dàifu!

따이프

> 의사 선생님을 부를 때는 医生先生〈yīshēng xiānsheng〉이라는 말 보다는 大夫라는 말을 사용한다.

0156. 경관님!

警察先生!

Jǐngchá xiānsheng!

징차 시엔셩

0157. 교수님!

教授先生!

Jiàoshòu xiānsheng!

지아오쇼우 시엔셩

0158. 박사님!

博士先生!

Bóshì xiānsheng!

보우스 시엔셩

Unit 04

단체 호칭

0159. 신사 숙녀 여러분!

女士们先生们!

Nǚshìmen xiānshengmen!

뉘스먼 시엔셩먼

0160. 여러분!

诸位!

Zhūwèi!

쭈웨이

> 大家〈dà jiā〉 라고 해도 같은 의미이다.

되물음

중국인과 대화를 하면서 잘 알아듣지 못했을 때 아래의 표현들이 사용되는데, 이때, 무작정 묻기보다는 「미안하다」는 표현인 「对不起(Duìbuqǐ),不好意思(bùhǎoyìsi)」 등을 덧붙인 다음 「다시 한번 말씀해 주십시오/ 请你再说一遍(Qǐng nǐ zài shuō yíbiàn)」라고 정중하게 말해 보자.

Ⓐ 喂?
Wéi?

Ⓑ 喂。你找谁?
Wéi. Nǐ zhǎo shéi?

Ⓐ 小王在吗?
Xiǎo Wáng zài ma?

Ⓑ 是小林?
Shì xiǎo Lín?

Ⓐ 여보세요?
Ⓐ 왕 군 있습니까?

Ⓑ 네. 말씀하세요.
Ⓑ 혹시 림 군이니?

Ⓐ 是你呀。我要告诉你明天我们见面的地方。明天下午3点，在首尔站见面。
Shì nǐ ya. Wǒ yào gàosu nǐ míngtiān wǒmen jiànmiàn de dìfang. Míngtiān xiàwǔ sān diǎn, zài Shǒu'er zhàn jiànmiàn.

Ⓑ 什么? 对不起，听不清楚。你能再说一遍吗?
Shénme? Duìbuqǐ, tīng bu qīngchu. Nǐ néng zài shuō yí biàn má?

Ⓐ 下午3点，首尔站。　Ⓑ 周围很吵我听不清楚。请你大声一点吧?
Xiàwǔ sān diǎn, Shǒu'er zhàn.　Zhōuwéi hěn chǎo wǒ tīng bu qīngchu. Qǐng nǐ dà shēng yìdiǎn bǎ?

Ⓐ 下午3点，首尔站。现在可以听懂吗?
Xiàwǔ sāndiǎn, Shǒu'er zhàn. Xiànzài kěyǐ tīngdǒng má?

Ⓑ 好。那明天见。
Hǎo. Nà míngtiān jiàn.

Ⓐ 好，明天见。
Hǎo, míngtiān jiàn.

Ⓐ 너였구나. 내일 약속장소 말해주려고 전화했어. 오후 3시에 서울역에서 만나자.
Ⓑ 뭐라고? 미안한데, 잘 안 들려. 다시 한번 말해줄래?
Ⓐ 오후 3시 서울역이야.　Ⓑ 주변이 너무 시끄러워 잘 안 들린다. 조금만 크게 말해주겠니?
Ⓐ 오후 3시 서울역. 이젠 들려?
Ⓑ 응. 그럼 내일 보자.　Ⓐ 그래, 내일 보자.

0161. 뭐라고?

什么?
Shénme?
션머

0162. 뭐라고 했지?

说什么来着?
Shuō shénme lái zhe.
슈어 션머 라이져

문장에 의문사가 포함되어 있다면 吗가 없어도 의문문이 된다.

0163. 다시 말씀해 주시겠어요?

你能再说一遍吗?
Nǐ néng zài shuō yíbiàn ma.
니 넝 짜이 슈어 이비엔 마

0164. 다시 한번 말씀해 주십시오.

请你再说一遍。
Qǐng nǐ zài shuō yíbiàn.
칭 니 짜이 슈어 이비엔

请은 동사로 쓰이면 「청하다, 부탁하다」이지만, 문장 앞에 붙어 경어를 나타내기도 한다.

0165. 방금 뭐라고 말씀하셨죠?

你刚才说什么了?
Nǐ gāng cái shuō shénme le?
니 깡차이 슈어 션머러

0166. 미안하지만, 다시 말씀해 주십시오.

不好意思, 请再说一遍。
bùhǎoyìsi   qǐng zài shuō yí biàn.
뿌하오이쓰, 칭 짜이 슈어 이비엔

0167. 죄송하지만, 못 들었어요.

对不起, 听不清楚了。
Duìbuqǐ,   tīng bù qīngchu le.
뚜이붙이, 팅 뿌칭추러

0168. 잘 못 들었어요. 다시 말씀해 주시겠어요?

我听不清楚了, 请再说一遍, 好吗?
Wǒ tīng bù qīngchu le,   qǐng zài shuō yíbiàn, hǎo ma?
워 팅 뿌칭추러, 칭 짜이 슈어 이비엔, 하오마

설명을 요구할 때에는 문장 앞에 정중한 표현인 请을 써주는 것이 좋다. 请은「부디 ~해주십시오」라는 의미로 동사 앞에 놓여서 경의를 표한다. 부분적인 설명을 요구할 때에는 그 부분에 什么를 넣어서 물어보면 된다. 상대방의 설명에「听懂了, 理解了, 听清楚了, 明白了, 知道了」등의 표현으로 이해를 표현해 주는 것이 좋다.

Ⓐ 你听说没有? 昨天王平出事故了。
Nǐ tīng shuō méiyǒu? Zuótiān WángPíng chū shìgù le.

Ⓑ 是吗! 怎么会呢?
shì ma! Zěnme huì ne?

Ⓐ 너 들었니? 어제 왕평이 사고났다는 거.

Ⓑ 설마! 그럴 리가.

Ⓐ 昨天下午去学院的时候出事故了。
Zuótiān xiàwǔ qù xuéyuàn de shíhou chū shì gù le.

Ⓑ 我全然不知道真不可思意。昨天下午在街上我看到王平了呀!
Wǒ Quánrán bùzhīdao zhēn bù ke sīyì. Zuótiān xiàwǔ zài jiē shang wǒ kàn dào WángPíng le yā!

Ⓐ 也许你看错了。 那时, 王平在医院里。
Yěxǔ nǐ kàn cuò le.   Nà shí, WángPíng zài yīyuàn lǐ.

Ⓐ 어제 오후 학원에 가다가 다쳤다는군.
Ⓑ 이해가 안가. 무슨 말인지 전혀 모르겠어. 어제 저녁에 왕평을 거리에서 봤는걸.
Ⓐ 네가 사람을 잘못 봤을 거야. 그때 왕평은 병원에 있었거든.

Unit 01
말을 재촉할 때

0169. 제발 말씀해 주세요.
求求您，告诉我。
Qiúqiú nín, gàosu wǒ.
치우치우 닌, 까오수 워

> 중국어에서는 동사를 중 첩하여 어기를 더욱 강조 하는 표현을 만든다.

0170. 할 말이 있으면 하세요.
您有话就说吧。
Nín yǒu huà jiù shuō ba.
닌 여우 화 지우 슈어바

0171. 이유를 말해 보세요.
请讲讲理由。
Qǐng jiǎngjiǎng lǐyóu.
칭 지앙지앙 리여우

> 吧로 끝나는 문장은 권유를 나타내거나 긍정적인 대답을 요구하는 문장에 쓰인다.

0172. 하고 싶은 말을 해 보세요.
有什么想说的就说吧。
Yǒu shénme xiǎng shuō de jiù shuō ba.
여우 션머 시앙 수어더 지우 슈어바

0173. 누가 그랬는지 말해 보세요.
你说说是谁干的。
Nǐ shuōshuō shì shéi gàn de.
니 슈어슈어 스 쉐이 깐더

0174. 그래서 당신은 뭐라고 했습니까?
那样你说什么了?
Nàyàng nǐ shuō shénme le?
나이양 니 슈어 션머러

Unit 02
설명을 요구할 때

0175. 설명을 좀 해 주시겠습니까?
请给我解释一下嘛!
Qǐng gěi wǒ jiěshì yíxià ma!
칭 게이 워 지에스 이시아마

0176. 무슨 말인지 전혀 모르겠어요.
全然不知道是什么意思。
Quánrán bùzhīdao shì shénme yìsi.
취엔란 뿌 즈따오 스 션머 이쓰

0177. 도무지 감이 잡히질 않습니다.
一点摸不着头绪。
Yìdiǎn mō bù zháo tóuxù.
이디엔 모우뿌짜오 토우쉬

0178. 이해하시겠어요?

你能理解吗?

Nǐ néng lǐjiě ma?

니 넝 리지에마

능은 가능을 나타내는 조동사로
서 会와 같은 의미이나 会는 배
워서 할 수 있는 것을 나타내고,
能은 선천적으로 할 수 있는 것
혹은 본래의 능력을 나타낸다.
예 你能说汉语吗?(X)
　　你会说汉语吗?(O)

0179. 그것을 이해하겠니, 왕평(왕핑)?

你能理解那个吗，王平?

Nǐ néng lǐjiě nà ge ma, WángPíng?

니 넝 리지에 나거마, 왕핑

0180. 제가 한 말을 알겠어요?

你明白我说的话吗?

Nǐ míngbai wǒ shuō de huà ma?

니 밍바이 워 슈어더 화마

0181. 제 말 뜻을 이해하시겠어요?

你理解我说的意思吗?

Nǐ lǐ jiěwǒ shuō de yìsi ma?

니 리지에 워 슈어더 이쓰마

0182. 지금까지 제가 한 말을 이해하시겠어요?

你能理解我至今说的话吗 ?

Nǐ néng lǐjiě wǒ zhìjīn shuō de huà ma?

니 넝 리지에 워 즈진 슈어더 화마

0183. 무슨 뜻인지 이해하시겠어요?

你能理解是什么意思吗?

Nǐ néng lǐjiě shì shénme yìsi ma?

니 넝 리지에 스 션머 이쓰마

意思는 「의미」라는 뜻으로
쓰이기도 하고, 「재미」라는 뜻
으로 쓰이기도 하므로 문맥에
맞게 해석해야 한다.
예 文章的意思。(문장의 의미)
　　有意思。(재미있다)

0184. 이해했어요.

我理解。

Wǒ lǐjiě.

워 리지에

상대방의 말뜻을 알아들었을
때 明白了/知道了와 같은
표현을 즐겨 쓴다.

0185. 아, 알겠습니다.

哦，明白了。

Ò, míngbai le.

오, 밍바이러

0186. 아, 무슨 말씀인지 알겠습니다.

啊，我明白是什么意思了。

Ā, wǒ míngbai shì shénme yìsi le.

아, 워 밍바이 스 션머 이쓰러

이해를 했을 때

0187. 알겠군요.

明白了。

Míngbai le.

밍바이러

0188. 이해가 되는군요.

可以理解。

Kěyǐ lǐjiě.

커이 리지에

0189. 와, 그러니까 감이 잡히는군요.

哇，这下我摸到头绪了。

Wà, zhè xiià wǒ mō dào tóuxù le.

와, 쩌 시아 워 모어따오 토우쉬러

0190. 이해할 만하군요.

我能够理解。

Wǒ néng gòu lǐjiě.

워 넝꺼우 리지에

0191. 당신의 입장을 이해합니다.

我理解你的立场。

Wǒ lǐjiě nǐ de lìchǎng.

워 리지에 니더 리창

0192. 시간이 지나면 알게 될 겁니다.

过了时间自会了解的。

Guò le shíjiān zì huì liǎojiě de.

꾸어러 스지엔 쯔후이 리아오지에러

Unit 05

이해를 못했을 때

0193. 이해가 안 됩니다.

我没法理解。

Wǒ méi fǎ lǐjiě.

워 메이 파 리지에

> 没 뒤에는 有가 생략되어 있다. 이렇게 有는 생략되어 사용할 수도 있다.

0194. 무슨 말을 하는지 모르겠어요.

我不知你讲的是什么。

Wǒ bùzhī nǐ jiǎng de shì shénme.

워 뿌즈 니 지앙더 스 션머

0195. 당신 말씀을 이해할 수 없습니다.

我无法理解你的话。

Wǒ wú fǎ lǐjiě nǐ de huà.

워 우파 리지에 니더 화

0196. 이해하기 어렵군요.

很难理解。

Hěn nán lǐjiě.

헌 난 리지에

이해를 못했을 때

0197. 그걸 전혀 이해할 수가 없군요.

那个，真是一点也不好理解。
Nà ge, zhēn shì yìdiǎn yě bù hǎo lǐjiě.
나거, 쩐스 이디엔 이에 뿌 하오 리지에

0198. 그건 이해가 안 되는군요.

我无法理解那点。
Wǒ wú fǎ lǐjiě nà diǎn.
워 우파 리지에 나디엔

0199. 설마!

至于吗!
Zhìyú ma!
즈위마

0200. 그럴 리가요!

怎么会呢!
Zěnme huìne!
쩐머 후이너

难道도 같은
의미이다.

未必啊。
Wèibì a.
웨이삐아

자연스러운 맞장구

Chapter 06

대화의 흐름을 원활하게 하기 위한 표현으로 「그래 맞아, 그렇구나」의 표현으로는 「你说的对(nǐ shuō de duì)／就是(jiù shì)／原来如此(yuán lái rú cǐ)」 등을 들 수 있다.

맞장구는 상대방의 말에 동의의 표현이 많지만, 되물을 때의 표현 「是吗(shì ma)／真的(zhēn de)」이나 긍정도 부정도 아닌 표현인 「嗯(ng)」이 쓰일 때도 있다.

Ⓐ 王阿姨有什么好事吗？
今天穿得好漂亮。
Wáng āyí yǒu shénme hǎo shì ma?
Jīntiān chuān de hǎo piàoliang.

Ⓑ 今天是她女儿的大学入学式。
Jīntiān shì tā nǚér de dàxué rùxuéshì.
听说她的女儿努力学习，考上了很好的大学。
Tīngshuō tā de nǚér nǔlì xuéxí, kǎoshàng le hěn hǎo de dàxué.

Ⓐ 왕 아줌마에게 좋은 일 있나요? 오늘 예쁜 옷을 입으셨던데요.
Ⓑ 오늘이 딸 대학 입학식이라던데요. 왕 아줌마 딸이 공부 열심히 해서 좋은 학교에 합격했다고 들었습니다.

Ⓐ 好羡慕她。 我儿子这次上了高中三年级，可是他不太喜欢学习。
Hǎo xiànmù tā. Wǒ érzi zhè cì shàng le gāozhōng sān niánjí, kěshì tā bútài xǐhuan xuéxí.
Ⓑ 我真羡慕她。有机会我们一起去王阿姨那儿问一下吧。
Wǒ zhēn xiànmù tā. Yǒu jīhuì wǒmen yìqǐ qù Wáng āyí nàr wèn yíxià ba.
Ⓐ 好方法。
Hǎo fāngfǎ.

Ⓐ 좋겠네요. 우리 아들도 이번에 고3인데, 공부를 안 해서 걱정이에요.
Ⓑ 저도 부럽더라고요. 시간 나면 함께 왕 아줌마 댁에 가서 물어보자고요.
Ⓐ 좋은 방법이에요.

Unit 01

긍정도 부정도 아닌 맞장구

0201. 아, 그러니까 생각이 나는군요.
啊，你这么说才想起来。
Ā, nǐ zhè meshuō cái xiǎngqǐlái.
아, 니 쩌머 슈어 차이 시앙치라이

0202. 아마 당신 말이 맞을 거예요.
也许你说得不错。
Yěxǔ nǐ shuō de búcuò.
이에쉬 니 슈어더 부춰어

0203. 유감스럽지만, 찬성합니다.
虽然有些遗憾，但我赞成。
Suīrán yǒu xiē yíhàn, dàn wǒ zànchéng.
슈이란 여우시에 이한, 딴 워 짠청

0204. 그럴지도 모르지요.
也许会那样的吧。
Yěxǔ huì nàyàng de ba.
이에쉬 후이 나이앙더바

> 也许는 好象 / 可能 등으로 바꿔 사용할 수 있으며 추측을 표현한다.

> 虽然~但(是)는 「비록 ~하지만 …하다」라는 의미로 많이 쓰이는 문장구조이다.

Unit 02

의문의 맞장구

0205. 아, 그러세요?
啊，是吗?
Ā, shì ma?
아, 스마

0206. 아, 그러셨어요?
啊，原来是那样。
Ā, yuánlái shì nàyàng.
아, 위엔라이 스 나이양

0207. 그래요?
是吗?
Shì ma?
스마

0208. 어서 말씀하세요.
请讲。
Qǐng jiǎng.
칭지앙

0209. 당신도 내 생각과 같으세요?
你的想法也跟我一样吗?
Nǐ de xiǎngfǎ yě gēn wǒ yíyàng ma?
니더 시앙파 이에 껀 워 이이양마

Unit 03
자연스러운 맞장구

0210. 맞아요.

对!
Duì!
뚜이

0211. 알겠습니다.

明白了。
Míngbai le.
밍바이러

0212. 당신 말이 맞아요.

你说得对。
Nǐ shuō de duì.
니 슈어더 뚜이

0213. 그랬었군요.

原来如此。
Yuánlái rúcǐ.
위엔라이 루츠

0214. 그래요.

就是。
Jiù shì.
지우스

对의 반대말은 错이다.

Unit 04
동의의 맞장구

0215. 그거 좋은 생각입니다.

那好主意啊。
Nà hǎo zhǔyì a.
나 하오 쭈이아

0216. 그거 괜찮은데요.

那不错嘛。
Nà búcuò ma.
나 부추어마

0217. 아무렴, 그렇고말고요.

是啊, 就是啊。
Shì a,　jiùshì a.
스아, 지우스아

0218. 알겠어요.

知道了。
Zhīdao le.
즈따오러

错는 「틀리다, 나쁘다」 라는 의미이지만 不错는 「틀리지 않다, 나쁘지 않다」 는 의미가 아니라 「좋다」 라고 해석한다.

긍정과 동의

전적으로 동의를 할 때는 「完全(wán quán)/很(hěn)/真(zhēn)」 등을 사용하면 동의하는 것을 강조할 수 있다. 예를 들면 「完全同意/很好/真不错」 특히 不错(bú cuò)는 그대로 해석하면 「틀리지 않다」라고 해석이 되지만 「좋다」라는 의미로 해석을 하는 것이 맞다. 동의를 구할 때 「~~吧?」라고 묻는 것은 긍정적인 대답을 기대하는 물음이 된다.

Ⓐ 今天午饭想吃什么?
Jīntiān wǔfàn xiǎng chī shénme?

Ⓑ 去吃考肉怎么样?
Qù chī kǎoròu zěnmeyàng?

Ⓐ 오늘 점심은 무엇을 먹을까요?　　　　　　Ⓐ 불고기 먹으러 가는 건 어때요?

Ⓐ 那不错嘛。
Nà búcuò ma.

Ⓒ 我同意。 赵科长， 你呢?
Wǒ tóngyì. Zhào kēzhǎng, nǐ ne?

Ⓐ 我赞成。 我们快去吧。
Wǒ zànchéng. Wǒmen kuài qù ba.

Ⓑ 李科长怎么样? 同意吗?
Lǐ kēzhǎng zěnmeyàng? Tóngyì ma?

Ⓐ 그거 괜찮은데요.
Ⓒ 좋습니다. 조 과장님, 어떻게 생각하십니까?
Ⓐ 찬성합니다. 어서 가시죠.

Ⓑ 이 과장님은 어떠세요? 동의합니까?

Unit 01

동의를 구할 때

0219. <u>동의합니까?</u>
同意吗?
Tóngyì ma?
통이마

> 상대방의 의사를 물을 때
> 怎么样?이라고 묻는다.

0220. <u>어때요?</u>
怎么样?
Zěnmeyàng?
쩐머이양

0221. <u>그렇습니까?</u>
是吧?
Shì ba?
스바

> 긍정의 대답이
> 예상될 때
> 사용한다.

0222. <u>그래요?</u>
真的?
Zhēnde?
쩐더

Unit 02

전적으로 동의할 때

0223. <u>그것에 찬성합니다.</u>
我赞成。
Wǒ zànchéng.
워 짠청

0224. <u>그거 좋군요.</u>
那好哇。
Nà hǎo wa.
나 하오와

0225. <u>저도 그렇게 생각합니다.</u>
我也那么想。
Wǒ yě nàme xiǎng.
워 이에 나머 시앙

0226. <u>저도 그렇게 생각했어요.</u>
我也那么想来着。
Wǒ yě nà me xiǎng lái zhe.
워 이에 나머 시앙 라이져

0227. <u>그 계획에 찬성합니다.</u>
我赞同那计划。
Wǒ zàntóng nà jìhuà.
워 짠퉁 나 지화

0228. 바로 그겁니다.

就是它。

Jiù shì tā.

지우스 타

0229. 지당하신 말씀입니다.

您说得很中肯。

Nín shuō de hěn zhòngkěn.

닌 슈어더 헌 쫑컨

전적으로 동의할 때에는 很/真 등의 부사가 자주 함께 쓰인다.

0230. 찬성합니다.

赞成。

Zànchéng.

짠청

0231. 정말 그렇습니다.

真的是那样的。

Zhēnde shì nàyàng de.

쩐더 스 나이양더

0232. 확실합니다.

确实如此。

Quèshí rúcǐ.

취에스 루츠

0233. 의심할 여지가 없습니다.

没有丝毫怀疑的余地。

Méiyǒu sīháo huáiyí de yúdì.

메이여우 쓰하오 후와이이 더 위띠

Unit 03
가볍게 동의할 때

0234. 동의합니다.

我同意。

Wǒ tóngyì.

워 통이

0235. 그래요, 당신 말이 맞습니다.

知道了，你说得对。

Zhīdao le,　nǐ shuō de duì.

즈따오러, 니 슈어더 뚜이

0236. 이의가 없습니다.

我没有异议。

Wǒ méiyǒu yìyì.

워 메이여우 이이

0237. 저는 괜찮습니다.

我没事。

Wǒ méi shì.

워 메이스

가볍게 동의할 때

0238. 당신 좋을 대로 하세요.
怎么方便怎么来吧。
Zěnme fāngbiàn zěnme lái ba.
쩐머 팡비엔 쩐머 라이바

0239. 같은 생각입니다.
一样得想法。
Yíyàng de xiǎngfǎ.
이이양 더 시앙파

0240. 됐어(좋아)!
好了!
Hǎo le!
하오러

0241. 당신에게 동의합니다.
我同意你的意见。
Wǒ tóngyì nǐ de yìjiàn.
워 퉁이 니더 이지엔

想~就做~ 등 이런 식의 문장은
「~하고 싶으면 ~해라」 즉 「마음
대로 해라」 라는 의미이다. 怎么~
怎么~ 「~하다면 ~하다」

Unit 04

동감·찬성을 나타낼 때

0242. 전적으로 동의합니다.
我完全同意。
Wǒ wánquán tóngyì.
워 완치엔 퉁이

0243. 예, 동의합니다.
是，同意。
Shì, tóngyì.
스, 퉁이

0244. 전적으로 찬성합니다.
我完全赞成。
Wǒ wánquán zànchéng.
워 완치엔 짠청

0245. 당신 말씀에 전적으로 동의합니다.
我完全同意你的话。
Wǒ wánquán tóngyì nǐ de huà.
워 완치엔 퉁이 니더 화

0246. 당신의 모든 의견에 찬성입니다.
我赞同你的一切意见。
Wǒ zàntóng nǐ de yíqiè yìjiàn.
워 짠퉁 니더 이치에 이지엔

0247. 동감입니다.
我有同感。
Wǒ yǒu tónggǎn.
워 여우 퉁간

동감·찬성을 나타낼 때

0248. 저 역시 동감입니다.

我也有同感。

Wǒ yě yǒu tónggǎn.

워 이에 여우 통간

Unit 05

부분적으로 동의할 때

0249. 그 점에 대해서는 저도 동감입니다.

对那点，我也有同感。

Duì nà diǎn, wǒ yě yǒu tónggǎn.

뚜이 나디엔, 워 이에 여우 통간

0250. 전적으로는 동의할 수 없군요.

我不能完全同意。

Wǒ bù néng wánquán tóngyì.

워 뿌넝 완치엔 통이

부정과 반대

중국어에서는 어떤 사실에 부정을 하거나 의견 등에 반대를 표현할 때 보통 「不(bù), 没有(méi yǒu)」라는 부정어구가 들어가게 된다. 여기서 「不」는 의지를 나타내고, 앞으로 일어날 일에 대한 부정을 할 때 사용되며, 「没」는 과거의 일에 대한 부정과 소유에 대한 부정을 나타낸다.

Ⓐ 我们要讨论关于研究院迁移的意见。
Wǒmen yào tǎolùn guānyú yánjiūyuàn qiānyí de yìjiàn.

Ⓑ 我赞成。实验室太窄，交通也不方便。
Wǒ zànchéng. Shíyànshì tài zhǎi, jiāotōng yě bù fāngbiàn.

Ⓒ 这简直不像话。
Zhè jiǎnzhí búxiàng huà.
对迁移的费用太多。
Duì qiān yí de fèi yòng tài duō.

Ⓐ 연구원 이전에 대한 여러분들의 생각을 들어보도록 하지요.
Ⓑ 저는 이전 찬성입니다. 실험실도 좁고, 교통도 너무 불편합니다.
Ⓒ 그건 말도 안 되는 소리예요. 이전에 따른 비용이 너무 많이 듭니다.

Ⓑ 不一定是那个样子的。初次会面对困难，可是长远来看有很利益。
Bù yídìng shì nàge yàngzi de. Chūcì huìmiàn duì kùnnan, kěshì chángyuǎn lái kàn yǒu hěn lìyì.
Ⓒ 不管怎样我反对。现在是办事过早。
Bùguǎn zěnyàng wǒ fǎnduì. Xiànzài shì bànshì guò zǎo.
Ⓐ 那我们投票来决定吧。
Nà wǒmen tóupiào lái juédìng ba.
Ⓒ 好。
Hǎo.

Ⓑ 반드시 그렇지만은 않습니다. 처음엔 자금조달이 힘들겠지만 장기적으로 보면 훨씬 이득입니다.
Ⓒ 하여튼 저는 반대입니다. 지금은 시기상조입니다.
Ⓐ 그렇다면 임원들의 투표로 결정해야겠습니다.
Ⓒ 그렇게 합시다.

0251. 절대 안 돼요!

絶対不行!

Juéduì bù xíng!

쮀에뚜이 뿌싱

0252. 저는 그렇게 할 수 없습니다.

我不能那么做。

Wǒ bùnéng nàme zuò.

워 뿌넝 나머 쭈어

0253. 그건 단지 당신 생각이죠.

那不过是你的想法。

Nà búguò shì nǐ de xiǎngfǎ.

나 부꾸어 스 니더 시앙파

不过는 「그러나」의 의미
이나 여기서는 「단지」라고
해석을 하는 것이 맞다.

0254. 절대 그렇지 않아요.

絶対不是那个样子的。

Juéduì bú shì nàge yàngzi de.

쮀에뚜이 부스 나거 양즈더

0255. 그건 말도 안 되는 소리예요.

这简直不像话。

Zhè jiǎnzhí búxiàng huà.

쩌 지엔즈 부시양화

简直는
「절대/정말」로
해석이 된다.

0256. 그건 절대 반대입니다.

我坚决反对。

Wǒ jiānjué fǎnduì.

워 지엔쮀에 판뚜이

0257. 당신 말에 찬성할 수 없습니다.

我无法赞同你的话。

Wǒ wúfǎ zàntóng nǐ de huà.

워 우파 짠통 니더 화

0258. 그것에 반대합니다.

我反对。

Wǒ fǎnduì.

워 판뚜이

认为와 以为는 의미는 같으나
认为는 「(긍정적으로)알다 /
생각하다」라는 뜻이고, 以为
는 「(부정적으로) 알다 / 생각
하다」라는 의미이다. 즉 「잘
못 알다」라는 의미가 된다.

0259. 저는 그렇게 생각하지 않아요.

我不那么认为。

Wǒ bú nàme rènwéi.

워 뿌 나머 런웨이

동의하지 않거나 반대할 때

0260. 저는 그렇게 믿지 않아요.

我不相信会是那样。

Wǒ bù xiāngxìn huì shì nàyàng.

워 뿌 시앙신 후이 스 나이양

0261. 그 계획에 찬성할 수 없어요.

我无法赞成那计划。

Wǒ wúfǎ zànchéng nà jìhuà.

워 우파 짠청 나 지화

0262. 그 계획에 반대합니다.

我反对那计划。

Wǒ fǎnduì nà jìhuà.

워 판뚜이 나 지화

여기서 会는 「할 수 있다」라는 가능의 의미가 아니라, 「되다」라는 예정의 의미로 사용된 것이다.

Unit 03

동의를 보류할 때

0263. 유감스럽지만 당신에게 동의할 수 없습니다.

很遗憾，我不能同意你的看法。

Hěn yíhàn, wǒ bùnéng tóngyì nǐ de kànfǎ.

헌 이한, 워 뿌넝 통이 니더 칸파

0264. 그렇게 하고 싶지만 안 되겠어요.

我倒是想那么做，可不行啊。

Wǒ dào shì xiǎng nà me zuò, kě bù xíng a.

워 따오 스 시앙 나머 쭈어, 커 뿌싱아

0265. 그렇게 생각할 수도 있죠.

也可以那么认为吧。

Yě kě yǐ nàme rènwéi ba.

이에 커이 나머 런웨이바

0266. 그렇게 말할 수도 있겠죠.

也可以那么说吧。

Yě kěyǐ nàme shuō ba.

이에 커이 나머 슈어바

也는 「~도 역시」라는 의미이다.

예 我也去(나도 간다),

他也来(그도 온다)

Unit 04

그밖에 여러 가지 부정 표현

0267. 유감스럽지만, 아닙니다.

很遗憾，不是的。

Hěn yíhàn, búshì de.

헌 이한, 부스더

0268. 당신이 틀린 것 같아요.

我想你不对。

Wǒ xiǎng nǐ búduì.

워 시앙 니 부뚜이

그밖에 여러 가지 부정 표현

0269. 잘 모르겠는데요.

我搞不清楚。

Wǒ gǎo bù qīngchu.

워 까오 뿌 칭추

清楚는 「정확하다 / 확실하다」 라는 의미로 不清楚는 「정확하지 않다」 즉 「잘 모르겠다」 라는 의미가 된다.

0270. 저라면 그렇게 말하지 않겠어요.

要是我，不会那么说的。

Yào shì wǒ, búhuì nàme shuō de.

이야오스 워, 부후이 나머 슈어더

要是는 「만약」이라는 의미이다. 다른 표현으로는 如果가 있다.

0271. 저는 그렇게 하고 싶지 않아요.

我不想那么做。

Wǒ bùxiǎng nàme zuò.

워 뿌시앙 나머 쭈어

0272. 반드시 그렇지만은 않습니다.

不一定是那个样子的。

Bùyídìng shì nàge yàngzi de.

뿌이띵 스 나거 이양즈더

0273. 그렇지도 않습니다.

那也不尽然。

Nà yě bú jìn rán.

나 이에 뿌 진란

확답을 피하는 응답

Chapter 09

상대의 부탁이나 제안 등을 면전에서 바로 거절하게 되면 상대방도 민망하기 짝이 없다. 따라서 여기서는 즉석에서 답을 피하는 회화를 배우도록 하자. 중국어에서 확답을 피할 때에는 가정을 나타내는 「想(xiǎng), 好象(hǎo xiàng)」 등의 표현이 함께 쓰인다. 그리고 「~모르겠다」라는 의미로 「不知道(bù zhī dao)~」 식으로도 많이 사용된다.

Ⓐ昨天你见了小林介绍的那个人？
Zuótiān nǐ jiàn le xiǎo Lín jièshào de nàge rén?

Ⓑ嗯。
Ēn.

Ⓐ 어제 린 군이 소개해 준 사람은 잘 만났니?　　　Ⓑ 응.

Ⓐ怎么样？
Zěnmeyàng?

Ⓐ他对你的感情好吗？
Tā duì nǐ de gǎnqíng hǎo ma?

Ⓐ好好想想。小林说他是好人。
hǎohǎo xiǎngxiǎng. XiǎoLín shuō tā shì hǎorén.

Ⓑ不知道该怎么回答。
Bùzhīdao gāi zěnme huídá.

Ⓑ我想他对我的感觉不错。
Wǒ xiǎng tā duì wǒ de gǎn jué bú cuò.

Ⓑ我想再见几次才能知道。
Wǒ xiǎng zài jiàn jǐ cì cái néng zhīdào.

Ⓐ 마음에 들었어?
Ⓐ 그 사람은 널 마음에 들어 해?
Ⓐ 잘 생각해봐. 린 군은 그 사람 정말 괜찮다던데.

Ⓑ 뭐라고 대답해야 좋을지 모르겠어.
Ⓑ 그런 것 같아.
Ⓑ 몇 번 더 만나봐야 할 것 같아.

Unit 01
불확실한 추측을 나타낼 때

0274. 아마 아닐 거예요.

也许不会吧?

Yěxǔ búhuì ba?

이에쉬 부후이바

0275. 그렇지는 않을 겁니다.

可能不是那样。

Kěnéng búshì nàyàng.

커녕 부스 나이양

Unit 02
완곡하게 대답할 때

0276. 저는 모르겠습니다.

这我不知道。

Zhè wǒ bùzhīdao.

쩌 워 뿌 즈따오

0277. 모르기는 저도 마찬가지입니다.

我同样不知道。

Wǒ tóngyàng bùzhīdao.

워 통양 뿌 즈따오

0278. 확실히 잘 모르겠습니다.

准确地不太清楚。

Zhǔnquè de bú tài qīngchu.

준취에 더 부타이 칭추

Unit 03
막연한 추측을 나타낼 때

0279. 그건 옳지 않은 것 같군요.

那好象不对。

Nà hǎoxiàng búduì.

나 하오시앙 부뚜이

0280. 전 그렇지 않다고 생각합니다(봅니다).

我看不是那样。

Wǒ kàn búshì nàyàng.

워 칸 부스 나이양

Unit 04
확답을 피할 때

0281. 더 이상 묻지 마세요.

请不要再问了。

Qǐng búyào zài wèn le.

칭 부이야오 짜이 원러

「더 이상 거론하지 마세요」라는 표현으로 甭提了도 많이 쓰인다.

확답을 피할 때

0282. 답변하고 싶지 않습니다.

我不想回答。
Wǒ bùxiǎng huídá.
워 뿌시앙 후이다

0283. 말하지 않겠소.

我不回答。
Wǒ bù huídá.
워 뿌 후이다

Unit 05
애매하게 대답할 때

0284. 뭐라고 대답해야 좋을지 모르겠습니다.

不知道该怎么回答。
Bùzhīdao gāi zěnme huídá.
뿌 즈따오 까이 쩐머 후이다

0285. 글쎄요.

让我想想。
Ràng wǒ xiǎngxiǎng.
랑 워 시앙시앙

0286. 분명히….

肯定是…。
Kěndìng shì….
컨띵 스

Unit 06
대답을 유보할 때

0287. 그것은 함정이 있는 질문이었어요.

那原来是有圈套的提问。
Nà yuánlái shì yǒu quāntào de tíwèn.
나 위엔라이 스 여우 취엔타오더 티원

圈套 함정, 올가미, 술책, 음모

0288. 다음에 얘기합시다.

下次再谈吧。
Xià cì zài tán ba.
시아츠 짜이 탄바

65

감탄과 칭찬

칭찬을 받고도 기분 나쁠 사람은 아마 없을 것이다. 특히 대인관계를 원만히 하기 위해서는 무엇보다도 상대방을 칭찬하는 것 이상으로 기분 좋게 하는 것은 없다. 따라서 여기서는 상대방의 장점이나 성품, 능력, 외모 등을 시기적절하게 말할 수 있도록 표현을 익혀두자. 또한, 중국어에서는 특히 「很(hěn), 太(tài), 真(zhēn)」 등을 덧붙여서 강조를 하여 칭찬하는 것이 좋다.

Ⓐ 小王真是厉害。
Xiǎo Wáng zhēn shì lìhai.

Ⓑ 为什么?
Wèishénme?

Ⓐ 왕 군은 정말 대단해.　　　　　　　　Ⓑ 왜?

Ⓐ 英语说得跟美国人一样好，汉语也说得真流利啊。
Yīngyǔ shuō de gēn Měiguórén yíyàng hǎo, Hànyǔ yě shuō de zhēn liúlì a.

Ⓑ 真的?
Zhēn de?

Ⓐ 还有，他用工具可得心应手了。
Háiyǒu, Tā yòng gōngjù kě dé xīn yìng shǒu le.

Ⓑ 他真是无所不能啊。
Tā zhēn shì wúsuǒ bù néng a.

Ⓐ 마치 미국 사람처럼 영어를 잘하고 중국어도 훌륭히 구사해.
Ⓑ 정말?
Ⓐ 그리고 손재주도 뛰어나더라고.
Ⓑ 정말 그는 못하는 게 없구나.　　　*得心应手 매우 익숙해 자유자재로 되다

Unit 01

**입에서 바로 나오는
감탄의 말**

0289. 멋지네요!

太壮观了!

Tài zhuàng guān le!

타이 쭈앙관러

0290. 훌륭합니다.

太好了!

Tài hǎo le!

타이 하오러

0291. 와, 정말 아름답네요!

哇，真是太美了!

Wā, zhēn shì tài měi le!

와, 쩐스 타이 메이러

0292. 정말 맛있네요!

太好吃了!

Tài hǎo chī le!

타이 하오츠러

0293. 잘했어요!

干得好!

gàn de hǎo!

깐더 하오

0294. 참 재미있네요!

太有意思了!

Tài yǒu yìsi le!

타이 여우 이쓰러

0295. 엄청나네요!

乖乖，真了不得!

Guāiguai, zhēn liǎobudé!

꾸와이꾸와이, 쩐 리아오뿌더

> 乖乖는 애기들을 부를 때도 사용되며, 남자친구가 여자친구를 부를 때도 사용된다.

Unit 02

**감탄의 기분을
나타낼 때**

0296. 대단하군요!

真了不起!

Zhēn liǎobuqǐ.

쩐 리아오뿥이

0297. 모든 게 이상적으로 되어 있군요!

一切都那么理想!

Yíqiè dōu nàme lǐxiǎng!

이치에 또우 나머 리시앙

> 了不起 / 对不起 등 중간에 들어가는 4声의 발음은 경성으로 읽는다.

0298. 그게 더 근사하네요.

那个更好一些。
Nàge gèng hǎo yì xiē.
나거 컹 하오 이시에

0299. 친절하기도 하셔라!

您真是太热情了。
Nín zhēn shì tài rèqíng le.
닌 쩐스 타이 르어칭러

0300. 친절도 하시네요.

您真亲切。
Nín zhēn qīnqiè.
닌 쩐 친치에

0301. 잘 지적해 주셨어요.

您指出得太好了。
Nín zhǐchū de tài hǎo le.
닌 즈추 더 타이 하오러

指出 지적하다

0302. 어려운 결심을 하셨군요.

难为您下了这决心。
Nánwèi nín xià le zhè juéxīn.
난웨이 닌 시아러 쩌 쥐에신

0303. 당신은 참 부지런하시군요.

你真是太勤快了。
Nǐ zhēn shì tài qínkuai le.
닌 쩐스 타이 친쿠와이러

勤快는 勤劳로 바
꿔 써도 된다.

0304. 당신은 참 인사성이 밝으시군요.

你这人真有礼貌。
Nǐ zhè rén zhēn yǒu lǐmào.
니 쩌런 쩐 여우 리마오

Unit 03
능력을 칭찬할 때

0305. 기억력이 참 좋으시군요.

你的记忆力可真好。
Nǐ de jìyì lì kě zhēn hǎo.
니더 지이리 커 쩐 하오

真은 好를 꾸며주는 부사
이며, 可를 써서 두 번 꾸
며주므로 더욱 강조된다.

0306. 당신은 능력이 대단하시군요.

您真有能力呀。
nín zhēn yǒu nénglì ya.
닌 쩐 여우 넝리야

0307. 어떻게 그렇게 영어를 잘하십니까?

你的英语怎么能说得那么好?
Nǐ de Yīngyǔ zěnme néng shuō de nàme hǎo?
니더 잉위 쩐머 넝 슈어 더 나머 하오

능력을 칭찬할 때

0308. 마치 미국 사람처럼 영어를 잘하십니다.

英语说得跟美国人一样好。

Yīngyǔ shuō de gēn Měiguórén yíyàng hǎo.

잉위 슈어 더 껀 메이구어런 이이양 하오

0309. 중국어를 유창하게 구사하시는군요.

汉语说得真流利啊。

Hànyǔ shuō de zhēn liúlì a.

한위 슈어 더 쩐 리우리아

0310. 맞아요, 기억력이 썩 좋으시군요.

对啊，你的记忆力真出色。

Duì a, nǐ de jìyìlì zhēn chūsè.

뚜이아, 니더 지이리 쩐 추써

0311. 그는 수학에 능해요.

他数学可好了。

Tā shùxué kě hǎo le.

타 슈쉬에 커 하오러

0312. 패션에 대한 안목이 있으시군요.

对时装有眼力啊。

Duì shízhuāng yǒu yǎnlì a.

뚜이 스쭈앙 여우 이엔리아

> 眼光이라고도 한다.
> 时装 유행의상

0313. 그는 정말 머리가 좋아요.

他的头脑真好。

Tā de tóunǎo zhēn hǎo.

타더 토우나오 쩐 하오

> 「머리가 좋다」는 표현
> 으로는 聪明 / 聪慧 등도
> 있다.

0314. 그는 머리가 참 좋은 아이예요.

他真是个聪明的孩子。

Tā zhēn shì ge cōngming de háizi.

타 쩐스 거 총밍더 하이즈

0315. 그는 현명한(똑똑한) 사람이에요.

他是个明智的人。

Tā shì ge míngzhì de rén.

타 스 거 밍즈더런

0316. 그녀는 기억력이 굉장히 좋아요.

她的记忆力真是太出色了。

Tā de jìyì lì zhēn shì tài chūsè le.

타더 지이리 쩐스 타이 추써러

0317. 그는 재치가 있어요.

他这人可巧了。

Tā zhè rén kě qiǎo le.

타 쩌런 커 치아오러

> 巧는 「재치(있다)」는 의
> 미 외에도 「공교롭다」는
> 의미로도 자주 사용된다.

능력을 칭찬할 때

0318. 그녀는 소질이 있어요.

她挺有素质的。

Tā tǐng yǒu sùzhì de.
타 잉 여우 수즈더

0319. 당신은 모르는 게 없군요.

你真是无所不知啊。

Nǐ zhēn shì wú suǒ bù zhī a.
니 쩐스 우수어 뿌즈아

0320. 그는 도구를 다루는 손재주가 있어요.

他用工具可得心应手了。

Tā yòng gōngjù kě de xīn yìng shǒu le.
타 용 꿍쥐 커 더 신 잉쇼우러

0321. 못하는 게 없으시군요.

你真是无所不能啊。

Nǐ zhēn shì wú suǒ bù néng a.
니 쩐스 우수어 뿌넝아

0322. 당신의 입장이 부럽습니다.

真羡慕你的立场啊。

Zhēn xiànmù nǐ de lìchǎng a.
쩐 시엔무 니더 리창아

0323. 당신 같은 강한 의지력 좀 있었으면 해요.

真希望有你这么坚强的意志。

Zhēn xīwàng yǒu nǐ zhème jiānqiáng de yìzhì.
쩐 시왕 여우 니 쩌머 지엔치앙더 이즈

0324. 계획에 충실한 당신이 존경스럽습니다.

您对计划一丝不苟，真令人尊敬。

Nín duì jihuà yìsībúgǒu, zhēn lìng rén zūnjìng.
닌 뚜이 지화 이쓰부꼬우 , 쩐 링런 쭌징

0325. 그는 정말 수영을 잘하네요.

他游泳游得可棒啊。

Tā yóuyǒng yóu de kě bàng à.
타 여우용 여우더 커 빵아

0326. 네가 나보다는 한 수 위야.

你真是比我技高一筹。

Nǐ zhēn shì bǐ wǒ jì gāo yì chóu.
나 쩐스 비 워 지까오 이 초우

0327. 잘하시는군요.

你真不错。

Nǐ zhēn búcuò.
니 쩐 부추어

중국사람들은 네 글자로 말하기를 좋아한다. 꼭 사자성어가 아니라도 네 글자의 조합으로 말하는 것을 즐겨한다.

중국어에는 사역을 나타내는 조동사가 있다. 해석은 「~에 의해서 / ~로 하여금」이라고 해석한다. 사역을 나타내는 것으로는 被, 令, 让, 叫, 使 등이 있다.

0328. 정말 훌륭하군요!

真是太好了。
Zhēn shì tài hǎo le.
쩐스 타이 하오러

0329. 이 프로젝트 정말 훌륭하군요. 잘 했어요.

这计划真是太好了，你干得好。
Zhé jìhuà zhēn shì tài hǎo le,　nǐ gàn de hǎo.
쩌 지화 쩐스 타이 하오러, 니 깐 더 하오

0330. 참 잘하셨어요.

你干得太出色了。
Nǐ gàn de tài chūsè le.
니 깐 더 타이 추써러

0331. 그렇지요, 그렇게 해야지요.

对呀，就该那么做。
Duì ya,　jiù gāi nàme zuò.
뚜이아, 지우 까이 나머 쭈어

0332. 나는 당신이 자랑스럽습니다.

我为你骄傲。
Wǒ wéi nǐ jiāoào.
워 웨이 니 지아오아오

> 骄傲는 「자랑스럽다」는 뜻도 있지만 「거만하다」 라는 의미도 있으므로 문맥에 맞게 사용해야 한다.

0333. 그렇게 훌륭하게 해내리라고는 미처 생각 못했어요.

我没想到你会干得这么出色。
Wǒ méi xiǎng dào nǐ huì gàn de zhème chūsè.
워 메이 시앙따오 니 후이 깐 더 쩌머 추써

0334. 초보로서는 상당히 잘하는군요.

作为初学者，你够可以的了。
Zuòwéi chū xué zhě, nǐ gòu kěyǐ de le.
쭈어웨이 추쉬에져, 니 꺼우 커이더러

> 作为 ~의 신분(자격)으로서. 여기서 可以는 「가능하다, 허락하다」의 의미가 아니라 「괜찮다, 잘하다」의 의미이다.

0335. 당신은 이 일에 안성맞춤입니다.

你干这件事，真叫适得其所。
Nǐ gàn zhè jiàn shì, zhēn jiào shì de qí suǒ.
니 깐 저 지엔스, 쩐 지아오 스더 치수어

0336. 그녀는 손재주가 좋아요.

她手很巧。
Tā shǒu hěn qiǎo.
타 소우 헌 치아오

0337. 정말 잘했어요.

你干得真好。
Nǐ gàn de zhēn hǎo.
나 깐 더 쩐 하오

능력을 칭찬할 때

0338. 아주 잘 하고 있어요.

你们现在干得很好。

Nǐ men xiànzài gàn de hěn hǎo.

니먼 시엔짜이 깐 더 헌 하오

Unit 04

외모를 칭찬할 때

0339. 당신은 정말 신사군요.

你真是个绅士。

Nǐ zhēn shi ge shēnshì.

니 쩐스 거 션스

0340. 멋있군요.

真帅。

Zhēn shuài.

쩐 슈와이

> 남자의 외모를 칭찬할 때 사용된다. 여성에게는 漂亮, 苗条를 사용한다.

0341. 옷을 입으신 것을 보니 취미가 고상하시군요.

看你的衣着，趣味真高尚啊。

Kàn nǐ de yī zhe, qùwèi zhēn gāoshàng a.

깐 니더 이져, 취에이 쩐 까오샹아

> 看~着는 「~하는 것을 보니」라는 의미로 해석한다.

0342. 나이에 비해 젊어 보이시는군요.

你比年龄年轻多了。

Nǐ bǐ niánlíng niánqīng duō le.

니 비 니엔링 니엔칭 뚜어러

0343. 아이가 참 귀엽군요!

这孩子真可爱。

Zhè háizi zhēn kě ài.

쩌 하이즈 쩐 커아이

0344. 당신은 눈이 참 예쁘군요.

你的眼睛好漂亮啊。

Nǐ de yǎnjing hǎo piaoliang a.

니더 이엔징 하오 피아오리앙아

0345. 어마, 멋있군요!

天啊，太帅了!

Tiān a, tài shuài le!

티엔아, 타이 슈와이러

0346. 그는 어느 모로 보나 신사입니다.

他从哪个方面看，都是地道的绅士。

Tā cóng nǎ ge fāngmiàn kàn, dōu shì dìdao de shēnshì.

타 총 나거 팡미엔 칸, 또우스 띠따오더 션스

0347. 리리는 사진이 아주 잘 받아요.

莉莉很上相。

Lìlì hěn shàngxiàng.

리리 헌 샹시앙

72

외모를 칭찬할 때

0348. 이 사진에 아주 잘 나왔네요.

这照片里的你照得真不错。

Zhè zhàopiàn lǐ de nǐ zhào de zhēn búcuò.

쩌 짜오피엔리더 니 짜오 더 쩐 부추어

0349. 사진은 그녀의 실물보다 더 잘 나왔군요.

照片倒比她的实物强呢。

zhàopiàn dào bǐ tā de shíwù qiáng ne.

짜오피엔 따오 비 타더 스우 치앙너

「A 比 B ～」는 「B 보다 A가 ～하다」라 는 의미이다.

0350. 사진보다 실물이 더 예쁘네요.

实物比照片更漂亮啊。

Shíwù bǐ zhàopiàn gèng piàoliang a.

스우 비 짜오피엔 껑 피아오리앙아

0351. 신체가 좋습니다.

身体很好。

Shēntǐ hěn hǎo.

션티 헌 하오

身体는 身材로 바꾸어 사용할 수 있다.

0352. 건강해 보이시는군요.

看起来很健康。

Kàn qǐ lái hěn jiànkāng.

칸 치라이 헌 지엔캉

0353. 건강의 비결은 무엇입니까?

请问健康的秘诀是什么?

Qǐngwèn jiànkāng de mìjué shì shénme?

칭원 지엔캉더 미쮀에 스 션머

0354. 어떻게 그렇게 건강하십니까?

你怎么会那么健康呢?

Nǐ zěnme huì nàme jiànkāng ne?

니 쩐머 후이 나머 지엔캉너

0355. 어쩜 그렇게 날씬하세요?

你怎么那么苗条?

Nǐ zěnme nàme miáotiao?

니 쩐머 나머 미아오티아오

Unit 05

패션을 칭찬할 때

0356. 굉장하게 차려입었군.

穿着真叫华贵呀。

Chuān zhe zhēn jiàohuá guì ya.

추안져 쩐 지아오 화 꾸이아

0357. 새 셔츠를 입으니 멋지네요.

穿新衬衫真帅呀。

Chuān xīn chènshān zhēn shuài ya.

추안 신 쳔샨 쩐 슈와이야

0358. 그거 참 잘 어울립니다.

这跟你很配。

Zhè gēn nǐ hěn pèi.

쩌 껀 니 헌 페이

配는 适合, 好看, 相
称, 諧調 등으로 바꾸어
사용할 수 있다.

0359. 그것은 정말 당신한테 잘 어울립니다.

那个真的跟你很配。

Nà ge zhēn de gēn nǐ hěn pèi.

나거 쩐더 껀 니 헌 페이

0360. 나는 당신에게 반했습니다.

我叫你迷住了。

Wǒ jiào nǐ mízhù le.

워 지아오 니 미쭈러

0361. 인기가 대단하시겠어요.

你这人肯定大有人气。

Nǐ zhè rén kěndìng dà yǒu rénqì.

니 쩌런 컨띵 따 여우 런치

0362. 그래서 이렇게 훌륭하군요.

怪不得这么好呢。

guài bù dé zhème hǎo ne.

꾸와이뿌더 쩌머 하오너

Unit 06
소지품을 칭찬할 때

0363. 정말 근사한데요.

真是不错。

Zhēn shì búcuò.

쩐스 부추어

0364. 아주 새 자전거를 가지셨군요.

你有这么新的自行车啊。

Nǐ yǒu zhème xīn de zìxíngchē a.

니 여우 쩌머 신더 쯔싱처아

0365. 그거 잘 사셨군요.

你算是买对了。

Nǐ suàn shì mǎi duì le.

니 슈안스 마이 뚜이러

0366. 그거 정말 좋은데요.

那真的很好啊。

Nà zhēn de hěn hǎo a.

나 쩐더 헌 하오아

0367. 이렇게 훌륭한 가구를 어디서 구했나요?

你在哪儿买了这么好的家具?

Nǐ zài nǎr mǎi le zhème hǎo de jiājù?

니 짜이 날 마이러 쩌머 하오더 지아쮜

소지품을 칭찬할 때

0368. 그것을 특별히 맞추었습니다.

这是我特别订做的。

Zhè shì wǒ tèbié dìng zuò de.

쩌스 워 트어비에 띵 쭈어더

0369. 멋진 집을 갖고 계시군요.

你的房子好漂亮啊。

Nǐ de fángzi hǎo piàoliang a.

니더 팡즈 하오 피아오리앙아

0370. 벽난로가 굉장하군요.

这壁炉好气派呀。

Zhè bìlú hǎo qìpài ya.

쩌 비루 하오 치파이야

보통 房子라고 하면 「집」을 말하고, 房间이라고 하면 「방」을 말한다.

Unit 07

칭찬을 받았을 때의 답변

0371. 과찬의 말씀입니다.

您过奖了。

Nín guòjiǎng le.

닌 꾸어지앙러

0372. 칭찬해 주시니 고맙습니다.

谢谢您的夸奖。

Xièxie nín de kuājiǎng.

시이시에 닌더 쿠아지앙

0373. 너무 치켜세우지 마세요.

不要捧得太高。

Bú yào pěng de tài gāo.

부이야오 펑 더 타이 까오

0374. 비행기 태우지 마세요.

别给我戴高帽子。

Bié gěi wǒ dài gāo màozi.

비에 게이 워 따이 까오 마오즈

0375. 그렇게 말씀해 주시니 고맙습니다.

您这么赏识，真是太谢谢了。

Nín zhème shǎngshí, zhēn shì tài xièxie le.

닌 쩌머 샹스, 쩐스 타이 시에시에러

0376. 과찬이십니다.

过奖过奖。

Guòjiǎng guòjiǎng.

꾸어지앙 꾸어지앙

0377. 저의 성공은 아버지 덕분이죠.

我的成功全靠父亲。

Wǒ de chénggōng quán kào fùqīn.

워더 청꿍 취엔카오 푸친

「~에게 의지하다, 덕택에」라는 의미로 靠를 자주 사용한다.
예 靠父母 (부모님께 의지하여)

놀라움과 두려움

모든 감탄사는 상황에 따라 어감에 따라 다르게 사용될 수 있다. 상황에 따라 잘 판단하고 사용하도록 하자. 감탄사는 문법적인 체계가 아닌, 관습으로 형성된다. 갑작스런 상황에서 나오는 감탄사를 잘 구사한다면 중국인들과의 교감이 원만히 이루어질 것이다. 중국어에서 흔히 쓰이는 감탄사로는 哎(āi), 噢(ō) 등이 있다.

Ⓐ 各位乘客, 请你们确认一下你们的安全带。
Gè wèi chéngkè, qǐng nǐmen quèrèn yí xià nǐmen de ānquándài.

因为气流不稳定, 飞机可能摇动一点。
Yīnwèi qìliú bù wěndìng, fēijī kěnéng yáodòng yì diǎn.

Ⓒ 天啊!
Tiān a!

Ⓑ 哎哟, 我的天啊!
Āi yō, wǒ de tiān a!

Ⓐ 승객 여러분, 안전벨트를 확인해주세요. 기류불안정으로 인해 기체가 흔들릴 수도 있습니다.
Ⓑ 저런 세상에!　　　　　　　　　　Ⓒ 하느님 맙소사!

Ⓐ 诸位, 镇静一些, 没什么可吃惊的。
Zhūwèi, zhènjìng yì xiē, méi shénme kě chī jīng de.

Ⓑ 乘务员, 没事吧?
Chéngwùyuán, méi shì ba?

Ⓐ 不用担心。大家来一个深呼吸。过一两分后就会稳定的。
Bú yòng dānxīn. Dàjiā lái yí ge shēnhūxī. Guò yī liǎng fēn hòu jiù huì wěndìng de.

Ⓐ 여러분, 침착하세요. 놀랄 거 없습니다.
Ⓑ 승무원, 아무 일 없는 거겠죠?
Ⓐ 걱정하지 않아도 됩니다. 모두 숨을 깊이 들이쉬세요. 1, 2분 후면 괜찮아집니다.

Unit 01

깜짝 놀랐을 때

0378. <u>하느님 맙소사!</u>

天啊!

Tiān a!

티엔아

0379. <u>말도 안 돼!</u>

太不像话了!

Tài bú xiàng huà le!

타이 부시앙화러

0380. <u>아차!</u>

哎哟!

Āi yō!

아이요

0381. <u>어머나!</u>

哎哟妈呀!

Āi yō mā ya!

아이요 마야

0382. <u>오, 안 돼!</u>

噢，不行!

Ō,　bù xíng!

오, 뿌 싱

0383. <u>세상에! / 와! 신난다!</u>

天啊!　/哇噻!

Tiān a!　/ Wā sāi!

티엔아/ 와사이

0384. <u>아이 깜짝이야!</u>

唷，吓死了!

Yō,　xià sǐ le!

요, 시아 쓰러

0385. <u>저런, 세상에!</u>

哎哟我的天啊!

Āi yō wǒ de tiān a!

아이요 워더 티엔아

0386. <u>놀랍군요!</u>

真惊人!

Zhēn jīng rén!

쩐 징런

0387. <u>아이, 깜짝 놀랐잖아.</u>

哎哟，让人吓一跳。

Āi yō,　ràng rén xià yí tiào.

아이요, 랑 런 시아 이 티아오

억양에 따라 다르지만 무엇인가를 깜빡했을 때, 또는 누군가에게 맞아서 아픔을 나타낼 때도 사용된다.

妈는 天으로 바꿔 사용할 수 있다. 우리나라에서도 놀랐을 때 「하나님」을 찾는 것이나 「엄마!」를 찾는 것이나 같은 이치이다.

Part 2 즉석에서 활용하는 기본 회화

깜짝 놀랐을 때

0388. 정말 놀랐어.

真是吓坏了。

Zhēn shì xià huài le.

쩐스 시아 후아이러

Unit 02

상대방이 놀랐을 때

0389. 놀랐니?

你吃惊了？

Nǐ chī jīng le?

니 츠징러

0390. 진정해.

镇静点儿。

Zhèn jìng diǎnr.

쩐징 디얼

상대방을 진정시키기 위한 표현
중 자주 사용되는 표현으로 冷静
点儿 / 放心 등도 있다.

0391. 앉아서 긴장을 푸는 게 좋겠어.

坐下来放松放松。

Zuò xià lái fàngsōng fàngsōng.

쪼우 시아 라이 팡송팡송

0392. 숨을 깊이 들이쉬세요.

来一个深呼吸。

Lái yí ge shēnhūxī.

라이 이거 선후시

0393. 여러분, 침착하세요, 놀랄 거 없어요.

诸位，镇静一些，没什么可吃惊的。

Zhūwèi, zhènjìng yì xiē, méi shénme kě chī jīng de.

쭈웨이, 쩐징 이시에, 메이 션머 커 츠징더

Unit 03

진정시킬 때

0394. 뭐가 무서우세요?

你怕什么？

Nǐ pà shénme?

니 파 션머

0395. 진정하세요.

你镇静一下。

Nǐ zhènjìng yíxià.

니 쩐징 이시아

0396. 놀라지 마세요.

你不要吃惊。

Nǐ bú yào chī jīng

니 부이야오 츠징

진정시킬 때

0397. 전혀 놀랄 것 없어요.

没有什么可吃惊的。

Méi yǒu shénme kě chī jīng de.

메이여우 션머 커 츠징더

0398. 놀랄 것까지는 없어요.

用不着这么吃惊。

Yòng bù zháo zhème chī jīng.

용부짜오 쩌머 츠징

0399. 무서워하지 마세요.

你不要害怕。

Nǐ bú yào hài pà.

니 부야오 하이파

초조함과 두려움

낯선 사람을 만나도 긴장을 하게 되는데, 더구나 외국에서 여행을 하거나 외국인을 만났을 때 긴장을 하는 건 당연한 일이다. 여기서는 긴장을 하거나 초조할 때, 또는 무서울 때 사용할 수 있는 중국어 표현을 익히도록 하였다. 중국어로 「긴장」이라는 말은 「紧张(jǐn zhāng)」이라고 표기를 하는데 「紧张」은 「긴장하다」라는 의미 말고도 「기대된다」라는 의미로도 사용된다.

C 来，在等候室等你们的次序。
　　Lái, zài děnghòushì děng nǐ men de cìxù.

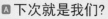

A 下次就是我们?
　Xià cì jiù shì wǒmen?

B 对。大约十分后就是我们的公演。
　Duì. Dàyuē shí fēn hòu jiù shì wǒmen de gōngyǎn.

C 자 여러분, 대기실로 와서 기다리세요.
B 응. 약 10분 후에 우리가 공연할 차례야.

A 다음 순서가 우리야?

A 我现在有点紧张。
　Wǒ xiànzái yǒu diǎn jǐnzhāng.

C 来，放松一下。跟练习一样做就行。
　Lái, fàngsōng yíxià. Gēn liànxí yíyàng zuò jiù xíng.

A 对。太紧张就会出错，我们要镇静。
　Duì. Tài jǐnzhāng jiù huì chū cuò, wǒmen yào zhènjìng.

B 我也一样。看我。手都抖了。
　Wǒ yě yíyàng. Kàn wǒ. Shǒu dōu dǒu le.

C 用不着那么紧张。
　Yòng bù zháo nàme jǐnzhāng.

A 난 좀 긴장돼.
C 자, 긴장을 풀어보세요. 연습했던 때랑 똑같이 하면 되요.
A 그래, 너무 긴장하면 실수할지도 모르니까 마음을 차분히 가라앉히자.
C 그렇게 긴장할 이유가 없어요.

B 나도 마찬가지야. 나 좀 봐. 손이 덜덜 떨려.

0400. 난 지금 좀 긴장돼.

我现在有点紧张。

Wǒ xiànzài yǒu diǎn jǐnzhāng.

워 시엔짜이 여우디엔 진쟝

坐立不安 안절
부절못하다

0401. 난 너무 걱정이 돼서 안절부절못하겠어.

我担心得坐立不安呢。

Wǒ dānxīn de zuò lì bù ān ne.

워 딴신 더 쭈어리뿌안너

0402. 너무 불안하다.

太让人不安了。

Tài ràng rén bù ān le.

타이 랑 런 뿌안러

0403. 난 긴장하고 있어요.

我可紧张了。

Wǒ kě jǐnzhāng le.

워 커 진쟝러

0404. 왜 손톱을 물어뜯고 있니?

你干嘛咬指甲?

Nǐ gàn ma yǎo zhǐ jia?

니 깐마 이야오 즈지아

0405. 나 좀 봐, 무릎이 덜덜 떨려.

你看我，膝盖都发抖呢。

Nǐ kàn wǒ, xīgài dōu fā dǒu ne.

니 칸 워, 시까이 또우 파또우너

0406. 너무 긴장이 돼서 심장이 쿵탕쿵탕거린다.

紧张得心怦怦跳。

Jǐnzhāng de xīn pēng pēng tiào.

진쟝 더 신 펑펑 티아오

0407. 그는 할 말을 잃었다. (긴장해서)

他都说不出话了。

Tā dōu shuō bù chū huà le.

타 또우 슈어 뿌 추화러

0408. 그녀는 긴장을 해요.

你看她紧张的。

Nǐ kàn tā jǐnzhāng de.

니 칸 타 진쟝더

0409. 나는 마음이 조마조마해.

我心里忐忑不安呢。

Wǒ xīn lǐ tǎn tè bù ān ne.

워 신리 탄트어뿌안너

긴장 · 초조할 때

0410. 너무 긴장해서 손이 땀으로 흠뻑 젖었다.

紧张得双手捏出汗来。

Jǐnzhāng de shuāngshǒu niē chū hàn lái.

진쟝 더 슈왕쇼우 니에추 한라이

Unit 02

긴장 · 초조를 진정시킬 때

0411. 긴장을 풀어 봐.

你放松一下。

Nǐ fàngsōng yíxià.

니 팡송 이시아

0412. 그렇게 긴장하지 마.

不要那么紧张嘛。

Bú yào nàme jǐnzhāng ma.

부이야오 나머 진쟝마

0413. 그렇게 긴장할 이유가 없어요. 긴장 풀어요.

用不着那么紧张， 你放松一下。

Yòng bù zháo nàme jǐnzhāng, nǐ fàng sōng yíxià.

용부짜오 나머 진쟝, 니 팡송 이시아

Unit 03

믿기지 않을 때

0414. 설마!

怎么会呢！

Zěnme huì ne!

쩐머 후이너

0415. 그럴 리가요!

不可能吧！

Bù kě néng ba!

뿌커넝바

0416. 정말입니까?

是真的吗？

Shì zhēn de ma?

스 쩐더마

0417. 믿을 수 없어!

真不敢相信！

Zhēn bùgǎn xiāngxìn!

쩐 뿌간 시앙신

0418. 굉장한데!

太壮观了！

Tài zhuàngguān le!

타이 쭈왕꾸완러

믿기지 않을 때

0419. 정말 충격이야.

真受到大刺激了。

Zhēn shòu dào dà cìjī le.
쩐 쇼우따오 따 츠지러

0420. 믿어지지 않는데요.

真让人不敢相信。

Zhēn ràng rén bùgǎn xiāngxìn.
쩐 랑 런 뿌간 시앙신

0421. 이거 큰일 났군!

这下闯大祸了。

Zhè xià chuǎng dà huò le.
쩌 시아 추왕 따 후어러

0422. 놀랍군요.

真让人吃惊。

Zhēn ràng rén chī jīng.
쩐 랑 런 츠징

0423. 너 때문에 놀랬잖아.

你把我吓了一跳。

Nǐ bǎ wǒ xià le yí tiào.
니 바 워 시아러 이 티아오

0424. 내 눈을 믿을 수가 없어.

真不敢相信我的眼睛。

Zhēn bùgǎn xiāngxìn wǒ de yǎnjing.
쩐 뿌간 시앙신 워더 이엔징

0425. 오, 리리, 이 집 정말 환상적이구나!

哇，莉莉，这真是梦幻般的房子呀!

Wā, Lìli, zhè zhēn shì mèng huàn bān de fángzi ya!
와, 리리, 쩌 쩐스 멍후안 빤더 팡즈야

Unit 04

무서울 때

0426. 무서워요.

我害怕。

Wǒ hài pà.
워 하이파

0427. 간 떨어질 뻔했어요.

我差点被吓死。

Wǒ chà diǎn bèi xià sǐ.
워 차디엔 뻬이 시아 쓰

0428. 나는 겁에 잔뜩 질렸다.

我简直被吓坏了。

Wǒ jiǎnzhí bèi xià huài le.
워 지엔즈 뻬이 시아 후아이러

83

무서울 때

0429. 대단한 담력이군요.

真是了不起的胆量。

Zhēn shì liǎo bù qǐ de dǎnliàng.

쩐스 리아오부치더 딴리앙

> 了不起 대단한

0430. 정말 무서운 영화였어.

那电影恐怖极了。

Nà diànyǐng kǒngbù jí le.

나 띠엔잉 콩뿌 지러

> 敢은 「감히」라는 의미이며, 부정형인 不敢은 「감히 ~하지 못하다」라고 해석할 수 있다.
> 예 你敢说谎话。
> (네가 감히 거짓말을 해!)

0431. 난 거기에 가기가 두려워.

我不敢去那地方。

Wǒ bùgǎn qù nà dìfāng.

워 뿌간 취 나 띠팡

0432. 그 생각만 하면 무서워요.

想起来就害怕。

Xiǎng qǐ lái jiù hài pà.

시앙 치라이 지우 하이파

0433. 등골에 땀이 나요.

脊背阵阵发凉。

Jǐbèi zhènzhèn fā liáng.

지뻬이 쩐쩐 파리앙

> 因为~ ,所以 형식의 문장은 「~때문에, 그래서 ~하다」라는 뜻으로 자주 쓰이는 표현이다.

0434. 그것 때문에 소름이 끼쳤어요.

因为那个，浑身起鷄皮疙瘩。

Yīnwèi nà ge, húnshēn qǐ jīpígēda.

인웨이 나거, 훈션 치 지피꺼따

0435. 내 팔에 소름 끼치는 것 좀 보세요.

你看看我胳膊上的鷄皮疙瘩。

Nǐ kànkan wǒ gēbo shàng de jīpígēda.

니 칸칸 워 꺼뽀 샹 더 지피꺼따

0436. 저도 온몸에 소름 끼쳐요.

我也浑身起了鷄皮疙瘩呢。

Wǒ yě húnshēn qǐ le jīpígēda ne.

워 이에 훈션 치러 지피꺼따너

0437. 무서운 생각이야.

真是可怕的想法。

Zhēn shì kěpà de xiǎngfǎ.

쩐스 커파더 시앙파

0438. 난 무서워서 아무것도 할 수가 없었어.

我吓得什么都不敢做。

Wǒ xià de shénme dōu bùgǎn zuò.

워 시아 더 션머 또우 뿌간 쭈어

무서울 때

0439. 왜 그런 일을 하는 걸 두려워합니까?

你为什么怕做那事?

Nǐ wèishénme pà zuò nà shì?

니 웨이션머 파 쭈어 나스

일 혹은 사건을 나타내는 양사는 件을 사용한다.
예 这件事情很难处理。
(이번 일은 처리하기 어렵다.)

Unit 05

두려울 때

0440. 두려워하지 마세요.

你不要怕。

Nǐ bú yào pà.

니 부이야오 파

0441. 두려워할 게 뭐가 있어?

有什么可怕的?

Yǒu shénme kěpà de?

여우 션머 커 파더

동정과 위로

상대가 아프거나 불행한 처지에 있을 때나 슬퍼할 때 따뜻하게 위로나 동정의 말을 건네는 것은 상대와의 친밀감을 더욱 돈독히 할 수 있다. 중국어에서는 동정과 위로의 표현은 유사한 부분이 많다. 일반적인 표현으로는 「힘내세요」 혹은 「넌 할 수 있어」 등의 표현을 자주 사용한다. 이는 중국어로 「加油，你是能干的(Jiāyóu，nǐ shì nénggàn de)」 등으로 표현할 수 있다.

Ⓐ 你怎么啦?
Nǐ zěnme la?

Ⓑ 怎么办? 这次也考不上了。这是第二次呢。
Zěnme bàn? Zhè cì yě kǎo bu shàng le.
Zhè shì dì èr cì ne.

Ⓐ 무슨 일 있니?

Ⓑ 어떡하지? 이번에도 시험에 떨어졌어. 이번이 두 번째야.

Ⓐ 我知道你努力学习，不要太忧郁。
Wǒ zhīdao nǐ nǔlì xuéxí, búyào tài yōuyù.

Ⓐ 不要气馁。
Búyào qì něi.

Ⓐ 我相信你肯定会做到。 加油啊!
Wǒ xiāngxìn nǐ kěndìng huì zuò dào. Jiāyóu a!

Ⓑ 我想什么也没用。我想要放弃啦。
Wǒ xiǎng shénme yě méi yòng. Wǒ xiǎng yào fàngqì la.

Ⓑ 下次可以考上吗? 我没有信心。
Xià cì kěyǐ kǎo shang ma? Wǒ méiyǒu xìnxīn.

Ⓑ 好，我再来挑战以下。谢谢。
Hǎo, wǒ zài lái tiǎo zhàn yíxià. Xièxie.

Ⓐ 열심히 한 거 아는데. 너무 우울하지 마.

Ⓐ 낙담하지 마.

Ⓐ 너는 틀림없이 해낼 수 있을 거라 믿어. 기운 내!

Ⓑ 난 해도 안 되는 것 같아. 포기해야 할까 봐.

Ⓑ 다음번에 합격할 수 있을까? 자꾸 자신이 없어져.

Ⓑ 그래, 다시 한 번 도전해볼게. 고마워.

Unit 01

동정할 때

0442. 걱정하지 마세요.

您不要担心。
Nín búyào dānxīn.
닌 부이야오 딴신

0443. 걱정할 것 없어요.

用不着担心。
Yòng bù zháo dān xīn.
용부짜오 딴신

0444. 좋아질 거예요.

会好起来的。
Huì hǎo qǐ lái de.
후이 하오 치라이더

0445. 결과에 대해 걱정하지 마세요.

您不用挂念结果。
Nín bú yòng guàniàn jiéguǒ.
닌 부용 꾸아니엔 지에구어

0446. 그런 걱정은 잊어버리세요.

这样的担心干脆忘掉了吧。
Zhèyàng de dānxīn gāncuì wàng diào le ba.
쩌이양더 딴신 깐추이 왕띠아오러바

0447. 너무 심각하게 받아들이지 마세요.

不要把它想得太重。
Búyào bǎ tā xiǎng de tài zhòng.
부이야오 바 타 시앙더 타이 쭝

0448. 긍정적으로 생각하세요.

往好的方向想吧。
Wǎng hǎo de fāngxiàng xiǎng ba.
왕 하오더 팡시앙 시앙바

Unit 02

깊은 동정을 나타낼 때

0449. 무슨 일이지?

你怎么啦?
Nǐ zěnme la?
니 쩐머라

0450. 내가 당신 옆에서 돌봐줄게요.

我会在旁边照顾你的。
Wǒ huì zài pángbiān zhàogù nǐ de.
워 후이 짜이 팡비엔 짜오꾸 니더

0451. 너무 우울해하지 마.

不要太忧郁。

Búyào tài yōuyù.

부이야오 타이 여우위

0452. 너무 걱정하지 마세요. 다 잘될 거예요.

用不着担心，都会好起来的。

Yòng bù zháo dānxīn, dōu huì hǎo qǐ lái de.

용부짜오 딴신, 또우 후이 하오 치라이더

0453. 자, 힘을 내. 너는 할 수 있어.

来，加把劲，你会做到的！

Lái, jiā bǎ jìn, nǐ huì zuò dào de!

라이, 지아 바진, 니 후이 쭈어따오더

说不定 단언하기 어렵다, ~일지도 모르다

0454. 이길 수도 있지요. 가능성은 양쪽 다 똑같으니까.

说不定会赢呢，双方都有同样的可能性嘛。

Shuō bú dìng huì yíng ne, shuāngfāng dōu yǒu tóngyàng de kěnéng xìng ma.

슈어부띵 후이 잉너, 슈왕팡 또우 여우 동양더 커넝싱마

0455. 당신은 틀림없이 해낼 수 있을 거라고 믿어요.

我相信你肯定会做到。

Wǒ xiāngxìn nǐ kěndìng huì zuò dào.

워 시앙신 니 컨띵 후이 쭈어따오

0456. 그것은 문제없어요.

那没问题。

Nà méi wèntí.

나 메이원티

0457. 그것은 문제도 안 돼요.

这简直不成问题 。

Zhè jiǎnzhí bù chéng wèntí.

쩌 지엔즈 뿌 성 원티

0458. 물론 확실합니다.

当然是肯定的了。

Dāngrán shì kěndìng de le.

땅란 스 컨띵더러

0459. 자, 걱정할 것 없어요.

来，用不着担心。

Lái, yòng bù zháo dānxīn.

라이, 용부짜오 딴신

0460. 부담스럽게 생각하지 마세요.

可别有什么负担。

Kě bié yǒu shénme fùdān.

커 비에 여우 션머 푸딴

0461. 기운 내!

加油啊!

Jiāyóu a!

지아여우아

우리말의 「파이팅!」에 해당한다.

0462. 낙담하지 말아요.

不要气馁。

Búyào qìněi.

부이야오 치네이

0463. 당신의 마음을 잘 알아요.

我懂你的心。

Wǒ dǒng nǐ de xīn.

워 뚱 니더 신

0464. 인생은 다 그런 거예요.

人生本来就是这样的。

Rénshēng běnlái jiù shì zhèyàng de.

런셩 뻔라이 지우스 쩌이양더

0465. 좀 더 힘내세요.

你再加把劲!

Nǐ zài jiā bǎ jìn!

니 짜이 지아 바진

劲은 jìn이라고 쓰지만, 회화체에서는 jìnr로 많이 쓰인다

0466. 진정하세요.

你不要激动。

Nǐ búyào jīdòng.

니 부이야오 지동

0467. 자, 기운을 내세요.

来，打起精神!

Lái, dǎ qǐ jīng shen!

라이, 따 치 징션

0468. 보기보다 어렵지 않아요.

比看着容易一些。

Bǐ kàn zhe róngyì yì xiē.

비 칸져 룽이 이시에

0469. 없는 것보다는 낫잖아요.

怎么也比没有强吧。

Zěnme yě bǐ méiyǒu qiáng ba.

쩐머 이에 비 메이여우 치앙바

0470. 당신은 결코 실패할 리 없어요.

我想你决不会失败。

Wǒ xiǎng nǐ jué búhuì shībài.

워 시앙 니 쥐에 부후이 스빠이

0471. 걱정 말고 말해요.

别担心，说吧。

Bié dānxīn, shuō ba.

비에 딴신, 슈어바

0472. 마음대로 해요.

随你的便。

Suí nǐ de biàn.

슈이 니더 비엔

> 的를 생략하여
> 말하기도 한다.

0473. 그런 사소한 일로 상심하지 마세요.

别为那点鷄毛蒜皮的事伤心。

Bié wéi nà diǎn jī máo suàn pí de shì shāngxīn.

비에 웨이 나디엔 지마오슈안피더 스 상신

Unit 04

격려할 때

0474. 기운 내.

打起精神!

Dǎ qǐ jīngshen!

따 치 징션

0475. 너는 이겨낼 거야.

你肯定会克服的。

Nǐ kěndìng huì kèfú de.

니 컨띵 후이 커푸더

0476. 슬픔에 굴복해서는 안 돼요.

可不能向悲痛低头。

Kě bù néng xiàng bēitòng dī tóu.

커 뿌넝 시앙 뻬이통 띠토우

0477. 잠을 자고 슬픔을 잊어버리세요.

好好睡一觉，忘掉悲痛吧。

Hǎohāo shuì yí jiào, wàng diào bēitòng ba.

하오하오 슈이 이 지아오, 왕띠아오 뻬이통바

0478. 어떻게 견디고 계세요?

您是怎么忍受的?

Nín shì zěnme rěnshòu de?

닌 스 쩐머 런쇼우더

0479. 더 이상 슬프지 않을 거예요.

不会再感到悲伤的。

Búhuì zài gǎn dào bēishāng de.

부후이 짜이 간따오 뻬이샹더

> 去世 세상을
> 떠나다 不胜
> 대단히, 매우

0480. 부친께서 돌아가셨다니, 참 안 됐습니다.

听说令尊去世了，真是不胜哀悼。

Tīng shuō lìngzūn qùshì le, zhēn shì búshèng āidào.

팅슈어 링쭌 취스러, 쩐스 부셩 아이따오

축하와 기원

축하할 일에 문장 앞에 「祝(zhù)」자를 자주 붙여 사용하며, 이 「祝」은 축하(祝贺)한 다는 의미와 「~하기를 기원한다(祝愿 zhù yuàn)」라는 의미를 나타낸다. 또한 「恭喜 (gōng xǐ)」라는 표현도 많이 사용하는데 이 표현을 중첩하여 「恭喜恭喜」로 더 많이 사용한다. 새해나 명절에 쓰이는 표현은 일반화되어 있으므로 잘 익혀두자.

A 王科长，恭贺新年。
祝你新年更上一层楼。
Wáng kēzhǎng, gōnghè xīnnián.
Zhù nǐ xīnnián gèng shàng yì céng lóu.

B 金科长也恭贺新年。
祝你万事如意。
Jīn kēzhǎng yě gōnghè xīnnián.
Zhù nǐ wàn shì rú yì.

A 왕 과장님, 새해 복 많이 받으세요. 이번 해는 작년보다 더 나은 해가 되길 바랍니다.
B 김 과장님도 새해 복 많이 받으세요. 하시는 일 모두 잘 되기를 바랍니다.

A 听说您有了喜事?
Tīng shuō nín yǒu le xǐ shì?

B 什么事?
Shén me shì?

A 祝贺您高升。
Zhù hè nín gāoshēng.

B 我高升了?
Wǒ gāoshēng ge le?

A 以后你来请客吧。
Yǐhòu nǐ lái qǐng kè ba.

B 那当然之事! 节日快乐!
Nà dāngrán zhī shì! Jiérì kuàilè!

A 듣자하니 왕 과장님께 축하할 일이 있다면서요?
A 승진을 축하합니다.
A 나중에 술 한 잔 사세요.

B 네? 무슨 일이죠?
B 제가 승진했다고요?
B 물론이지요. 즐거운 명절 되세요.

0481. 진심으로 축하드립니다.

衷心祝贺你。

Zhōng xīn zhùhè nǐ.

쭝 신 추후어 니

0482. 축하할 일이 생겼다면서요.

听说您有了喜事?

Tīng shuō nín yǒu le xǐshì?

팅슈어 닌 여우러 시스

0483. 승진을 축하합니다.

祝贺您高升。

Zhùhè nín gāoshēng.

쭈흐어 닌 까오셩

0484. 생일을 축하합니다.

生日快乐。

Shēngrì kuàilè.

셩르 쿠와이르어

0485. 진학을 축하합니다.

恭喜你的升学。

Gōngxǐ nǐ de shēng xué.

꽁시 니더 셩쉬에

0486. 놀랐지? 생일 축하해!

没想到吧?　祝你生日快乐!

Méi xiǎng dào ba? Zhù nǐ shēngrì kuàilè!

메이 시앙따오바? 쭈 니 셩르 쿠와이르어

0487. 생일 축하해, 밍 군!

生日快乐，小明!

Shēngrì kuàilè, xiǎoMíng!

셩르 쿠와이르어, 시아오밍

0488. 결혼을 축하합니다.

恭喜你们结婚!

Gōngxǐ nǐmen jíehūn!

꽁시 니먼 지에훈

0489. 우리 기념일을 축하해.

祝贺我们的纪念日。

Zhùhè wǒmen de jìniànrì.

쭈흐어 워먼더 지니엔르

0490. 고마워, 난 네가 또 잊어버린 줄 알았어.

谢谢，我以为你又忘了呢。

Xièxie, wǒ yǐwéi nǐ yòu wàng le ne.

시에시에, 워 이웨이 니 여우 왕러너

축하할 때

0491. 그 행운의 여성은 누구예요?

那个幸运的女人是谁?

Nà ge xìngyùn de nǚrén shì shéi?

나거 싱윈더 뉘런 스 쉐이

0492. 두 분이 행복하시길 빕니다.

祝两位幸福美满。

Zhù liǎng wèi xìngfú měimǎn.

쭈 리앙웨이 싱푸 메이만

0493. 부인이 임신하셨다면서요? 축하해요.

听说您夫人怀孕了，恭喜恭喜。

Tīng shuō nín fūrén huáiyùn le, gōngxǐ gōngxǐ.

팅슈어 닌 푸런 후와이윈러, 꽁시꽁시

0494. 득남을 축하합니다.

恭喜您喜得贵子。

Gōngxǐ nín xǐ dé guì zǐ.

꽁시 닌 시더 꾸이즈

0495. 아주 기쁘시겠군요.

您高兴坏了吧?

Nín gāoxìng huài le ba?

닌 까오싱 후와이러바

0496. 승리를 축하합니다.

庆贺胜利!

Qìnghè shènglì!

칭흐어 셩리

0497. 우리의 승리를 자축합시다.

让我们庆贺我们获胜!

ràng wǒmen qìnghè wǒmen huòshèng!

랑 워먼 칭흐어 워먼 후어셩

> 获胜 승리하다,
> 이기다

0498. 삼가 성공을 축하드립니다.

谨贺成功!

Jǐn hè chénggōng!

진흐어 청꽁

0499. 어떻게 해내셨어요?

您是怎么做到的?

Nín shì zěnme zuò dào de?

닌 스 쩐머 쭈어따오더

0500. 잘했다! 네가 정말 해냈구나.

太棒了，你小子真是好样的!

Tài bàng le, nǐ xiǎozi zhēn shì hǎo yàng de!

타이빵러, 니 사아오즈 쩐스 하오 이양더

0501. 새해 복 많이 받으세요.

恭贺新年。
Gōnghè xīnnián.
꽁허 신니엔

0502. 성공을 빕니다.

祝你成功。
Zhù nǐ chénggōng.
쭈 니 청꽁

0503. 더 나은 해가 되길 바랍니다.

祝你新年更上一层楼。
Zhù nǐ xīnnián gèng shàng yì céng lóu.
쭈 니 신니엔 컹 샹 이 청로우

0504. 당신에게 신의 축복이 있기를!

祝上帝保佑你!
Zhù shàngdì bǎoyòu nǐ!
쭈 샹띠 바오여우 니

0505. 모든 일이 잘되기를 바랍니다.

祝你万事如意。
Zhù nǐ wànshì rúyì.
쭈 니 완스루이

0506. 잘되길 바랍니다.

祝你一切顺利。
Zhù nǐ yíqiè shùnlì.
쭈 니 이치에 순리

0507. 행복하길 빌겠습니다.

祝你幸福。
Zhù nǐ xìngfú.
쭈 니 싱푸

0508. 행운을 빌게요.

祝你好运。
Zhù nǐ hǎoyùn.
쭈 니 하오윈

0509. 즐거운 크리스마스 보내세요.

圣诞快乐!
Shèngdàn kuàilè!
셩딴 쿠와이르어

0510. 새해에는 모든 행운이 깃들기를!

祝你新年交好运。
Zhù nǐ xīnnián jiāo hǎoyùn.
쭈니 신니엔 지아오 하오윈

0511. 고맙습니다.

谢谢。 / 多谢。

Xièxie. / Duō xiè.

씨에시에 / 뚜어시에

0512. 즐거운 명절 되세요!

节日快乐!

Jiérì kuàilè!

지에르 쿠와이르어

0513. 즐거운 발렌타인데이예요!

祝你情人节愉快!

Zhù nǐ qíngrén jié yúkuài!

쭈니 칭런지에 위쿠와이

0514. 너무 기뻐서 말이 안 나와요.

我高兴得都说不出话来了。

Wǒ gāoxìng de dōu shuō bù chū huà lái le.

워 까오싱 더 또우 슈어 뿌 추 화 라이러

0515. 고맙습니다. 운이 좋았던 것 같아요.

谢谢，看来我交了好运。

Xièxie, kàn lái wǒ jiāo le hǎoyùn.

씨에시에, 칸 라이 워 지아오러 하오윈

0516. 당신도요.

也祝贺你。

Yě zhùhè nǐ.

이에 쭈흐어 니

Chapter 15

희로애락의 감정

동양인은 자신의 감정을 잘 표현하지 않지만, 중국에는 감정을 나타내는 표현들이 무수히 많다. 「기쁘다, 즐겁다」의 표현에는 대표적으로 「高兴(gāo xìng), 开心(kāi xīn)」 등이 사용되며, 「화나다」는 「生气(shēng qì)」, 「슬프다」는 「伤心(shāng xīn), 悲哀(bēi āi)」 등의 표현이 자주 쓰인다. 감정을 강조할 때는 「非常(fēi cháng), 很(hěn)」 등의 부사를 사용한다.

Ⓐ 恭喜你。 听说你
要去留学?
Gōngxǐ nǐ.　Tīng shuō nǐ
yào qù liúxué.

Ⓑ 谢谢。 我很高兴!　高兴得
要飞了。这是我很愿意的。
Xièxie.　Wǒ hěn gāoxìng!　Gāoxìng de yào
fēi le.　Zhè shì wǒ hěn yuànyì de.

Ⓐ 축하한다. 유학 가게 되었다면서?
Ⓑ 축하해줘서 고마워. 너무 기뻐서 날아갈 듯해. 내가 원하던 일이었거든.

Ⓐ 要去留学，一边学习一边挣钱是好不容易的…。
Yào qù liúxué,　yì biān xuéxí yì biān zhèng qián shì hǎo bù róngyi de….

Ⓑ 对，真是很困难。我想放弃好多次。
Duì,　zhēn shì hěn kùnnan. Wǒ xiǎng fàngqì hǎo duō cì.

Ⓐ 可是你终于成功了。
Kěshì nǐ zhōngyú chénggōng le.

Ⓑ 你一直给我很多帮助。感谢你。我这辈子再没有比这更高兴的瞬间。
Nǐ yìzhí gěi wǒ hěn duō bāngzhù.　Gǎnxiè nǐ. Wǒ zhè bèizi zài méiyǒu bǐ zhè gèng gāoxìng de shùnjiān.

Ⓐ 你好了我也高兴。
Nǐ hǎo le wǒ yě gāoxìng.

Ⓐ 유학 가려고 공부하면서 돈 버는 거 쉽지 않은 일인데….
Ⓑ 맞아, 너무 힘들었어. 포기하려는 생각도 많이 하고.
Ⓐ 하지만 넌 결국 해냈어.
Ⓑ 넌 그동안 많은 도움을 줬어. 고마워. 내 생애에 이보다 더 기쁜 일이 또 있을까?
Ⓐ 네가 잘 돼서 나도 기뻐!

0517. 무척 기뻐요!

我太高兴了!

Wǒ tài gāoxing le!

워 타이 까오싱러

0518. 몹시 기뻐.

我很高兴!

Wǒ hěn gāoxìng!

워 헌 까오싱

0519. 날아갈 듯해.

高兴得要飞了。

Gāoxing de yào fēi le.

까오싱 더 이야오 페이러

0520. 기분 끝내주는군!

心情盖了冒了!

Xīnqíng gài le mào le!

신칭 까이러 마오러

0521. 기뻐서 펄쩍 뛸 것 같아.

高兴得就要飞起来似的。

Gāoxing de jiù yào fēi qǐ lái sì de.

까오싱 더 지우 이야오 페이 치라이 쓰더

0522. 내 평생 이렇게 기쁜 순간은 다시없을 거야.

我这辈子，再没有比现在还高兴的瞬间。

Wǒ zhè bèizi, zài méiyǒu bǐ xiànzài hái gāoxìng de shùnjiān.

워 쩌 베이즈, 짜이 메이여우 비 시엔짜이 하이 까오싱더 순지엔

0523. 정말 기쁩니다.

真的好高兴!

Zhēn de hǎo gāoxìng!

쩐더 하오 까오싱

0524. 정말 즐거워요!

真是太高兴了!

Zhēn shì tài gāoxìng le!

쩐스 타이 까오싱러

0525. 왕평(왕핑) 씨, 전 지금 하늘을 나는 기분이에요.

王平君，我现在真是飘飘欲仙呢。

WángPíng jūn, wǒ xiànzài zhēn shì piāopiāo yù xiān ne.

왕핑쥔, 워 시엔짜이 쩐스 피아오피아오위시엔너

0526. 뭐가 그리 기쁘세요, 김 양?

什么事那么高兴，金小姐?

Shénme shì nàme gāoxìng, Jīn xiǎojiě?

션머 스 나머 까오싱, 진 시아오지에

0527. 정말 기뻐요.

真高兴!

Zhēn gāoxìng!

쩐 까오싱

0528. 좋아서 미치겠어요.

高兴得要疯了!

Gāoxìng de yào fēng le!

까오싱 더 이야오 펑러

0529. 콧노래라도 부르고 싶은 기분입니다.

高兴得直想哼哼。

Gāoxìng de zhí xiǎng hēngheng.

까오싱 더 즈 시앙 헝헝

0530. 제 아들이 성공해서 무척 기뻐요.

我儿子出息了，我真是好高兴。

Wǒ érzi chūxi le,   wǒ zhēn shì hǎo gāoxìng.

워 얼즈 추시러, 워 쩐스 하오 까오싱

0531. 난 정말로 만족스러워.

我真是太满意了!

Wǒ zhēn shì tài mǎnyì le!

워 쩐스 타이 만이러

0532. 마음이 아주 편안해요.

心情好安详啊。

Xīnqíng hǎo ānxiáng a.

신칭 하오 안시앙아

0533. 난 정말 그것에 흡족해.

我为这个感到心满意足。

Wǒ wéi zhè ge gǎn dào xīn mǎnyì zú.

워 웨이 쩌거 간따오 신 만이 쭈

0534. 더 이상 기쁠 수 없을 거야.

再没有比这更高兴的事了!

Zài méiyǒu bǐ zhè gèng gāoxìng de shì le!

짜이 메이여우 비 쩌 껑 까오싱더 스러

Unit 02

즐거울 때

0535. 만세!

万岁!

Wànsuì!

완수이

0536. 브라보!

好!   好哇!

Hǎo!   Hǎo wā!

하오! 하오와

0537. <u>만세!</u>

哇噻!

Wā sāi!

와싸이

0538. <u>야, 만세!</u>

哇，万岁!

Wā, wànsuì!

와, 완수이

0539. <u>그는 희색이 만면했어요.</u>

他满面喜色呢。

Tā mǎnmiàn xǐsè ne.

타 만미엔 시써너

0540. <u>어찌된 일인지 모르겠지만, 그가 희색이 만연하더라고요.</u>

不知怎么回事，他可是喜气洋洋的。

Bùzhī zěnme huí shì, tā kěshì xǐ qì yáng yáng de.

뿌 즈 쩐머 후이스, 타 커스 시 치 양양더

0541. <u>희비가 교차하는군요.</u>

真是悲喜交集啊。

Zhēn shì bēixǐjiāojí a.

쩐스 베이시 지아오지아

0542. <u>그는 기뻐서 어쩔 줄 몰랐어요.</u>

他高兴得不知怎么办才好。

Tā gāoxìng de bùzhī zěnme bàn cái hǎo.

타 까오싱 더 뿌 즈 쩐머빤 차이 하오

0543. <u>시원섭섭하군요.</u>

真是又高兴又惆怅啊。

Zhēn shì yòu gāoxìng yòu chóuchàng a.

쩐스 여우 까오싱 여우 초우창아

0544. <u>지금은 웃을 때가 아니에요.</u>

现在还不到笑的时候。

Xiànzài hái bú dào xiào de shíhou.

시엔짜이 하이 부 따오 시아오더 스호우

Unit 03

기쁜 소식을 들었을 때

0545. <u>그 소식을 들으니 정말 기쁩니다.</u>

听到那消息真高兴。

Tīng dào nà xiāoxi zhēn gāoxìng.

팅따오 나 시아오시 쩐 까오싱

0546. <u>대단한 소식이야!</u>

这消息太棒了!

Zhè xiāoxi tài bàng le!

쩌 시아오시 타이 빵러

0547. 저도 기쁩니다.

我也很高兴。
Wǒ yě hěn gāoxìng.
워 이에 헌 까오싱

0548. 네가 잘돼서 나도 기뻐!

你好了我也高兴。
Nǐ hǎo le wǒ yě gāoxìng.
니 하오러 워 이에 까오싱

0549. 듣던 중 반가운데요.

好久才盼来好消息。
Hǎo jiǔ cái pàn lái hǎo xiāoxi.
하오지우 차이 판 라이 하오 시아오시

0550. 그거 반가운 소식이군요.

那真是令人高兴的消息啊。
Nà zhēn shì lìng rén gāoxìng de xiāoxi a.
나 쩐스 링 런 까오싱더 시아오시아

0551. 그녀가 들으면 틀림없이 기뻐할 거예요.

她要是知道了，肯定高兴坏了。
Tā yào shì zhīdao le,　kěndìng gāoxìng huài le.
타 이야오스 즈따오러, 컨띵 까오싱 후아이러

0552. 정말 기쁘시겠습니다.

您该多么高兴啊。
Nín gāi duō me gāoxìng a.
닌 까이 뚜어머 까오싱아

0553. 그 소식을 들으면 그가 얼마나 기뻐할까!

他要是听到这个消息，该多么高兴啊。
Tā yàoshì tīng dào zhè ge xiāoxi,　gāi duō me gāoxìng a.
타 이야오스 팅따오 쩌거 시아오시, 까이 뚜어머 까오싱아

0554. 그 소식을 들어서 얼마나 기쁜지 이루 말할 수 없습니다.

听见这个消息有多高兴，真是不可名状。
Tīng jiàn zhè ge xiāoxi yǒu duō gāoxìng, zhēn shì bù kě míng zhuàng.
팅지엔 쩌거 시아오시 여우 뚜어 까오싱, 쩐스 부 커 밍쭈왕

Unit 04

화낼 때

0555. 알았어, 알겠다고.

知道，知道了!
Zhīdao,　zhīdao le!
즈따오, 즈따오러

0556. 내게 말하지 마.

不要跟我说!
Búyào gēn wǒ shuō!
부이야오 껀 워 슈어

0557. 당신 때문에 미치겠어요.

因为你，我简直要疯了！

Yīnwèi nǐ, wǒ jiǎnzhí yào fēng le!

인웨이 니, 워 지엔즈 이야오 펑러

0558. 더 이상은 못 참겠어요.

我再也忍受不了了！

Wǒ zài yě rěn shòu bù liǎo le!

워 짜이 이에 런 쇼우뿌리아오러

0559. 정말 미쳐 버리겠네.

真叫人疯了！

Zhēn jiào rén fēng le!

쩐 지아오 런 펑러

0560. 미치겠어요.

气疯了！

Qìfēng le!

치펑러

0561. 너무 화가 나서 터질 것만 같아.

肺都要气炸了！

Fèi dōu yào qìzhà le!

페이 또우 이야오 치자러

0562. 참는 것도 한도가 있어요.

忍耐是有限度的。

Rěnnài shì yǒu xiàndù de.

런나이 스 여우 시엔뚜더

0563. 정말 열 받는군!

真叫人气死了！

Zhēn jiào rén qì sǐ le!

쩐 지아오 런 치 쓰러

0564. 그 사람을 볼 때마다 화가 나요.

碰着他，就气不打一处来。

Pèng zhe tā, jiù qì bù dǎ yí chù lái.

펑져 타, 지우 치 뿌 따 이 추 라이

0565. 제 자신에게 화가 났어요.

我生我自己的气呢。

Wǒ shēng wǒ zìjǐ de qì ne.

워 성 워 쯔지더 치너

0566. 그만해! 그것에 대해서 더 듣고 싶지 않아.

拉倒吧，我再也不想听那个！

Lādǎo ba, wǒ zài yě bù xiǎng tīng nà ge!

라따오바, 워 짜이 이에 뿌시앙 팅 나거

0567. 네가 그렇게 말하면 난 화가 나.

你这么说我就生气了。

Nǐ zhème shuō wǒ jiù shēngqì le.

니 쩌머 슈어 워 지우 셩치러

0568. 저 사람은 정말 무례해.

那人真无礼。

Nà rén zhēn wúlǐ.

나런 쩐 우리

0569. 너 어떻게 그렇게 무례할 수가 있니?

你这人怎么能这么无礼?

Nǐ zhè rén zěnme néng zhème wúlǐ?

니 쩌런 쩐머 넝 쩌머 우리

0570. 그 여자의 처신은 정말 불쾌해.

那女人的擧止真令人讨厌。

Nà nǚrén de jǔzhǐ zhēn lìng rén tǎoyàn.

나 뉘런더 쥐즈 쩐 링 런 타오이엔

Unit 05

슬플 때

0571. 울고 싶어.

真想哭。

Zhēn xiǎng kū.

쩐 시앙 쿠

0572. 저는 희망이 없어요.

我算是没有一点希望了。

Wǒ suàn shì méiyǒu yì diǎn xīwàng le.

워 수안스 메이여우 이디엔 시왕러

0573. 저는 비참해요.

我太惨了。

Wǒ tài cǎn le.

워 타이 찬러

0574. 저는 우울해요.

我很郁闷。

Wǒ hěn yùmèn.

워 헌 위먼

0575. 저는 조금 슬픈 기분이에요.

我心里有一点点悲伤呢。

Wǒ xīn lǐ yǒu yì diǎn diǎn bēishāng ne.

워 신리 여우 이디엔디엔 뻬이샹너

0576. 아무것도 하고 싶은 생각이 없어요.

我什么都不想做。

Wǒ shénme dōu bù xiǎng zuò.

워 션머 또우 뿌시앙 쭈어

0577. 그는 그 슬픈 소식을 듣고도 태연했어요.

他听着那悲伤的消息也泰然自若的。

Tā tīng zhe nà bēishāng de xiāoxi yě tái rán zì ruò de.

타 팅져 나 뻬이샹더 시아오시 이에 타이란쯔류어더

0578. 저는 지금 절망적인 상태예요.

我现在简直是绝望极了。

Wǒ xiànzài jiǎnzhí shì juéwàng jí le.

워 시엔짜이 지엔즈 스 쥐에왕지러

0579. 저를 우울하게 만들지 마세요.

你别让我太忧郁。

Nǐ bié ràng wǒ tài yōuyù.

니 비에 랑 워 타이 여우위

0580. 모든 것이 끝났다고 생각했어요.

我认为一切都完了。

Wǒ rènweí yíqiè dōu wán le.

워 런웨이 이치에 또우 완러

0581. 영화를 보다가 울어본 적이 있니?

你看电影掉过眼泪吗?

Nǐ kàn diànyǐng diào guò yǎnlèi ma?

니 칸 띠엔잉 띠아오구어 이엔레이마

0582. 영화가 너무 슬퍼요.

电影实在太惨了。

Diànyǐng shízài tài cǎn le.

띠엔잉 스짜이 타이 찬러

0583. 슬퍼서 울고 싶은 심정이에요.

我悲伤得要哭出来。

Wǒ bēishāng de yào kū chū lái.

워 뻬이샹 더 이야오 쿠 치라이

0584. 괜히 울고 싶은 심정이에요.

不知怎么想哭呢。

Bùzhī zěnme xiǎng kū ne.

뿌즈 쩐머 시앙 쿠너

0585. 마치 아이처럼 엉엉 울었다.

孩子般哇哇大哭起来。

Háizi bān wāwā dà kū qǐ lái.

하이즈 빤 와와 따 쿠 치라이

0586. 세상이 꼭 끝나는 것 같아.

就像到了世界末日。

Jiù xiàng dào le shìjiè mò rì.

지우 시앙 따오러 스지에 모으르

0587. 그 소식을 들으니 정말 우울해진다.

听了那消息心情真的不好受。

Tīng le nà xiāoxi xīnqíng zhēn de bù hǎo shòu.

팅러 나 시아오시 신칭 쩐더 부 하오쇼우

Unit 06
슬픔의 탄식

0588. 아, 슬퍼요!

啊，真悲伤!

Ā, zhēn bēishāng!

아, 쩐 뻬이샹

0589. 어머 가엾어라!

哟，太可怜了!

Yō, tài kělián le!

요, 타이 커리엔러

0590. 맙소사!

哎哟天啊!

Āi yō tiān a!

아이요 티엔아

0591. 어머, 가엾게도!

天啊，好可怜!

Tiān a, hǎo kělián!

티엔아, 하오 커리엔

Unit 07
불평하지 말라고 할 때

0592. 너무 투덜거리지 마!

你不要嘟嘟囔囔的。

Nǐ búyào dūdunāngnang de.

니 부이야오 뚜뚜낭낭더

0593. 너무 그러지 마.

不要太过分。

Búyào tài guò fēn.

부이야오 타이 꾸어펀

0594. 불평불만 좀 그만해.

你少发点牢骚好不好?

Nǐ shǎo fā diǎn láosāo hǎo bu hǎo?

니 샤오 파 디엔 라오사오 하오부하오

0595. 이제 그만 좀 불평해.

不要再发牢骚了。

Búyào zài fā láosāo le.

부이야오 짜이 파 라오사오러

불평하지 말라고 할 때

0596. 그만 좀 불평해.

少发牢骚。

Shǎo fā láosāo.

샤오 파 라오사오

0597. 그 사람 당신한테 화나 있어요.

那个人在生你的气呢。

Nà ge rén zài shēng nǐ de qì ne.

나거런 짜이 셩 니더 치너

0598. 무엇 때문에 그가 그렇게 화가 났니?

他生那么大气，到底为什么?

Tā shēng nàme dà qì, dàodǐ wèishénme?

타 셩 나머 따치, 따오띠 웨이션머?

0599. 왜 그런지 모르겠어요.

我也弄不清楚为什么。

Wǒ yě nòng bù qīngchu wèishénme.

워 이에 농 뿌 칭추 웨이션머

0600. 화났어요?

你生气了?

Nǐ shēngqì le?

니 셩치러

0601. 그는 몹시 화가 나 있어요.

他正在生大气呢。

Tā zhēngzài shēng dà qì ne.

타 쩡짜이 셩 따치너

0602. 그는 화를 잘 내요.

他本来爱生气。

Tā běnlái ài shēngqì.

타 번라이 아이 셩치

0603. 화가 아직 풀리지 않았어요?

气还没消啊?

Qì hái méi xiāo a?

치 하이 메이 시아오아

0604. 그러면 나한테 화가 난 거예요?

那你就生我的气啊?

Nà nǐ jiù shēng wǒ de qì a?

나 니 지우 셩 워더치아

0605. 뭐 때문에 그렇게 씩씩거리니?

干嘛那么气呼呼的?

gàn ma nàme qì hūhū de?

깐마 나머 치 후후더

0606. <u>무엇 때문에 그가 저렇게 펄펄 뛰는 거야?</u>

为什么他竟那样暴跳如雷?

Wèishén me tā jìng nàyàng bàotiào rú léi?

웨이션머 타 징 나이양 빠오티아오 루 레이

暴跳如雷
발을 구르며
노발대발하다

106

불평과 불만

불만이 쌓여 결국에는 불평으로 드러난다. 우리가 흔히 사용하는 격한 불만을 강조할 때 「~해 죽겠다」의 표현을 중국에서도 동일하게 쓴다. 예를 들면 「餓死了(è sǐ le) 배고파 죽겠다」, 「冷死了(lěng sǐ le) 추워 죽겠다」 등이다. 불평불만을 표현하는 상대방에게 응대하는 법도 잘 익혀두자.

Ⓐ 今天是星期六，夜班不是
太过分吗?
Jīn tiān shì xīng qī liù, yèbān bú shì tài
guò fēn ma?

Ⓑ 对啊。
Duì a.

Ⓐ 오늘 토요일인데, 야근을 너무 한 거 아냐?　　　Ⓑ 그러게요.

Ⓐ 啊。真让人泄气啊。
Ā. Zhēn ràng rén xiè qì a.

Ⓐ 真让人讨厌。
Zhēn ràng rén tǎo yàn.

Ⓑ 这事干来干去没个头。
Zhè shì gàn lái gàn qù méi ge tóu.

Ⓑ 真让人受不了。
Zhēn ràng rén shòu bù liǎo.

Ⓐ 정말, 맥이 빠지는군.　　　Ⓑ 일은 해도 해도 한이 없고.
Ⓐ 정말 짜증스럽네.　　　Ⓑ 정말 스트레스 쌓이는군!

0607. 왜 그게 제 탓이죠?

那为什么要怨我?

Nà wèishénme yào yuàn wǒ?

나 웨이션머 이야오 위엔 워

0608. 저로서는 불만입니다.

我感到很不满意。

Wǒ gǎn dào hěn bù mǎnyì.

워 간따오 헌 뿌 만이

0609. 나한테 불만 있어요?

你对我有不满?

Nǐ duì wǒ yǒu bùmǎn?

니 뚜이 워 여우 뿌 만

0610. 나 지금 바빠. 제발 저리 좀 비켜라.

我现在很忙，你给我躲一边去。

Wǒ xiànzài hěn máng, nǐ gěi wǒ duǒ yìbiān qù.

워 시엔짜이 헌 망, 니 게이 워 뚜어 이비엔 취

0611. 왜 그게 제 탓이죠?

这事凭什么怪我?

Zhè shì píng shénme guài wǒ?

쩌 스 핑 션머 꾸와이 워

0612. 당신 또 불평이군요.

你这人又发牢骚了。

Nǐ zhè rén yòu fā láosāo le.

니 쩌런 여우 파 라오사오러

0613. 무엇을 불평하고 계십니까?

到底对什么不满?

Dàodǐ duì shénme bùmǎn?

따오띠 뚜이 션머 뿌 만

0614. 당신 태도에 난 너무 불쾌해요.

你这个态度，很让我不快。

Nǐ zhè ge tàidu, hěn ràng wǒ bú kuài.

니 쩌거 타이뚜, 헌 랑 워 부 쿠와이

0615. 형편없어.

真不像话。

Zhēn bú xiàng huà.

쩐 부시앙화

0616. 그에게 불만이 있으니, 그와 결판을 내야겠어요.

对他有不满，就要跟他算帐。

Duì tā yǒu bùmǎn, jiù yào gēn tā suàn zhàng.

뚜이 타 여우 뿌 만, 지우 이야오 껀 타 수안짱

> 到는 동사의 보어로 쓰여 「~에 미치다, ~에 이르다」라는 의미로 동작이 목적에 도달하거나 성취된 것을 나타낸다.

> 凭은 「~을 근거로 하다, ~에 근거하다」라는 의미로 사용된다.
> 예)你凭什么要钱?

> 到底는 「도대체」라는 의미로 의문문에 쓰여서 어세를 강조한다.

불평·불만을 나타낼 때

0617. 뭐가 그렇게 불만족스러운가요?

你到底有什么可不满的?

Nǐ dàodǐ yǒu shénme kě bùmǎn de?

니 따오띠 여우 션머 커 뿌 만더

可는 의문문에 쓰여 의문의 어기를 강하게 함.

0618. 무엇 때문에 그렇게 불평하고 투덜거리죠?

你干嘛总发牢骚嘀嘀咕咕的?

Nǐ gàn ma zǒng fā láosāo dídigūgū de?

니 깐마 쫑 파 라오사오 띠띠꾸꾸더

Unit 02

귀찮을 때

0619. 아, 귀찮아.

咳，真讨厌。

Hāi, zhēn tǎoyàn.

하이, 쩐 타오이엔

0620. 정말 귀찮아 죽겠어.

真是讨厌死了。

Zhēn shì tǎo yàn sǐ le.

쩐스 타오이엔 쓰러

死了 ~죽겠다

0621. 누굴 죽일 생각이세요?

你想烦死人哪?

Nǐ xiǎng fán sǐ rén nǎ?

니 시앙 판 쓰 런나

0622. 당신은 참 짜증나게 하는군요.

你这人真烦人。

Nǐ zhè rén zhēn fán rén.

니 쩌런 쩐 판런

0623. 또 시작이군.

又来了。

Yòu lái le.

여우 라이러

Unit 03

지루하고 심심할 때

0624. 따분하죠, 그렇죠?

很无聊，是吧?

Hěn wúliáo, shì ba?

헌 우리아오, 스바

부가의문문으로 평서문 뒤에 붙어서 단독적으로 의문문을 만든다.

0625. 지겨운 일이군.

真令人厌烦。

Zhēn lìng rén yànfán.

쩐 링 런 이엔환

Part 2 즉석에서 활용하는 기본 회화

109

지루하고 심심할 때

0626. 지루해 죽겠어요.

真是无聊死了。

Zhēn shì wúliáo sǐ le.

쩐스 우리아오 쓰러

0627. 이 일은 해도 해도 한이 없군.

这事干来干去没个头。

Zhè shì gàn lái gàn qù méi ge tóu.

쩌 스 깐 라이 깐 취 메이거 토우

0628. 너의 행동에 진저리가 난다.

你的所作所为让我烦透了。

Nǐ de suǒ zuò suǒ wéi ràng wǒ fántòu le.

니더 수어쭈어 수어웨이 랑 워 판토우러

0629. 이것보다 더 지루한 일이 있을까?

世上还有比这更腻味的事吧?

Shì shàng hái yǒu bǐ zhè gèng nì wei de shì ba?

스상 하이여우 비 쩌 껑 니웨이더 스바

> 还有比~는 「~보
> 다 더 ~하다.」라
> 는 의미이다.

Unit 04

싫증나고 짜증날 때

0630. 진짜 지겹다. 지겨워.

真是烦死了，烦透了。

Zhēn shì fán sǐ le,   fántòu le.

쩐스 판 쓰러, 판토우러

0631. 하는 일에 싫증나지 않으세요?

你不厌倦你做的工作吗?

Nǐ bú yànjuàn nǐ zuò de gōngzuò ma?

니 뿌 타오쥐엔 니 쭈어더 꽁쭈어마

0632. 네, 이젠 진절머리가 나요.

是啊，已经厌倦得不得了。

Shì a,   yǐjing yànjuàn de bù dé liǎo.

스아, 이징 이엔쥐엔 더 뿌더리아오

> 「이미, 벌써」라는 의미
> 로 이미 발생한 일에 대해
> 기술하는 것이므로 문미
> 에 了를 동반한다.

0633. 그는 매우 짜증나게 해.

他可讨厌人了。

Tā kě tǎoyàn rén le.

타 커 타오이엔 런러

> 讨厌은 「짜증나다, 얄밉다」의
> 의미이나 연인들 사이에서 반어법
> 적인 표현으로 사용하기도 한다.

0634. 이런 생활에는 이제 넌더리가 나요.

这种日子我早腻了。

Zhè zhǒng rì zi wǒ zǎo nì le.

쩌 종 르즈 워 짜오니러

0635. 이젠 일에 싫증이 나요.

这事儿我已经厌倦了。

Zhè shìr wǒ yǐjing yànjuàn le.

쩌 설 워 이징 이엔쥐엔러

싫증나고 짜증날 때

0636. 정말 스트레스 쌓이는군!
真让人受不了。
Zhēn ràng rén shòu bù liǎo.
쩐 랑 런 쇼우뿌리아오

0637. 정말 짜증스러워요.
真让人讨厌。
Zhēn ràng rén tǎoyàn.
쩐 랑 런 타오이엔

0638. 그건 생각만 해도 지긋지긋해요.
那事想起来就令人厌恶啊。
Nà shì xiǎng qǐ lái jiù lìng rén yàn wù a.
나 스 시앙 치라이 지우 링 런 이엔우아

想起来는 「기억 속의 일이 생각나다」라는 뜻이다.

0639. 맥이 빠지는군!
真让人泄气啊。
Zhēn ràng rén xiè qì a.
쩐 랑 런 시에치아

0640. 그보다 더 짜증스러운 건 없어.
没有比这更讨厌的了。
Méiyǒu bǐ zhè gèng tǎoyàn de le.
메이여우 비 쩌 컹 타오이엔더러

0641. 영어 공부는 너무 싫증 나.
学英语太烦了。
Xué Yīngyǔ tài fán le.
쉬에 잉위 타이 판러

주어는 항상 명사, 대명사여야 할 필요는 없다. 이 문장에서는 절이 주어가 된 경우이다.

Unit 05
실망할 때

0642. 그는 항상 그런 식이에요.
他总是这么个德性。
Tā zǒngshì zhème ge dé xing.
타 쫑스 쩌머 거 더싱

总是는 「항상, 늘」이란 의미로 每次와 같은 의미이다.

비난과 험담

비난이나 험담 등의 욕설에 관한 표현은 가능하면 사용하기보다는 알아두는 선에서 그
치도록 하자. 국제적으로 악명 높은 중국인의 타액 싸움은 지극히 일상적인 한 장면이
다. 이와 같이 중국인이 노상에 침을 뱉는 일은 일상의 체질로 굳어져 버렸다. 욕을 뱉
는 습관과 함께 침을 잘 뱉는 건 중국의 2대 악습(?)이라고 해도 과언이 아닐 성싶다.

Ⓐ 时间不是太晚了吗?
Shíjiān búshì tài wǎn le ma?

Ⓑ 我看见我的朋友小王。
Wǒ kàn jiàn wǒ de péngyou xiǎo Wáng.

Ⓐ 너무 밤늦게 돌아다니는 거 아냐?　　　　　　　　　Ⓑ 친구 왕 군을 만나고 왔어요.

Ⓐ 他看来好象是个骗子。你好好小心。
Tā kàn lái hǎoxiàng shì ge piànzi. Nǐ hǎohǎo xiǎoxīn.

Ⓑ 你不要对我这么说话。他是和我最亲近的朋友。
Nǐ búyào duì wǒ zhème shuō huà. Tā shì hé wǒ zuì qīnjìn de péngyou.

Ⓐ 你竟然相信他，你也傻到家了。
Nǐ jìngrán xiāngxìn tā, nǐ yě shǎ dào jiā le.

Ⓑ 什么? 别把我当成傻瓜。
Shénme? Bié bǎ wǒ dāng chéng shǎguā.

Ⓐ 그 사람 사기꾼 같아. 조심하라고.
Ⓑ 그런 식으로 말하지 마세요. 그 사람은 나와 제일 친한 친구라고요.
Ⓐ 그 사람 말을 믿다니 너도 바보군.
Ⓑ 뭐라고요? 날 바보 취급 하지 말라고요.

Unit 01
말을 중지시킬 때

0643. 그런 식으로 말하지 마세요.

你不要对我这么说话。

Nǐ búyào duì wǒ zhème shuō huà.

니 부이야오 뚜이 워 쩌머 슈어화

0644. 저만 잘못했다고 탓하지 마세요.

你不要总埋怨我一个人不对。

Nǐ búyào zǒng mányuàn wǒ yí ge rén bú duì.

니 부이야오 쫑 만위엔 워 이거런 부 뚜이

0645. 그만하세요.

不用再说了。

Búyòng zài shuō le.

부용 짜이 슈어러

Unit 02
참견을 저지할 때

0646. 그만해, 날 좀 혼자 내버려 둬.

算了，你就让我一个人呆一会儿。

Suàn le, nǐ jiù ràng wǒ yí ge rén dāi yí huìr.

수안러, 니 지우 랑 워 이거런 따이 이후얼

> 算了는 「됐다, 그만두다」라는 의미로 비슷한 표현으로는 甭题了, 别说了 등이 있다.

0647. 행동으로 옮기든지, 입 다물고 있든지 해!

要么给我行动，要么给我闭嘴!

Yào me gěi wǒ xíngdòng, yào me gěi wǒ bì zuǐ!

이야오머 게이 워 싱똥, 이야오머 게이 워 삐쭈이

0648. 너희들 나머지도 다 마찬가지야.

剩下的你们几个也是一路货色。

Shèng xià de nǐmen jǐ ge yě shì yílù huòsè.

성시아더 니먼 지거 이에스 이루 화써

Unit 03
비난할 때

0649. 창피한 줄 아세요.

你不嫌丢脸吗?

Nǐ bù xián diūliǎn ma?

니 뿌 시엔 띠우리엔마

0650. 당신 정신 나갔어요?

你这人昏了头了?

Nǐ zhè rén hūn le tóu le?

니 쩌런 훈러 토우러

0651. 당신은 바보로군요.

你真是傻瓜。

Nǐ zhēn shì shǎguā.

니 쩐스 샤구아

비난할 때

0652. 당신 미쳤군요.
你疯了。
Nǐ fēng le.
니 펑러

0653. 왜 이런 식으로 행동하죠?
你为什么做出这种行动?
Nǐ wèishénme zuò chū zhè zhǒng xíngdòng?
니 웨이션머 쭈어 추 쩌 종 싱뚱

0654. 거봐! 내가 뭐라고 했어?
你看，我说什么来着?
Nǐ kàn, wǒ shuō shénme lái zhe?
니 칸, 워 슈어 션머 라이져

> 到家는 「전문가가 되다, 기술이 좋다」라는 의미, 여기서는 바보스러움의 정도를 나타낸다.

0655. 그 사람 말을 믿다니 당신도 어지간히 바보군요.
你竟然相信他，你也傻到家了。
Nǐ jìngrán xiāngxìn tā, nǐ yě shǎ dào jiā le.
니 징란 시앙신 타, 니 이에 샤따오 지아러

0656. 그게 어쨌단 말이니?
你说那又怎么的?
Nǐ shuō nà yòu zěnme de?
니 슈어 나 여우 쩐머더

> 以为는 「생각하다, 여기다, 알다」의 의미지만 부정적 어투를 내포한다.
> 老几는 (형제 중의) 몇 째의 뜻으로 쓰이나 이 문장에서는 어떤 범위 내에서 셈에 들어갈 수 없거나 자격이 없음을 나타낸다.

0657. 당신이 뭐라도 되는 줄 아세요?
你以为你是老几呀?
Nǐ yǐwéi nǐ shì lǎo jǐ ya?
니 이웨이 니 스 라오지아

0658. 남이 없는 곳에서 흉을 보지 마세요.
不要在背后说人家坏话。
Búyào zài bèihòu shuō rénjiā huài huà.
부이야오 짜이 베이호우 슈어 런지아 후와이화

> 조동사 要는 「~해야 한다.」라는 의미로 不用, 不必, 不用着로 대신할 수 있다.

0659. 너도 마찬가지야!
你也是一路货色!
Nǐ yě shì yílù huòsè!
니 이에스 이루 화써

0660. 저질!
缺德!
Quē dé!
취에더

0661. 바보짓 하지 마!
别做傻事了!
Bié zuò shǎ shì le!
비에 쭈어 사스러

0662. 정말 뻔뻔하군!

太不要脸了!

Tài bú yào liǎn le!

타이 부이야오 리엔러

0663. 도대체 무슨 생각으로 그러세요?

你到底为什么要这样?

Nǐ dàodǐ wèishén me yào zhèyàng?

니 따오띠 웨이션머 이야오 쩌이양

0664. 진짜 유치하군.

太幼稚了。

Tài yòuzhì le.

타이 여우즈러

0665. 그는 정말 멍청해.

他真是傻到家了。

Tā zhēn shì shǎ dào jiā le.

타 쩐스 샤따오 지아러

0666. 그는 그다지 똑똑하지 않아요.

那人是不大聪明。

Nà rén shì bú dà cōngming.

나런 스 부 따 총밍

不大는 정도가 낮거나 빈도가 적은 것을 나타내고 「그다지, 그리」의 의미를 갖는다.

0667. 뭐라고! 그래 그것도 몰라?

什么! 你连这个都不知道?

Shénme! Nǐ lián zhè ge dōu bùzhīdao?

션머! 니 리엔 쩌거 또우 뿌 즈따오

连~都 구문은 「~조차도, ~마저도」라는 의미로 자주 쓰이는 구문이다.
예 连汉语都不会说.
(중국어도 할 줄 몰라.)

0668. 나를 바보로 취급하지 마세요.

别把我当成傻瓜。

Bié bǎ wǒ dāng chéng shǎguā.

비에 바 워 땅청 샤꾸아

0669. 바보나 그렇게 하겠다.

只有傻瓜才肯那么干。

Zhǐ yǒu shǎguā cái kěn nàme gàn.

즈여우 샤꾸아 차이 컨 나머 깐

只有는 명사 앞에 놓여 只有, 只是, 只要의 뜻을 내포하면서 사물의 수량을 제한함.

0670. 당신 할 줄 아는 게 뭐예요?

你这人到底会做什么?

Nǐ zhè rén dàodǐ huì zuò shénme?

니 쩌런 따오띠 후이 쭈어 션머

0671. 그 남자 완전히 저능이야.

那男的简直是个弱智。

Nà nán de jiǎnzhí shì ge ruò zhì.

나 난더 지엔즈 스 기 루어스

0672. 이럴 수가! 어떻게 하는지 모른단 말이오?

怎么会能这样！难道连这个都不知道？

Zěnme huì néngzhèyàng! Nándào lián zhè ge dōu bùzhīdao?

쩐머 후이 넝 쩌이양! 난따오 리엔 쩌거 또우 뿌 즈따오

Unit 04
말싸움을 할 때

0673. 너 내 말대로 해!

你就听我的！

Nǐ jiù tīng wǒ de!

니 지우 팅 워더

0674. 아냐, 네가 내 말대로 해!

不，该你听我的！

Bù, gāi nǐ tīng wǒ de!

뿌, 까이 니 팅 워더

0675. 그만 해둬, 좀 조용히 해!

算了吧，你们给我安静点儿！

Suàn le ba, nǐmen gěi wǒ ānjìng diǎnr!

수안러바, 니먼 게이 워 안징디얼

0676. 이봐요! 목소리 좀 낮춰요.

我说，你小声点好不好？

Wǒ shuō, nǐ xiǎo shēng diǎn hǎo bù hǎo?

워 슈어, 니 시아오 셩 디엔 하오뿌하오

0677. 바보 같은 소리하지 마세요.

不要尽说傻话了。

Búyào jǐn shuō shǎhuà le.

부이야오 진 슈어 샤화러

동사의 긍정과 부정을 함께 사용하여 의문문을 만든다.

0678. 당신, 어떻게 그런 말을 할 수 있죠?

你，怎么能说那种话？

Nǐ, zěnme néng shuō nà zhǒng huà?

니, 쩐머 넝 슈어 나 종 화

0679. 당신이 어떻게 나한테 그렇게 심하게 할 수 있죠?

你竟然能对我这样绝情！

Nǐ jìngrán néng duì wǒ zhèyàng jué qíng!

니 징란 넝 뚜이 워 쩌이양 쮀에칭

竟然은 「뜻밖에, 의외로, 결국, 마침내」라는 의미로 쓰인다.

0680. 무엇 때문에 다투셨어요?

你们到底为什么吵架？

Nǐmen dàodǐ wèishénme chǎo jià?

니먼 따오띠 웨이션머 차오지아

0681. 당신한테 따질 게 있어요.

我有事跟你算帐。

Wǒ yǒu shi gēn nǐ suàn zhàng.

워 여우 스 껀 니 수안짱

跟你算帐은 事를 꾸며주는 절이다. 중국어도 영어와 마찬가지의 어순을 가지고 있을 뿐만 아니라 「절」 또는 「구」를 이용하여 꾸며주기도 한다.

0682. 너 두고 보자!

你等着瞧!

Nǐ děng zhe qiáo!

니 떵져치아오

0683. 내가 뭐가 틀렸다는 거야?

你说我有什么错?

Nǐ shuō wǒ yǒu shénme cuò?

니 슈어 워 여우 션머 추어

0684. 내가 너한테 뭘 어떻게 했다는 거야?

我究竟对你做错了什么?

Wǒ jiūjìng duì nǐ zuò cuò le shénme?

워 지우징 뚜이 니 쭈어 추어러 션머

> 究竟는 「도대체, 대관절, 어쨌든, 요컨대」라는 의미로 쓰이며 이 문장에서는 「도대체」라고 해석하는 것이 적절하다.

0685. 왜 내 뒤에서 험담하고 다녀?

你为什么在背后说我的坏话?

Nǐ wèishénme zài bèihòu shuō wǒ de huàihuà?

니 웨이션머 짜이 뻬이호우 슈어 워더 후와이화

0686. 네가 완전히 망쳤어.

你算毁了我了!

Nǐ suàn huǐ le wǒ le!

니 수안 후이러 워러

0687. 당신이 잘못한 거예요.

这都是你的错。

Zhè dōu shì nǐ de cuò.

쩌 또우스 니더 추어

> 都는 是와 연용(连用)하여 이유를 설명한다.

0688. 잘못한 사람은 바로 당신이오.

做错的就是你!

Zuò cuò de jiù shì nǐ!

쭈어 추어더 지우스 니

0689. 어떻게 그런 말을 할 수 있지요?

你怎么能说出这种话?

Nǐ zěnme néng shuō chū zhè zhǒng huà?

니 쩐머 넝 슈어 추 쩌 종 화

0690. 감히 나한테 어떻게 그렇게 얘기할 수 있어?

你敢对我说出这种话?

Nǐ gǎn duì wǒ shuō chū zhè zhǒng huà?

니 간 뚜이 워 슈어 추 쩌 종 화

0691. 그래, 한번 붙어 보자!

好，咱们单挑吧!

Hǎo, zánmen dān tiāo ba!

하오, 짠먼 딴티아오바

욕설과 험담을 할 때

0692. <u>우리 밖에서 한 판 붙자!</u>

干脆到外面去吧!

Gāncuì dào wàimiàn qù ba!

깐추이 따오 와이미엔 취바

0693. <u>덤벼!</u>

放马过来吧!

Fàng mǎ guò lái ba!

팡 마 꾸어라이바

0694. <u>넌 더 이상 내 친구가 아냐.</u>

你再也不是我的朋友。

Nǐ zài yě búshì wǒ de péngyou.

니 짜이 이에 부스 워더 펑여우

再, 又는 모두 「다시, 또」라는 의미이지만, 再는 장차 중복될 동작에 쓰이고, 又는 이미 중복된 동작에 쓰인다.

118

고마움

상대의 행위나 배려에 고마움을 표현할 때「谢谢(xiè xie)」하나만 알고 있는 경우가 많다. 다양한 표현법을 익히고 무엇에 대한 감사인지 덧붙여서 말하는 습관을 들이도록 하자. 참고로 중국인은 선물을 주고받는 것을 무척 좋아한다. 만약 여러분이 중국인을 만날 기회가 있다면 선물을 준비해두는 것도 빨리 친해지는 한 방법이 될지도 모른다.

Ⓐ 祝你生日快乐。
Zhù nǐ shēngrì kuàilè.

Ⓑ 谢谢你的祝贺。
Xièxie nǐ de zhùhè.

Ⓐ 생일 축하합니다.

Ⓑ 축하해 주셔서 감사합니다.

Ⓐ 这是我给你的小礼物。请收下，这是我的一点心意。
Zhè shì wǒ gěi nǐ de xiǎo lǐwù.　Qǐng shōu xià, zhè shì wǒ de yì diǎn xīnyì.

Ⓑ 哇，好棒啊。
Wā, hǎo bàng a.

Ⓐ 这礼物是我亲手制作的。
Zhè lǐwù shì wǒ qīnshǒu zhìzuò de.

Ⓑ 承蒙您的厚意，不知该怎么感谢。
Chéngméng nín de hòuyì, bù zhī gāi zěnme gǎnxiè.

Ⓐ 您这么说，太感谢了。
Nín zhème shuō, tài gǎnxiè le.

Ⓑ 我想晚上请客。
Wǒ xiǎng wǎnshàng qǐng kè.

Ⓐ 太好了
Tài hǎo lc.

Ⓐ 당신에게 줄 조그만 선물입니다. 자, 선물 받으세요.

Ⓑ 와! 정말 멋지네요.

Ⓑ 훌륭한 선물을 주셔서 대단히 고맙습니다.

Ⓑ 저녁식사를 대접하고 싶습니다.

Ⓐ 이 선물은 제가 직접 만든 거예요.

Ⓐ 그렇게 말씀해 주시니 고맙습니다.

Ⓐ 좋습니다.

Unit 01

감사의 기본 표현

0695. 감사합니다.

谢谢。

Xièxie.

씨에시에

0696. 대단히 감사합니다.

太感谢了。

Tài gǎnxiè le.

타이 간시에러

0697. 도와주셔서 감사합니다.

感激你们的帮忙。

Gǎn jī nǐmen de bāngmáng.

간지 니먼더 빵망

Unit 02

수고 · 노고에 대해
고마움을 나타낼 때

0698. 진심으로 감사드립니다.

衷心地感谢您。

Zhōng xīn de gǎnxiè nín.

종신 더 간시에 닌

0699. 그렇게 말씀해 주시니 고맙습니다.

您这么说，太感谢了。

Nín zhème shuō, tài gǎnxiè le.

닌 쩌머 슈어, 타이 간시에러

0700. 친절히 도와주셔서 감사합니다.

谢谢您的热情帮助。

Xièxie nín de rè qíng bāngzhù.

씨에시에 닌더 르어칭 빵쭈

0701. 그렇게 해 주시면 감사하겠습니다.

您肯这么做，真是太感谢了。

Nín kěn zhème zuò, zhēn shì tài gǎnxiè le.

닌 컨 쩌머 쭈어, 쩐스 타이 간시에러

0702. 어쨌든 감사합니다.

无论如何，太感谢您了。

Wúlùn rúhé, tài gǎnxiè nín le.

우룬 루흐어, 타이 간시에 닌러

0703. 얼마나 감사한지 모르겠어요.

不知有多么感谢。

Bùzhī yǒu duōme gǎnxiè.

뿌 즈 여우 뚜어머 간시에

> 단어가 부사어로 쓰여 동사, 형용사를 수식할 경우에 쓰이며, 그 밖의 경우에는 的를 쓰고, 부사어인 형용사 앞에 정도를 나타내는 부사가 있을 경우에는 일반적으로 꼭 地를 쓴다.

> 肯은 조동사로서 「기꺼이 ~하다」라는 의미. 외부로부터의 요청·요구를 받아들여 그대로 행동·동작을 취하겠다는 의도를 나타내며, 의지를 나타내는 要보다 소극적이다.

**수고 · 노고에 대해
고마움을 나타낼 때**

0704. 그 점 정말 감사합니다.

这一点，真是太感谢了。

Zhè yì diǎn, zhēn shì tài gǎnxiè le.

쩌 이디엔, 쩐스 타이 간시에러

0705. 도와 주셔서 감사드립니다.

谢谢您的帮助。

Xièxie nín de bāngzhù.

씨에시에 닌더 빵쭈

0706. 정말 감사합니다.

真是太谢谢了。

Zhēn shì tài xièxie le.

쩐스 타이 씨에시에러

0707. 가르쳐 줘서(조언을 해 줘서) 감사합니다.

感谢您的指敎。

Gǎnxiè nín de zhǐjiào.

간시에 닌더 즈지아오

0708. 여러 가지로 감사드립니다.

感谢您多方关照。

Gǎnxiè nín duō fāng guānzhào.

간시에 닌 뚜어팡 꾸안짜오

0709. 그저 감사할 따름입니다.

我只有感谢您。

Wǒ zhǐ yǒu gǎnxiè nín.

워 즈여우 간시에 닌

只有는 「오로지, 오직,
단지」라는 의미이다.

0710. 어떻게 감사를 드려야 할지 모르겠어요.

不知该怎样谢谢您。

Bùzhī gāi zěnyàng xièxie nín.

뿌 즈 까이 쩐양 씨에시에 닌

0711. 김 선생님, 제가 큰 은혜를 입었습니다.

金先生，这次承蒙您的厚恩。

Jīn xiānsheng, zhè cì chéngméng nín de hòuēn.

진 시엔셩, 쩌츠 청멍 닌더 호우언

次는 양사로 「번,
순서, 차례, 횟수」
를 나타낸다.

0712. 고맙습니다. 그거 좋지요.

谢谢，那敢情好。

Xièxie, nà gǎn qíng hǎo.

씨에시에, 나 깐 칭 하오

0713. 태워다 주셔서 감사합니다.

感谢您用车送我。

Gǎnxiè nín yòng chē sòng wǒ.

간시에 닌 용 처 쏭 워

0714. 어떻게 감사를 드려야 할지 모르겠군요.

真不知道该怎样感谢您。

Zhēn bùzhīdao gāi zěnyàng gǎnxiè nín.

쩐 뿌 즈따오 까이 쩐양 간시에 닌

0715. 환대에 감사드립니다.

谢谢您的款待。

Xièxie nín de kuǎndài.

씨에시에 닌더 쿠안따이

0716. 큰 도움이 되었어요.

对我帮助太大了。

Duì wǒ bāngzhù tài dà le.

뚜이 워 빵쭈 타이 따러

0717. 친절을 베풀어 주셔서 감사합니다.

谢谢您的亲切关照。

Xièxie nín de qīnqiè guānzhào.

씨에시에 닌더 친치에 꾸안짜오

0718. 보답해 드릴 수 있었으면 좋겠어요.

但愿我能报答您。

Dànyuàn wǒ néng bàodá nín.

딴 위엔 워 넝 빠오타 닌

0719. 저녁 시간, 덕분에 재미있었습니다.

托福，今天晚上过得真愉快。

Tuō fú, jīntiān wǎnshang guò de zhēn yúkuài.

투어푸, 진티엔 완샹 꾸어 더 쩐 위쿠아이

> 托福는 「덕분에, 덕
> 을 입다」라는 의미로
> 예의를 표할 때 자주
> 사용되는 표현이다.

0720. 호의는 감사합니다만, 사양하겠습니다.

谢谢您的美意，可真的不用。

Xièxie nín de měiyì, kě zhēn de búyòng.

씨에시에 닌더 메이이, 커 쩐더 부용

> 사양을 할 때에는 먼저
> 감사의 뜻을 밝히고 사양
> 하는 것이 좋다.

0721. 여러모로 배려해 주셔서 정말 고맙게 생각합니다.

承蒙您多方照顾，真是太感谢了。

Chéngméng nín duō fāng zhàogù, zhēn shì tài gǎnxiè le.

청멍 닌 뚜어팡 짜오꾸, 쩐스 타이 간시에러

**칭찬·호의에 대해
고마움을 나타낼 때**

0722. 동반해 주셔서 즐겁습니다.

有您陪我，真是太高兴了。

Yǒu nín péi wǒ, zhēn shì tài gāoxìng le.

여우 닌 페이 워, 쩐스 타이 까오싱러

0723. 당신 덕분에 오늘 정말 재미있게 보냈습니다.

托您的福，今天过得太愉快了。

Tuō nín de fú, jīntiān guò de tài yúkuài le.

투어 닌더 푸, 진티엔 꾸어더 타이 위쿠와이러

0724. 정말 잊을 수 없는 식사예요.

真是难忘的晚餐。

Zhēn shì nán wàng de wǎn cān.

쩐스 난왕더 완찬

> 难忘에서 难은 「어렵다」의
> 의미가 아니라 「~을 잊을 수
> 없다」라는 의미로 사용된다.
> 즉 不能忘记의 의미가 된다.

0725. 같이 보낸 모든 순간이 정말 재미있었습니다.

一起度过的每一个瞬间，都是那么有意思。

Yì qǐ dù guò de měi yí ge shùnjiān, dōu shì nàme yǒu yìsi.

이치 뚜꾸어더 메이 이거 순지엔, 또우스 나머 여우 이쓰

0726. 저희와 함께 시간을 보내 주셔서 감사합니다.

谢谢您肯挤出时间陪我们。

Xièxie nín kěn jǐ chū shíjiān péi wǒmen.

씨에시에 닌 컨 지 추 스지엔 페이 워먼

0727. 모든 게 맛있었습니다.

所有的菜都那么好吃。

Suǒyǒu de cài dōu nàme hǎochī.

수여우더 차이 또우 나머 하오츠

> 「맛있다」는 표현은 일반적
> 으로 好吃라고 하며 「好+동
> 사」의 형태로 자주 표현된다.
> 예 好听(감미롭다),
> 好玩儿(재미있다)

0728. 당신은 생명의 은인입니다.

您是我生命的恩人。

Nín shì wǒ shēngmìng de ēnrén.

닌 스 워 셩밍 더 언런

0729. 걱정해 주셔서 고맙습니다.

谢谢您为我费心。

Xièxie nín wèi wǒ fèixīn.

씨에시에 닌 웨이 워 페이신

Unit 05

선물을 주고받을 때

0730. 당신의 선물을 무엇으로 보답하죠?

真不知该怎样报答您的厚礼。

Zhēn bùzhī gāi zěnyàng bàodá nín de hòulǐ.

쩐 뿌 즈 까이 쩐양 빠오따 닌더 호우리

0731. 훌륭한 선물을 주셔서 대단히 고맙습니다.

承蒙您的厚意，不知该怎么感谢。

Chéngméng nín de hòuyì, bùzhī gāi zěnme gǎnxiè.

청멍 닌더 호우이, 뿌 즈 까이 쩐머 간시에

0732. 이거 정말 저한테 주는 겁니까?

这真是给我的吗?

Zhè zhēn shì gěi wǒ de ma?

쩌 쩐스 게이 워더마

0733. 자, 선물 받으세요.

请收下，这是我的一点心意。

Qǐng shōu xià, zhè shì wǒ de yì diǎn xīnyì.

칭 쇼우시아, 쩌스 워더 이디엔 신이

想은 「~할 생각이다, ~하려고 하다」 등의 미래를 나타내는 표현에 사용되는 조동사이다. 东西는 1성으로 읽으면 「동서(방위)」를 나타내고 경성으로 읽으면 「물건」의 뜻이 된다.

0734. 당신에게 드리려고 뭘 사왔어요.

我买了点东西，想送你。

Wǒ mǎi le diǎn dōngxi, xiǎng sòng nǐ.

워 마이러 디엔 똥시, 시앙 쏭 니

0735. 당신에게 줄 조그만 선물입니다.

这是我给您的小礼物。

Zhè shì wǒ gěi nín de xiǎo lǐwù.

쩌 스 워 게이 닌더 시아오 리우

0736. 보잘것없는 것이지만 받아 주십시오.

不成敬意，请您笑纳。

Bù chéng jìngyì, qǐng nín xiàonà.

뿌 청 징이, 칭 닌 시아오나

0737. 이 선물은 제가 직접 만든 거예요.

这礼物是我亲手制作的。

Zhè lǐ wù shì wǒ qīnshǒu zhìzuò de.

쩌 리우 스 워 친쇼우 즈쭈어더

亲手는 「내손으로 직접」이라는 의미이며 自己로 바꾸어 사용하여도 무방하다.

0738. 대단치 않지만 마음에 들었으면 합니다.

虽然不起眼，还望你能喜欢。

Suīrán bù qǐ yǎn, hái wàng nǐ néng xǐhuan.

수이란 부 치 이엔, 하이 왕 니 넝 시후안

0739. 조그만 축하 선물을 가지고 왔어요.

我带来了小小的贺礼。

Wǒ dài lái le xiǎo xiǎo de hèlǐ.

워 따이 라이러 시아오시아오더 흐어리

0740. 정말 고맙지만, 받을 수 없습니다.

虽然很感谢，可我不能收下。

Suīrán hěn gǎnxiè, kě wǒ bùnéng shōu xià.

수이란 헌 간시에, 커 워 뿌넝 쇼우시아

0741. 이건 바로 제가 갖고 싶었던 거예요.

这真是我非常想要的哟。

Zhè zhēn shì wǒ fēicháng xiǎng yào de yō.

쩌 쩐스 워 페이창 시앙 이야오더요

선물을 받게 되면 「선물이 매우 마음에 든다」 등의 말로 감사를 표시하자.

선물을 주고받을 때

0742. 아, 이러시면 안 되는데요. 받기 곤란합니다.

啊，这太不好意思了，我不敢收下。

Ā, zhè tài bùhǎoyisi le, wǒ bùgǎn shōu xià.

아, 쩌 타이 뿌하오이쓰러, 워 뿌 간 쇼우시아

0743. 무엇 때문에 제게 주시는 거죠?

为什么送我?

Wèishénme sòng wǒ?

웨이션머 쏭 워

为什么는 이유를
묻는 의문사로 자주
사용되는 표현이다.

Unit 06

**친절에 대한
고마움을 나타낼 때**

0744. 친절에 감사드립니다.

您这么亲切，真是太谢谢了。

Nín zhème qīnqiè, zhēn shì tài xièxie le.

닌 쩌머 친치에, 쩐스 타이 씨에시에러

0745. 당신은 정말 사려가 깊으시군요.

您真是考虑周到啊。

Nín zhēn shì kǎolǜ zhōu dao a.

닌 쩐스 카오뤼 쪼우따오아

사과와 사죄

서로 다른 사고방식을 가진 사람들 사이에서의 대화에서 오해나 충돌이 생길 때가 많다. 실수를 하거나 잘못을 했을 때 우선 정중하게 사과를 하고 용서를 구하는 것이 도리이다. 중국어에서는 보편적으로 용서를 구할 때 「对不起(duí bu qǐ)」 등의 표현 외에도 「抱歉(bào qiàn), 过意不去(guò yì bú qù), 不好意思(bù hǎo yì si)」 등을 자주 사용하므로 잘 익혀두자.

Ⓐ 小林，你为什么来那么晚呢?
XiǎoLín, nǐ wèishénme lái nàme wǎn ne.

Ⓑ 真对不起，来晚了。
Zhēn duìbuqǐ., lái wǎn le.

Ⓐ 린 군, 너 왜 이렇게 늦은 거야?　　　　　　Ⓑ 늦어서 미안해.

Ⓐ 因为等你，这一个小时什么都不能办呢。
Yīnwèi děng nǐ, zhè yí ge xiǎoshí shénme dōu bùnéng bàn ne.

Ⓑ 对不起，我也没办法。堵车很厉害呢。
Duìbuqǐ, wǒ yě méi bànfǎ. dǔchē hěn lìhai ne.

Ⓐ 你总是来晚，人家都很生气啦。
Nǐ zǒngshì lái wǎn, rénjiā dōu shēngqì la

Ⓑ 对这件事，我感到很对不起你们。我保证，再也不会发生这样的事了。
Duì zhè jiàn shì, wǒ gǎn dào hěn duìbuqǐ nǐmen. Wǒ bǎozhèng, zài yě bú huì fāshēng zhèyàng de shì le.

Ⓐ 算了。
Suàn le

Ⓑ 请原谅我这一次。
Qǐng yuánliàng wǒ zhè yí cì.

Ⓐ 好吧，快进去吧。人家等了好久了。
Hǎo ba, kuài jìn qù ba. rénjiā děng le hǎo jiǔ le.

Ⓐ 너 기다리는 것 때문에 1시간 동안 아무것도 할 수가 없었잖아.
Ⓑ 어쩔 수가 없었어. 차가 많이 막혀서.
Ⓐ 넌 항상 약속시간에 늦더라, 다른 사람들도 화가 많이 나있어.
Ⓑ 이번 일에 대해서 미안하게 생각하고 있어. 다시는 이런 일이 일이 없을 거야.
Ⓐ 됐어.　　　　　　　　　　　Ⓑ 한 번 봐주라.
Ⓐ 좋아, 어서 들어가자. 다른 사람들이 오래 기다렸어.

Unit 01
실례할 때

0746. 실례하겠어요.
不好意思。
Bùhǎoyìsi.
뿌하오이쓰

0747. 미안합니다.
对不起。
Duìbuqǐ.
뚜이붙이

0748. 기분을 상하게 해드리지는 않았는지 모르겠네요.
不知道我惹没惹您生气?
Bùzhīdao wǒ rě méi rě nín shēngqì?
뿌 즈따오 워 르어 메이 르어 닌 셩치

0749. 실례했습니다. 사람을 잘못 봤습니다.
对不起，我认错人了。
Duìbuqǐ,　wǒ rèn cuò rén le.
뚜이붙이, 워 런추어런러

Unit 02
사과할 때

0750. 정말 미안합니다.
非常对不起。
Fēicháng duìbuqǐ.
페이창 뚜이붙이

0751. 괜찮아요.
没关系。
Méi guānxi.
메이꾸안시

> 사죄의 응답 표현

0752. 정말 죄송합니다.
实在对不起。
Shízài duìbuqǐ.
스짜이 뚜이붙이

0753. 늦어서 미안합니다.
来晚了，真对不起。
Lái wǎn le,　zhēn duìbuqǐ.
라이 완러, 쩐 뚜이붙이

> 来晚了는 迟到了와 바꿔 사용할 수 있다.

0754. 대단히 죄송합니다.
真是太对不起了。
Zhēn shì tài duìbuqǐ le.
쩐스 타이 뚜이부치러

사과할 때

0755. 대단히 죄송합니다.

真是很抱歉。

Zhēn shì hěn bàoqiàn.

쩐스 헌 빠오치엔

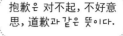
抱歉은 对不起, 不好意思, 道歉과 같은 뜻이다.

0756. 당신에게 사과드립니다.

真诚地向您道歉。

Zhēn chéng de xiàng nín dàoqiàn.

쩐 청더 시앙 닌 따오치엔

0757. 여러 가지로 죄송합니다.

很多事，真是对不起您。

Hěn duō shì, zhēn shì duìbuqǐ nín.

헌 뚜어스, 쩐스 뚜이붙이

Unit 03

**행위에 대한
사죄를 할 때**

0758. 다시는 이런 일이 일어나지 않을 겁니다.

我保证，再也不会发生这样的事了。

Wǒ bǎozhèng, zài yě bú huì fāshēng zhèyàng de shì le.

워 빠오쩡 짜이 이에 부후이 파셩 쩌이양더 스러

만약 다시 발생하게 된다
면 再가 아닌 又를 사용
하여야 한다.

0759. 실수에 대해 사과드립니다.

是我错了，真抱歉。

Shì wǒ cuò le, zhēn bàoqiàn.

스 워 추어러, 쩐 빠오치엔

0760. 그 일에 대해서 미안하게 생각하고 있습니다.

对那件事，我感到很对不起您。

Duì nà jiàn shì, wǒ gǎn dào hěn duìbuqǐ nín.

뚜이 나 지엔스, 워 간따오 헌 뚜이붙이 닌

0761. 그 점 미안합니다.

这一点，真是对不起。

Zhè yì diǎn, zhēn shì duìbuqǐ.

쩌 이디엔, 쩐스 뚜이붙이

0762. 늦어서 미안합니다.

来晚了，真不好意思。

Lái wǎn le, zhēn bùhǎoyìsi.

라이 완러, 쩐 뿌하오이쓰

0763. 귀찮게 해서 미안합니다.

对不起，打扰您了。

Duìbuqǐ, dǎrǎo nín le.

뚜이붙이, 따라오 닌러

让은 사역동사로서「~으로 하
여금 …하게 하다」라는 의미이
며, 그 밖에 사역동사로는 叫,
使, 被 등이 있다.

0764. 오래 기다리게 해서 미안합니다.

让您久等了，真是对不起。

Ràng nín jiǔ děng le, zhēn shì duìbuqǐ.

랑 닌 지우 떵러, 쩐스 뚜이붙이

**행위에 대한
사죄를 할 때**

0765. 단지 제 탓이죠.

这都怨我。

Zhè dōu yuàn wǒ.

쩌 또우 위엔 워

0766. 미안해요, 어쩔 수가 없었어요.

对不起，我也没办法。

Duìbuqǐ, wǒ yě méi bànfǎ.

뚜이붙이, 워 이에 메이 빤파

> 没办法는 원래 没
> 有办法이나 有는
> 생략할 수 있다.

0767. 기다리게 해서 미안합니다.

让您等我真不好意思。

Ràng nín děng wǒ zhēn bùhǎoyìsi.

랑 닌 떵 워 쩐 뿌하오이쓰

0768. 답장이 늦어져서 죄송합니다.

回信太迟了，真是对不起。

Huí xìn tài chí le, zhēn shì duìbuqǐ.

후이신 타이 츠러, 쩐스 뚜이붙이

0769. 시간을 너무 많이 빼앗아 죄송합니다.

破费您的宝贵时间，真对不起。

Pòfèi nín de bǎoguì shíjiān, zhēn duìbuqǐ.

포어페이 닌더 빠오꾸이 스지엔, 쩐 뚜이붙이

0770. 폐를 끼치고 싶지 않습니다.

不想麻烦您。

Bù xiǎng máfan nín.

뿌시앙 마판 닌

> 麻烦은 「번거롭게 하
> 다, 남에게 폐를 끼치
> 다」는 의미로 자주 사
> 용되는 단어이다.

0771. 고의로 그런 게 아닙니다.

我不是故意的。

Wǒ bú shì gùyì de.

워 부스 꾸이더

0772. 그럴 생각은 추호도 없었습니다.

我可一点都没有这种想法。

Wǒ kě yì diǎn dōu méiyǒu zhè zhǒng xiǎngfǎ.

워 커 이디엔 또우 메이여우 쩌 종 시앙파

0773. 미안합니다. 제가 날짜를 혼동했군요.

不好意思，我记差了日期。

Bùhǎoyìsi, wǒ jì chà le rì qī.

뿌하오이쓰, 워 지 차러 르치

0774. 내가 말을 잘못했습니다.

是我说得不对。

Shì wǒ shuō de búduì.

스 워 슈어 더 부 뚜이

0775. 그건 제 잘못이 아니에요.

这可不是我的过错呀。

Zhè kě búshì wǒ de guòcuò ya.

쩌 커 부스 워더 꾸어추어아

挨는 「~을 당하다, 견디다」의
의미로, 挨骂(욕을 먹다) 등에
활용된다. 应该는 「당연하다,
응당히」의 의미로 해석한다.

0776. 아, 제 잘못이었어요. 제가 비난받아 마땅합니다.

啊，那是我的过错，我挨说是应该的。

ā,　nà shì wǒ de guòcuò,　wǒ ái shuō shì yīnggāi de.

아, 나 스 워더 꾸어추어, 워 아이 슈어 스 잉까이더

0777. 내 잘못이었어요.

是我做得不好。

Shì wǒ zuò de bù hǎo.

스 워 쭈어더 뿌 하오

0778. 그런 사고가 난 것은 제 잘못이에요.

出现这种事故，　是我的责任。

Chūxiàn zhè zhǒng shìgù,　shì wǒ de zérèn.

추시엔 쩌 종 스꾸, 스 워더 저런

0779. 그건 제가 생각이 부족했기 때문이에요.

都怪我考虑不周。

Dōu guài wǒ kǎolǜ bù zhōu.

또우 꾸와이 워 카오뤼 뿌쪼우

0780. 그건 저의 부주의 탓이었어요.

都怪我不留神。

Dōu guài wǒ bù liú shén.

또우 꾸와이 워 뿌 리우션

留神 혹은 留心,
小心, 注意 등과
같은 의미이다.

0781. 제 부주의였습니다.

是我没注意。

Shì wǒ méi zhùyì.

스 워 메이 쮸이

打扰는 「방해하다」
의 의미로 麻烦과 교체
하여 사용할 수 있다.

0782. 폐를 끼쳐서 죄송합니다.

打扰您了，真是太对不起了。

Dǎrǎo nín le,　zhēn shì tài duìbuqǐ le.

따라오 닌러, 쩐스 타이 뚜이부치러

0783. 저도 참 바보 같았어요.

我这个人真像个傻瓜。

Wǒ zhè ge rén zhēn xiàng ge shǎguā.

워 쩌거런 쩐 시앙 거 샤구아

0784. 폐를 끼쳤군요.

麻烦你了。

máfan nǐ le.

마판 니러

용서를 구할 때

0785. 기회를 한 번 주세요.
请再给我一次机会。
Qǐng zài gěi wǒ yí cì jīhuì.
칭 짜이 게이 워 이츠 지후이

0786. 용서해 주십시오.
请您原谅。
Qǐng nín yuánliàng.
칭 닌 위엔리앙

> 允许는 「윤허하다, 응낙하다, 허가하다」의 의미로 许可보다 구어적인 표현이다.

0787. 저의 사과를 받아 주세요.
请允许我向您赔不是。
Qǐng yǔnxǔ wǒ xiàng nín péi búshì.
칭 윈쉬 워 시앙 닌 페이부스

0788. 다시는 그런 일이 없을 겁니다.
再也不会有这种事了。
Zài yě búhuì yǒu zhè zhǒng shì le.
짜이 이에 부후이 여우 쩌 종 스러

0789. 이번에는 자네 행동을 눈감아 주겠네.
这次我就原谅你一次。
Zhè cì wǒ jiù yuánliàng nǐ yí cì.
쩌츠 워 지우 위엔리앙 니 이츠

0790. 늦은 것 용서해 주세요.
原谅我来迟了。
Yuánliàng wǒ lái chí le.
위엔리앙 워 라이 츠러

0791. 한번 봐 주십시오.
请您原谅我这一次。
Qǐng nín yuánliàng wǒ zhè yí cì.
칭 닌 위엔리앙 워 쩌 이츠

0792. 제 사과를 받아 주세요.
请接受我的歉意。
Qǐng jiēshòu wǒ de qiànyì.
칭 지에쇼우 워더 치엔이

> 接受는 「의견이나 제안을 받아들이다」라는 의미로 사용된다.

0793. 제가 한 일을 용서해 주십시오.
请饶恕我的过错。
Qǐng ráoshù wǒ de guòcuò.
칭 라오슈 워더 꾸어추어

0794. 제가 범한 실수에 대해 사과드리고 싶습니다.
对我的过错，我郑重地向您道歉。
Duì wǒ de guòcuò, wǒ zhèng zhòng de xiàng nín dàoqiàn.
뚜이 워더 꾸어추어, 워 쩡쭝더 시앙 닌 따오치엔

용서를 구할 때

0795. 다시는 그런 일이 없을 겁니다.

我保证， 再也不会犯同样的错误。

Wǒ bǎozhèng, zài yě búhuì fàn tóngyàng de cuòwù.

워 빠오쩡, 짜이 이에 부후이 판 통양더 추어우

0796. 약속을 지키지 못한 걸 용서해 주세요.

请原谅我未能信守诺言。

Qǐng yuánliàng wǒ wèi néng xìnshǒu nuòyán.

칭 위엔리앙 워 웨이 넝 신쇼우 누어이엔

信守 성실히 지키다

132

감사와 사죄의 응답

고마움에 대한 응답은 일반적으로 「哪里哪里, 哪儿的话(nǎlǐ nǎlǐ, nǎérdehuà)」가 자주 쓰인다. 상대방이 고마움을 표현했을 때에는 반드시 겸손의 말을 해주는 것이 좋다. 우리나라에서처럼 수용한다는 의미로 "예"라고 말했다가는 예의 없는 사람이 되기 쉽다. 사죄에 대한 응답으로는 일반적으로 「没事儿, 没什么, 不要那么讲究」 등이 있다.

Ⓐ 金科长，亏你把这件事按时
结束。谢谢你的帮助。
Jīn kèzhǎng,　kuī nǐ bǎ zhè jiàn shì àn shí
jiéshù.　Xièxie nǐ de bāngzhù.

Ⓑ 哪儿的话。这实
在算不了什么。
Nǎr de huà.　Zhè shízài
suàn bù liǎo shénme.

Ⓐ 김 과장님, 덕분에 이번 일을 제시간에 끝낼 수 있었어요. 도와주셔서 감사합니다.
Ⓑ 원 별말씀을요. 그건 아무것도 아닙니다.

Ⓐ 我才知道为了我帮助我您取消了约会。真不好意思，托你帮忙。
Wǒ cái zhīdào wèi le bāng zhù wǒ nín qǔxiāo le yuēhuì.　Zhēn bùhǎoyìsi,　tuō nǐ bāng máng.

Ⓑ 不要那么讲究。能够帮您，　我真是太高兴了。
Búyào nàme jiǎngjiu.　Néng gòu bāng nín,　wǒ zhēn shì tài gāoxìng le.

Ⓐ 这次真是太麻烦您了。
Zhè cì zhēn shì tài máfan nín le.

Ⓑ 没什么。不要把这事看得太大。
Méi shénme.　Búyào bǎ zhè shì kàn de tài dà.

Ⓐ 有什么事一定告诉我。会诚心帮忙。
Yǒu shénme shì yídìng gàosù wǒ.　Huì chéngxīn bāng máng.

Ⓐ 저를 도와주시려고 김 과장님이 약속도 취소한 걸 뒤늦게 알았습니다. 그것도 모르고 도움을 요청해서 죄송합니다.
Ⓑ 아닙니다. 별일 아니었어요. 당신에게 도움이 될 수 있어서 기쁩니다.
Ⓐ 김 과장님에게 신세를 무척 많이 졌습니다.
Ⓑ 괜찮습니다. 너무 대단한 일로 생각하지 마세요.
Ⓐ 어려운 일 생기면 꼭 말씀해 주세요. 성심껏 돕겠습니다.

0797. <u>천만에요.</u>

哪里哪里。

Nǎlǐ nǎlǐ.

나리나리

谢谢 혹은 칭찬에 대한 응답으로 자주 사용되는 표현이다. 3성과 3성이 겹쳐 있을 경우에는 앞에 음절을 2성으로 바꾸어서 읽기 때문에 발음상으로는 ná lǐ ná lǐ로 읽는다.

0798. <u>원 별말씀을요.</u>

哪儿的话。

Nǎr de huà.

날더 화.

不客气。

Búkèqi

부커치

别客气。

Bié kèqì

비에 커치

0799. <u>당신도요.</u>

您也是。

Nín yě shì.

닌 이에스

0800. <u>별말씀을요.</u>

您不用谢。

Nín búyòng xiè.

닌 부용 시에

0801. <u>천만에요.</u> (강조)

没有的事。

méiyǒu de shì.

메이여우더 스

0802. <u>그렇게 말씀해 주시니 고맙습니다.</u>

您这么说，真是太谢谢了。

Nín zhème shuō, zhēn shì tài xièxie le.

닌 쩌머 슈어, 쩐스 타이 씨에시에러

0803. <u>제가 오히려 고맙죠.</u>

该谢的是我。

Gāi xiè de shì wǒ.

까이 시에더 스 워

0804. <u>저도 즐거웠습니다.</u>

我也很高兴。

Wǒ yě hěn gāoxing.

워 이에 헌 까오싱

0805. 제가 오히려 즐거웠습니다.

高兴的应该是我。

Gāoxìng de yīnggāi shì wǒ.

까오싱더 잉까이 스 워

0806. 그것은 아무것도 아닙니다.

这实在算不了什么。

Zhè shízài suàn bù liǎo shénme.

쩌 스짜이 수안뿌리아오 션머

0807. 대단한 일도 아닙니다.

这点事，真不足挂齿。

Zhè diǎn shì, zhēn bùzú guà chǐ.

쩌 디엔 스, 쩐 뿌주 꾸아츠

> 직역하면 「이빨에 걸기도 부족하다」라는 의미로 「조그마한 일」을 나타낸다.

0808. 전혀 그렇지 않습니다.

絶不是那样的。

Jué búshì nàyàng de.

쥐에 부스 나이양더

0809. 그렇게 생각해 주니 고맙습니다.

您这么想， 真是太感谢了。

Nín zhème xiǎng, zhēn shì tài gǎnxiè le.

닌 쩌머 시앙, 쩐스 타이 간시에러

0810. 이젠 괜찮습니다. 고맙습니다.

现在没事了， 谢谢。

Xiànzài méi shì le, xièxie.

시엔짜이 메이 스러, 씨에시에

> 没事는 「일이 없다」라고 직역하여서는 안 된다. 「괜찮습니다」라고 해석해야 한다.

0811. 당신을 도울 수 있다는 것은 너무나 기쁜 일이죠.

能够帮您的忙， 我真是太高兴了。

Néng gòu bāng nín de máng, wǒ zhēn shì tài gāoxìng le.

넝꺼우 빵 닌더 망, 워 쩐스 타이 까오싱러

0812. 저도 마찬가지로 감사합니다.

我同样感谢您。

Wǒ tóngyàng gǎnxiè nín.

워 통양 간시에 닌

> 能够는 「충분히 ~할 수 있다」라는 의미로 「~하기에 충분하다」라는 능력을 나타낸다.

0813. 우린 그 일로 그 사람한테 감사를 해야 합니다.

为这事， 我们该感谢他。

Wèi zhè shì, wǒmen gāi gǎnxiè tā.

웨이 쩌 스, 워먼 까이 간시에 타

0814. 천만의 말씀입니다.

谢什么。

Xiè shénme.

시에 션머

0815. 맛있게 드셨다니 다행입니다.

您觉得好吃，真是太好了。

Nín jué de hǎochī, zhēn shì tài hǎo le.

닌 쥐에더 하오츠, 쩐스 타이 하오러

0816. 수고해 주셔서 감사합니다.

您太辛苦了，谢谢。

Nín tài xīnku le, xièxie.

닌 타이 신쿠러, 씨에시에

0817. 수고랄 게 있나요 뭐.

有什么可辛苦的?

Yǒu shénme kě xīnkù de?

여우 션머 커 신쿠더

0818. 제가 좋아서 한 건데요.

是我自己愿意的。

Shì wǒ zìjǐ yuànyì de.

스 워 쯔지 위엔이더

0819. 도움이 될 수 있어서 기쁩니다.

能够帮您，我真是太高兴了。

Néng gòu bāng nín, wǒ zhēn shì tài gāoxìng le.

넝꺼우 빵 닌, 워 쩐스 타이 까오싱러

0820. 너무 대단한 일로 생각하지 마세요.

不要把这事看得太大。

Búyào bǎ zhè shì kàn de tài dà.

부이야오 바 쩌 스 칸 더 타이 따

> 이 문장에서 看은 「보다」가 아니라 「여기다」로 해석해야 한다.

0821. 당신에게 신세를 무척 많이 졌습니다.

这次真是太麻烦您了。

Zhè cì zhēn shì tài máfan nín le.

쩌츠 쩐스 타이 마판 닌러

0822. 그렇게 말씀해 주시니 기쁩니다.

您这么说，我倒过意不去了。

Nín zhème shuō, wǒ dào guò yì bú qù le.

닌 쩌머 슈어, 워 따오구어 이 부 취러

> 过意不去는 원래 「죄송하게 생각하다, 송구스럽다」의 의미이지만 倒와 함께 사용되므로 반대의 의미가 되어 「기쁘다」는 의미가 된다.

Unit 02

사과에 대한 응답

0823. 괜찮습니다.

不要紧。/ 没关系。

Búyàojǐn. / Méi guānxi.

부이야오 진/ 메이꾸안시

0824. 괜찮아요.

没什么。

Méi shénme.

메이 션머

사과에 대한 응답

0825. 괜찮습니다.

没事儿。
Méi shìr.
메이 셜

0826. 걱정하지 마세요.

您不用担心。
Nín búyòng dānxīn.
닌 부용 딴신

不用은 「~할 필요없다」라는 의미로 사용되며 不要로 바꿔 사용해도 된다.

0827. 그까짓 것 문제될 것 없습니다.

那点事不成问题。
Nà diǎn shì bù chéng wèntí.
나 디엔 스 뿌 청 원티

0828. 뭘요, 괜찮습니다.

没什么，不要紧的。
Méi shénme, búyàojǐn de.
메이 션머, 부이야오 진더

0829. 당신을 용서하겠어요.

我原谅你。
Wǒ yuánliàng nǐ.
워 위엔리앙 니

0830. 좋아요, 받아들이죠.

好吧，我接受你的道歉。
Hǎo ba, wǒ jiēshòu nǐ de dàoqiàn.
하오바, 워 지에쇼우 니더 따오치엔

0831. 당신은 잘못한 게 없어요.

你没什么错的。
Nǐ méi shénme cuò de.
니 메이 션머 추어더

0832. 당신의 실수를 묵과할 수 없어요.

我可不能原谅你的过错。
Wǒ kě bùnéng yuánliàng nǐ de guòcuò.
워 커 뿌넝 위엔리앙 니더 꾸어추어

137

부탁과 의뢰

중국어에서 부탁을 할 때에는 请(qǐng)을 문장 앞에 붙여서 부탁의 의미나 공경의 의미를 표현한다. 또한, 부탁이나 의뢰를 할 때는 「可以(kě yǐ), 能(néng)」 등의 가능을 물어보는 조동사가 함께 쓰인다. 이 때 문장 마지막에 吗(ma)를 붙여서 의문문을 만들 수도 있지만 조동사의 긍정과 부정을 함께 사용하여 의문문을 만들 수도 있다.

A 帮帮我可以吗?
Bāng bāng wǒ kěyǐ ma?

B 好, 很高兴能帮您。有什么事?
Hǎo, hěn gāoxìng néng bāng nín. Yǒu shénme shì?

A 좀 도와주시겠어요?

B 네, 기꺼이 도와드리겠습니다. 무슨 일이죠?

A 把这些行李搬到车子那儿。
　 Bǎ zhè xiē xíngli bān dào chēzi nàr.

B 好吧。
　 Hǎo ba.

A 麻烦您帮我打开车门行吗?
　 Máfan nín bāng wǒ dǎ kāi chē mén xíng ma?

B 放到车里吗?
　 Fàng dào chē lǐ ma?

A 那就更谢你了。你很亲切啊。谢谢你的帮忙。
　 Nà jiù gèng xiè nǐ le.　Nǐ hěn qīnqiè a.　Xièxiè nǐ de bāng máng.

B 哪里哪里　帮别人是很有意义的。
　 Nǎli nǎli　Bāng biérén shì hěn yǒu yìyi de.

A 이 짐을 차 있는 곳까지 좀 옮겨주세요.

B 그러지요.

A 제 자동차 문을 열어 주시겠습니까?

B 차 안으로 넣어드릴까요?

A 그래주시면 정말 고맙겠습니다. 정말 친절하시네요. 도와주셔서 감사합니다.

B 천만에요. 남을 돕는 건 보람 있는 일입니다.

0833. 부탁 하나 해도 될까요?

可以拜托您一件事吗?

Kěyǐ bàituō nín yí jiàn shì ma?

커이 빠이투어 닌 이 지엔 스 마

0834. 실례합니다, 부탁 하나 들어 주시겠어요?

不好意思，我可以拜托您一件事吗?

Bùhǎoyisi, wǒ kěyǐ bàituō nín yí jiàn shì ma?

뿌하오이쓰, 워 커이 빠이투어 닌 이 지엔 스 마

0835. 부탁 하나 들어 주시겠어요?

您能答应我一件事吗?

Nín néng dāyìng wǒ yí jiàn shì ma?

닌 넝 따잉 워 이 지엔 스 마

> 答应은 「허락하다, 허가하다」 라는 뜻으로 쓰인다.

0836. 꼭 부탁드릴 게 하나 있습니다.

有件事想拜托您。

Yǒu jiàn shì xiǎng bàituō nín.

여우 지엔 스 시앙 빠이투어 닌

0837. 좀 태워다 주시겠습니까?

我可以搭您的车吗?

Wǒ kěyǐ dā nín de chē ma?

워 커이 따 닌더 처 마

0838. 잠시 폐를 끼쳐도 될까요?

可以打扰您一下吗?

Kěyǐ dǎrǎo nín yíxià ma?

커이 따라오 닌 이시아 마

> 打扰는 「방해하다, 지장을 주다」 라는 의미로 麻烦과 같은 의미로 사용될 수 있다.

0839. 제가 좀 끼어도 될까요?

可以算我一个吗?

Kěyǐ suàn wǒ yí ge ma?

커이 수안 워 이거 마

0840. 저를 도와주실 수 있나 모르겠네요.

不知您能不能帮帮我?

Bùzhī nín néng bù néng bāng bang wǒ?

뿌 즈 닌 넝뿌넝 빵빵 워

0841. 제 자동차 문을 열어 주시겠습니까?

麻烦您帮我打开车门行吗?

Máfan nín bāng wǒ dǎ kāi chēmén xíng ma?

마판 닌 빵 워 따카이 처먼 싱 마

> 이 문장에서 麻烦은 请의 의미로 사용되어 청유형 문장을 만든다.

0842. 내일 제가 차를 쓸 수 있을까요?

明天我能用车吗?

Míngtiān wǒ néng yòng chē ma?

밍티엔 워 넝 용처 마

0843. 당신 것을 빌려주시겠습니까?

我能借您的用用吗?

Wǒ néng jiè nín de yòng yong ma?

워 넝 지에 닌더 용용 마

0844. 잠시 시간 좀 내 주시겠어요?

您能抽出点时间吗?

Nín néng chōuchū diǎn shíjiān ma?

닌 넝 초우 추 디엔 스지엔 마

0845. 잠깐만 폐를 끼쳐도 되겠습니까?

能不能打扰您一会儿?

Néng bù néng dǎrǎo nín yíhuìr?

넝뿌넝 따라오 닌 이후얼

> 一会儿은 「길지 않은 시간, 잠깐」 을 나타낸다.

0846. 돈을 좀 빌릴 수 있을까요?

您能借点钱给我吗?

Nín néng jiè diǎn qián gěi wǒ ma?

닌 넝 지에 디엔 치엔 게이 워 마

0847. 문 좀 열어 주시겠어요?

请帮我开开门。

Qǐng bāng wǒ kāi kāimén.

칭 빵 워 카이 카이먼

0848. 저와 함께 가실래요?

您能陪我一起去吗?

Nín néng péi wǒ yìqǐ qù ma?

닌 넝 페이 워 이치 취 마

> 陪는 跟, 和와 같은 의미로 「~와」라는 의미로 사용되었다.

0849. 방해가 되지 않을지 모르겠군요.

不知我是不是打扰您。

Bùzhī wǒ shì bu shì dǎrǎo nín.

뿌 즈 워 스부스 따라오 닌

> 영어의 간접목적어와 직접목적어와 같이 이 문장에서도 「나에게(간접목적어)」「주소를(직접목적어)」로 나누어지므로 我에서 끊어 읽어 의미를 확실히 전달할 수 있도록 하자.

0850. 주소 좀 가르쳐 주시겠어요?

请告诉我地址好吗?

Qǐng gàosu wǒ dìzhǐ hǎo ma?

칭 까오수 워 띠즈 하오 마

0851. 춤 한번 추실까요?

我能请您跳舞吗?

Wǒ néng qǐng nín tiào wǔ ma?

워 넝 칭 닌 티아오 우 마

0852. 가능한 한 빨리 저에게 알려 주시겠습니까?

您能尽快告诉我吗?

Nín néng jìn kuài gàosu wǒ ma?

닌 넝 진 쿠와이 까오수 워 마

일반적으로 부탁할 때

0853. 잠깐 제 대신 좀 해 주시겠어요?

您能替我一会儿吗?

Nín néng tì wǒ yíhuìr ma?

닌 넝 티 워 이후얼 마

0854. 그분이 어떤 분인지 말 좀 해 주세요.

您告诉我他是怎样一个人。

Nín gàosu wǒ tā shì zěn yàng yí ge rén.

닌 까우수 워 타 스 쩐양 이거런

0855. 제 곁에 있어주세요.

请您陪陪我。

Qǐng nín péi pei wǒ.

칭 닌 페이페이 워

0856. 기회를 주세요. / 숨쉴 겨를을 주세요.

给我点时间。 / 让我喘口气吧。

Gěi wǒ diǎn shíjiān. / Ràng wǒ chuǎn kǒu qì ba.

게이 워 디엔 스지엔 / 랑 워 찬 커우치바

0857. 확인 좀 해 주세요.

请确认一下。

Qǐng quèrèn yí xià.

칭 취에런 이시아

> 下一次는 「다음번」 이
> 라는 뜻이고, 「지난번」
> 이라고 표현 할 때에는
> 上一次라고 쓰면 된다.

0858. 다음 기회로 미룰 수 있을까요?

能不能约下一次?

Néng bù néng yuē xià yí cì?

넝뿌넝 위에 시아 이츠

0859. 내일은 쉬고 싶습니다.

明天我想歇一歇。

Míngtiān wǒ xiǎng xiē yì xiē.

밍티엔 워 시앙 시에이시에

0860. 혼자 있게 해 주세요. / 제발 저 좀 내버려 두세요.

让我自己呆一会儿。 / 求求您不要管我了。

Ràng wǒ zìjǐ dāi yíhuìr. / Qiú qiu nín búyào guǎn wǒ le.

랑 워 쯔지 따이 이후얼 / 치우치우 닌 부이야오 구안 워러

0861. 잠시 시간을 내 주시겠습니까?

您能抽出点空吗?

Nín néng chōuchū diǎn kòng ma?

닌 넝 초우 추 디엔 콩 마

> 空은 「텅 비다」 라는
> 의미로도 사용되고, 그
> 밖에 「틈, 빈 시간」 등
> 을 표현하기도 한다.

Unit 02

의뢰를 할 때

0862. 저 좀 도와주시겠어요?

您能帮我一下吗?

Nín néng bāng wǒ yíxià ma?

닌 넝 빵 워 이시아 마

141

0863. 네, 뭘 도와드릴까요?

好，请问需要什么帮助?

Hǎo, qǐngwèn xūyào shénme bāngzhù?

하오, 칭원 쉬이야오 션머 빵쭈

0864. 좀 도와주시겠어요?

帮帮我可以吗?

Bāng bāng wǒ kěyǐ ma?

빵빵 워 커이 마

0865. 당신의 도움이 필요해요.

我需要您的帮助。

Wǒ xūyào nín de bāngzhù.

워 쉬야오 닌더 빵쭈

0866. 도와드릴까요?

用不用帮忙?

Yòng bú yòng bāng máng?

용부용 빵망

0867. 뭘 해 드릴까요?

需要我帮您点什么?

Xūyào wǒ bāng nín diǎn shénme?

쉬이야오 워 빵 닌 디엔 션머

0868. 네, 기꺼이 도와드리겠습니다.

好，很高兴能帮您。

Hǎo, hěn gāoxìng néng bāng nín.

하오, 헌 까오싱 넝 빵 닌

0869. 고맙지만, 괜찮습니다. 제가 할 수 있어요.

谢谢，不用了，我自己能行。

Xièxie, búyòng le, wǒ zìjǐ néng xíng.

씨에시에, 부용러, 워 즈지 넝 싱

Unit 03

허가·허락을 구할 때

0870. 여기서 담배를 피워도 됩니까?

这儿可以吸烟吗?

Zhèr kěyǐ xīyān ma?

쩔 커이 시이엔 마

0871. 안 됩니다. 이곳은 금연구역입니다.

不行，这儿是禁烟区。

Bùxíng, zhèr shì jìn yān qū.

뿌 싱, 쩔 스 진이엔취

0872. 실례합니다.

对不起了。

Duìbuqǐ le.

뚜이부치러

> 行은 「되다, 하다」의 의미로 사용되었으며, 허가에 대한 물음에 답할 때에도 사용된다.

0873. 잠깐 실례해도 되겠습니까?

我可以打扰你一下吗?
Wǒ kěyǐ dǎrǎo nǐ yíxià ma?
워 커이 따라오 니 이시아 마

0874. 말씀 도중에 죄송합니다만, ….

允许我打断你一下…。
Yǔnxǔ wǒ dǎduàn nǐ yíxià….
윈쉬 워 따뚜안 니 이시아

0875. 여기 앉아도 되겠습니까?

我可以坐这儿吗?
Wǒ kěyǐ zuò zhèr ma?
워 커이 쭈어 쩔 마

0876. 한 시간만 당신 컴퓨터를 쓸게요.

我想借用你的电脑一个小时。
Wǒ xiǎng jiè yòng nǐ de diànnǎo yí ge xiǎoshí.
워 시앙 지에 용 니더 띠엔나오 이거 시아오스

부탁과 의뢰의 응답

부탁과 의뢰의 대답은 상대방이 묻는 문장에 사용한 조동사를 이용하여 대답을 하면 된다. 예를 들어 「你能帮我忙吗(nǐ néng bāng wǒ máng ma)?」으로 질문을 했다면 「我能, 我不能帮忙(wǒ néng, wǒ bù néng bāng máng)」으로 대답을 하면 된다. 특히 조건부로 승낙할 때에는 「만약에」라는 표현인 「如果(rú guǒ)」를 이용하기도 한다.

Ⓐ 王平， 我有急事，能不
能替我整理这些文件?
WángPíng, wǒ yǒu jí shì, néng bù
néng tì wǒ zhěnglǐ zhè xiē wénjiàn.

Ⓑ 对不起，现在可不行。
我也有很多事要办。
Duìbuqǐ, xiànzài kě bùxíng.
Wǒ yě yǒu hěn duō shì yào bàn.

Ⓐ 왕핑, 급한 약속이 있는데, 이 서류 정리 좀 대신 해주면 안 될까요?
Ⓑ 미안하지만, 지금은 안 되겠는데요. 저도 일이 많습니다.

Ⓐ 那么，小林能不能帮我办?
Nàme, xiǎoLín néng bù néng bāng wǒ bàn.

Ⓒ 只要我能做到，什么都行，您说吧。
Zhǐyào wǒ néng zuò dào, shénme dōu xíng, nín shuō ba.

Ⓐ 按内容分别的事。 你能办吗?
Àn nèiróng fēnbié de shì. Nǐ néng bàn ma?

Ⓒ 咳，那算啥? 没问题。到什么时候办好呢?
Hāi, nà suàn shá? Méi wèntí. Dào shénme shíhou bàn hǎo ne?

Ⓐ 越快越好。 那我拜托你啦。 谢谢。
Yuè kuài yuè hǎo. Nà wǒ bàituō nǐ la. Xièxie.

Ⓐ 그럼, 린 군이 좀 해줄 수 있나요?　　　　Ⓒ 내가 할 수 있는 일이라면 얼마든지 도와드리죠, 뭔데요?
Ⓐ 내용별로 분리하는 일입니다. 괜찮겠어요?
Ⓒ 뭐, 그 정도쯤이야. 쉬운 일이네요. 언제까지 해드리면 되지요?
Ⓐ 빠르면 빠를수록 좋습니다. 그럼, 좀 부탁드릴게요. 고마워요.

0877. 물론이죠.

可以。

Kěyǐ.

커이

0878. 기꺼이.

当然。

Dāngrán.

땅란

당연하다는 의미로 기꺼이 승낙할 때 사용된다.

只要는 「다만」이라는 의미로 조건을 나타낸다.

0879. 물론이죠. 가능하다면요, 뭔데요?

当然，只要我能做到。请问是什么?

Dāngrán, zhǐyào wǒ néng zuò dào. Qǐngwèn shì shénme?

땅란, 즈이야오 워 넝 쭈어따오. 칭원 스 션머

0880. 예, 그러지요.

好，行吧。

Hǎo, xíng ba.

하오, 싱 바

0881. 힘껏 해 보겠습니다.

我会尽力的。

Wǒ huì jìnlì de.

워 후이 진리더

0882. 그렇게 하세요.

就那样吧。

Jiù nàyàng ba.

지우 나이양바

0883. 그렇고말고요.

那自然。

Nà zìrán.

나 쯔란

0884. 그럼요. / 문제없어요.

那当然。 / 没问题。

Nà dāngrán. / Méi wèntí.

나 땅란/ 메이 원티

0885. 그렇게 하세요.(기꺼이 부탁을 들어줄 때)

完全可以。

Wánquán kěyǐ.

완치엔 커이

0886. 뭐, 그 정도쯤이야.

咳，那算啥?

Hāi, nà suàn shá?

하이, 나 수안 샤

조건부로 승낙할 때

0887. 뭐든지 말씀만 해 보십시오, 다 있을 겁니다.

您尽管说吧，都会有的。

Nín jǐnguǎn shuō ba, dōu huì yǒu de.

닌 지구안 슈어바, 또우 후이 여우더

> 尽管은 「얼마든지, 마음놓고」라는 의미로 사용되었다.

0888. 내가 할 수 있는 일이라면 얼마든지 도와드리죠, 뭔데요?

只要我能做到，什么都行，您说吧。

Zhǐyào wǒ néng zuò dào, shénme dōu xíng, nín shuō ba.

즈이야오 워 넝 쭈어따오, 션머 또우 싱, 닌 슈어바

거절할 때

0889. 안 되겠는데요.

这恐怕不行。

Zhè kǒngpà bùxíng.

쩌 콩파 뿌 싱

> 恐怕는 「아마 ~일 것이다」라는 의미로 나쁜 결과가 예상되는 문장에 사용된다.

0890. 미안하지만, 지금은 안 되겠는데요.

对不起，现在可不行。

Duìbuqǐ, xiànzài kě bùxíng.

뚜이붙이, 시엔짜이 커 뿌 싱

0891. 다음에 언제 기회가 있겠죠.

下次再找机会吧。

Xià cì zài zhǎo jīhuì ba.

시아츠 짜이 짜오 지후이 바

0892. 왕핑, 곤란할 때 부탁하는군요.

王平，你找的时间不对。

WángPíng, nǐ zhǎo de shíjiān búduì.

왕펑, 니 짜오더 스지엔 부 뚜이

제안과 권유

제안이나 권유의 표현을 나타내는 문장은 「평서문+怎么样(zěn me yàng)?」의 형태
로 만들 수 있다. 예) 跟我一起看怎么样(gēn wǒ yìqǐ kàn zěn me yàng)? (같이
보는 게 어때요?) 또한 吧(ba)를 이용하여 문장을 만들 수도 있는데, 吧로 물어보는
것은 긍정적인 대답을 예상하고 묻는 질문이 대부분이다.

Ⓐ 天气很冷啊,
来一杯咖啡吧?
Tiānqì hěn lěng a,
lái yì bēi kāfēi ba?

Ⓑ 好主意。
Hǎo zhǔyì.

Ⓐ 날씨도 추운데, 커피 한 잔 드시겠어요?   Ⓑ 좋은 생각이네요.

Ⓐ 这里的气氛怎么样?
Zhèlǐ de qìfēn zěnmeyàng?

Ⓑ 挺好。好象这里能吃饭, 既然来了, 我们还是吃顿饭吧。
Tǐng hǎo. Hǎoxiàng zhèlǐ néng chīfàn, jìrán lái le, wǒmen háishi chī dùn fàn ba.

Ⓐ 这么办吧。说起来有点儿饿了。   Ⓑ 吃完饭, 来一杯啤酒好吗?
Zhème bàn ba. Shuō qǐ lái yǒu diǎnr è le.   Chī wán fàn, lái yì bēi píjiǔ hǎo ma?

Ⓐ 你喝酒的机会太多了。为了你的健康还是戒酒吧。
Nǐ hē jiǔ de jīhuì tài duō le. Wèi le nǐ de jiànkāng háishi jiè jiǔ ba.

Ⓑ 你说的对。要考虑健康。那么我们吃完饭后出去走走, 也算换换心情。
Nǐ shuō de duì. Yào kǎolù jiànkāng. Nàme wǒmen chī wán fàn hòu chū qù zǒu zǒu, yě suàn huàn huàn xīnqíng.

Ⓐ 好主意。我知道很好的地方散步。
Hǎo zhǔyì. Wǒ zhīdào hěn hǎo de dìfang sàn bù.

Ⓐ 이곳 분위기 어떻습니까?
Ⓑ 괜찮네요. 여기 식사도 되는 것 같은데, 기왕에 왔으니까 식사를 하는 게 낫겠어요.
Ⓐ 그러도록 합시다. 그렇지 않아도 배가 좀 고픕니다.   Ⓑ 식사 후에 맥주 한 잔 하시겠습니까?
Ⓐ 당신은 술을 너무 자주 마시네요. 건강을 위해서 술을 끊는 게 좋겠어요.
Ⓑ 맞습니다. 건강을 생각해야지요. 그러면, 식사 후에 기분전환 겸 산책이나 합시다.
Ⓐ 좋은 생각이에요. 산책하기 좋은 곳을 알고 있어요.

0893. 술을 끊는 게 좋겠어요.

你还是戒酒吧。

Nǐ háishì jiè jiǔ ba.

니 하이스 지에지우바

还是는 「그래도 ~하는 것이 낫다」라는 의미로 제안의 의미를 갖는다.

0894. 우리 돌아가는 게 좋지 않겠어요?

我们是不是该回去了?

Wǒmen shì bu shì gāi huí qù le?

워먼 스부스 까이 후이취러

0895. 테니스 치러 가시죠?

去不去打网球?

Qù bu qù dǎ wǎngqiú.

취부취 따 왕치우

0896. 지금 출발해야겠어요.

我们得出发了。

Wǒmen děi chūfā le.

워먼 데이 추파러

得가 「~해야 한다」라는 의미로 사용될 때에는 děi 로 읽는다.

0897. 괜찮다면 같이 가시죠.

方便的话一起走吧。

Fāngbiàn de huà yìqǐ zǒu ba.

팡비엔더 화 이치 쪼우바

0898. 저하고 쇼핑 가실래요?

陪我一起去购物好吗?

Péi wǒ yìqǐ qù gòuwù hǎo ma?

페이 워 이치 취 꺼우우 하오 마

0899. 창문을 열까요?

开开窗户好吗?

Kāi kāi chuānghu hǎo ma?

카이카이 추앙후 하오 마

0900. 제가 가방을 들어 드릴까요?

我给您拎包好吗?

Wǒ gěi nín līn bāo hǎo ma?

워 게이 닌 린 빠오 하오 마

0901. 커피 한 잔 드시겠어요?

来一杯咖啡吗?

Lái yì bēi kāfēi ma?

라이 이 뻬이 카페이 마

来는 원래 「오다」라는 의미의 동사이나, 이 문장에서는 「마시다」라고 해석하는 것이 옳다.

권유할 때

0902. 기왕에 왔으니까 식사를 하는 게 낫겠어요.

既然来了，我们还是吃顿饭吧。
Jìrán lái le,　　wǒmen háishi chī dùn fàn ba.
지란 라이어, 워먼 하이스 츠 뚠 판 바

> 既然은 「기왕이렇게 된 바에야」라는 의미로 추론을 한 결론을 서술하는 문장에서 주로 就, 那么, 还, 也 등과 같이 호응하여 사용된다.

0903. 기분전환 겸 산책이나 합시다.

我们出去走走，也算换换心情。
Wǒmen chū qù zǒu zǒu, yě suàn huàn huàn xīnqíng.
워먼 추취 쩌우저우, 이에 수안 후안후안 신칭

0904. 제가 도와드릴 일이라도 있나요?

有没有需要我帮忙的?
Yǒu méiyǒu xūyào wǒ bāng máng de?
여우메이여우 쉬이야오 워 빵망더

0905. 뭘 좀 도와드릴까요?

我该帮您做点什么?
Wǒ gāi bāng nín zuò diǎn shénme?
워 까이 빵 닌 쭈어 디엔 션머

0906. 내일, 저녁이나 같이 안 하시겠습니까?

明天，我们一起吃晚饭好吗?
Míngtiān, wǒmen yìqǐ chī wǎnfàn hǎo ma?
밍티엔, 워먼 이치 츠 완판 하오 마

0907. 맥주 한잔하시겠어요?

来一杯啤酒好吗?
Lái yì bēi píjiǔ hǎo ma?
라이 이 뻬이 피지우 하오 마

> 随意는 「뜻대로, 좋을 대로, 마음대로」라는 의미를 갖는다.

0908. 좋으실 대로 하십시오.

您随意吧。
Nín suí yì ba.
닌 수이이바

0909. 먼저 하십시오(타십시오, 들어가십시오, 드십시오).

您先来吧。
Nín xiān lái ba.
닌 시엔 라이바

> 导游가 명사로 사용되면 「여행 가이드」라는 의미로도 사용된다.

0910. 제가 안내를 해 드릴까요?

我给你做导游好吗?
Wǒ gěi nǐ zuò dǎoyóu hǎo ma?
워 게이 니 쭈어 따오여우 하오 마

0911. 시험 삼아 한번 해 봅시다.

那我们就试一试。
Nà wǒmen jiù shì yí shì.
나 워먼 지우 스이스

Part 2 주석에서 활용하는 기본 회화

149

권유할 때

0912. 편히 앉으세요.
请坐舒服一点。
Qǐng zuò shūfu yì diǎn.
칭 쭈어 수프 이디엔

0913. 오늘 밤 쇼를 보러 가지 않겠어요?
今天晚上去不去看演出?
Jīntiān wǎnshàng qù bu qù kàn yǎnchū?
진티엔 완샹 취부취 칸 이엔추

0914. 식사하며 이야기를 나눌 수 있을까요?
可不可以边吃边谈?
Kě bu kěyǐ biān chī biān tán?
커뿌커이 비엔 츠 비엔 탄

边~边…는 「한편으로는 ~하고, 또 한편으로는 …하다」라는 의미로 「~하면서 …하자」라고 해석하면 된다. 두 가지 동작이 동시에 일어나는 상황을 묘사할 때 자주 사용되는 표현이다.

0915. 이제 그만합시다.
好了，就到这儿吧。
Hǎo le, jiù dào zhèr ba.
하오러, 지우 따오 쩔바

0916. 오늘은 이만합시다.
今天就到这儿吧。
Jīntiān jiù dào zhèr ba.
진티엔 지우 따오 쩔바

0917. 야, 숨 좀 쉬자.
哎，让我松口气。
Āi, ràng wǒ sōng kǒu qì.
아이, 랑 워 송 코우치

0918. 이런 식으로 표현하는 것이 어떨까요?
就这个方式表达可不可以?
Jiù zhè ge fāngshì biǎodá kě bu kěyǐ?
지우 쩌거 팡스 비아오따 커뿌커이

0919. 화해합시다.
咱们和好吧。
Zánmen hé hǎo ba.
잔먼 흐어하오바

0920. 남이야 뭘 하든 상관 않는 것이 좋아요.
别人愿意咋的就咋的，我们不用管。
Biérén yuànyì zǎ de jiù zǎ de, wǒmen búyòng guǎn.
비에런 위엔이 자더 지우 자더, 워먼 부용 꾸안

0921. 내게 좋은 생각이 있어요.
我倒有个好主意。
Wǒ dào yǒu ge hǎo zhǔyì.
워 따오 여우 거 하오 쭈이

권유할 때

0922. 털어놓고 얘기합시다.

咱们打开天窗说亮话。

Zánmen dǎ kāi tiān chuāng shuō liàng huà.

잔먼 따카이 티엔 추앙 슈어 리앙 화

0923. 그것을 최대한 잘 이용해 봅시다.

我们就最大限度地利用那点吧。

Wǒmen jiù zuì dà xiàndù de lìyòng nà diǎn ba.

워먼 지우 쮜이따 시엔뚜 더 리용 나 디엔바

0924. 그 사람 경계하는 편이 좋아요.

对那个人可得留点心。

Duì nà ge rén kě děi liú diǎn xīn.

뚜이 나거런 커 데이 리우 디엔 신

> 留心은 「주의하다, 조심하다」라는 의미이다.

0925. 그런 의미에서 우리 악수나 한번 합시다.

就冲这个, 咱们握握手吧。

Jiù chòng zhè ge, zánmen wò wòshǒu ba.

지우 총 쩌거, 잔먼 워 워쇼우바

0926. 주의하는 것이 좋겠어요!

我看还是注意点好。

Wǒ kàn háishi zhùyì diǎn hǎo.

워 칸 하이스 쭈이 디엔 하오

> 越~越…는 「~할수록 …하다」라는 의미로 자주 사용되는 표현이므로 기억해두자.
> 예 越来越好。(점점 좋아지다.)

0927. 빠르면 빠를수록 좋습니다.

越快越好。

Yuè kuài yuè hǎo.

위에 쿠와이 위에 하오

0928. 지금 시작하는 것이 좋을 것입니다.

还是立即开始好一些。

Háishì lìjí kāi shǐ hǎo yì xiē.

하이스 리지 카이스 하오 이시에

0929. 내일, 저녁이나 같이 안 하시겠습니까?

明天, 我想请你吃晚饭可以吗?

Míngtiān, wǒ xiǎng qǐng nǐ chī wǎnfàn kěyǐ ma?

밍티엔, 워 시앙 칭 니 츠 완판 커이 마

0930. 이걸로 청산된 것으로 합시다.

这样, 咱们算两清了。

Zhè yàng, zánmen suàn liǎng qīng le.

쩌이양, 잔먼 수안 리앙 칭러

0931. 우리 돌아가는 것이 좋지 않을까요?

我们是不是该回去了?

Wǒmen shì bu shì gāi huí qù le?

워먼 스부스 까이 후이취러

0932. 잠시 커피를 마시며 쉬기로 합시다.

喝杯咖啡，休息休息吧。

Hē bēi kāfēi, xiūxi xiūxi ba.

흐어 베이 카페이, 시우시 시우시바

0933. 컴퓨터게임 한 번 하는 게 어떻겠습니까?

我们玩一把电脑游戏怎么样?

Wǒmen wán yì bǎ diànnǎo yóuxì zěnmeyàng?

워먼 완 이 바 띠엔나오 여우시 쩐머이양

0934. 나가서 산책이나 하죠.

出去散散步吧。

Chū qù sàn sànbù ba.

추취 싼싼뿌바

> 형용사의 중첩은 「AABB」 형태이고, 동사의 중첩은 「ABAB」 형식으로 표현한다.
> 예 商量商量。(상의하다.)

제안과 권유의 응답

상대의 제안이나 권유, 부탁에 대해 긍정적으로 응답할 때는 흔히 好(Hǎo)라고 한다.
또한 「좋다」는 말은 好 이외에 行(xíng), 同意(tóng yì) 등의 말이 있고, 很(hěn), 太
(tài), 完全(wán quán) 등의 부사를 사용하여 의미를 강조하기도 한다. 거절할 때는
정중하게 「고맙지만, 됐습니다 谢谢, 不用了(Xièxie, búyòng le)」라고 하자.

Ⓐ 小林，这星期天能来
学校帮我忙吗？
Xiǎolín, zhè xīngqī tiān néng lái
xuéxiào bāng wǒ máng ma?

Ⓑ 好，就那样吧。星期
天我要做什么事呢？
Hǎo, jiù nàyàng ba. Xīngqī tiān
wǒ yào zuò shénme shì ne?

Ⓐ 소림, 이번 주 일요일에 학교에 나와서 날 좀 도와줄 수 있겠니?
Ⓑ 네, 그렇게 하겠습니다. 일요일에 무엇을 하면 됩니까?

Ⓐ 在校内话剧会演话剧，要检查舞台。
Zài xiào nèi huà jù huì yǎn huà jù, yào jiǎnchá wǔ tái.

Ⓑ 肯定会有意思的。我平时对话剧很感兴趣。
Kěndìng huì yǒu yìsi de. Wǒ píngshí duì huà jù hěn gǎn xìngqu.

Ⓐ 那太好了。
Nà tài hǎo le.

Ⓑ 那么，老师你现在去哪儿？
Nàme, lǎoshī nǐ xiànzài qù nǎr?

Ⓐ 我正在去医院。
Wǒ zhèngzài qù yīyuàn.

Ⓑ 看起来你身体不舒服，如果你愿意的话，我陪你一起去。
Kàn qǐ lái nǐ shēntǐ bù shūfu, rúguǒ nǐ yuànyì de huà, wǒ péi nǐ yìqǐ qù.

Ⓐ 麻烦你了。腿不舒服真不方便。
Máfan nǐ le. Tuǐ bù shūfu zhēn bù fāngbiàn.

Ⓑ 在冬季，特别小心点儿。
Zài dōngjì, tèbié xiǎoxīn diǎnr.

Ⓐ 교내 연극회에서 연극을 하는데, 무대점검을 하게 될 거야.
Ⓑ 그거 재미있겠는데요. 평소에 연극에 관심이 많았습니다.
Ⓐ 그거 잘됐군.
Ⓑ 그런데, 교수님 어디 가시는 길이세요?
Ⓐ 병원에 가는 길이네.
Ⓑ 몸이 불편하신 것 같은데요, 괜찮다면 제가 함께 가 드리겠습니다.
Ⓐ 미안하게 됐네. 다리를 다치니 불편하군.
Ⓑ 겨울철엔 항상 조심하세요.

0935. 좋습니다.

好吧。

Hǎo ba.

하오바

0936. 네, 그렇게 하겠습니다.

好，就那样吧。

Hǎo, jiù nàyàng ba.

하오, 지우 나이양바

> 假如您不介意는 직역하면「개의치 않는다면」이라는 의미이다.

0937. 괜찮다면, 제가 함께 가 드리겠습니다.

假如您不介意，我可以陪您去。

Jiǎrú nín bú jièyì,   wǒ kěyǐ péi nín qù.

지아루 닌 뿌 지에이, 워 커이 페이 닌 취

0938. 감사합니다. 그렇게 해 주세요.

谢谢，那就请吧。

Xièxie,   nà jiù qǐng ba.

씨에시에, 나 지우 칭바

0939. 네가 말한 대로 할게.

就照你说的去做。

Jiù zhào nǐ shuō de qù zuò.

지우 짜오 니 슈어더 취 쭈어

> 照는 按照라고도 하며「~를 따라서 / ~을 쫓아」의 의미로 사용된다.

0940. 그거 좋은 생각이군요.

那想法真不错。

Nà xiǎngfǎ zhēn búcuò.

나 시앙파 쩐 부추어

0941. 그거 재미있겠는데요.

肯定会有意思的。

Kěndìng huì yǒuyìsi de.

컨띵 후이 여우 이쓰더

0942. 그렇게 합시다.

就那么的吧。

Jiù nàme de ba.

지우 나머 더바

> 조사 地는 的와 같은 역할을 하는데, 地는 형용사나 부사에 붙고, 특히 2음절의 형용사가 중첩이 될 때에는 반드시 붙여줘야 한다.

0943. 그거 괜찮겠군요.

那好哇。

Nà hǎo wā.

나 하오와

0944. 기꺼이 당신의 제의를 받아들이겠습니다.

我很高兴地接受您的提议。

Wǒ hěn gāoxìng de jiēshòu nín de tí yì.

워 헌 까오싱 디 지에쇼우 닌더 티이

0945. 그렇게 하지 맙시다.

不要那么做。

Búyào nàme zuò.

부이야오 나머 쭈어

> 要는 「～하려하다, ～해
> 야만 한다」라고 해석하며
> 의지를 나타낸다.

0946. 고맙지만, 됐습니다.

谢谢，不用了。

Xièxie, búyòng le.

씨에시에, 부용러

0947. 그럴 생각이 없습니다.

我不想那样。

Wǒ bùxiǎng nàyàng.

워 뿌시앙 나이양

0948. 다음 기회로 미룰까요?

下次再找机会好不好?

Xià cì zài zhǎo jīhuì hǎo bu hǎo?

시아츠 짜이 짜오 지후이 하오뿌하오

> 已经은 「이미」라
> 는 의미로 과거형 문
> 장과 함께 사용된다.

0949. 가고 싶지만, 선약이 있어요.

我倒是想去，可已经约了人。

Wǒ dào shì xiǎng qù, kě yǐjing yuē le rén.

워 따오스 시앙 취, 커 이징 위에러런

0950. 그럴 기분이 아닙니다.

我没有心思这么做。

Wǒ méiyǒu xīnsi zhème zuò.

워 메이여우 신쓰 쩌머 쭈어

조언과 충고

중국어에서 조언이나 충고를 할 때 자주 쓰이는 표현 중 하나가 「~하지 않는 편이 좋습니다」라는 표현이다. 「最好(zuì hǎo)~」로 표기하며, 주로 뒤에 「~ 때문에, ~하니까」 등의 단서가 붙는다.

예문) 你最好禁止吸烟, 因为抽烟对身体不好(nǐ zuì hǎo jìn zhǐ xī yān, yīn wéi chōu yān duì shēn tǐ bù hǎo).담배는 몸에 해롭기 때문에 금연하는 것이 좋습니다.

Ⓐ妈妈, 我用完了零用钱。给我点儿钱。
Māma, wǒ yòng wán le língyòngqián. Gěi wǒ diǎnr qián.

Ⓑ还不到一个月呢。不要到处浪费钱！
Hái bú dào yí ge yuè ne. Búyào dào chù làngfèi qián!

Ⓐ 엄마, 저 용돈 다 썼어요. 돈 좀 주세요.　　　　Ⓑ 한달도 안 되었잖니. 돈을 낭비하고 다니지 마라!

Ⓐ我用钱用在必要的地方。
Wǒ yòng qián yòng zài bìyào de dìfang.

Ⓑ花钱很容易, 但是赚钱很难。还有妈妈劝告你, 不要交乱七八糟的朋友。
Huā qián hěn róngyì, dànshì zhuàn qián hěn nán. Háiyǒu māmá quàngào nǐ búyào jiāo luàn qī bā zāo de péngyou.

Ⓐ我朋友们都很好。 不要担心。
Wǒ péngyou men dōu hěn hǎo. Búyào dānxīn.

Ⓑ不要让我失望。钱在这里。这是最后一次, 记着省钱。
Búyào ràng wǒ shīwàng. Qián zài zhèli. Zhè shì zuìhòu yí cì, jì zhe shěng qián.

Ⓐ我知道了。
Wǒ zhīdào le.

Ⓑ你知道行动比宣言更重要吧?
Nǐ zhīdào xíngdòng bǐ xuānyán gèngzhòng yào bà.

Ⓐ是, 我明白。
Shì, wǒ míngbái.

Ⓐ 꼭 필요한 것에만 썼어요.
Ⓑ 돈을 쓰는 것은 쉽지만 버는 건 어렵단다. 그리고, 엄마가 하나 더 충고하는데, 나쁜 친구들을 사귀지 마라.
Ⓐ 제 친구들은 모두 착해요. 걱정 안하셔도 되요.
Ⓑ 나를 실망시키지 마라. 여기 있다. 이번이 마지막이니까 아껴 쓰도록 해.
Ⓐ 알겠어요.
Ⓑ 말보다는 행동이 더 중요한거 잘 알지?
Ⓐ 네, 명심할게요.

0951. 이만 가봐야 합니다.

我该回去了。
Wǒ gāi huí qù le.
워 까이 후이취러

今天은 「오늘」이라는 의미로 明天은 「내일」, 后天은 「모레」, 昨天은 「어제」, 前天은 「그저께」를 나타낸다.

0952. 오늘은 야근을 해야 합니다.

今天我要值夜班。
Jīntiān wǒ yào zhí yèbān.
진티엔 워 이야오 즈이에빤

0953. 그것에 대해서는 그분에게 확인을 해 봐야겠어요.

这个问题，得跟他确认一下。
Zhè ge wèntí, děi gēn tā quèrèn yíxià.
쩌거 원티, 데이 껀 타 취에런 이시아

0954. 그에게 말하지 않을 수 없었어요.

我无法不告诉他。
Wǒ wúfǎ bú gàosu tā.
워 우파 뿌 까우수 타

能은 「~할 수 있다」는 가능의 의미를 나타내나, 이 문장에서는 「~해도 된다」는 허가의 의미를 나타내고 있다.

0955. 거기에 가시면 안 됩니다.

你可不能到那儿去。
Nǐ kě bù néng dào nàr qù.
니 커 뿌넝 따오 날 취

0956. 그에게도 기회를 줘야 해요.

也得给他一次机会呀。
Yě děi gěi tā yí cì jīhuì ya.
이에 데이 게이 타 이츠 지후이야

0957. 그 사람 말을 그대로 믿으시면 안 됩니다.

你可不能百分之百相信他的话。
Nǐ kě bù néng bǎi fēn zhī bǎi xiāngxìn tā de huà.
니 커 뿌넝 빠이 펀 즈 빠이 시앙신 타더 화

0958. 서울 회의에 참석해야 하잖아.

不是还要参加首尔的会吗。
Búshì háiyào cānjiā Shǒu'er de huì ma.
부스 하이 이야오 찬지아 쇼우얼더 후이 마

0959. 오, 이런 깜박 잊고 있었군.

哦，我差点给忘了。
Ō, wǒ chà diǎn gěi wàng le.
오, 워 차디엔 게이 왕러

差点〈儿〉은 「하마터면, 조금 차이로」 등의 의미로 해석된다.

0960. 화내지 마세요.

你不要发火。

Nǐ búyào fā huǒ.

니 부이야오 파후어

0961. 농담을 너무 심하게 하지 말아요.

你的玩笑开大了吧?

Nǐ de wánxiào kāi dà le ba?

니더 완 시아오 카이 따러바

> 「농담을 하다」라고 말할 때의 「하다」라는 동사는 开를 쓴다. 즉 开玩笑라고 써야 한다.

0962. 그러면 안 돼요.

你可不要那样。

Nǐ kě búyào nàyàng.

니 커 부이야오 나이양

0963. 이러시면 안 되는데요.

你这样做可不好。

Nǐ zhèyàng zuò kě bùhǎo.

니 쩌이양 쭈어 커 뿌 하오

0964. 그걸 진담으로 듣지 마세요.

不要把那话当真。

Búyào bǎ nà huà dàng zhēn.

부이야오 바 나화 땅쩐

> 「진담」이라는 표현으로는 实话, 真言 등이 있다.

0965. 개의치 마십시오.

你不要介意。

Nǐ búyào jièyì.

니 부이야오 지에이

0966. 실수를 할까 봐 두려워 마세요.

可不要害怕出错。

Kě búyào hài pà chū cuò.

커 부이야오 하이파 추추어

> 害怕와 같은 의미로는 怕, 恐怕 등이 있다.

0967. 나쁜 친구들을 사귀지 마라.

不要交乱七八糟的朋友。

Búyào jiāo luàn qī bā zāo de péngyou.

부이야오 지아오 루안치빠짜오더 펑여우

0968. 격식 따위는 따지지 마세요.

不要讲什么规矩。

Búyào jiǎng shénme guīju.

부이야오 지앙 션머 꾸이쥐

0969. 쓸데없는 짓 말아요.

你不要白费心了。

Nǐ búyào báifèi xīn le.

니 부이야오 빠이 페이신러

주의를 줄 때

0970. 그에게 너무 심하게 대하지 말아요.

不要对他太刻薄。

Búyào duì tā tài kè bó.

부이야오 뚜이 타 타이 커뽀

对는 「~에 대해서, ~에 관해서」라는 의미로 사용된다. 刻薄는 「각박하다, 무정하다, 냉혹하다」라는 의미이다.

0971. 비밀을 누설하지 마세요.

不许泄露秘密。

Bùxǔ xièlù mìmi.

부 쉬 시에루어 미미

0972. 이제 싸움을 그만하지요.

我们不要再吵架好吗?

Wǒmen búyào zài chǎo jià hǎo ma?

워먼 뿌 이야오 짜이 차오지아 하오 마

0973. 그것을 중지하도록 하세요.

那个就那么停止吧。

Nà ge jiù nàme tíngzhǐ ba.

나거 지우 나머 팅즈바

0974. 그 사람과 사귀지 마세요.

不要跟那人交往。

Búyào gēn nà rén jiāowǎng.

부이야오 껀 나런 지아오왕

交往은 来往으로 바꿔 사용해도 된다.

0975. 오해하지는 마세요.

请不要误会。

Qǐng búyào wùhuì.

칭 부이야오 우후이

0976. 나한테 쓸데없는 칭찬을 하지 마세요.

你不要瞎捧我了。

Nǐ búyào xiā pěng wǒ le.

니 부이야오 시아 펑 워러

0977. 일부러 그런 짓은 하지 마세요.

不要特意做那种勾当。

Búyào tèyì zuò nà zhǒng gòu dàng.

부이야오 트어이 쭈어 나 종 꺼우땅

0978. 추켜올려서 버릇없는 아이로 만들지 마세요.

不要把我捧成没教养的孩子。

Búyào bǎ wǒ pěng chéng méi jiao yǎng de hái zi.

부이야오 바 워 펑 청 메이 지아오양더 하이즈

0979. 제발 언성을 높이지 마십시오.

求你不要大声嚷嚷好吗?

Qiú nǐ búyào dà shēng rǎng rang hǎo ma?

치우 닌 부이야오 따성 랑랑 하오 마

求는 부탁을 나타낼 때 사용하며 请과 같은 의미이다.

0980. 너무 굽실거리지 마세요.

不要对他低叁下四。

Búyào duì tā dī sān xià sì.

부이야오 뚜이 타 띠 산 시아 쓰

Unit 03

충고할 때

0981. 나를 실망시키지 마세요.

不要让我失望。

Búyào ràng wǒ shīwàng.

부이야오 랑 워 스왕

> 让은 「~로 하여금」이라는 사역동사이다.

0982. 잊지 말고 기억하세요.

你可要记住，别忘了！

Nǐ kě yào jìzhù,　bié wàng le!

니 커 이야오 지쭈, 비에 왕러

0983. 하는 게 좋을 것 같거든 하세요.

你觉得做了好就做吧。

Nǐ jué de zuò le hǎo jiù zuò ba.

니 쥐에더 쭈어러 하오 지우 쭈어바

0984. 일부러 일어나실 것까지는 없어요.

您用不着特意起来。

Nín yòng bu zháo tèyì qǐ lái.

닌 용뿌짜오 트어이 치라이

0985. 자존심을 버리세요.

抛弃你的自尊吧。

Pāoqì nǐ de zìzūn ba.

파오치 니더 쯔쭌바

0986. 나를 꼭 믿지는 말아요.

你可别死死地相信我。

Nǐ kě bié sǐ sǐ di xiāngxìn wǒ.

니 커 비에 쓰쓰 디 시앙신 워

> 別는 「~하지 마라」 는 의미로 不要와 같은 뜻으로 사용된다.

0987. 이것을 잠깐 보십시오!

你且看一眼这个！

Nǐ qiěkàn yì yǎn zhè ge!

니 치에칸 이 이엔 쩌거

0988. 허송세월한 걸 보충하자면 열심히 일해야 해.

想要弥补蹉跎地岁月，得拼命地干啊。

Xiǎng yào míbǔ cuōtuó de suìyuè,　děi pīn mìng de gàn a.

시앙 이야오 미뿌 추어투어 더 수이위에, 데이 핀밍 더 깐아

> 拼命은 「목숨을 다해」라는 뜻으로 사용된다. 弥补 메우다, 보충하다

0989. 어떠한 경우라도 반드시 내게 알려주세요.

不管情况如何，务必告诉我一声。

Bùguǎn qíngkuàng rúhé, wù bì gàosu wǒ yì shēng.

뿌구안 칭쿠황 루흐어, 우삐 까우수 워 이셩

0990. 선수를 치세요.

你要先发制人。
Nǐ yào xiān fā zhì rén.
니 이야오 시엔 파 즈런

0991. 일찍 자고 일찍 일어나는 게 좋아요.

还是早睡早起好。
Háishì zǎo shuì zǎo qǐ hǎo.
하이스 짜오슈이 짜오 치 하오

还是는 「그래도」
라는 의미로 가장 좋
은 선택을 말할 때
사용하는 표현이다.

0992. 너는 진지해야 한다.

你一定要真诚。
Nǐ yídìng yào zhēnchéng.
니 이띵 이야오 쩐청

0993. 여론에 귀를 기울이세요.

得倾听舆论。
Děi qīng tīng yúlùn.
데이 칭팅 위룬

~什么…(就)什么는 동사를
넣어서 「~하면 …하다」라는
의미로 사용된다.
예 让你做什么就做什么。
(너한테 무슨 일을 시키면 곧
장 한다.)

0994. 자동차를 조심하세요!

当心汽车!
Dāng xīn qìchē!
땅신 치처

0995. 남의 말을 액면 그대로 받아들이지 마세요!

可不要人家说什么信什么。
Kě búyào rénjiā shuō shénme xìn shénme.
커 부이야오 런지아 슈어 션머 신 션머

0996. 그걸 너무 심각하게 받아들이지 마세요.

不要把事情看得太重。
Búyào bǎ shì qíng kàn de tài zhòng.
부이야오 바 시칭 칸 더 타이 중

0997. 그는 나에게 많은 충고를 해 주었어요.

他给我做了好多忠告。
Tā gěi wǒ zuò le hǎo duō zhōnggào.
타 게이 워 쭈어러 하오 뚜어 쫑까오

0998. 최선을 다해라.

你一定要全力以赴啊!
Nǐ yídìng yào quán lì yǐ fù a!
니 이띵 이야오 취엔리 이 푸아

全力以赴는 「전
력을 다하다, 전
력투구하다」라는
의미의 성어이다.

0999. 규칙대로 하는 것이 좋을 겁니다.

还是照规矩来好一些。
Háishì zhào guījǔ lái hǎo yì xiē.
하이스 짜오 꾸이쥐 라이 하오 이시에

1000. 남이야 뭘 하든 상관 않는 것이 좋을 겁니다.

不管人家干什么，最好是不要管。

Bùguǎn rénjiā gàn shénme, zuì hǎo shì búyào guǎn.

뿌구완 런지아 깐 션머, 쭈이하오 스 부이야오 꾸안

1001. 제발 욕 좀 그만 하세요.

求求你不要再骂了。

Qiú qiú nǐ búyào zài mà le.

치우치우 니 부이야오 짜이 마러

> 求求는 求를 중 첩하여 더욱 간곡 함을 나타낸다.

1002. 취미에 너무 몰두하지 마세요.

不要太沉醉在自己的兴趣里。

Búyào tài chénzuì zài zìjǐ de xìngqu li.

부이야오 타이 천쭈이 짜이 쯔지더 싱취리

1003. 당신은 그 생각을 버려야 해요.

你要抛弃这种想法。

Nǐ yào pāoqì zhè zhǒng xiǎngfǎ.

니 이야오 파오치 쩌 종 시앙파

1004. 말보다는 행동이 중요해요.

行动比宣言更重要。

Xíngdòng bǐ xuānyán gèng zhòngyào.

싱똥 비 쉬엔이엔 껑 쭝이야오

> 更은 「더욱」이라는 의미로 최상급을 나타 내는 표현이다.

1005. 담배를 끊으셔야 해요.

烟是一定要戒的。

Yān shì yídìng yào jiè de.

이엔 스 이띵 이야오 지에더

1006. 당신은 그것을 잘 이용해야 해요.

你一定要好好利用那点。

Nǐ yídìng yào hǎo hǎo lìyòng nà diǎn.

니 이띵 이야오 하오하오 리용 나 디엔

Unit 04

꾸짖을 때

1007. 돈을 낭비하고 다니지 마라!

不要到处浪费钱!

Búyào dào chù làngfèi qián!

부이야오 따오추 랑페이 치엔

1008. 주의하는 것이 좋겠어요!

我看你还是注意点好。

Wǒ kàn nǐ háishì zhùyì diǎn hǎo.

워 칸 니 하이스 쭈이 디엔 하오

> 我看~는 「내가 보기 에는~, 내 생각에는~」 라고 해석하면 된다.

1009. 무엇보다도 그녀에게 말할 때는 각별히 주의하세요.

不管怎样，你跟她说话可要格外留神。

Bùguǎn zěnyàng, nǐ gēn tā shuō huà kě yào géwài liú shén.

뿌구완 쩐양, 니 껀 타 슈어화 커 이야오 꺼와이 리우션

예정과 결심 · 결정

중국어에서는 우리말의 「～할 예정이다, ～할 것이다」의 의미인 「想(xiǎng), 要(yào), 想要(xiǎng yào)」 등의 미래형 조동사가 붙는다. 또한, 문장 안에 「곧, ～후에」라는 표현이 많이 사용된다. 결심이나 결정에는 「～해야겠다」라는 의미의 「要(yào)」를 자주 사용함으로써 자신의 의지를 나타낸다.

Ⓐ 这次放假期间，计划跟朋友们一起去海外旅行。你也想一起去吗?
Zhè cì fàng jià qījiān, jìhuà gēn péngyou men yìqǐ qù hǎiwài lǚxíng. Nǐ yě xiǎng yìqǐ qù ma?

Ⓑ 是啊，应该怎么办呢?
Shì a, yīnggāi zěnme bàn ne?

Ⓐ 이번 방학에 친구들과 해외여행 가기로 했는데, 너도 갈래? Ⓑ 글쎄, 어떻게 할까?

Ⓐ 可能经币验很多事情。怎么样?
Kěnéng jīngbì hěn duō shì qíng. Zěnmeyàng?

Ⓑ 需要多少费用?　　Ⓐ 因为是团体旅行，所以比较少的费用可以去。
Xūyào duōshǎo fèiyòng?　　Yīnwèi shì tuántǐ lǚxíng, suǒyǐ bǐjiào shǎo de fèiyòng kěyǐ qù.

Ⓑ 我下定了决心。我也很想去外国旅行。
Wǒ xià dìng le juéxīn. Wǒ yě hěn xiǎng qù wàiguó lǚxíng.

Ⓐ 哇! 太好了。别的朋友们也都会喜欢的。
Wā! Tài hǎo le. Bié de péngyou men yě dōu huì xǐhuān de.

Ⓑ 王平也去吗?　　Ⓐ 王平说要几天时间考虑后告诉我们。
WángPíng yě qù ma?　　WángPíng shuō yào jǐ tiān shíjiān kǎolǜ hòu gàosu wǒmen.

Ⓐ 많은 경험을 쌓게 될 거야. 어때?
Ⓑ 경비는 얼마나 들지?　　Ⓐ 단체로 가는 여행이어서 적은 경비로 갔다 올 수 있어.
Ⓑ 결정했어. 나도 해외여행을 꼭 가보고 싶었어.
Ⓐ 와! 잘됐다. 다른 친구들도 좋아할 거야.
Ⓑ 왕핑도 가는 거야?　　Ⓐ 왕핑은 며칠동안 생각해본 후에 말해준대.

1010. 지금 당장 결심하세요.

你现在就得下决断。

Nǐ xiànzài jiù děi xià juéduàn.

니 시엔짜이 지우 데이 시아 쥐에뚜안

1011. 왜 마음을 바꾸셨습니까?

你为什么改变了主意?

Nǐ wèishénme gǎibiàn le zhǔyi?

니 웨이션머 까이비엔러 쭈이

1012. 어려운 결심을 하셨군요.

真是难能可贵的决心啊。

Zhēn shì nán néng kě guì de juéxīn a.

쩐스 난 넝 커 꾸이더 쥐에신아

> 难能可贵는 「귀하여 얻기 어렵다, 매우 갸륵하다」는 의미의 성어이다.

1013. 절대 입 밖에 내지 않기로 맹세할게요.

我发誓，绝对不会说出去。

Wǒ fā shì， juéduì búhuì shuō chū qù.

워 파스, 쥐에뚜이 부후이 슈어 추취

1014. 나는 작가가 되기로 결심했어요.

我决心当个作家。

Wǒ juéxīn dāng ge zuòjiā.

워 쥐에신 땅 거 쭈어지아

> 当은 「맡다, 되다」라는 의미로 사용되며 이 문장에서는 「~이 되다」라고 해석을 하면 된다.

1015. 두고 보십시오.

你等着瞧吧。

Nǐ děng zhe qiáo ba.

니 떵져치아오바

1016. 지금 곧 결심해 주세요.

你得当场下决心。

Nǐ děi dāng chǎng xià juéxīn.

니 데이 땅 창 시아 쥐에신

> 日程은 「스케줄」이라는 의미이다. 满满은 「가득 차다」라는 의미로 중첩하여 의미를 강조한다.

1017. 저의 예정이 꽉 차 있어요.

我的日程排得满满的。

Wǒ de rìchéng pái de mǎn mǎn de.

워더 르청 파이 더 만만더

1018. 지금은 말하고 싶지 않습니다.

现在我还不想说。

Xiànzài wǒ hái bù xiǎng shuō.

시엔짜이 워 하이 뿌시앙 슈어

1019. 그것에 대해 많이 생각해 봤어요.

对那个问题我想了很多。

Duì nà ge wèntí wǒ xiǎng le hěn duō.

뚜이 나거 원티 워 시앙러 헌 뚜어

1020. 글쎄, 어떻게 할까?

是啊，应该怎么办呢?

Shì a, yīnggāi zěnme bàn ne?

스아, 잉까이 쩐머빤너

考虑考虑는 시간(时间)을 수식해주므로 시간이라는 명사 뒤에 위치한다.
예 给我饭要吃。(먹을 밥을 주세요.)

1021. 며칠 동안 생각할 시간을 주세요.

请给我几天时间考虑考虑。

Qǐng gěi wǒ jǐ tiān shíjiān kǎolǜ kǎolǜ.

칭 게이 워 지 티엔 스지엔 카오뤼카오뤼

1022. 밤새 잘 생각해 보세요.

夜里你好好想想吧。

Yè li nǐ hǎo hǎo xiǎng xiǎng ba.

이에리 니 하오하오 시앙시앙바

1023. 음, 생각 좀 해 볼게요.

嗯，我会好好想想的。

Ēn, wǒ huì hǎo hǎo xiǎng xiǎng de.

언, 워 후이 하오하오 시앙시앙더

1024. 좀더 두고 봅시다.

这事先放一放吧。

Zhè shì xiān fàng yí fàng ba.

쩌 스 시엔 팡이팡바

1025. 우린 끝까지 싸울 겁니다.

我们会奋斗到底的。

Wǒmen huì fèndòu dào dǐ de.

워먼 후이 펀또우 따오띠더

1026. 죽을 때까지 기다리죠.

到는 「~까지」라는 의미로 도착점을 나타낼 때 사용한다.

我等你到死。

Wǒ děng nǐ dào sǐ.

워 떵 니 따오 쓰

Unit 03
결심의 표현

1027. 나는 굳게 결심했다.

我下定了决心。

Wǒ xià dìng le juéxīn.

워 시아 띵러 쥐에신

Unit 04
결정의 표현

1028. 어떻게 결정하셔도 저는 좋아요.

不管怎么决定，我都服从。

Bùguǎn zěnme juédìng, wǒ dōu fúcóng.

뿌구안 쩐머 쥐에띵, 워 또우 푸총

1029. 아직 결정을 못 했어요.

这个还没决定呢。

Zhè ge hái méi juédìng ne.

쩌거 하이 메이 쥐에띵너

1030. 결정하셨습니까?

你决定了?

Nǐ juédìng le?

니 쥐에띵러

> 「결정」이라는 의미의 단어는 决定, 确定, 决心 등이 있다.

Unit 05
의지결정의 표현

1031. 그것은 만장일치로 결정되었습니다.

那事已经全场一致通过了。

Nà shì yǐjīng quán chǎng yí zhì tōngguò le.

나 스 이징 취엔창 이즈 통구어러

1032. 그건 당신이 결정할 일이에요.

这是需要你决定的事。

Zhè shì xūyào nǐ juédìng de shì.

쩌 스 쉬이야오 니 쥐에띵더 스

1033. 뭘 결정하셔도 저는 좋습니다.

无论做出什么决定，我都无所谓。

Wúlùn zuò chū shénme juédìng, wǒ dōu wúsuǒwèi.

우룬 쭈어 추 션머 쥐에띵, 워 또우 우수어웨이

> 无论 ~都은 「~을 막론하고 모두 …하겠다」라는 구문으로 자주 쓰이는 표현이다.
> 예 无论你说什么, 我都不管。(네가 무슨 말을 하든지 간에, 나는 상관하지 않겠다)

Unit 06
무의지결정의 표현

1034. 그건 제 마음대로 결정할 수가 없습니다.

这可不能由我随便决定啊。

Zhè kě bù néng yóu wǒ suí biàn juédìng a.

쩌 커 뿌넝 여우 워 수이비엔 쥐에띵아

1035. 어떻게 해야 할지 모르겠군요.

不知道应该怎么办。

Bùzhīdào yīnggāi zěnme bàn.

뿌 즈따오 잉까이 전머빤

1036. 동전을 던져서 결정합시다.

我们干脆掷硬币决定吧。

Wǒmen gāncuì zhì yìng bì juédìng ba.

워먼 깐추이 즈 잉삐 쥐에띵바

> 随便는 「마음대로, 임의대로」라는 의미이다.

질문과 의문

실생활에서 낯선 곳에 가거나, 의문점이 생기면 사용되는 표현으로, 묻는 주제에 따라서 표현법이 다르다. 이유는 「무엇 什么(shén me)」, 방법은 「어떻게 怎么(zěn me)」, 정도는 「얼마나 多么(duō me)」, 때는 「언제 什么时候(shén me shí hou)」, 방향·장소는 「어디에 哪儿(nǎr)」 등을 쓰며, 우리말의 육하원칙이 이에 해당한다.

🅑 我来看一看用什么方式解决?
Wǒ lái kàn yí kàn yòng shénme fāngshì jiějué?

🅐 老师，这问题我不能解决。
Lǎoshī, zhè wèntí bù néng jiějué.

🅐 선생님, 이 문제가 잘 안 풀립니다.

🅑 어떤 방식으로 풀었는지 볼까요?

🅐 先求了各各的面积，然后加起来了。
Xiān qiú le gè gè de miànjī, ránhòu jiā qǐ lái le.

🅑 解决的办法是对。我看加起来的时候有错误。
Jiějué de bànfǎ shì duì. Wǒ kàn jiā qǐ lái de shíhòu yǒu cuòwù.

🅐 唉！我加上的时候错了。
Āi! Wǒ jiā shàng de shí hòu cuò le.

🅑 那么好了吧？其他学生都解决了吗？到此为止，没有别的问题吗？
Nàme hǎo le ba? Qítā xuéshēng dōu jiějué le ma? Dào cǐ wéi zhǐ, méiyǒu bié de wèntí ma?

🅒 老师，我有问题。
Lǎoshī, wǒ yǒu wèntí.

🅑 你说吧，什么问题？
Nǐ shuō ba, shénme wèntí?

🅐 면적을 따로 구하고 더했습니다.
🅑 푸는 과정은 맞습니다. 더하는 부분에서 틀린 것 같아요.
🅐 아! 제가 더하기를 잘못했습니다.
🅑 이젠 됐지요? 다른 학생들은 잘 풀리나요? 여기까지 다른 질문은 없습니까?
🅒 선생님, 저 질문 있습니다.
🅑 말하세요, 뭔데요?

1037. 말 좀 물읍시다.

请问一下。

Qǐngwèn yíxià.

칭원 이시아

1038. 말씀하세요, 무슨 질문이죠?

您说吧，什么问题？

Nín shuō ba, shénme wèntí?

닌 슈어바, 션머 원티

1039. 제가 어떻게 알겠어요?

我上哪儿知道这个问题？

Wǒ shàng nǎr zhīdao zhè ge wèntí?

워 샹 날 즈따오 쩌거 원티

1040. 여기까지 다른 질문은 없습니까?

到此为止，没有别的问题吗？

Dào cǐ wéi zhǐ, méiyǒu bié de wèntí ma?

따오츠 웨이즈, 메이여우 베이더 원티 마

> 사자성어를 잘 이용하여 문장을 만들면 더욱 수준 높은 문장을 만들 수 있다. 到此为止는 「여기까지, 지금까지」라는 의미의 사자성어이다.

1041. 질문을 잘 들으세요.

请听好我的提问。

Qǐng tīng hǎo wǒ de tíwèn.

칭 팅 하오 워더 티원

1042. 모르시겠어요?

你不知道吗？

Nǐ bùzhīdào ma?

니 뿌 즈따오 마

1043. 내 질문에 답을 하세요.

请您回答我的问题。

Qǐng nín huídá wǒ de wèntí.

칭 닌 후이따 워더 원티

1044. 좋은 질문입니다.

这个问题提得好。

Zhè ge wèntí tí de hǎo.

쩌거 원티 티 더 하오

> 这个问题很好。라고 말을 해도 되겠지만, 이 문장에서는 정도 보어를 사용하여 문장을 만들었다.

1045. 답을 말해 보세요.

请说出答案。

Qǐng shuō chū dáàn.

칭 슈어 추 따안

> 선생님께 질문을 드릴 때 자주 사용되는 표현이다.

1046. 질문 하나 있습니다.

我有一个问题。

Wǒ yǒu yí ge wèntí.

워 여우 이거 원티

질문을 주고받을 때

Part 2 측석에서 활용하는 기본 회화

1047. 질문 하나 해도 될까요?

请问，我可以问一个问题吗?

Qǐngwèn， wǒ kěyǐ wèn yí ge wèntí ma?

칭원, 워 커이 원 이거 원티 마

1048. 사적인 질문을 하나 해도 되겠습니까?

可以问一个私人问题吗?

Kěyǐ wèn yí ge sīrén wèntí ma?

커이 원 이거 쓰런 원티 마

1049. 구체적인 질문 몇 가지를 드리겠습니다.

下面我问几个具体问题。

Xiàmiàn wǒ wèn jǐ ge jùtǐ wèntí.

시아미엔 워 원 지거 쥐티 원티

> 下面은 「아래」
> 라는 뜻이 아니라
> 「다음」으로 해
> 석해야 한다.

1050. 누구한테 물어봐야 되죠?

不知应该问哪位?

Bùzhī yīnggāi wèn nǎ wèi?

뿌즈 잉까지 원 나웨이

1051. 이 머리글자들은 무엇을 의미합니까?

这字头都意味着什么?

Zhè zìtóu dōu yìwèi zhe shénme?

쩌 쯔 토우 또우 이웨이져 션머

1052. 이것은 중국어로 뭐라고 하죠?

请问这个中文怎么说?

Qǐngwèn zhè ge Zhōngwén zěnme shuō?

칭원 쩌거 쭝원 쩐머 슈어

> 「어떻게」는 怎
> 么이고, 「무엇」
> 은 什么이다.

1053. 이 단어를 어떻게 발음하죠?

请问这个词怎么发音?

Qǐngwèn zhè ge cí zěnme fāyīn?

칭원 쩌거 츠 쩐머 파인

1054. 그건 무엇으로 만드셨어요?

那是用什么做的?

Nà shì yòng shénme zuò de?

나 스 용 션머 쭈어더

Unit 02

이유를 물을 때

1055. 도대체 이유가 뭡니까?

到底为什么呢?

Dàodǐ wèishénme ne?

따오띠 웨이션머너

> 呢는 의문사로도 사용이 되
> 지만 감탄문에서도 사용되
> 기도 한다. 즉, 呢가 붙었다
> 고 무조건 의문문은 아니다.

1056. 이유를 물어봐도 될까요?

可以问理由吗?

Kěyǐ wèn lǐyóu ma?

커이 원 리여우 마

질문을 주고받을 때

1057. 왜 그런 겁니까?

为什么做那样的?

Wèishén me zuò nàyàng de?

웨이션머 쭈어 나이양더

1058. 왜 그렇게 결정했죠?

为什么那么决定的?

Wèishénme nàme juédìng de?

웨이션머 나머 쥐에띵더

Unit 03

방법을 물을 때

1059. 그건 무엇에 쓰는 거죠?

那是用在什么地方的?

Nà shì yòng zài shénme dìfāng de?

나 스 용 짜이 션머 띠팡더

地方은 지점 혹은 장소를 나타내기도 하지만 곳·용도를 나타내기도 한다.

Unit 04

의향·의견을 물을 때

1060. 단도직입적으로 질문을 해도 괜찮겠습니까?

我可以直截了当地问您几个问题吗?

Wǒ kěyǐ zhí jié liǎo dàng de wèn nín jǐ ge wèntí ma?

워 커이 즈지에리아오땅 더 원 닌 지거 원티 마

1061. 당신에게 질문할 게 많이 있습니다.

我有许多问题向您请教。

Wǒ yǒu xǔduō wèntí xiàng nín qǐng jiào.

워 여우 쉬뚜어 원티 시앙 닌 칭지아오

「많다」는 표현으로 很多 / 许多 모두 사용할 수 있다.

대화의 시도

낮선 사람이나 초면인 사람에게 말을 걸 때 본론을 얘기하기 전에 「실례합니다」 정도
의 표현인 「请问(qǐng wèn), 我说(wǒ shuō)」 등으로 상대방의 부담을 덜어주자.
중국사람들은 대화를 할 때 눈을 바라보며 말해야 한다. 눈을 바라보지 않고 대화하는
것에 대해 불쾌감을 느낀다.

Ⓐ 请问一下。
Qǐngwèn yíxià.

Ⓑ 是，是哪一位？
Shì, shì nǎ yí wèi?

Ⓐ 是不是小王
的朋友？
Shì bú shì XiǎoWáng
de péngyòu?

Ⓑ 对啊。
你怎么知道？
Duì a.
Nǐ zěnme zhīdào?

Ⓐ 실례합니다.
Ⓐ 혹시 왕 군 친구 아닌가요?

Ⓑ 예, 누구시죠?
Ⓑ 맞습니다. 어떻게 아시죠?

Ⓐ 好象在上次H宴会见过你。
Hǎoxiàng zài shàngcì H yànhuì jiàn guò nǐ.

Ⓑ 对不起，我没见过你呀。你现在到哪儿去呢？
Duìbùqǐ, wǒ méi jiàn guò nǐ yā. Nǐ xiànzài dào nǎr qù ne?

Ⓐ 正在上班。
Zhèngzài shàngbān.

Ⓑ 是吗？我在这站下车。
Shì ma? Wǒ zài zhè zhàn xiàchē.

Ⓐ 那么，再见啦。下次跟小王一起见吧。
Nàme, zàijiàn la. Xiàcì gēn xiǎoWáng yìqǐ jiàn ba.

Ⓑ 好吧。
Hǎo ba.

Ⓐ 저번 H모임에서 뵌 분 같아요.
Ⓑ 몰라봐서 죄송합니다. 어디 가시는 길인가요?
Ⓐ 출근 중입니다.
Ⓑ 그러세요? 저는 이번 정거장에서 내립니다.
Ⓐ 그럼, 안녕히 가세요. 나중에 왕 군과 함께 만나도록 합시다.
Ⓑ 그럽시다.

Unit 01
말을 걸 때

1062. 저, 실례합니다만….
打扰一下。
Dǎrǎo yíxià.
따라오 이시아

1063. 이야기 좀 할 수 있을까요?
我能跟你谈谈吗?
Wǒ néng gēn nǐ tán tán ma?
워 넝 껀 니 탄탄 마

1064. 말씀드릴 게 좀 있습니다.
我想跟你说件事。
Wǒ xiǎng gēn nǐ shuō jiàn shì.
워 시앙 껀 니 슈어 지엔 스

1065. 잠깐 이야기를 나누고 싶은데요.
想跟你谈谈，可以吗?
Xiǎng gēn nǐ tán tán, kěyǐ ma?
시앙 껀 니 탄탄, 커이 마

1066. 당신에게 할 이야기가 좀 있습니다.
有件事，我想跟你说。
Yǒu jiàn shì, wǒ xiǎng gēn nǐ shuō.
여우 지엔 스, 워 시앙 껀 니 슈어

> 可以吗?라고 묻는 것은 「괜찮겠습니까?」라는 의미로 생각하면 된다.

Unit 02
모르는 사람에게 말을 걸 때

1067. 시간 좀 있으세요?
请问，你有时间吗?
Qǐngwèn, nǐ yǒu shíjiān ma?
칭원, 니 여우 스지엔 마

1068. 잠시 시간 좀 내주세요.
可以抽出点儿时间吗?
Kěyǐ chōu chū diǎnr shíjiān ma?
커이 초우 추 디얼 스지엔 마

1069. 드릴 말씀이 있는데요.
我有话跟你说。
Wǒ yǒu huà gēn nǐ shuō.
워 여우 화 껀 니 슈어

> 请问은 「말씀 좀 여쭙겠습니다.」라는 의미로 해석을 해도 되지만, 특별한 의미 없이 말을 걸 때 서두로 사용되기도 한다.

Unit 03
상황에 따라 말을 걸 때

1070. 잠깐 이야기 좀 나눌까요?
我们俩谈谈?
Wǒmen liǎ tán tán?
워먼 리아 탄탄

> 중국어로 「2」는 二이고, 「둘」은 两이라고 한다. 「두 사람」은 중국어로 俩라고 하고 两个人과 같은 의미이다.

1071. 할 이야기가 좀 있습니다.

想跟你唠一唠。

Xiǎng gēn nǐ láo yì láo.

시앙 껀 니 라오이라오

> 只要는 「～하기만 하면」의 뜻으로, 주로 뒤에 就를 수반한다.

1072. 잠시만 이야기하면 됩니다.

我想跟你谈谈, 只要一会儿就行。

Wǒ xiǎng gēn nǐ tán tàn, zhǐyào yíhuìr jiù xíng.

워 시앙 껀 니 탄탄, 즈이야오 이후얼 지우 싱

173

대화의 연결

말을 부드럽게 하려면 접속어로 대화의 고리를 연결하는 적절한 기술이 필요하다. 접속어가 필요한 경우「그래서 所以(suǒ yǐ)」,「그리고 还有(hái yǒu)」,「게다가 而且(ér qiě)」등을 문맥에 따라 연결하기도 하고, 다음 문장을 말하기 전 공백을 매우기 위한「那个(nà ge), 嗯(ēn)」표현을 사용하기도 하는데, 이런 표현은 자주 쓰지 않는 것이 좋다.

Ⓐ 做完事要做
什么?
Zuò wán shì yào zuò
shénme?

Ⓑ 嗯，这个怎么样? 一起去看也有
意思，也有感动的电影，怎么样?
Ēn, zhè ge zěnmeyàng? Yìqǐ qù kàn yě yǒuyisi,
yě yǒu gǎndòng de diànyǐng, zěnmeyàng?

Ⓐ 일 끝마치고 무엇을 할까요? Ⓑ 음…. 이건 어떨까요? 재미있고 감동적인 영화가 있는데 보러 갈까요?

Ⓐ 什么电影呢?
Shénme diànyǐng ne?

Ⓐ 我也听说过那部电影。 导演是谁?
Wǒ yě tīng shuō guò nà bù diànyǐng. Dǎoyǎn shì shéi?

Ⓑ 嗯，叫什么名字? 忽然记不起来。
Ēn, jiào shénme míngzi? Hūrán jì bù qǐ lái.

Ⓐ 好吧。 一起去看那电影。
Hǎo ba. Yìqǐ qù kàn diànyǐng.

Ⓑ 这部电影的题目就是 '回家'。
Zhè bù diànyǐng de tímù jiù shì 'huí jiā'.

Ⓑ 很期待跟你一起去看电影。
Hěn qīdài gēn nǐ yìqǐ qù kàn diànyǐng.

Ⓐ 어떤 영화인가요?
Ⓐ 저도 그 영화 들어봤어요. 감독이 누군가요?
Ⓑ 그게 누구더라? 갑자기 생각이 안 나네요.
Ⓐ 그래요. 그 영화 보러가도록 해요.

Ⓑ '집으로'라는 영화입니다.

Ⓑ 당신과 함께 영화 보게 돼서 정말 기대됩니다.

Unit 01

다음 말을 이을 때

1073. 글쎄, 제 말은….

啊, 我的意思是…。

Ā, wǒ de yìsi shì….

아, 워더 이쓰 스

Unit 02

말하면서 생각할 때

1074. 음, 뭐랄까?

嗯, 这个…。

Ēn, zhè ge….

언, 쩌거

Unit 03

**적당한 말이
생각나지 않을 때**

1075. 사실은….

其实是…。

Qíshí shì….

치스 스

1076. 그걸 어떻게 말해야 될까요?

这不知该怎么说…。

Zhè bùzhī gāi zěnme shuō….

쩌 뿌즈 까이 쩐머 슈어

1077. 제가 어디까지 말했죠?

我说到哪儿啦?

Wǒ shuō dào nǎr la?

워 슈어따오 날 라

1078. 우리가 어디까지 이야기했죠?

我们刚才说到哪儿了?

Wǒmen gāng cái shuō dào nǎr le?

워먼 깡차이 슈어따오 날러

> 刚才는 「지금 막, 방금, 이제 금방」이라는 의미로 사용되고, 이와 유사한 말로는 刚刚이 있다.

175

Chapter 30

대화의 진행

대화를 할 때 「과거, 현재, 미래」 형식으로 표현을 하게 된다. 특히 과거형 문장을 만들 때에는 「了(le), 过(guò)」를 많이 사용하게 되는데, 둘 다 동사 뒤에 붙어서 과거를 나타낸다. 「了」는 동작의 완료를 나타낸다. 한국어로 해석하자면 「~했다」라고 해석한다. 「过」는 과거의 경험을 나타내고, 「~한 적이 있다」라고 해석한다. 또한 진행의 의미를 나타낼 때는 「着(zhe)」를 사용하고, 「~하고 있다」로 해석되며 「在(zài), 正在(zhèng zài)」와 함께 쓰인다.

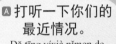

Ⓐ 打听一下你们的
最近情况。
Dǎ tīng yíxià nǐmen de
zuìjìn qíngkuàng.

Ⓑ 我上次开始的生
意还不错。
Wǒ shàngcì kāishǐ de
shēngyì hái búcuò.

Ⓐ 너희들 요즘 근황 좀 들어보자.　　　　　　　　Ⓑ 나는 저번에 시작한 사업이 아주 쏠쏠해.

Ⓐ 我很明白吧，我也有个生意计划。
Wǒ hěn míngbái ba, wǒ yě yǒu ge shēngyi jìhuà.

Ⓒ 你这个人啊，先听完王先生的以后再说吧。
Nǐ zhè ge rén a,　xiān tīng wán Wáng xiānsheng de yǐhòu zài shuō ba.

Ⓑ 对。我说简单一下，金先生等一会儿再说吧。
Duì.　Wǒ shuō jiǎndān yíxià, Jīn xiānsheng děng yíhuìr zài shuō ba.

Ⓒ 是啊。好久没有见，好象有很多话要说。王先生，请说吧。
Shì a.　Hǎojiǔ méiyǒu jiàn,　hǎoxiàng yǒu hěn duō huà yào shuō. Wáng xiānsheng, qǐng shuō ba.

Ⓑ 手机生意会有前途，收益率也好。谁想跟我做生意，尽管跟我说。
Shǒujī shēngyi huì yǒu qiántú,　shōuyì lǜ yě hǎo. Shéi xiǎng gēn wǒ zuò shēngyi, jǐnguǎn gēn wǒ shuō.

Ⓒ 那我们打听一下金先生的计划。下一个就是我。
Nà wǒmen dǎ tīng yíxià jīn xiānsheng de jìhuà.　Xià yí ge jiù shì wǒ.

- -

Ⓐ 나도 잘 알지, 근데 나도 사업 계획이 있어.
Ⓒ 이 사람아, 왕 씨가 얘기하는 걸 듣고나 말하게.
Ⓑ 그래. 내가 간단히 얘기할 테니 김 씨는 좀 기다리게.
Ⓒ 그래그래. 오랜만에 만나서 할 얘기가 많은 것 같군. 왕 씨, 얘기해보게.
Ⓑ 휴대폰 사업이 앞으로도 잘 될 거야, 수익률도 좋고. 같이 해볼 사람은 말하라고.
Ⓒ 이젠 김 씨의 사업계획을 들어보자고. 다음은 내 차례고.

Unit 01
화제의 주제로
돌아갈 때

1079. 그건 다른 이야기잖아요.

你说的是另外一种事啊

Nǐ shuō de shì lìngwài yì zhǒng shì a.
니 슈어더 스 링와이 이 종 스아

> 另外는 「그 밖의, 다른」
> 이라는 의미로 别的와 바
> 꿔 사용할 수 있다.

Unit 02
대화를 일단 중지하고
다시 시작할 때

1080. 뭔가 다른 이야기를 합시다.

咱们谈点别的吧。

Zánmen tán diǎn bié de ba.
잔먼 탄 디엔 비에더바

Unit 03
화제를 바꿀 때

1081. 화제를 바꿉시다.

下面换一换话题。

Xiàmiàn huàn yí huàn huàtí.
시아미엔 환이환 화티

1082. 그런데.

可是…。

Kěshì….
커스

1083. 제가 한 말을 취소하겠습니다.

我取消刚才说的话。

Wǒ qǔxiāo gāngcái shuō de huà.
워 취시아오 깡차이 슈어더 화

Unit 04
대화를 정리할 때

1084. 화제를 바꾸지 마세요.

不要转换话题。

Búyào zhuǎn huàn huà tí.
부이야오 쭈안환 화티

1085. 본론으로 들어갑시다.

我们说正题吧。

Wǒmen shuō zhèngtí ba.
워먼 슈어 쩡티바

자신의 생각과 관심을 피력할 때

자신의 주장이나 의견은 솔직하고 자신감을 가지고 상대에게 대응해야 한다. 중국어로 자신의 생각이나 의견을 피력할 때 「觉得(juédē), 我看(wǒ kàn)~」 등의 표현을 자주 사용한다. 같은 동사를 반복해서 사용하는 것을 피하고, 같은 의미를 가진 동사를 다양하게 구사한다면 더욱 고급스러운 중국어를 할 수 있겠다.

Ⓐ 最近景气不好，就业率也越来越低。
Zuìjìn jǐngqì bù hǎo, jiù yè lù yě yuè lái yuè dī.

Ⓑ 就是。多准备一些工作不行吗?
Jiù shì. Duō zhǔnbèi yìxiē gōngzuò bùxíng ma?

Ⓒ 这也，不是就业问题的解决方案啊。
Zhè yě, búshì jiù yè wèntí de jiějué fāngàn ā.

Ⓐ 요즘 경기가 안 좋아. 취업률도 갈수록 낮아지고 있어. Ⓑ 그러게 말이네. 일자리를 많이 만들면 되지 않을까?
Ⓒ 일자리를 많이 만드는 게 취업문제 해결방안이 될 수 없지.

Ⓑ 我说的不过是我个人的想法。
Wǒ shuō de bú guò shì wǒ gè rén de xiǎngfǎ.

Ⓐ 你们俩快要吵架了。我的意见是，就业的人要更加努力，
Nǐmen liǎ kuài yào chǎo jià le. Wǒ de yìjiàn shì, jiù yè de rén yào gèng jiā nǔlì,

而且国家也要安排更多的工作的机会，这就是最好的方案。
ér qiě guójiā yě yào ānpái gēng duō de gōngzuò de jīhuì, zhè jiù shì zuì hǎo de fāng àn.

Ⓑ 你说得没错。
Nǐ shuō de méicuò.

Ⓒ 我也同意你的想法。
Wǒ yě tóngyì nǐ de xiǎngfǎ

Ⓑ 내가 말한 건 단지 사견이야.
Ⓐ 서로 싸움 나겠군. 내 의견은 취업하려는 사람들이 더 열심히 노력하기도 해야 하지만, 국가에서도 일자리를 많이 만들면 더 좋겠지.
Ⓑ 당신 말이 옳은 것 같군. Ⓒ 나도 네 생각에 동감이야.

1086. 제 의견을 말씀드려도 될까요?

我来提出意见，好吗?

Wǒ lái tíchū yìjiàn,　　　hǎo ma?

워 라이 티추 이지엔, 하오 마

> 坦率는 「솔직하다,
> 정직하다, 담백하다」
> 라는 의미로 坦白와
> 바꿔 사용할 수 있다.

1087. 솔직하게 말씀드려도 될까요?

我可以坦率地谈谈我的想法吗?

Wǒ kěyǐ tǎnshuài de tán tán wǒ de xiǎngfǎ ma?

워 커이 탄슈와이 더 탄탄 워더 시앙파 마

1088. 물론이죠.

那当然。

Nà dāngrán.

나 땅란

1089. 그게 좋겠어요.

还是那样好。

Háishì nàyàng hǎo.

하이스 나이양 하오

1090. 그게 훨씬 더 좋은데요.

我想那个好得多。

Wǒ xiǎng nà ge hǎo de duō.

워 시앙 나거 하오더 뚜어

> 得는 정도보어로 사용될 때
> 에는 de로 읽고, 「~해야
> 한다」 라는 의미로 사용될
> 때에는 děi로 읽는다.

1091. 그 정도가 타당할 겁니다.

那个程度挺合适的。

Nà ge chéngdù tǐng héshì de.

나거 청뚜 팅 흐어스더

1092. 그것도 역시 효과가 없을 겁니다.

我想那也不见得有效。

Wǒ xiǎng nà yě bú jiàn de yǒu xiào.

워 시앙 나 이에 부지엔더 여우 시아오

> 并은 「그리고, 또」 의
> 의미로 자주 사용되지만
> 「결코, 조금도, 전혀,
> 그다지, 별로」 등의 의
> 미로 사용되기도 한다.

1093. 엄밀히 말하자면, 그건 정확하지 않아요.

严格地讲，那个并不准确。

Yángé de jiǎng,　nà ge bìng bù zhǔnquè.

이엔거 더 지앙, 나거 삥 뿌 준취에

1094. 다른 뾰족한 수가 없는 것 같아요.

我想不会有什么特别好的办法了。

Wǒ xiǎng búhuì yǒu shénme tèbié hǎo de bànfǎ le.

워 시앙 부후이 여우 션머 트어비에 하오더 빤파러

1095. 오히려 이것이 나아요.

还是这个好一些。

Háishì zhè ge hǎo yìxiē.

하이스 쩌거 하오 이시에

1096. 제 소견(사견)을 말씀드리겠습니다.

那谈谈我的个人意见吧。

Nà tán tán wǒ de gè rén yìjiàn ba.

나 탄탄 워더 꺼런 이지엔바

1097. 이건 단지 제 사견입니다.

这不过是我个人的想法。

Zhè bú guò shì wǒ gè rén de xiǎngfǎ.

쩌 부꾸어 스 워 꺼런더 시앙파

不过는 「단지 ~에 지나지 않다, 그러나 차마 ~할 수 없다」는 의미로 사용된다.

1098. 긴 안목으로 보면 그 방법이 나아요.

从长远的观点看，那个方法更好。

Cóng cháng yuǎn de guāndiǎn kàn, nà ge fāngfǎ gèng hǎo.

총 창위엔더 꾸안디엔 칸, 나거 팡파 껑 하오

1099. 이 정도면 무난할 겁니다.

这程度就可以了。

Zhè chéngdù jiù kěyǐ le.

쩌 청뚜 지우 커이러

1100. 이런 식으로 표현하는 게 어떨까요?

用这种方式表达怎么样?

Yòng zhè zhǒng fāngshì biǎodá zěnmeyàng?

용 쩌 종 팡스 비아오따 쩐머이양

1101. 엉터리 같아요. 실현되지 못할 것 같아요.

真是纸上谈兵，我看实现不了。

Zhēn shì zhǐ shàng tán bīng, wǒ kàn shí xiàn bù liǎo.

쩐스 즈 샹 탄빙, 워 칸 스시엔뿌리아오

了는 「동작의 완료나 과거를 나타낼 때」는 le로 발음하고, 「동사 뒤에 놓여 得나 不와 연용해서 가능이나 불가능을 표시할 때」에는 liǎo로 발음한다.

1102. 제 개인적으로는 그렇게 생각하지 않습니다.

我个人并不那么认为。

Wǒ gè rén bìng bú nàme rènwéi.

워 꺼런 빙 뿌 나머 런웨이

1103. 제가 필요한 건 이게 아닙니다.

我需要的不是这个。

Wǒ xūyào de búshì zhè ge.

워 쉬이야오더 부스 쩌거

1104. 한 말씀 드려도 될까요?

我可以谈谈吗?

Wǒ kěyǐ tán tán ma?

워 커이 탄탄 마

1105. 직접적으로 말씀드리면, …

恕我直言…。

Shù wǒ zhíyán….

슈 워 즈 이엔

180

의견을 말할 때

1106. 한 말씀 덧붙이겠습니다.
我再补充一点。
Wǒ zài bǔchōng yìdiǎn.
워 짜이 부충 이디엔

Unit 02

**실례를 피하기 위해
전제를 둘 때**

1107. 그 여자하고 언제 결혼할 겁니까?
你打算什么时候跟她结婚?
Nǐ dǎsuàn shénme shíhou gēn tā jiéhūn?
니 따수안 션머 스호우 껀 타 지에훈

> 打算~는 「~할 계획이다,
> ~할 셈이다.」라는 의미로
> 예정을 표현할 때 사용된다.

1108. 글쎄요, 아직 구체적인 계획이 없습니다.
是啊，现在还没有具体计划。
Shì a, xiànzài hái méiyǒu jùtǐ jìhuà.
스아, 시엔짜이 하이 메이여우 쥐티 지화

1109. 나는 스키 여행을 갈 생각입니다.
我想去滑滑雪。
Wǒ xiǎng qù huá huá xuě.
워 시앙 취 화화쉬에

1110. 그 계획을 끝내 완수할 작정입니다.
我无论如何得完成那计划。
Wǒ wúlùn rúhé děi wánchéng nà jìhuà.
워 우룬 루흐어 데이 완청 나 지화

1111. 그 여자와 결혼할 생각입니다.
我打算跟她结婚。
Wǒ dǎsuàn gēn tā jiéhūn.
워 따수안 껀 타 지에훈

1112. 새로운 사업을 하나 시작하려고 합니다.
我正在筹备一项新事业。
Wǒ zhèngzài chóu bèi yí xiàng xīn shìyè.
워 쩡짜이 초우뻬이 이 시앙 신 스이에

1113. 제 생각을 바꿨어요.
我改变了主意。
Wǒ gǎibiàn le zhǔyì.
워 까이비엔러 쭈이

1114. 담배를 끊기로 결심했습니다.
我决心戒烟。
Wǒ juéxīn jiè yān.
워 쥐에신 지에이엔

> 接受는 「받아들이
> 다, 수용하다, 받다,
> 수락하다」의 의미로
> 사용된다.

1115. 그의 사과를 받아들이기로 결정했습니다.
我决定接受他的道歉。
Wǒ juédìng jiēshòu tā de dào qiàn.
워 쥐에띵 지에쇼우 타더 따오치엔

관심사에 대해 말할 때

1116. 왕평(왕핑)이 왜 저러는 거죠?

王平他怎么啦?

WángPíng tā zěnme la?

왕핑 타 쩐머라

「무슨 일이 생겼나요?, 왜 저러는 거죠?」라고 물을 때 자주 사용되는 표현이다.

1117. 기분이 안 좋은 것 같아요.

我看他心情不好。

Wǒ kàn tā xīnqíng bù hǎo.

워 칸 타 신칭 뿌 하오

1118. 당신 말이 옳은 것 같군요.

我想你说得不错。

Wǒ xiǎng nǐ shuō de búcuò.

워 시앙 니 슈어더 부추어

1119. 그가 실수로 그런 것 같아요.

我看他是一时疏忽了。

Wǒ kàn tā shì yìshí shū hu le.

워 칸 타스 이 스 슈후러

一时 한때

1120. 간밤에 잘 못 주무신 것 같군요.

你昨天是不是没睡好?

Nǐ zuótiān shì bu shì meí shuì hǎo?

니 쭈어티엔 스부스 메이 슈이 하오

1121. 그가 안 올 것 같아요.

我想他不会来的。

Wǒ xiǎng tā búhuì lái de.

워 시앙 타 부후이 라이더

谋划 계획하다, 꾀하다

1122. 그들이 뭔가 꾸미고 있는 것 같아요.

他们是不是在谋划什么事?

Tāmen shì bu shì zài móuhuà shénme shì?

타먼 스부스 짜이 모우화 션머 스

1123. 리리에게 무슨 일이 있는 것 같아요.

我想莉莉出了什么事。

Wǒ xiǎng LìLì chū le shénme shì.

워 시앙 리리 추러 션머 스

1124. 그가 안 올 것 같은 예감이 들어요.

我有预感，他可能不来了。

Wǒ yǒu yùgǎn, tā kě néng bù lái le.

워 여우 위간, 타 커넝 뿌 라이러

Part 3

즉석에서 활용하는 실용 회화

기본적인 표현을 철저하게 익힌 다음 중국인과 대화를 나누고자 할 때 어느 정도 자신감을 가지는 것이 매우 중요합니다. 중국인과 교제하거나 비즈니스 활동을 할 때 인간적인 친분 못지 않게 일정 수준의 실용 회화에 능숙해야만 합니다. 그러기 위해서는 체계적으로 표현력을 확충하는 수밖에 없습니다. 따라서 Part 3에서는 하루에 일어나는 일상적인 대화에서 쇼핑, 식사, 전화 등 일상생활은 물론 상황별 45개의 Chapter로 분류하여 여러 가지 장면과 상황을 설정하였습니다. 또한 여행과 비즈니스에 관한 표현까지 반영하였기 때문에 중국인과의 일상 커뮤니케이션에 충분히 대비할 수 있을 것입니다.

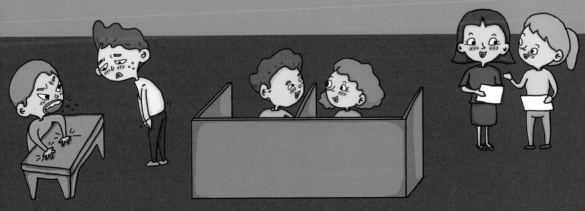

초면의 인사와 소개

제3자와 동행한 사람을 서로 소개시켜주는 상황이 대부분이다. 주로 쓰이는 동사는 「介绍(jiè shào)」이며 「주다」라는 의미의 동사 「给(gěi)」가 「~에게」라는 전치사로 쓰이는 것에 주의하자. 「자기소개」는 중국어로 「自我介绍(zì wǒ jiè shào)」라고 한다. 초면에는 「认识你很高兴(rèn shí nǐ hěn gāoxìng) 만나서 반갑습니다」「请多指教(qǐng duō zhǐ jiào) 많이 가르쳐 주세요」 등의 표현을 자주 사용한다.

Ⓐ 你好，现在去哪儿?
Nǐ hǎo, xiànzài qù nǎr?

Ⓑ 要去散步。这边是
我弟弟小王。
Yào qù sàn bù. Zhè biān shì
wǒ dìdi xiǎoWáng.

Ⓒ 初次见面。
我叫小王。
Chūcì jiàn miàn.
Wǒ jiào xiǎoWáng.

Ⓐ 안녕하세요, 어디 가시는 길입니까?　　　Ⓑ 산책하러 갑니다. 이쪽은 제 동생 왕입니다.
Ⓒ 처음 뵙겠습니다. 저는 왕이라고 합니다.

Ⓐ 你好? 听说你学习很好。
Nǐ hǎo? Tīng shuō nǐ xuéxí hěn hǎo.

Ⓐ 今晚跟人家一起有宴会，你能来吗?
Jīnwǎn gēn rénjiā yìqǐ yǒu yànhuì, nǐ néng lái ma?

Ⓐ 今天晚上七点。那么不见不散。
Jīntiān wǎnshàng qī diǎn. Nàme bújiàn búsàn.

Ⓑ 下次再见。
Xiàcì zàijiàn.

Ⓒ 哪里哪里。
Nǎlǐ nǎlǐ.

Ⓑ 该到几点?
Gāi dào jǐ diǎn?

Ⓒ 见到您太高兴了。再见。
Jiàn dào nín tài gāoxìng le. Zàijiàn.

Ⓐ 안녕하십니까? 말씀 많이 들었습니다. 공부를 아주 잘한다고요.　　Ⓒ 과찬의 말씀입니다.
Ⓐ 오늘 저녁에 동네 사람들 모임이 있는데, 오시겠어요?　　Ⓑ 몇 시에 가면 되나요?
Ⓐ 저녁 7시입니다. 그때 뵙겠습니다.　　Ⓒ 만나서 매우 반가웠습니다. 안녕히 가세요.
Ⓑ 다음에 또 보도록 합시다.

1125. 처음 뵙겠습니다.
初次见面。
Chūcì jiànmiàn.
추츠 지엔미엔

1126. 만나서 반갑습니다.
见到您真高兴。
Jiàn dào nín zhēn gāoxing.
지엔따오 닌 쩐 까오싱

처음 만났을 때 가장 많이
사용되는 표현 중 하나이다.

1127. 알게 되어 기쁩니다.
认识您真高兴。
Rènshi nín zhēn gāoxing.
런스닌 쩐 까오싱

1128. 저 역시 만나서 반갑습니다.
我也一样，见到你很高兴。
Wǒ yě yíyàng, jiàn dào nǐ hěn gāoxing.
워 이에 이이양, 지엔따오 니 헌 까오싱

1129. 만나 뵙게 되어 대단히 반갑습니다.
能够见到您，真是太高兴了。
Néng gòu jiàn dào nín, zhēn shì tài gāoxing le.
넝꺼우 지엔따오 닌, 쩐스 타이 까오싱러

1130. 만나 뵙게 되어 영광입니다.
拜见您深感荣幸。
Bàijiàn nín shēngǎn róngxing.
빠이지엔 닌 선간 롱싱

深感荣幸 대단한
영광으로 생각하다

1131. 제가 오히려 반갑습니다.
感到荣幸的应该是我。
Gǎn dào róngxing de yīnggāi shì wǒ.
간따오 롱싱더 잉까이 스 워

1132. 만나서 반갑습니다.
见到您真荣幸。
Jiàn dào nín zhēn róngxing.
지엔따오 닌 쩐 롱싱

1133. 성함이 어떻게 됩니까?
请问您贵姓?
Qǐngwèn nín guìxing?
칭원 닌 꾸이 싱

이름을 물어볼 때 사
용되는 표현으로 초면
이거나 손윗사람에게
물을 때 사용된다.

1134. 왕 씨, 미스터 김하고 인사 나누세요.

王君，你跟金先生认识一下。

Wáng jūn, nǐ gēn Jīn xiānsheng rènshi yíxià.

왕쥔, 니 껀 진 시엔셩 런스 이시아

1135. 두 분이 서로 인사 나누셨습니까?

你们俩打过招呼了？

Nǐmen liǎ dǎ guò zhāohu le?

니먼 리아 따구어 짜오후러

> 打招呼는
> 「인사하다」
> 라는 의미이다.

1136. 이쪽은 제 동료인 왕문걸입니다.

这是我同事王文杰。

Zhè shì wǒ tóngshì Wáng Wén Jié.

쩌 스 워 퉁스 왕원지에

1137. 저는 왕문걸이고 이쪽은 제 아내 조려홍입니다.

我叫王文杰，这是我妻子赵丽虹。

Wǒ jiào Wáng Wén Jié, zhè shì wǒ qīzi Zhào Lì Hóng.

워 지아오 왕원지에, 쩌 스 워 치즈 짜오리홍

> 先生은 실제 「선생
> 님」의 의미가 아니
> 라 「~씨, 형씨」 등
> 의 의미로 사용된다.

1138. 왕 씨, 제 친구 김 선생을 소개하겠습니다.

王君，我向你介绍一下我朋友金先生。

Wáng jūn, Wǒ xiàng nǐ jièshào yí xià wǒ péngyou Jīn xiānsheng.

왕쥔, 워 시앙 니 지에샤오 이시아 워 펑여우 진 시엔셩

1139. 처음 뵙겠습니다. 김 선생님.

初次见面，金先生。

Chūcì jiànmiàn, Jīn xiānsheng.

추츠 지엔미엔, 진 시엔셩

1140. 제 친구 미스터 김을 소개하죠.

我给你介绍一下我的朋友金先生。

Wǒ gěi nǐ jièshào yíxià wǒ de péngyou Jīn xiānsheng.

워 게이 니 지에샤오 이시아 워더 펑여우 진 시엔셩

1141. 김 선생님, 이분이 미스터 왕입니다.

金先生，这就是王先生。

Jīn xiānsheng, zhè jiù shì Wáng xiānsheng.

진 시엔셩, 쩌 지우스 왕 시엔셩

1142. 전에 한번 뵌 적이 있는 것 같습니다.

我们好像见过一面。

Wǒmen hǎoxiàng jiàn guò yímiàn.

워먼 하오시앙 지엔구어 이 미엔

1143. 누구시더라?

请问您是？

Qǐngwèn nín shì?

칭원 닌 스

> 过는 과거의 경험이나 과거의
> 사실을 나타낸다.
> 예 我已经看过那部电影。
> （나는 이미 저 영화 봤어.）
> 我吃过中国菜。（저는 중
> 국요리를 먹어본 적이 있어요.）

타인을 소개할 때

1144. 친숙해 뵈는데요.
您很面善。
Nín hěn miànshàn.
닌 헌 미엔샨

1145. 전에 만난 적이 있는 것 같은데요.
好像过去见过一面。
Hǎoxiàng guò qù jiàn guò yímiàn.
하오시앙 꾸어취 지엔구어 이 미엔

1146. 예전에 당신을 어디선가 뵌 것 같습니다.
好像过去在哪儿见过您。
Hǎoxiàng guò qù zài nǎr jiàn guò nín.
하오시앙 꾸어취 짜이 날 지엔구어 닌

1147. 우린 여러 번 당신 이야길 했었지요.
我们常常谈起您。
Wǒmen chángcháng tán qǐ nín.
워먼 창창 탄 치 닌

1148. 저 사람이 바로 당신이 말하던 그 사람입니까?
他就是您常提起过的那个人吗?
Tā jiù shì nín cháng tí qǐ guò de nà ge rén ma?
타 지우스 닌 창 티 치구어더 나거런 마

이 문장에서 都는 「모두」의 의미보다는 「꼭」으로 해석하는 것이 바람직하다. 但凡 무릇, ~하기만 하면

1149. 저는 한번 본 사람은 꼭 기억합니다.
但凡见过一面的人，我都会记住。
Dàn fán jiàn guò yí miàn de rén, wǒ dōu huì jìzhǔ.
딴 판 지엔구어 이 미엔더런, 워 또우 후이 지쭈

清楚는 「또렷하다, 정확하다」라는 의미이다.

1150. 성함을 확실히 듣지 못했습니다.
我没听清楚您的大名。
Wǒ méi tīng qīngchu nín de dà míng.
워 메이 팅 칭추 닌더 따밍

1151. 죄송합니다. 이름이 뭐라고 하셨는지 잘 못 들었습니다.
很抱歉，我没听清楚您尊姓大名。
Hěn bàoqiàn, wǒ méi tīng qīngchu nín zūnxìng dàmíng.
헌 빠오치엔, 워 메이 팅 칭추 닌 쭌싱 따밍

1152. 어떻게 부를까요?
该怎么称呼?
Gāi zěnme chēnghu?
까이 쩐머 청후

1153. 성을 부를까요, 이름을 부를까요?
叫你姓呢，还是直呼其名?
Jiào nǐ xing ne, háishi zhí hū qí míng?
지아오 니 싱너, 하이스 즈 후 치 밍

1154. 영철이라고 불러주십시오, 그게 제 이름입니다.

就叫永哲吧，那就是我的名字。

Jiù jiào YǒngZhé ba, nà jiù shì wǒ de míngzi.

지우 지아오 영저바, 나 지우스 워더 밍즈

> 叫는 「부르다, 칭하다」 눈 의미이고, 사역동사로 사용될 때에는 「~하여금 …하다」 눈 의미이다.

1155. 미스터 왕이 당신에 대해 자주 말씀하셨습니다.

我常听王提起您。

Wǒ cháng tīng Wáng tíqǐ nín.

워 창 팅 왕 티 치 닌

1156. 오래 전부터 한번 찾아뵙고 싶었습니다.

久仰大名，早就想拜见您。

Jiǔyǎng dàmíng, zǎo jiù xiǎng bàijiàn nín.

지우이양 따밍, 짜오지우 시앙 빠이 지엔 닌

> 久仰은 「말씀 많이 들었습니다」 라는 의미로 사용된다.

1157. 김영철입니다. 잘 부탁합니다.

我是金永哲，请多关照。

Wǒ shì Jīn yǒng zhé, qǐng duō guānzhào.

워 스 진영저, 칭 뚜어 꾸안짜오

> 请多关照는 초면에 자주 사용되는 표현이다. 손윗사람 혹은 자신보다 높은 사람과 만났을 때 사용된다.

1158. 우리 좋은 친구가 되었으면 합니다.

希望我们能够成为好朋友。

Xīwàng wǒmen néng gòu chéngwéi hǎo péngyou.

시왕 워먼 넝꺼우 청웨이 하오 펑여우

1159. 저는 칭추안 실업에 근무하고 있습니다.

我在清泉实业工作。

Wǒ zài Qīng Quán shíyè gōngzuò.

워 짜이 칭 취엔 스이에 꽁쭈어

1160. 선생님 말씀 많이 들었습니다.

我常听人提起先生。

Wǒ cháng tīng rén tíqǐ xiānsheng.

워 창 팅 런 티 치 시엔셩

1161. 모두 좋은 얘기이길 바랍니다.

但愿没人说我坏话。

Dànyuàn méi rén shuō wǒ huài huà.

딴 위엔 메이 런 슈어 워 후아이화

1162. 말씀은 많이 들었습니다.

常听人提起您。

Cháng tīng rén tíqǐ nín.

창 팅 런 티 치 닌

1163. 김 씨가 당신 이야기를 많이 하더군요.

金君常常提起您。

Jīn jūn chángcháng tíqǐ nín.

진 쥔 창창 티 치 닌

> 提 제기하다

타인을 소개할 때

1164. 만나 뵙고 싶었습니다.
我早就想见见你。
Wǒ zǎo jiù xiǎng jiàn jiàn nǐ.
워 짜오지우 시앙 지엔지엔 니

1165. 오래 전부터 만나 뵙고 싶었습니다.
久仰大名，渴望拜见。
Jiǔyáng dàmíng, kě wàng bàijiàn.
지우이앙 따밍, 크어 왕 빠이지엔

> 渴望은 希望 /
> 愿意 등으로 바
> 꿔 쓸 수 있다.

1166. 이건 제 명함입니다.
这是我的名片。
Zhè shì wǒ de míngpiàn.
쩌 스 워더 밍피엔

> 종이나 넓은 면의 물건을 셀 때
> 张이라는 양사를 사용한다.
> 예 一张纸 (종이 한 장),
> 一张桌子 (탁자 하나)

1167. 명함 한 장 주시겠어요?
能给我一张名片吗?
Néng gěi wǒ yì zhāng míngpiàn ma?
넝 게이 워 이 짱 밍피엔 마

1168. 만나서 매우 반가웠습니다.
见到您太高兴了。
Jiàn dào nín tài gāoxìng le.
지엔따오 닌 타이 까오싱러

1169. 나는 그를 얼굴만 알고 있습니다.
我跟他不过是一面之交。
Wǒ gēn tā bú guò shì yímiàn zhī jiāo.
워 껀 타 부꾸어 스 이 미엔 즈 지아오

1170. 성함이 어떻게 되시죠?
能问您的名字吗?
Néng wèn nín de míngzi ma?
넝 원 닌더 밍즈 마

1171. 어디서 오셨습니까?
您从什么地方来的?
Nín cóng shénme dìfang lái de?
닌 총 션머 띠팡 라이더

1172. 고향이 어디십니까?
您老家是哪里?
Nín lǎojiā shì nǎ li?
닌 라오지아 스 나리

1173. 국적이 어디시죠?
请问国籍是哪里?
Qǐngwèn guójí shì nǎli?
칭원 구어지 스 나리

타인을 소개할 때

1174. 어느 나라 분이십니까?

请问您是哪国人?

Qǐngwèn nín shì nǎ guó rén?

칭원 닌 스 나구어런

자기를 소개할 때

자기소개는 짧은 시간에 자신에 대한 이미지를 전달할 수 있기 때문에 1~2분 정도의 프로필을 숙지하고 있으면 여러모로 유리할 것이다. 중국어로 자기 이름을 알아두고, 상대방에게 이름을 말할 때에는 알아듣기 쉽게 또박또박 발음하고, 한자를 풀어서 얘기해 주면 상대방이 더욱 잘 알아들을 수 있을 것이다.

Ⓐ 大家好!
Dàjiā hǎo.

Ⓑ 你把自己介绍一下。
Nǐ bǎ zìjǐ jiè shao yíxià.

Ⓑ 你家有几口人?
Nǐ jiā yǒu jǐ kǒu rén?

Ⓐ 我叫洪吉童。
你们就叫我洪吧。
Wǒ jiào Hóng Jí Tóng.
Nǐmen jiù jiào wǒ Hóng ba.

Ⓐ 여러분, 안녕하세요?
Ⓐ 저는 홍길동입니다. 홍이라고 불러 주세요.

Ⓑ 자기소개 좀 해주시겠어요?
Ⓑ 가족 사항은 어떻게 됩니까?

Ⓐ 我跟父母一起过。 我是长子。 还有两个妹妹。
Wǒ gēn fùmǔ yìqǐ guò. Wǒ shì zhǎngzǐ. Háiyǒu liǎng ge mèimèi.

Ⓑ 你结婚了吗?
Nǐ jiéhūn le ma?

Ⓐ 我还是单身。
Wǒ háishì dānshēn.

Ⓑ 有没有什么绰号?
Yǒu méi yǒu shénme chuòhào?

Ⓐ 有。因为我行动有点儿慢, 所以叫我 '熊'。
Yǒu. Yīnwèi wǒ xíngdòng yǒu diǎnr màn, suǒyǐ jiào wǒ 'xióng'.

Ⓐ 저는 부모님과 함께 살고 있습니다. 저는 장남이고, 밑으로 여동생이 둘 있습니다.
Ⓑ 결혼은 했습니까?　　　　　　　　　Ⓐ 전 독신입니다.
Ⓑ 별명이 있나요?
Ⓐ 있습니다. 행동이 좀 느려서 '곰'입니다.

1175. 홍이라고 불러 주세요.

您就叫我洪吧。

Nín jiù jiào wǒ Hóng ba.

닌 지우 지아오 워 홍바

> 이름을 말할 때에는 我的 名字叫~。/ 我姓~, 叫~。/ 我叫~。가 있다.

1176. 제 이름은 리지엔입니다.

我叫李健。

Wǒ jiào LǐJiàn.

워 지아오 이지엔

1177. 홍길동입니다.

我叫洪吉童。

Wǒ jiào Hóng jí tóng.

워 지아오 홍지통

1178. 제 소개를 할까요?

我能介绍自己吗?

Wǒ néng jiè shào zìjǐ ma?

워 넝 지에셔오 쯔지 마

> 「자기소개」라는 표현으로 自我介绍를 많이 사용한다.

1179. 제 소개를 드리겠습니다.

下面请允许我介绍一下自己。

Xiàmiàn qǐng yǔnxǔ wǒ jiè shào yíxià zìjǐ.

시아미엔 칭 윈쉬 워 지에샤오 이시아 쯔지

1180. 제 소개를 하겠습니다.

我介绍一下自己。

Wǒ jiè shào yíxià zìjǐ.

워 지에샤오 이시아 쯔지

1181. 저희 집은 대(소)가족입니다.

我家是个大(小)家族。

Wǒ jiā shì ge dà (xiǎo) jiāzú.

워 지아 스 거 따(시아오) 지아주

1182. 저는 부모님과 함께 살고 있습니다.

我跟父母一起过。

Wǒ gēn fùmǔ yìqǐ guò.

워 껀 푸무 이치 꾸어

> 有는 「있다」, 부정형은 没有이다.

1183. 형이 둘 있는데 누나는 없어요.

有两个哥哥，没有姐姐。

Yǒu liǎng ge gēge, mé yǒu jiějie.

여우 리앙 거 꺼거, 메이여우 지에지에

1184. 전 독자입니다.

我是个独生子。

Wǒ shì ge dúshēngzǐ.

워 스 거 두셩즈

자기소개를 할 때

1185. 전 장남입니다.

我是长子。

Wǒ shì zhǎngzǐ.

워 스 장즈

1186. 전 맏딸입니다.

我是长女。

Wǒ shì zhǎngnǚ.

워 스 장뉘

1187. 전 아직 독신입니다.

我还是单身。

Wǒ háishì dānshēn.

워 하이스 딴션

Unit 02

이름을 물을 때

1188. 어떻게 불러야 하나요?

不知该怎么称呼?

Bùzhī gāi zěnme chēnghu?

뿌 즈 까이 쩐머 청후

> 称呼는 호칭이나 이름을 물어볼 때 사용한다. 叫를 써도 상관없다.

1189. 이름이 뭡니까?

您贵姓?

Nín guìxìng?

닌 꾸이 싱

1190. 이름은?

名字呢?

Míngzi ne?

밍즈너

> 손 아랫사람에게 쓰는 표현이다.

1191. 성함을 알 수 있을까요?

可以问您姓名吗?

Kěyǐ wèn nín xìngmíng ma?

커이 원 닌 싱밍 마

1192. 이름을 좀 알려 주시겠습니까?

能告诉您的名字吗?

Néng gàosu nín de míngzi ma?

넝 까우수 닌더 밍즈 마

1193. 이름(성)을 다시 말씀해 주시겠습니까?

请再说一遍名字(姓)好吗?

Qǐng zài shuō yíbiàn míngzi (xìng) hǎo ma?

칭 짜이 슈어 이비엔 밍츠(싱) 하오 마

1194. 이름이 어떻게 되죠?

请问你叫什么名字?

Qǐngwèn nǐ jiào shénme míngzi?

칭원 니 지아오 션머 밍즈

이름을 물을 때

1195. 성함을 여쭤도 될까요?

我可以打听您的名字吗?

Wǒ kěyǐ dǎ tīng nín de míngzi ma?

워 커이 따팅 닌더 밍즈 마

Unit 03

상대를 알기 위한 질문

1196. 별명이 있나요?

有没有什么绰号?

Yǒu méi yǒu shénme chuòhào?

여우메이여우 션머 초우하오

「별명」을 나타내는 단어로는 绰号, 外号, 別名가 있다.

1197. 어디서 본 적 있지 않나요?

我们在什么地方见过面吧?

Wǒmen zài shénme dìfang jiàn guò miàn ba?

워먼 짜이 션머 띠팡 지엔구어 미엔바

1198. 어디에 살죠?

你住在哪儿?

Nǐ zhù zài nǎr?

니 쭈짜이 날

Unit 04

식사를 제의할 때

1199. 우리 점심 식사나 같이할까요?

我们一起吃午饭好吗?

Wǒmen yìqǐ chī wǔfàn hǎo ma?

워먼 이치 츠 우판 하오 마

一起는 「함께」라는 뜻으로 두 명 이상의 상황에서 사용한다.

1200. 저녁 식사 같이하시겠어요?

请问可以与我共进晚餐吗?

Qǐngwèn kěyǐ yú wǒ gòng jìn wǎncān ma?

칭원 커이 위 워 꽁 진 완찬 마

「아침밥」은 早餐, 早饭, 점심밥은 午饭, 저녁밥은 晚饭, 晚餐이라고 한다.

1201. 오늘 저녁에 외식하자.

今晚就出去吃吧。

Jīnwǎn jiù chū qù chī ba.

진완 지우 추취 츠바

1202. 나가서 먹는 게 어때?

出去吃如何?

Chū qù chī rúhé?

추취 츠 루흐어

1203. 내일 저녁 식사 같이하러 가실까요?

明天晚上一起吃饭吧?

Míngtiān wǎnshang yì qǐ chī fàn ba?

밍티엔 완상 이치 츠판바

식사를 제의할 때

1204. 점심 식사하러 나갑시다.
出去吃午饭吧。
Chū qù chī wǔfàn ba.
추취 츠 우판바

1205. 언제 식사나 같이합시다.
什么时候有空一起吃个饭吧。
Shénme shíhou yǒu kòng yìqǐ chī ge fàn ba.
션머 스호우 여우 콩 이치 츠 거 판바

1206. 여기 들러서 뭐 좀 먹읍시다.
进这儿吃点什么吧。
Jìn zhèr chī diǎn shénme ba.
진 쩔 츠 디엔 션머바

1207. 여기서 점심 먹기에 괜찮을 것 같아.
在这儿吃午饭好像挺不错的。
Zài zhèr chī wǔfàn hǎoxiàng tǐng búcuò de.
짜이 쩔 츠 우판 하오시앙 팅 부추어더

1208. 뭐 좀 간단히 먹으러 나갑시다.
出去凑合一顿吧。
Chū qù còuhe yídùn ba.
추취 초우흐어 이 뚠바

一顿 한 끼

Chapter 03

식사 · 가정 · 파티에의 초대

「한 턱 내다, 식사를 대접하다」라는 표현은 「请客(qǐng kè)」라고 한다. 중국 사람들은 우리나라와 마찬가지로 기쁜 일이 있을 때 많은 사람들이 모여 축하를 해준다. 식사를 대접할 때에는 음식을 부족하지 않게 준비한다. 우리의 경우는 언제나 손님 위주로 접대를 하기 때문에 손님에게 좋은 자리를 권하고 음식과 술도 손님의 취향에 따르며 먹는 양도 손님의 주량과 식사량에 따르지만 중국에는 모든 것을 초대인인 주인이 주도한다.

🅐 今天晚上有空吗？
Jīntiān wǎnshang yǒu kòng ma?

🅑 是，有什么事吗？
Shì, yǒu shénme shì ma?

🅐 오늘 저녁에 시간 있습니까?

🅑 네. 무슨 일 있어요?

🅐 你能参加我的生日派对吗？
Nǐ néng cānjiā wǒ de shēnrì pàiduì ma?

🅑 我乐得从命。也告诉金科长了吗？
Wǒ lè dé cóngmìng. Yě gàosu Jīn kēzhǎng le ma?

🅐 他还有事需要处理，所以不能参加。
Tā háiyǒu shì xū yào chǔ lǐ, suǒyǐ bù néng cānjiā.

🅑 跟我朋友一起参加祝贺你的生日，怎么样？
Gēn wǒ péngyou yìqǐ cānjiā zhùhè nǐ de shēngrì, zěnmeyàng?

🅐 那也好。晚上六点，不见不散。
Nà yě hǎo. Wǎnshàng liù diǎn, bú jiàn bú sàn.

🅑 那时候见。
Nà shíhou jiàn.

🅐 제 생일파티에 오시는 게 어때요?
🅑 기꺼이 그렇게 하겠습니다. 김 과장에게도 말했나요?
🅐 그는 해야 할 일이 있어서 못 간다고 했습니다.
🅑 제 친구도 같이 가서 축하해주면 어떨까요?
🅐 좋습니다. 저녁 6시입니다, 꼭 와주세요.
🅑 그때 봅시다.

1209. 선약이 있나요?
你今天有没有约会?
Nǐ jīntiān yǒu méi yǒu yuēhuì?
니 진티엔 여우메이여우 위에후이

1210. 오늘 오후에 시간이 있습니까?
今天下午有空吗?
Jīntiān xiàwǔ yǒu kòng ma?
진티엔 시아우 여우 콩 마

> 「아침」은 早上, 「오전」은 上午, 「오후」는 下午, 「저녁」은 晚上이라고 한다.

1211. 오늘 저녁에 시간 있나요?
今天晚上有空吗?
Jīn tiān wǎn shang yǒu kòng ma?
진티엔 완샹 여우 콩 마

1212. 오늘 밤에 할 일이 있으십니까?
今天夜里您有事吗?
Jīntiān yèli nín yǒu shì ma?
진티엔 이에리 닌 여우 스 마

> 干이라는 동사는 「하다」라는 의미로 보통은 윗사람에게 사용하지 않고, 친한 사람에게 사용한다.

1213. 이번 토요일에 무엇을 하실 건가요?
这个星期六，你打算干什么?
Zhè ge xīng qī liù, nǐ dǎsuan gàn shénme?
쩌거 싱치리우, 니 따수안 깐 션머

1214. 저녁 식사하러 우리 집에 오실래요?
能到我家吃晚饭吗?
Néng dào wǒ jiā chīwǎn fàn ma?
넝 따오 워 지아 츠 완판 마

1215. 제 생일파티에 오시는 게 어때요?
你能参加我的生日派对吗?
Nǐ néng cānjiā wǒ de shēnrì pàiduì ma?
니 넝 찬지아 워더 성르 파이뚜이 마

> 参加는 「참가하다, 참석하다」라는 의미로 사용된다.

1216. 그의 송별파티에 오셨으면 합니다.
希望你能参加他的送别纪念会。
Xīwàng nǐ néng cānjiā tā de sòng bié jì niàn huì.
시왕 니 넝 찬지아 타더 쏭비에 지니엔후이

1217. 파티에 오시지 그러세요?
你来参加派对多好?
Nǐ lái cānjiā pàiduì duō hǎo?
니 라이 찬지아 파이뚜이 뚜어 하오

1218. 제 초청을 받아 주시겠어요?
肯接受我的邀请吗?
Kěn jiēshòu wǒ de yāoqǐng ma?
컨 지에쑈우 워더 이야오칭 마

초대에 응할 때

1219. 그거 좋죠.

那好哇。

Nà hǎo wā.

나 하오와

1220. 좋은 생각이에요.

真是好主意。

Zhēn shì hǎo zhǔyì.

쩐스 하오 쭈이

1221. 기꺼이 그렇게 하겠습니다.

我乐得从命。

Wǒ lè dé cóngmìng.

워 르어더 총밍

1222. 그거 아주 좋겠는데요.

那太好了。

Nà tài hǎo le.

나 타이 하오러

1223. 멋진데요.

真棒。

Zhēn bàng.

쩐 빵

可以는 「가능」을 나타내며, 초대 등에 참석할 수 있다는 뜻을 나타낸다.

1224. 저는 좋습니다.

我可以。

Wǒ kěyǐ.

워 커이

听你的는 「당신의 말을 듣겠다」라는 의미로 「그렇게 하겠습니다」라고 해석을 하면 된다.

1225. 고맙습니다, 그러죠.

谢谢，听你的。

Xièxie, tīng nǐ de.

씨에시에, 팅 니더

1226. 초대해 주셔서 감사합니다.

谢谢你的招待。

Xièxie nǐ de zhāodài.

씨에시에 니더 짜오따이

초대에 응할 수 없을 때

1227. 죄송하지만, 그럴 수 없습니다.

恕不能从命。

Shù bù néng cóngmìng.

슈 뿌넝 총밍

초대에 응할 수 없을 때

1228. 죄송하지만, 그럴 수 없을 것 같군요.
对不起，我可能去不了。

> 去不了 갈 수 없다

Duìbuqǐ, wǒ kěnéng qù bù liǎo.
뚜이붙이, 워 커넝 취뿌리아오

1229. 정말이지 죄송합니다. 하지만 오늘은 바빠서 꼼짝할 수가 없습니다.
真是太对不起了，可我今天太忙，实在抽不出空来。

Zhēn shì tài duìbuqǐ le, kě wǒ jīntiān tài máng, shízài chōu bù chū kòng lái.
쩐스 타이 뚜이부치러러, 커 워 진티엔 타이 망, 스짜이 초우 뿌 추 콩 라이

1230. 죄송하지만, 해야 할 일이 있습니다.
对不起，我还有事需要处理。

> 处理의 处는 「처리하다」의 의미로 제3성으로 읽고, 「곳·장소」를 나타낼 때에는 4성으로 읽는다.

Duìbuqǐ, wǒ háiyǒu shì xūyào chǔlǐ.
뚜이붙이, 워 하이여우 스 쉬이야오 추리

1231. 유감스럽지만 안 될 것 같군요.
很遗憾，我可能去不了。

Hěn yíhàn, wǒ kěnéng qù bu liǎo.
헌 이한, 워 커넝 취뿌리아오

1232. 그럴 수 있다면 좋겠군요.
要是能参加就好了。

> 要是은 「만약 ~할 수 있다면」이라는 의미로 如果와 비슷한 의미이다.

Yàoshì néngcān jiā jiù hǎo le.
이아오스 넝 찬지아 지우 하오러

1233. 그러고 싶지만 오늘 밤은 이미 계획이 있습니다.
我真想参加，可惜今天晚上有别的计划。

> 可惜 애석하다

Wǒ zhēn xiǎng cānjiā, kěxī jīntiān wǎnshang yǒu bié de jìhuà.
워 쩐 시앙 찬지아, 커시 진티엔 완샹 여우 비에더 지화

1234. 오늘 저녁은 안 되겠습니다.
今晚不行。

Jīnwǎn bù xíng.
진완 뿌 싱

가정 방문

초대한 사람은 방문자를 친절히 안내하며, 초대받은 사람은 감사의 의미를 표현한다.
일상의 대화 속에서 「请(qǐng)」이란 말이 자주 쓰인다. 문장 속의 「请」은 경어(敬语)
로 높임의 의미를 나타내고, 또한 「请」은 뒤에 표현을 생략하여 단독으로 쓰여도 상황
에 맞게 「드십시오, 이쪽으로 오세요, 앉으세요」라는 의미를 나타낼 수 있다.

Ⓐ 你是哪一位?
Nǐ shì nǎ yí wèi?

Ⓐ 你好?
有什么事吗?
Nǐ hǎo?
Yǒu shénme shì ma?

Ⓑ 这里是小王的家吗?
我是小王的老师。
Zhèli shì XiǎoWáng de jiā ma?
Wǒ shì XiǎoWáng de lǎoshī.

Ⓑ 因为是新学期,
访问学生的家庭。
Yīnwèi shì xīn xuéqī,
fǎngwèn xuésheng de jiātíng.

Ⓐ 누구세요?
Ⓐ 안녕하세요? 어떤 일로 오셨어요?

Ⓑ 여기가 왕 학생 집인가요? 저는 왕 군 학교 선생님입니다.
Ⓑ 신학기라서 학생들의 집을 방문하고 있습니다.

Ⓐ 你真辛苦啊。请进, 喝杯茶。
Nǐ zhēn xīnkǔ a. Qǐng jìn, hē bēi chá.

Ⓐ 你这就要走?
Nǐ zhè jiù yào zǒu?

Ⓐ 就这么走, 真是太惋惜了。
Jiù zhème zǒu, zhēn shì tài wǎnxī le.

Ⓑ 没关系。
Méi guānxi.

Ⓑ 有很多地方要访问。
Yǒu hěn duō dìfang yào fǎngwèn.

Ⓑ 那么下次再见, 请留步。
Nàme xià cì zàijiàn, qǐng liú bù.

Ⓐ 수고 많으십니다. 들어오셔서 차 한 잔 하세요.
Ⓐ 지금 가신다는 말씀이세요?
Ⓐ 지금 가셔야 된다니 아쉽네요.

Ⓑ 아닙니다.
Ⓑ 가봐야 할 곳이 많습니다.
Ⓑ 그럼 안녕히 계세요.

Unit 01

방문한 곳의 현관에서

1235. <u>초대해 주셔서 감사합니다.</u>
谢谢您的招待。
Xièxie nín de zhāodài.
씨에시에 닌더 짜오따이

1236. <u>와 주셔서 감사합니다.</u>
欢迎光临。
Huānyíng guānglín.
후안잉 꾸앙린

1237. <u>어서 들어오십시오.</u>
快请进吧。
Kuài qǐng jìn ba.
꾸와이 칭진바

1238. <u>이쪽으로 오시죠.</u>
往这边来。
Wǎng zhèbiān lái.
왕 쩌비엔 라이

> 往은 「~를 향하여,
> ~쪽으로」 라는 의미
> 로 방향을 나타낸다.

1239. <u>멀리서 와 주셔서 감사합니다.</u>
谢谢您远道而来。
Xiè xie nín yuǎn dào ér lái.
씨에시에 닌 위엔 따오 얼 라이

1240. <u>늦어서 죄송합니다.</u>
对不起我来晚了。
Duìbuqǐ wǒ lái wǎn le.
뚜이붙이 워 라이 완러

Unit 02

방문한 곳에서의 배려

1241. <u>편히 하세요.</u>
请随意吧。
Qǐng suí yì ba.
칭 수이이바

1242. <u>마음껏 드세요.</u>
吃多一点儿啊。
Chī duō yìdiǎnr a.
츠 뚜어 이디얼아

> 随意는 직역을 하면
> 「마음대로 하다, 하고
> 싶은 대로 하다」 라는
> 의미가 되지만 「편하게
> 하세요」 라고 해석을 하
> 는 것이 적절하겠다.

Unit 03

**방문을 마치고
돌아갈 때**

1243. <u>이제 그만 실례하겠습니다.</u>
失礼了，我该回去了。
Shīlǐ le,   wǒ gāi huí qù le.
스리러, 워 까이 후이취러

1244. 늦어서 가 봐야겠어요.

太晚了，我该走了。

Tài wǎn le, wǒ gāi zǒu le.

타이 완러, 워 까이 쪼우러

> 该는 「~해야 한다」
> 라는 의미로 要와 바꿔
> 사용할 수 있다.

1245. 이만 돌아가 봐야겠어요.

我该回去了。

Wǒ gāi huí qù le.

워 까이 후이취러

1246. 지금 가신다는 말씀이세요?

你这就要走?

Nǐ zhè jiù yào zǒu?

니 쩌 지우 이야오 쪼우

1247. 아주 즐거웠습니다.

今天真高兴。

Jīntiān zhēn gāoxìng.

진티엔 쩐 까오싱

1248. 가셔야 된다니 아쉽네요.

就这么走，真是太惋惜了。

Jiù zhème zǒu, zhēn shì tài wǎnxī le.

지우 쩌머 쪼우, 쩐스 타이 완시러

> 惋惜는 「아쉽다」는
> 의미로 可惜, 发慌 등
> 으로 바꿔 쓸 수 있다.

1249. 얘기 즐거웠습니다.

跟你唠得真投机。

Gēn nǐ láo de zhēn tóu jī.

껀 니 라오 더 쩐 토우지

> 投机는 「의기투합하
> 다, 견해가 같다」는 의
> 미로 사용되었다.

방문객의 안내와 접대

Chapter 05

방문객이 낯선 곳에서 어색하지 않도록 초대한 사람은 방문할 때부터 돌아갈 때까지 방문자를 세심하게 배려한다. 방문한 곳에서 식사대접 시에 음식을 남기는 것은 결례임을 알아두자. 음식을 먹고 나서는 음식에 대한 칭찬을 하고, 더 권할 때는 정중히 「吃饱了, 吃不下了, 吃不了了」 등의 표현을 써서 거절을 하면 된다. 하지만 「吃不来」는 「어떤 음식을 좋아하지 않다」는 의미이고, 「吃不上」은 「(가난하거나 시간이 없어) 먹을 수 없다」는 의미이므로 주의하여 사용해야 한다.

Ⓐ 谢谢你的光临。
Xièxie nǐ de guānglín.

Ⓑ 不好意思，我来晚了。
Bùhǎoyìsi, wǒ lái wǎn le.

Ⓐ 어서오세요. 와주셔서 감사합니다.　　Ⓑ 조금 늦어서 죄송합니다.

Ⓐ 没有啊。请进。路上没遇到什么麻烦吗？
Méiyǒu a. Qǐng jìn. Lù shang méi yù dào shénme máfan ma?

Ⓑ 没有。
Méiyǒu.

Ⓑ 好漂亮的房子呀。
Hǎo piàoliang de fángzi ya.

Ⓑ 好丰盛啊。
Hǎo fēngshèng a.

Ⓐ 先请看看我的家。
Xiān qǐng kàn kàn wǒ de jiā.

Ⓐ 晚餐准备好了。请上餐厅吧。
Wǎncān zhǔnbèi hǎo le. Qǐng shàng cāntīng ba.

Ⓐ 快请。
Kuài qǐng.

Ⓐ 아닙니다. 들어오세요. 여기 오시는데 고생하지 않으셨어요?
Ⓑ 아닙니다.
Ⓑ 아주 멋진 집이군요.
Ⓑ 정말 푸짐하네요.
Ⓐ 집을 보여 드리겠습니다.
Ⓐ 저녁식사 준비가 되었습니다. 식당으로 가시지요.
Ⓐ 어서 드십시오.

1250. 어서 오십시오.

欢迎光临。

Huānyíng guānglín.

후안잉 꾸앙린

1251. 여기 오시는 데 고생하지 않으셨어요?

路上没遇到什么麻烦了吗?

Lù shang méi yù dào shénme máfan le ma?

루샹 메이 위따오 션머 마판러 마

> 遇到는 「만나다, 마주치다」 라는 의미로 「오시는 길에 불편함이 없었는지」 를 묻는 표현이다.

1252. 조그만 선물입니다.

这是我一点心意。

Zhè shì wǒ yì diǎn xīnyì.

쩌 스 워 이디엔 신이

1253. 무얼 마시겠습니까?

您想喝点儿什么?

Nín xiǎng hē diǎnr shénme?

닌 시앙 흐어 디얼 션머

1254. 집을 보여 드리겠습니다.

先请看看我的家。

Xiān qǐng kàn kàn wǒ de jiā.

시엔 칭 칸칸 워더 지아

1255. 아주 멋진 집이군요.

好漂亮的房子呀。

Hǎo piàoliang de fángzi ya.

하오 피아오리앙더 팡즈아

> 房子는 「집」 을 나타내고, 房间은 「방」 을 나타낸다.

1256. 뭐 좀 마시겠습니까?

您先喝点什么吧?

Nín xiān hē diǎn shénme ba?

닌 시엔 흐어 디엔 션머바

> 이 문장에서 好는 「좋다」 라는 의미로 사용된 것이 아니라, 「끝났다」 는 의미로 사용되었다.

1257. 저녁식사 준비가 되었습니다.

晚餐准备好了。

Wǎncān zhǔnbèi hǎo le.

완찬 준뻬이 하오러

1258. 식당으로 가시지요.

请上餐厅吧。

Qǐng shàng cāntīng ba.

칭 샹 찬팅바

1259. 어서 드십시오.
快请。
Kuài qǐng.
쿠와이 칭

1260. 좀 더 드시지요.
再吃一点吧。
Zài chī yìdiǎn ba.
짜이 츠 이디엔바

1261. 많이 먹었습니다.
我吃饱了。
Wǒ chī bǎo le.
워 츠 빠오러

1262. 충분히 먹었습니다.
我吃好了。
Wǒ chī hǎo le.
워 츠 하오러

1263. 훌륭한 저녁식사였습니다.
真是难忘的晚餐。
Zhēn shì nánwàng de wǎncān.
쩐스 난 왕더 완찬

> 难忘은 「잊지 못할」이라는 의미이다.

1264. 매우 맛있는 식사였습니다.
真是美味的晚餐。
Zhēn shì měiwèi de wǎncān.
쩐스 메이웨이더 완찬

> 옛날 중국사람들은 「맛있다」라는 표현을 好보다 美를 많이 사용했다고 한다.
> 是美 맛있는 음식, 맛이 좋다

1265. 와 주셔서 감사합니다.
谢谢你的光临。
Xièxie nǐ de guānglín.
씨이시에 니더 꾸앙린

1266. 또 와 주세요.
请下次再来。
Qǐng xià cì zài lái.
칭 시아츠 짜이 라이

1267. 다음에는 꼭 저희 집에 와 주세요.
下次请您一定来我家。
Xià cì qǐng nín yídìng lái wǒ jiā.
시아츠 칭 닌 이띵 라이 워 지아

시간과 연월일

시간이나 연, 월에 쓰이는 「몇」은 「几」로 사용을 하면 된다. 연(年)을 읽을 때는 일반적으로 숫자 하나하나를 읽어준다. 예시) 「2005年」은 「二零零五年」으로 읽는다. 「몇 월 며칠」을 말할 때는 「几月几日?」 혹은 「几月几号?」라고 말하면 된다. 요일은 「星期一, 星期二, 星期三…」으로 쓰이며 일요일만은 「星期天, 星期日, 礼拜天」을 사용한다. ~号, ~天은 주로 회화체에서 사용하며, 日는 문어체에서 사용한다.

Ⓐ 你今年多大?
Nǐ jīnnián duō dào?

Ⓑ 今年二十六岁。
Jīnnián èr shí liù suì.

Ⓐ 那么一九七九年出生的吗?
Nàme yì jiǔ qī jiǔ nián chūshēng de ma?

Ⓑ 不是, 一九八零年出生的。
Búshì, yì jiǔ bā líng nián chūshēng de.

Ⓐ 나이가 어떻게 되세요?
Ⓐ 그럼 1979년생인가요?

Ⓑ 올해 26입니다.
Ⓑ 아니오, 1980년생입니다.

Ⓐ 你的生日是几月几号?
Nǐ de shēngrì shì jǐ yuè jǐ hào?

Ⓑ 十月一号。
Shí yuè yī hào.

Ⓐ 真的吗? 十月一号是中国的国庆节。
Zhēn de ma? Shí yuè yī hào shì zhōngguó de guóqìngjié.

Ⓑ 那就是。 不好意思, 现在几点呢?
Nà jiù shi. Bùhǎoyìsi, xiànzài jǐ diǎn ne?

Ⓐ 十点半。
Shí diǎn bàn.

Ⓑ 对不起, 我先走啦。 不然迟到约会啦。
Duìbuqǐ, wǒ xiān zǒu la. Bùrán chí dào yuēhuì la.

Ⓐ 생일은 몇 월 며칠입니까?
Ⓐ 정말요? 10월 1일은 중국의 국경일입니다.
Ⓐ 10시 반입니다.

Ⓑ 10월 1일입니다.
Ⓑ 그렇군요. 죄송합니다만 지금 몇 시나 되었습니까?
Ⓑ 죄송합니다. 먼저 가보겠습니다. 약속시간에 늦겠네요.

1268. 지금 몇 시죠?

现在几点了?

Xiànzài jǐ diǎn le?

시엔짜이 지 디엔러.

시간을 물어 볼 때에는 几点几分?으로 묻는다.

1269. 어디 보자, 10시 30분입니다.

让我看看，10点30分。

Ràng wǒ kàn kán, shí diǎn sān shí fēn.

랑 워 칸칸, 스 디엔 산스 펀

1270. 실례합니다. 몇 시입니까?

不好意思，现在几点了?

Bùhǎoyìsi, xiànzài jǐ diǎn le?

뿌하오이쓰, 시엔짜이 지 디엔 러

1271. 몇 시쯤 됐을까요?

大约能有几点?

Dàyuē néng yǒu jǐ diǎn?

따위에 넝 여우 지 디엔

1272. 4시 15분입니다.

4点15分。

Sì diǎn shí wǔ fēn.

쓰 디엔 스우 펀

「몇 시 몇 분」이라는 표현을 할 때 「시」는 点, 「분」은 分, 「초」는 秒를 사용한다.

1273. 정확히 3시입니다.

准确说是3点。

Zhǔnquè shuō shì sān diǎn.

준취에 슈어 스 산 디엔

1274. 거기에 가는 데 얼마나 걸립니까?

到那里需要几个小时?

Dào nàli xūyào jǐ ge xiǎoshí?

따오 나리 쉬야오 지 거 시아오스

「从+장소(시간)」는 「~로부터」라는 의미로 到와 함께 쓰여 「~부터 …까지」라는 의미로 자주 사용된다.

1275. 역에서 걸어서 7분 걸립니다.

从车站步行需要7分钟。

Cóng chēzhàn bùxíng xūyào qī fēn zhōng.

총 처짠 뿌싱 쉬이야오 치 펀중

1276. 몇 시에 개점(폐점)합니까?

几点开张(打烊)?

Jǐ diǎn kāi zhāng(dǎ yàng)?

지 디엔 카이 짱 (따 양)

1277. 이제 가야 할 시간입니다.

现在我们得走了。

Xiànzài wǒmen děi zǒu le.

시엔짜이 워먼 데이 쪼우러

시각을 묻고 답할 때

1278. 지금이 몇 시라고 생각하십니까?
你估计现在能有几点?
Nǐ gūjì xiànzài néng yǒu jǐ diǎn?
니 꾸지 시엔짜이 넝 여우 지 디엔

시계에 대해서 말할 때

1279. 미안하지만, 저는 시계가 없습니다.
对不起，我没戴表。
Duìbuqǐ,　　wǒ méi dài biǎo.
뚜이붙이, 워 메이 따이 비아오

「시계를 차다」라는 동사로는 戴를 사용한다.

1280. 당신 시계가 맞나요?
你的表准吗?
Nǐ de biǎo zhǔn ma?
니더 비아오 준 마

1281. 제 시계가 빨라요.
我的表有些快。
Wǒ de biǎo yǒu xiē kuài.
워더 비아오 여우시에 쿠와이

1282. 왜 자꾸 시계를 보고 계세요?
你怎么总看表?
Nǐ zěnme zǒng kàn biǎo?
니 쩐머 쫑 칸 비아오

总은 「항상, 늘, 계속」이라는 의미로 继续로 바꿔 사용할 수 있다.

1283. 제 시계는 정확해요.
我的表很准。
Wǒ de biǎo hěn zhǔn.
워더 비아오 헌 준

연도에 대해서 말할 때

1284. 몇 년도에 태어나셨어요?
是几年出生的?
Shì jǐ nián chūshēng de?
스 지 니엔 추셩더

1285. 그는 저보다 2년 선배입니다.
他是比我早两年的学哥。
Tā shì bǐ wǒ zǎo liǎng nián de xué gē.
타 스 비 워 짜오 리앙니엔더 쉬에꺼

월에 대해서 말할 때

1286. 몇 월이죠?
几月?
Jǐ yuè?
지 위에

월에 대해서 말할 때

1287. 이번 달은 몇 월입니까?
这个月是几月?
Zhè ge yuè shì jǐ yuè?
쩌거 위에 스 지 위에

저번 달(上个月),
이번 달(这个月),
다음 달(下个月)

Unit 05
요일에 대해서 말할 때

1288. 오늘이 무슨 요일이죠?
今天星期几?
Jīntiān xīng qī jǐ?
진티엔 싱치지

1289. 다음 일요일이 며칠이죠?
下个星期天是几号?
Xià ge xīng qī tiān shì jǐ hào?
시아거 싱치티엔 스 지 하오

「일요일」이라는 표
현은 星期天, 礼拜
天, 星期日이 있다.

1290. 토요일이에요.
星期六。
Xīng qī liù.
싱치리우

1291. 보통 월요일에서 금요일까지 영업합니다.
通常是星期一到星期五营业。
Tōngcháng shì xīng qī yī dào xīng qī wǔ yíngyè.
통창 스 싱치이 따오 싱치우 잉이에

Unit 06
날짜에 대해서 말할 때

1292. 오늘이 며칠이죠?
今天是几号?
Jīntiān shì jǐ hào?
진티엔 스 지 하오

号는 日과 같이 날짜를 나
타낸다. 보통 회화에서는
号가 더 많이 사용된다.

1293. 날짜가 언제입니까?
日期是什么时候?
Rì qī shì shénme shíhou?
르치 스 션머 스호우

1294. 오늘이 당신 생일이잖아요, 그렇죠?
今天不是你的生日吗，对不对?
Jīntiān búshì nǐ de shēngrì ma, duì bu duì?
진티엔 부스 니더 셩르 마, 뚜이부뚜이

1295. 오늘이 무슨 날이죠?
今天是什么日子?
Jīntiān shì shénme rizi?
진티엔 스 션머 르즈

날짜에 대해서 말할 때

1296. 오늘이 무슨 특별한 날입니까?
今天是什么特别的日子吗?
Jīntiān shì shénme tèbié de rìzi ma?
진티엔 스 션머 트어비에더 르즈 마

1297. 오늘 날짜가 며칠인지 알아요?
你知道今天是几号吗?
Nǐ zhīdào jīntiān shì jǐ hào ma?
니 즈따오 진티엔 스 지 하오 마

1298. 우리 휴가가 며칠부터 시작이죠?
我们的休假是几号开始?
Wǒmen de xiū jià shì jǐ hào kāishǐ?
워먼 더 시우지아 스 지 하오 카이스

1299. 며칠에 태어났어요?
哪天生的?
Nǎ tiān shēng de?
나티엔 셩더

1300. 여기에 온 지 석 달입니다.
我到这儿三个月了。
Wǒ dào zhèr sān ge yuè le.
워 따오 쩔 산 거 위에러

1301. 7월 15일까지 답장을 보내시오.
7月15日为止一定要回信。
Qī yuè shí wǔ rì wéi zhǐ yí dìng yào huí xìn.
치 위에 스우 르 웨이즈 이띵 이야오 후이신

1302. 8월 25일까지 끝낼 수 있습니까?
到8月25日能完成吧?
Dào bā yuè èr shí wǔ rì néng wán chéng ba?
따오 빠 위에 얼스우 르 넝 완청바

1303. 이 표는 6일간 유효합니다.
这张票有效期是六天。
Zhè zhāng piào yǒuxiào qī shì liù tiān.
쩌 쌍 피아오 여우시아오 치 스 리우 티엔

> 休假와 放假는 「휴가, 방학」이라는 같은 의미이며, 「휴가를 보내다」라는 표현은 度假라고 한다.

> 为止는 「~까지」라는 의미로 시간, 진도 등을 나타낼 때 사용하며, 为止 대신 앞에 到를 사용해도 같은 의미의 표현이 된다.

Chapter 07

약속 시간과 장소

중국에서도 시간 약속을 지키는 것은 당연히 중요하다. 미리 장소와 시간을 알아두어 상대방을 기다리게 하는 불상사가 없도록 하자. 예를 들어 「북경어언대학 앞에서 보기로 합시다」라고 했다면 서로 엇갈리는 경우가 생길 것이다. 넓은 장소에서 만날 때는 정확한 위치를 정해놓고 만나도록 하자. 「북경어언대학 정문에서 봅시다」라는 식으로 말을 해야 한다.

Ⓐ 这个周末你有时间吗?
Zhè ge zhōumò nǐ yǒu shíjiān ma?

Ⓑ 嗯, 我有时间。
Ēn, wǒ yǒu shíjiān.

Ⓐ 이번 주말에 시간 있으세요?　　　　　　　　Ⓑ 예, 시간 괜찮아요.

Ⓐ 几点钟能有时间? 三点钟行吗?
Jǐ diǎn zhōng néng yǒu shíjiān? Sān diǎn zhōng xíng ma?

Ⓑ 没关系。 那我们在哪儿见面呢?
Méi guānxi. Nà wǒmen zài nǎr jiàn miàn ne?

Ⓐ 你决定地点吧。
Nǐ juédìng dìdiǎn ba.

Ⓑ 那我们在市政府前边见面。
Nà wǒmen zài shìzhèngfu qiánbiān jiàn miàn.

Ⓐ 市政府离家不远。 那太好了。
Shìzhèng fu lí jiā bù yuǎn. Nà tài hǎo le.

Ⓑ 我已经好期望呢。
Wǒ yǐjīng hǎo qīwàng ne.

Ⓐ 몇 시쯤에 시간이 나죠? 3시는 괜찮은가요?
Ⓑ 괜찮습니다. 그러면 우리 어디서 만나야 하죠?
Ⓐ 당신이 장소를 결정하세요.
Ⓑ 시청 앞에서 만나기로 해요.
Ⓐ 시청은 집에서 가깝습니다. 그렇게 하지요.
Ⓑ 벌써부터 기대되네요.

1304. 시간이 어떠세요?

时间怎么样?

Shíjiān zěnmeyàng?

스지엔 쩐머이양

1305. 시간 좀 있어요?

你有时间吗?

Nǐ yǒu shíjiān ma?

니 여우 스지엔 마

> 时间 대신 空
> 을 써도 같은
> 의미가 된다.

1306. 이번 주말에 시간 있으세요?

这个周末你有时间吗?

Zhè ge zhōumò nǐ yǒu shíjiān ma?

쩌거 쩌우모 니 여우 스지엔 마

1307. 잠깐 만날 수 있을까요?

我能见见你吗?

Wǒ néng jiàn jiàn nǐ ma?

워 넝 지엔지엔 니 마

1308. 내일 한번 만날까요?

明天咱们见个面?

Míngtiān zánmen jiàn ge miàn?

밍티엔 잔먼 지엔 거 미엔

> 找时间은 「시간을 찾
> 다」라고 해석하면 안
> 되고, 「시간 내서」라
> 고 해석을 해야 맞다.

1309. 언제 한번 만나요.

找时间见个面吧。

Zhǎo shíjiān jiàn ge miàn ba.

짜오 스지엔 지엔 거 미엔바

1310. 내일 약속 있으세요?

明天有没有约会?

Míngtiān yǒu méi yǒu yuēhuì?

밍티엔 여우메이여우 위에후이

1311. 몇 시로 했으면 좋겠어요?

你说定几点好?

Nǐ shuō dìng jǐ diǎn hǎo?

니 슈어 띵 지 디엔 하오

> 说定은 「결정
> 하다」라는 의미
> 로 사용된다.

1312. 언제 만나면 될까요?

什么时候见面好呢?

Shénme shíhou jiàn miàn hǎo ne?

션머 스호우 지엔미엔 하오너

만날 시간을 정할 때

1313. 몇 시쯤에 시간이 나죠?

几点钟能有时间?

Jǐ diǎn zhōng néng yǒu shíjiān?

지 디엔중 넝 여우 스지엔

1314. 3시는 괜찮은가요?

三点行吗?

Sān diǎn xíng ma?

산 디엔 싱 마

만날 장소를 정할 때

1315. 만날 곳이 어디 있을까요?

有没有合适的地方?

Yǒu méi yǒu héshì de dìfāng?

여우메이여우 흐어스더 띠팡

1316. 어디서 만나야 하지?

在哪儿见面呢?

Zài nǎr jiàn miàn ne?

짜이 날 지엔미엔너

1317. 네가 장소를 결정해.

你决定地点吧。

Nǐ jué dìng dìdiǎn ba.

니 쥐에띵 띠디엔바

Chapter 08

약속 제의에 대한 응답

상대에게 약속 제의를 받았을 때는 우선 자신의 사정이나 스케줄을 잘 확인하여 약속을 해야 한다. 그렇지 않고 무조건 약속을 했다가는 나중에 상대와의 약속을 취소하거나 변경해야 하는 불편함이 있을 수 있기 때문이다. 「有(yǒu)」는 가장 많이 쓰이는 동사 중의 하나로 소유, 존재, 비교, 발생이나 출현, 예정 등을 나타낸다. 「시간이 있다」라는 표현은 「有时间(yǒu shí jiān), 有空(yǒu kòng)」 등으로 표현한다.

Ⓐ 今天有空吗?
Jīntiān yǒu kòng ma?

Ⓑ 干嘛要见?
你为什么要见我?
Gàn ma yào jiàn?
Nǐ wèishénme yào jiàn wǒ?

Ⓐ 오늘 시간 됩니까?

Ⓑ 왜 그러는데요? 무슨 일로 절 만나자는 거죠?

Ⓐ 想跟你喝杯茶。
Xiǎng gēn nǐ hē bēi chá.

Ⓑ 对不起，今天我的日程排得满满的
Duìbuqǐ   jīntiān wǒ de rìchéng pái de mǎn mǎn de.

Ⓐ 如果你腾出空来的话， 晚上也没有关系。
Rúguǒ nǐ téng chū kòng lái de huà, wǎnshang yě méiyǒu guānxi.

Ⓑ 晚上也不行。 有人来看我。
Wǎnshang yě bùxíng. Yǒurén lái kàn wǒ.

Ⓐ 明天怎么样?
Míngtiān zěnmeyàng?

Ⓑ 请不要打扰我。 我不想跟你见面。
Qǐng búyào dǎrǎo wǒ.   Wǒ bùxiǎng gēn nǐ jiàn miàn.

Ⓐ 차 한 잔 하고 싶습니다.

Ⓐ 시간만 내주신다면, 저녁때라도 괜찮습니다.

Ⓑ 저녁때도 안 됩니다. 집에 누가 오기로 돼 있어요.

Ⓐ 내일은 어때요?

Ⓑ 미안해요, 제가 오늘은 스케줄이 꽉 차 있어요.

Ⓑ 귀찮게 하지 마세요. 전 만나고 싶지 않습니다.

약속 이유를 물을 때

1318. 왜 그러는데요?
干嘛要见?
Gàn ma yào jiàn?
깐마 이야오 지엔

공손한 표현이 아니므로 친한 사이거나 안면이 있는 손아랫 사람에게만 사용해야 한다.

1319. 무슨 일로 절 만나자는 거죠?
你为什么要见我?
Nǐ wèishénme yào jiàn wǒ?
니 웨이션머 이야오 지엔 워

약속을 승낙할 때

1320. 좋아요.
好。
Hǎo.
하오

1321. 시간 괜찮아요.
我有时间。
wǒ yǒu shíjiān.
워 여우 스지엔

1322. 이번 주말엔 별다른 계획이 없어요.
这个周末我没有别的约会。
Zhè ge zhōumò wǒ méiyǒu bié de yuēhuì.
쩌거 쭈어모 워 메이여우 비에더 위에후이

약속하기에 사정이 안 좋을 때

1323. 시간이 없는데요.
没有时间啊。
Méiyǒu shíjiān a.
메이여우 스지엔아

1324. 선약이 있어서요.
我已经有约会。
Wǒ yǐjīng yǒu yuēhuì.
워 이징 여우 위에후이

1325. 다음으로 미루는 게 좋겠어요.
推迟下次好了。
Tuīchí xià cì hǎo le.
투이츠 시아츠 하오러

1326. 선약이 있어서요, 죄송합니다.
对不起，我的日程已经安排了。
Duìbuqǐ,   wǒ de rìchéng yǐjīng ānpái le.
뚜이뿔이, 워더 르청 이징 안파이러

약속하기에 사정이 안 좋을 때

1327. 미안해요, 제가 오늘 좀 바빠서요.
对不起，今天我有点忙。
Duìbuqǐ, jīntiān wǒ yǒu diǎn máng.
뚜이붙이, 진티엔 워 여우디엔 망

1328. 이번 주말엔 다른 계획이 있어요.
这个周末我另有计划。
Zhè ge zhōumò wǒ lìng yǒu jìhuà.
쩌거 쭈어모 워 링 여우 지화

> 另은 另外와 같은 의미로 「그 밖의, 다른」의 의미로 사용된다.

1329. 미안해요, 제가 오늘은 스케줄이 꽉 차 있어요.
对不起，今天我的日程排得满满的。
Duìbuqǐ, jīntiān wǒ de rìchéng pái de mǎn mǎn de.
뚜이붙이, 진티엔 워더 르청 파이 더 만만더

> 「스케줄, 시간계획」은 日程이라고 표현한다.

Unit 04

예정이 분명하지 않을 때

1330. 6시 이후에 시간이 날 거야.
六点以后能有时间。
Liù diǎn yǐhòu néng yǒu shíjiān.
리우 디엔 이호우 넝 여우 스지엔

1331. 오늘 누가 오기로 돼 있어요.
今天我约了人。
Jīntiān wǒ yuē le rén.
진티엔 워 위에러 런

날씨와 기후

Chapter 09

중국의 기후는 광대한 국토, 다양한 지형, 몬순의 영향 등에 따라 북쪽의 냉대 기후에서 남쪽의 아열대성 기후, 서쪽의 고산 기후와 건조 기후에서 동쪽의 습윤 기후에 이르는 등 다양하다. 「날씨가 좋다/나쁘다 好(hǎo)/不好(bù hǎo)」는 표현이 많이 사용되나 기온에 따라 「따뜻하다 暖和(nuǎn hé)」, 「서늘하다 凉快(liáng kuài)」, 「춥다 冷(lěng)」, 「덥다 热(rè)」 등의 표현도 익혀두자.

Ⓐ 我们一个月连
电话都没打。
Wǒmen yí ge yuè lián
diànhuà dōu méidǎ.

Ⓐ 这里常常下雪,
冷得要冻死了。
Zhèlǐ chángcháng xià xuě,
lěng de yào dòngsǐ le.

Ⓑ 在外国的生活怎么样?
Zài wàiguó de shēnghuó zěnmeyàng?

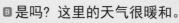

Ⓑ 是吗? 这里的天气很暖和。
Shì ma? Zhèlǐ de tiānqì hěn nuǎnhuo.

Ⓐ 우리 전화통화한 지 한 달이 넘었네.
Ⓐ 여기는 눈도 자주 오고, 얼어붙듯이 추워.
Ⓑ 외국생활은 어떠니?
Ⓑ 그래? 이곳 날씨는 매우 따뜻해.

Ⓐ 我明天要回国。 你知道明天的天气预报吗?
Wǒ míngtiān yào huí guó. Nǐ zhīdao míngtiān de tiānqì yùbào ma?

Ⓑ 真的? 等一下。天气预报说明天会晴朗。
Zhēn de? Děng yíxià. Tiānqì yùbào shuō míngtiān huì qíng lǎng.

Ⓐ 太好了。明天上午出发, 肯定晚上才到达。
Tài hǎo le. Míngtiān shàngwǔ chū fā, kěndìng wǎnshang cái dào dá.

Ⓑ 那我们后天可以见面喽。我很盼望你呢。
Nà wǒmen hòutiān kěyǐ jiàn miàn lou. Wǒ hěn pànwàng nǐ ne.

Ⓐ 到达马上给你联络。
Dàodá mǎshàng gěi nǐ liánluò.

Ⓐ 나 내일 귀국하려고 해. 혹시 내일 날씨 아니?
Ⓑ 정말? 잠깐만. 일기예보에 의하면 내일은 맑을 거야.
Ⓐ 잘됐다. 내일 오전에 출발하면 밤에나 도착할 거야.
Ⓑ 그럼 모레 볼 수 있겠네. 빨리 만나보고 싶어.
Ⓐ 도착하면 바로 연락할게.

1332. <u>오늘은 정말 춥군요, 그렇죠?</u>

今天真冷，是吧?

Jīntiān zhēn lěng, shì ba?
진티엔 쩐 렁, 스바

1333. <u>오늘 날씨 정말 좋군요.</u>

今天天气真是太好了。

Jīntiān tiānqì zhēn shì tài hǎo le.
진티엔 티엔치 쩐스 타이 하오러

1334. <u>그곳 날씨는 어떻습니까?</u>

那边的天气怎么样?

Nàbiān de tiānqì zěnmeyàng?
나비엔더 티엔치 쩐머이양

1335. <u>밖에 아직도 바람이 부나요?</u>

外边还在刮风吗?

Wàibiān hái zài guā fēng ma?
와이비엔 하이 짜이 꾸아펑 마

> 「(바람이) 불다」라는 동사로는 刮, 吹가 있다. 还在는 「여전히 ~하고 있다」라는 의미이다(동작이나 상태가 지속됨을 나타냄).

1336. <u>바깥 날씨가 여전히 좋습니까?</u>

外边天气还好吗?

Wàibiān tiānqì hái hǎo ma?
와이비엔 티엔치 하이 하오 마

1337. <u>서울 날씨가 어떻습니까?</u>

首尔的天气怎么样?

Shǒu'ěr de tiānqì zěnmeyàng?
쇼우얼더 티엔치 쩐머이양

1338. <u>이런 날씨 좋아하세요?</u>

你喜欢这种天气吗?

Nǐ xǐhuan zhè zhǒng tiānqì ma?
니 시후안 쩌 중 티엔치 마

> 喜欢은 「마음에 들다, 좋아하다」라는 의미로 爱, 好보다는 부드러운 표현이다.

1339. <u>날씨가 참 좋죠?</u>

天气真好，是不是?

Tiānqì zhēn hǎo, shì bu shì?
티엔치 쩐 하오, 스부스

> 是不是를 단독으로 사용하게 되면 「그렇죠?」라는 부가의문문이 된다.

1340. <u>주말 일기예보는 어떻습니까?</u>

周末天气预报怎么样?

Zhōumò tiānqì yùbào zěnmeyàng?
쪼우모 티엔치 위빠오 쩐머이양

날씨에 대해 물을 때

1341. 오늘 날씨 어때요?

今天天气怎么样?

Jīntiān tiānqì zěnmeyàng?

진티엔 티엔치 쩐머이양

1342. 이 더위를 어떻게 생각하니?

你怎么想这酷热?

Nǐ zěnme xiǎng zhè kùrè?

니 쩐머 시앙 쩌 쿠르어

> 酷热는 「혹서, 폭염」이라는 의미이다.

1343. 이런 날씨 좋아하세요?

你喜欢这天气吗?

Nǐ xǐhuan zhè tiānqì má?

니 시후안 쩌 티엔치 마

1344. 오늘은 날씨가 화창하군요.

今天天气真晴朗。

Jīntiān tiānqì zhēn qínglǎng.

진티엔 티엔치 쩐 칭랑

Unit 03

일기예보

1345. 일기예보가 또 틀렸군요.

这天气预报又错了。

Zhè tiānqì yùbào yòu cuò le.

쩌 티엔치 위빠오 여우 추어러

> 과거에 발생했던 일이 또 발생했을 때는 又를 쓴다.
> 예 今天又迟到了。(오늘 또 지각을 했다.)

1346. 오늘 폭풍주의보가 내렸어요.

今天发布了台风警报。

Jīntiān fā bù le táifēng jǐngbào.

진티엔 파뿌러 타이펑 징빠오

1347. 일기예보를 확인해 보세요.

请确认一下天气预报。

Qǐng quèrèn yíxià tiānqì yùbào.

칭 취에런 이시아 티엔치 위빠오

1348. 일기예보는 오늘밤이 어떨 거라고 합니까?

天气预报说今晚会怎样?

Tiānqì yùbào shuō jīntiān wǎn huì zěnyàng?

티엔치 위빠오 슈어 진티엔 완 후이 쩐양

> 会는 「~할 것이다」라는 의미로 가능이나 실현을 나타낸다.

1349. 일기예보에 의하면 내일은 맑을 것이라고 합니다.

天气预报说明天会晴朗。

Tiānqì yùbào shuō míngtiān huì qínglǎng.

티엔치 위빠오 슈어 밍티엔 후이 칭랑

1350. 오늘 오후에는 아마 개일 것입니다.

今天下午可能会转晴。

Jīntiān xiàwǔ kěnéng huì zhuǎnqíng.

진티엔 시아우 커넝 후이 쭈안칭

219

Part 3 즉석에서 활용하는 실용 회화

1351. 날씨가 정말 우중충하군요.

天气真是晦暗啊。

Tiānqì zhēn shì huì'àn a.

티엔치 쩐스 후이안아

1352. 비가 올 것 같아요.

看样子要下雨。

Kàn yàngzi yào xià yǔ.

칸 이양즈 이야오 시아위

1353. 비가 오락가락하군요.

这雨下下停停，真别扭。

Zhè yǔ xià xià tíng tíng, zhēn bié niǔ.

쩌 위 시아시아 팅팅, 쩐 비에니우

1354. 눈이 올 것 같은 날씨예요.

这天气看样子要下雪。

Zhè tiānqì kàn yàngzi yào xià xuě.

쩌 티엔치 칸 이양즈 이야오 시아쉬에

1355. 눈이 펑펑 쏟아져요.

大雪纷飞呢。

Dà xuě fēn fēi ne.

따 쉬에 펀 페이너

1356. 함박눈이 내려요.

真是瑞雪飘飘啊。

Zhēn shì ruì xuě piāo piāo a.

쩐스 루이 쉬에 피아오피아오아

1357. 바람이 세차게 부는군요.

风刮得真大呀。

Fēng guā de zhēn dà ya.

펑 꾸아 더 쩐 따야

1358. 아니오, 잔잔해졌어요.

不，现在不刮了。

Bù, xiànzài bù guā le.

뿌, 시엔짜이 뿌 꾸아러

1359. 안개 때문에 아무것도 안 보여요.

叫浓雾笼罩得什么也看不见。

Jiào nóng wù lǒng zhào de shénme yě kàn bu jiàn.

지아오 농우 롱짜오 더 션머 이에 칸 부지엔

1360. 안개가 곧 걷힐 거예요.

雾很快会散的。

Wù hěn kuài huì sàn de.

우 헌 쿠와이 후이 싼더

別扭는 「변덕스럽다, 부자연스럽다, 불편하다, 불쾌하다, 거역하다」라는 의미로 사용된다.

「눈이 많이 온다」는 것을 표현할 때에는 多를 쓰지 않고, 大를 쓴다. 예 下大雪. (눈이 많이 오다.)

快는 일반적으로 구말(句末)에 了가 오며, 시간을 나타내는 짧은 구절에 쓰여, 아래 구절과 긴밀히 연결되거나 快~的의 형태로 쓰일 경우는 了를 생략한다.

1361. 지독해요.

很毒。

Hěn dú.

헌 두

이 밖에 厉害,
深刻 등이 있다.

1362. 건조해요.

很干燥。

Hěn gānzào.

헌 깐짜오

1363. 햇볕이 좋아요.

我喜欢阳光。

Wǒ xǐhuan yángguāng.

워 시후안 양꾸앙

1364. 맑아요.

很晴。

Hěn qíng.

헌 칭

1365. 비가 와요.

下雨。

Xià yǔ.

시아위

1366. 비가 많이 와요.

雨下得可大了。

Yǔ xià de kě dà le.

위 시아 더 커 따러

「비」도 마찬가지로
「많이 온다」라고 표
현할 때 多를 사용하지
않고 大를 사용한다.

1367. 억수같이 퍼부어요.

瓢泼大雨呢。

Piáopō dàyǔ ne.

피아오포 따위너

1368. 폭풍이 불어요.

刮起暴风。

Guā qǐ bào fēng.

꾸아 치 빠오펑

Unit 05

**비가 올 때
도움이 되는 말**

1369. 비가 그칠 때까지 기다립시다.

咱们就等到雨住吧。

Zánmen jiù děng dào yǔ zhù ba.

잔먼 지우 덩따오 위 쭈바

1370. 비가 올 것 같으니 우산을 가지고 가세요.

看样子要下雨，你带伞吧。

Kàn yàngzi yào xià yǔ, nǐ dài sǎn ba.

칸 이양즈 이야오 시아위, 니 따이 싼바

咱们은 「우리들, 여러
분」이라는 의미로, 我
们 혹은 我, 你们 혹
은 你를 모두 포함한다.
말하는 상대방을 포함할
때는 咱们을 사용하고,
포함하지 않을 때는 我
们을 주로 사용한다.

따뜻함을 나타낼 때

1371. 따뜻해요.

很暖和。

Hěn nuǎnhuo.

헌 누안후어

1372. 맑고 따뜻할 겁니다.

会晴朗而暖和。

Huì qíng lǎng ér nuǎnhuo.

후이 칭랑 얼 누안후어

而은 「그리고」 라는 의미의 접속 사로 사용된다.

무더움을 나타낼 때

1373. 더워요.

很热。

Hěn rè.

헌 르어

1374. 찌는 듯해요.

闷得透不过气来。

Mēn de tòu bu guò qì lái.

먼 더 토우 부꾸어 치 라이

1375. 정말 덥군요.

真热呀。

Zhēn rè ya.

쩐 르어야

1376. 푹푹 찌는군요!

就像蒸笼似的。

Jiù xiàng zhēnglóng sì de.

지우 시앙 쩡롱 쓰더

像~似的는 「마치 ~같 다」라는 의미로 好像, 像과 함께 자주 사용된다.

1377. 이 안은 무척 덥군요.

里面好热呀。

Lǐ miàn hǎo rè ya.

리미엔 하오 르어야

시원함을 나타낼 때

1378. 시원해요.

真凉快。

Zhēn liáng kuài.

쩐 리앙쿠와이

1379. 상쾌하군요.

好爽快啊。

Hǎo shuǎngkuài a.

하오 슈왕쿠와이아

1380. 날씨가 점점 추워지고 있어요.
天气渐渐凉了。
Tiānqì jiànjiàn liáng le.
티엔치 지엔지엔 리앙러

「점점」이라는 뜻의 중국
어 표현으로는 渐渐, 逐
渐, 越来越 등이 있다.

1381. 정말 춥군요.
好冷啊。
Hǎo lěng a.
하오 렁아

1382. 싸늘해요.
凉飕飕的。
Liáng sōu sōu de.
리앙 소우소우더

1383. 추워요.
冷。
Lěng.
렁

1384. 눈이 와요.
下雪了。
Xià xuě le.
시아쉬에러

1385. 얼어붙듯이 추워요.
冷得要冻死了。
Lěng de yào dòngsǐ le.
렁 더 이야오 똥 쓰러

1386. 눅눅해요.
可湿润了。
Kě shīrùn le.
커 스룬러

濕润은 「습윤하다, 축축
하다, 눅눅하다」라는 의
미로 사용된다.

사계절

날짜, 날씨, 연령, 출생지, 용모 등은 「~이다」의 동사 「是」를 생략하기도 한다. 그러나 부정문에서는 반드시 「不是」를 다 써주어야 한다. 계절에 따른 표현은 다양하다. 봄에는 「따뜻하다 暖和(nuǎn hé)」라는 표현 이외에도 「맑다 晴朗(qíng lǎng)」는 표현, 겨울은 「춥다 冷(lěng)」라는 표현 이외에도 「건조하다 干燥(gān zào)」 등의 중국의 계절 특성도 함께 알아두면 좋겠다.

Ⓐ 在韩国春天的天气怎么样?
Zài hánguó chūntiān de tiānqì zěnmeyàng?

Ⓑ 又暖和又晴朗。在中国怎么样?
Yòu nuǎnhuo yòu qínglǎng Zài zhōngguó zěnmeyàng?

Ⓐ 한국의 봄 날씨는 어떻습니까?

Ⓑ 따뜻하고, 화창합니다. 중국은 어떻습니까?

Ⓐ 按地区有差异, 我的家乡比韩国冷一些。韩国的四个季节都怎么样?
Àn dìqū yǒu chà yì, wǒ de jiāxiāng bǐ hánguó lěng yì xiē. Hánguó de sì ge jìjié dōu zěnmeyàng?

Ⓑ 春天是暖和, 夏天热, 秋天凉爽, 还有冬天冷。
Chūntiān shì nuǎnhuo, xiàtiān rè, qiūtiān liángshuǎng, háiyòu dōngtiān lěng.

Ⓐ 中国也是差不多, 但夏天更热, 冬天更冷。
Zhōngguó yě shì chàbuduō, dàn xiàtiān gèng rè, dōngtiān gèng lěng.

Ⓑ 因为我怕冷, 所以希望一年到头都是春天就好了。
Yīnwèi wǒ pà lěng, suǒyǐ xīwàng yì nián dào tóu dōu shì chūntiān jiù hǎo le.

Ⓐ 지역마다 다르지만, 제 고향은 한국보다 춥습니다. 한국의 사계절은 어떻습니까?

Ⓑ 봄은 따뜻하고, 여름에는 덥고, 가을에는 서늘하고, 겨울에는 춥습니다.

Ⓐ 중국도 비슷하지만 여름엔 더 덥고 겨울엔 더 추워요.

Ⓑ 저는 추위를 많이 타서, 일년 내내 봄 날씨였으면 좋겠습니다.

1387. 오늘 날씨 어때요?

今天天气怎么样?

Jīntiān tiānqì zěnmeyàng?

진티엔 티엔치 쩐머이양

1388. 따뜻해요.

天气很暖和。

Tiānqì hěn nuǎnhuo.

티엔치 헌 누안후어

1389. 오늘은 날씨가 화창하군요.

今天天气真清朗。

Jīntiān tiānqì zhēn qīnglǎng.

진티엔 티엔치 쩐 칭랑

1390. 드디어 겨울에서 봄이 되었네요.

终于冬去春来。

Zhōngyú dōng qù chūn lái.

쭝위 뚱 취 춘 라이

> 终于는 「마침내, 드디어,
> 결국」이라는 의미로, 결과
> 를 나타낼 때 자주 사용한다.
> 예 实验终于成功了。(실
> 험은 마침내 성공하였다.)

1391. 일 년 내내 봄날이라면 좋겠어요.

要是一年到头都是春天就好了。

Yàoshì yì nián dào tóu dōu shì chūntiān jiù hǎo le.

이야오스 이 니엔 따오 토우 또우스 춘티엔 지우 하오러

1392. 봄에 어떤 꽃이 제일 먼저 핍니까?

春天，最先开的是什么花?

Chūntiān, zuì xiān kāi de shì shén me huā?

춘티엔, 쭈이 시엔 카이더 스 션머 화

1393. 개나리가 봄이 왔다는 증거죠.

连翘就是春天来了的证据吧。

Liánqiáo jiù shì chūntiān lái le de zhèngjù ba.

리엔 치아오 지우스 춘티엔 라이러더 쩡쥐바

> 就是는 「바로 ~이다」
> 라는 의미이다. 예 这
> 儿就是我的家。(여기
> 가 바로 저희 집입니다.)

1394. 여름을 좋아하세요?

你喜欢夏天吗?

Nǐ xǐhuān xiàtiān ma?

니 시후안 시아티엔 마

1395. 저는 여름을 좋아합니다.

我喜欢夏天。

Wǒ xǐhuān xiàtiān.

워 시후안 시아티엔

여름에 관한 표현

1396. 비가 많이 오는 여름은 싫어합니다.
我不喜欢多雨的夏天。
Wǒ bù xǐhuān duō yǔ de xiàtiān.
워 뿌 시후안 뚜어 위더 시아티엔

1397. 한국의 7월과 8월은 무척 더워요.
韩国的七八月份是很热的。
Hánguó de qī bā yuè fèn shì hěn rè de.
한구어더 치 빠 위에 펀 스 헌 르어더

1398. 저는 더위를 잘 탑니다.
我很怕热的。
Wǒ hěn pà rè de.
워 헌 파 르어더

> 怕는 「~에 약하다, 꺼리다, ~을 참을 수 없다」 라는 의미로 사용되었다.
> 예 他不怕冷。 (그는 추위를 타지 않는다.)

1399. 하지만 정말 더위는 이제부터예요.
可是真正的酷暑现在才开始。
Kěshì zhēn zhèng de kùshǔ xiànzài cái kāishǐ.
커스 쩐쩡더 쿠슈 시엔짜이 차이 카이스

Unit 03

가을에 관한 표현

1400. 가을은 천고마비의 계절이라고 생각합니다.
我想秋天是天高马肥的季节。
Wǒ xiǎng qiūtiān shì tiān gāo mǎ féi de jìjié.
워 시앙 치우티엔 스 티엔까오마페이더 지지에

1401. 저는 가을은 운동과 독서의 계절이라고 생각합니다.
我想秋天是运动和读书的季节。
Wǒ xiǎng qiūtiān shì yùndòng hé dúshū de jìjié.
워 시앙 치우티엔 스 윈똥 흐어 두슈더 지지에

> 和는 접속사로 「~과(와)」 라는 의미로 사용되며, 명사, 대명사, 명사화된 동사·형용사 등의 병렬을 나타낸다. 和로 병렬할 수 있는 경우는 동일유형인 경우. 또한 母亲和我와 같이 명사와 대명사는 병렬할 수 있지만, 명사와 동사 또는 대명사와 형용사 등으로는 병렬할 수 없다.

1402. 날씨가 참 서늘하군요.
天气好凉爽啊。
Tiānqì hǎo liángshuǎng a.
티엔치 하오 리앙슈앙아

1403. 겨울이 다가오는 것 같아요.
看来冬天要到了。
Kàn lái dōngtiān yào dào le.
칸라이 똥티엔 이야오 따오러

1404. 설악산에 가봤나요? 어땠나요?
你去过雪岳山吗? 怎么样?
Nǐ qù guò xuě yuè shān ma? Zěnmeyàng?
니 취구어 쉬에위에샨 마? 쩐머이양

1405. 설악산의 가을 풍경은 정말 아름답습니다.
秋天雪岳山的风景真美丽。
Qiūtiān xuě yuè shān de fēngjǐng zhēn měilì.
치우티엔 쉬에위에샨더 펑징 쩐 메이리

1406. 오늘 날씨 어때요?

今天天气怎么样?

Jīntiān tiānqì zěnmeyàng?

진티엔 티엔치 쩐머이양

1407. 날씨가 매우 춥습니다.

天气很冷啊。

Tiānqì hěn lěng a.

티엔치 헌 렁아

1408. 겨울에는 감기를 조심해야 합니다.

在冬天小心感冒。

Zài dōngtiān xiǎoxīn gǎnmào.

짜이 똥티엔 시아오신 간마오

所以는 「그래서」라는
의미로, 인과관계의 문장
에서 결과나 결론을 나타
내는 접속사로 사용된다.

1409. 그래서 저는 옷을 4개나 입었습니다.

所以我穿上了四个衣服呢。

Suǒyǐ wǒ chuān shang le sì ge yīfu ne.

수오이 워 추안 샹러 쓰거 이프너

1410. 이번 주말에 함께 스키 타러 갈까요?

这次周末一起去滑雪怎么样?

Zhè cì zhōumò yìqǐ qù huá xuě zěnmeyàng?

쩌츠 쭈어모 이치 취 화쉬에 쩐머이양

1411. 좋습니다. 나는 겨울 스포츠를 좋아합니다.

好的。我喜欢冬季运动。

Hǎo de. Wǒ xǐhuān dōngjì yùndòng.

하오더. 워 시후안 똥지 윈똥

1412. 그럼 토요일 오전 9시에 서울역에서 봅시다. 늦으면 안 됩니다.

那么我们星期六上午九点在首尔站见。别迟到啦。

Nàme wǒmen xīng qī liù shàngwǔ jiǔ diǎn zài Shǒu'ěr zhàn jiàn. Bié chí dào la.

나머 워먼 싱치리우 샹우 지우 디엔 짜이 쇼우얼짠 지엔. 비에 츠따오라

1413. 시간 맞춰 도착하겠습니다.

我一定会按时到达。

Wǒ yídìng huì àn shí dào dá.

워 이띵 후이 안스 따오따

一定은 「반드시, 필히, 꼭」
이라는 의미로 사용되고, 부
정형은 不一定이라고 한다.
예 他一定会来。
(그는 반드시 온다.)
我不一定去。
(나는 갈지 안 갈지 몰라.)

Chapter 11

가족과 친척

중국어의 가족과 친지에 대한 호칭을 보면 다음과 같다.

할아버지-爺爺(yé yé), 할머니-奶奶(nǎi nǎi), 아빠-爸爸(bà bà), 엄마-妈妈(mā mā), 누나-姐姐(jiě jiě), 형-哥哥(gē ge), 여동생-妹妹(mèi mèi), 남동생-弟弟(dì dì), 남편-丈夫(zhàng fū), 아내-妻子(qī zǐ), 아들-儿子(ér zǐ), 딸-女儿(nǚ ér)

Ⓐ 请问你家几口人?
Qǐngwèn nǐ jiā yǒu jǐ kǒu rén?

Ⓑ 我家五口人。
爺爺, 爸爸, 妈妈,
妹妹和我。
Wǒ jiā wǔ kǒu rén.
yéye, bàba, māma,
meimei hé wǒ.

Ⓐ 가족은 몇 분이나 됩니까?　　　Ⓑ 우리 식구는 다섯 명입니다.

Ⓐ 妹妹今年多大?
Mèimei jīnnián duō dà?

Ⓑ 妹妹今年十七岁, 高中一年级的学生。
Mèimei jīnnián shí qī suì, gāozhōng yì nián jí de xuésheng.

Ⓐ 能谈谈您的家人吗?
Néng tán tan nín de jiārén ma?

Ⓑ 我们一家非常和睦。家族对我很重要。
Wǒmen yì jiā fēicháng hémù. Jiāzú duì wǒ hěn zhòngyào.

Ⓐ 你结婚了吗?
Nǐ jiéhūn le ma?

Ⓑ 结婚三年了。
Jiéhūn sān nián le.

Ⓐ 你有几个孩子?
Nǐ yǒu jǐ ge hái zi?

Ⓑ 有一个四岁的儿子。
Yǒu yí ge sì suì de érzi.

Ⓐ 跟父母一起过吗?
Gēn fùmǔ yìqǐ guò ma?

Ⓑ 不, 父母在家乡。
Bù, fùmǔ zài jiāxiāng.

Ⓐ 여동생은 올해 몇 살입니까?　　　Ⓑ 여동생은 올해 17살이고, 고등학교 1학년 학생입니다.

Ⓐ 가족에 대해 좀 말씀해 주시겠습니까?　　　Ⓑ 우리 가족은 매우 화목해요. 가족은 저에게 중요합니다.

Ⓐ 결혼 하셨습니까?　　　Ⓑ 결혼한 지 3년 되었습니다.

Ⓐ 아이들은 몇 명이나 됩니까?　　　Ⓑ 4살 된 아들 하나가 있습니다.

Ⓐ 부모님과 함께 사세요?　　　Ⓑ 아니오, 부모님은 고향에 계십니다.

1414. 형제가 모두 몇 명입니까?

你的兄弟姐妹一共多少人?

Nǐ de xiōngdì jiěmèi yí gòng duōshao rén?

니더 시옹띠지에메이 이꽁 뚜어샤오 런

> 「형(오빠)」은 哥哥, 「누나(언니)」는 姐姐, 「남동생」은 弟弟, 「여동생」은 妹妹라고 하고, 두 번째 음절은 모두 경성으로 읽는다.

1415. 형제나 자매가 있습니까?

有兄弟姐妹吗?

Yǒu xiōngdì jiěmèi ma?

여우 시옹띠지에메이 마

1416. 저는 형, 누나, 여동생이 있습니다.

我有一个哥哥和一个姐姐，还有一个妹妹。

Wǒ yǒu yí ge gēge hé yí ge jiějie,　hái yǒu yí ge mèimei.

워 여우 이거 꺼거 흐어 이거 지에지에, 하이여우 이거 메이메이

1417. 당신의 형도 중국어를 할 줄 압니까?

你哥哥也会说汉语吗?

Nǐ gēge yě huì shuō hànyǔ ma?

니 꺼거 이에 후이 슈어 한위 마

> 「중국어」는 中国语라고 하기도 하지만, 汉语가 더 일반적이고 표준이다.

1418. 예, 형도 중국어를 할 줄 압니다.

是，我哥哥也会说汉语。

Shì,　wǒ gēge yě huì shuō hànyǔ.

스, 워 꺼거 이에 후이 슈어 한위

1419. 당신의 누나는 무슨 일을 합니까?

你姐姐做什么工作?

Nǐ jiějiě zuò shénme gōngzuò?

니 지에지에 쭈어 션머 꽁쭈어

> 나이를 물어볼 때는 几岁라고 묻지만 윗사람에게는 多大라고 묻는 것이 좋다.

1420. 누나는 회사에 다닙니다.

我姐姐在公司工作。

Wǒ jiějie zài gōngsī gōngzuò.

워 지에지에 짜이 꽁쓰 꽁쭈어

1421. 여동생은 올해 몇 살입니까?

妹妹今年多大?

Mèimei jīnnián duō dà?

메이메이 진니엔 뚜어 따

1422. 여동생은 올해 17살이고, 고등학교 1학년 학생입니다.

妹妹今年十七岁，高中一年级的学生。

Mèimei jīnnián shí qī suì,　gāozhōng yì nián jí de xuésheng.

메이메이 진니엔 스치 수이, 까오중 이 니엔지더 쉬에성

1423. 가족은 몇 분이나 됩니까?

请问你家几口人?

Qǐngwèn nǐ jiā yǒu jǐ kǒu rén?

칭원 니 지아 여우 지 커우 런

1424. 우리 식구는 다섯 명입니다.

我家有五口人。

Wǒ jiā yǒu wǔ kǒu rén.

워 지아 여우 우 커우 런

1425. 우리는 대가족입니다.

我们是大家族。

Wǒmen shì dà jiāzú.

워먼 스 따지아주

1426. 가족에 대해 말씀 좀 해 주시겠습니까?

能谈谈您的家族吗?

Néng tán tan nín de jiāzú ma?

넝 탄탄 닌더 지아주 마

> 이 문장에서 一는 「하나」라는 의미가 아니라, 「전체, 모두」의 의미이다.

1427. 우리 가족은 매우 화목해요.

我们一家非常和睦。

Wǒmen yìjiā fēicháng hémù.

워먼 이 지아 페이창 흐어무

1428. 가족은 저에게 중요합니다.

家族对我很重要。

Jiāzú duì wǒ hěn zhòngyào.

지아주 뚜이 워 헌 쭝이야오

1429. 가훈은 무엇입니까?

你家有家训吗?

Nǐ jiā yǒu jiāxùn ma?

니 지아 여우 지아쉰 마

1430. 우리 집의 가훈은 "덕자유인"입니다.

我家的家训是 "德者有人"。

Wǒ jiā de jiāxùn shì "dé zhe yǒu rén".

워 지아더 지아쉰 스 더저 여우 런

1431. 그것은 무슨 뜻입니까?

那是什么意思?

Nà shì shénme yìsi?

나 스 션머 이쓰

1432. 덕이 있는 사람의 주변에는 반드시 좋은 사람이 있다는 뜻입니다.

有德的人的周围一定会有好人。

Yǒu dé de rén de zhōuwéi yídìng huì yǒu hǎorén.

여우 더더런 더 쪼우웨이 이띵 후이 여우 하오런

**결혼과 자녀에 대해
말할 때**

1433. 결혼하셨습니까?

你结婚了吗?

Nǐ jiéhūn le ma?

니 지에훈러 마

1434. 결혼한 지 3년 되었습니다.

结婚三年了

Jiéhūn sān nián le.

지에훈 산 니엔러

1435. 남편은 어떤 일을 하세요?

你丈夫做什么工作?

Nǐ zhàngfū zuò shénme gōngzuò?

니 짱푸 쭈어 션머 꽁쭈어

1436. 우체국에 다닙니다.

在邮局工作。

Zài yóujú gōngzuò.

짜이 여우쥐 꽁쭈어

1437. 부인이 하는 일이 있습니까?

你妇人有工作吗?

Nǐ fùrén yǒu gōngzuò ma?

니 푸런 여우 꽁쭈어 마

1438. 집에서 가사를 봅니다.

她在家做家事。

Tā zài jiā zuò jiāshì.

타 짜이 지아 쭈어 지아스

1439. 아이들은 몇 명이나 됩니까?

你有几个孩子?

Nǐ yǒu jǐ ge háizi?

니 여우 지거 하이즈

1440. 아들만 둘이고 딸은 없습니다.

有两个儿子, 没有女儿。

Yǒu liǎng ge érzi,   méiyǒu nǚér.

여우 리앙거 얼즈, 메이여우 뉘얼

1441. 그 애들은 학교에 다니나요?

孩子们上学吗?

Háizi men shàng xué ma?

하이즈먼 샹쉐에 마

1442. 이제 세 살, 한 살입니다.

现在才三岁和一岁呢。

Xiànzài cái sān suì hé yí suì ne.

시엔짜이 차이 산 수이 흐어 이 수이너

> 「남편」은 老公, 丈夫라고 한다. 하지만 老公은 부부간에 사용하는 말로 상대방의 남편에 대해 물을 때는 사용하지 않는다. 또한 남편을 지칭하는 말로 先生을 쓰기도 한다.

> 「아이들」을 통칭해 孩子라고 하며, 「아들」은 儿子, 男孩儿이라고 하고, 「딸」은 女儿, 女孩儿이라고 한다.

> 上은 「위에」라는 뜻도 있지만, 이 문장에서는 「가다」라는 의미로 사용되었다.
> 예 上班。(출근하다.)

1443. 부모님과 함께 사세요?
跟父母一起过吗?
Gēn fùmǔ yìqǐ guò ma?
껀 푸무 이치 꾸어 마

「부모님」을 통칭해 父母라고 하고, 「아버지(아빠)」는 父亲, 爸爸, 爹, 「어머니(엄마)」는 母亲, 妈妈라고 한다.

1444. 예, 부모님과 함께 살고 있습니다.
是，跟父母一起过。
Shì, gēn fùmǔ yìqǐ guò.
스, 껀 푸무 이치 꾸어

1445. 부모님과의 관계는 어떻습니까?
跟父母的关系怎么样?
Gēn fùmǔ de guānxi zěnmeyàng?
껀 푸무더 꾸안시 쩐머이양

1446. 저는 부모님과 잘 지냅니다.
我跟父母关系挺融洽。
Wǒ gēn fùmǔ guānxi tǐng róngqià.
워 껀 푸무 꾸안시 팅 롱치아

1447. 할아버지도 함께 살고 있습니까?
爷爷也跟你们在一起吗?
Yéye yě gēn nǐmen zài yìqǐ ma?
이에이에 이에 껀 니먼 짜이 이치 마

1448. 할아버지는 작년에 돌아가셨습니다.
祖父去年去世了。
Zǔfù qùnián qùshì le.
주푸 취니엔 취스러

「죽다」라는 표현은 死이지만, 「돌아가시다」는 표현은 去世라고 한다.

1449. 친척들은 많이 있습니까?
你有多少亲戚?
Nǐ yǒu duōshao qīnqī?
니 여우 뚜어샤오 친치

1450. 저는 삼촌과 이모가 있습니다.
我有叔叔，还有阿姨。
Wǒ yǒu shūshu, háiyǒu āyí.
워 여우 슈슈, 하이여우 아이

「삼촌」은 叔叔, 「외삼촌」은 舅舅, 「고모」는 姑姑, 「이모」은 阿姨라고 한다.

1451. 자주 모입니까?
常常聚在一起吗?
Chángcháng jù zài yìqǐ ma?
창창 쥐 짜이 이치 마

1452. 명절을 지낼 때 모입니다.
过节日的时候聚在一起。
Guò jiérì de shíhou jù zài yìqǐ.
꾸어 지에르더 스호우 쥐 짜이 이치

외모와 신체의 특징

신장이나 체중의 단위로는 「미터, 센티미터」는 「尺, 米(公分)」, 「킬로그램」은 「公斤」로 나타내며, 물어볼 때는 신장은 「几米(jǐ mǐ)?, 多大(duō dà)?」, 체중은 「多重(duō zhòng)?, 几公斤(jǐ gōng jīn)?」이라고 물어본다. 만약 단위를 모를 경우에는 「~是多少(shì duō shao)?」라고 물어보면 된다. 외모를 나타낼 때 「멋지다」라는 표현으로 남성은 「帅(shuài)」를 사용하고, 여성은 「苗条(miáo tiáo)」를 사용한다.

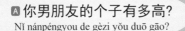

Ⓐ 你男朋友的个子有多高?
Nǐ nánpéngyou de gèzi yǒu duō gāo?

Ⓑ 一米八,
体格也好。
Yì mǐ bā,
tǐgé yě hǎo.

Ⓐ 당신의 남자친구는 키가 얼마나 되죠?   Ⓑ 1미터 80이고, 체격도 좋습니다.

Ⓐ 他长的帅吗?
Tān zhǎng de shuài ma?

Ⓑ 不是个美男子。
Búshì ge měinánzi.

Ⓐ 看起来你不是那么肥，为什么做运动呢?
Kàn qǐ lái nǐ búshì nàme féi,   wèishénme zuò yùndòng ne?

Ⓑ 我的肚子有赘肉。你呢?
wǒ de dùzi yǒu zhuì ròu. Nǐ ne?

Ⓐ 最近体重又长了。我得减点腰围。
Zuìjìn tǐzhòng yòu zhǎng le. Wǒ děi jiǎn diǎn yāowéi.

Ⓑ 咱们一起加油啊。
Zánmen yìqǐ jiāyóu a.

Ⓐ 얼굴도 잘생겼습니까?   Ⓑ 미남은 아닙니다.

Ⓐ 뚱뚱하지 않은 것 같은데 운동은 왜 하세요?

Ⓑ 배에 군살이 있어요. 당신은요?   Ⓐ 최근에 체중이 좀 늘었어요, 허리 살을 좀 빼려고 합니다.

Ⓑ 열심히 한 번 해보자고요.

1453. 키가 얼마나 되죠?

你的个子有多高?

Nǐ de gèzi yǒu duō gāo?

니더 꺼즈 여우 뚜어 까오

> 有多高 대신 是 多少를 넣어도 같은 의미가 된다.

1454. 1미터 80입니다.

一米八。

Yì mǐ bā.

이 미 빠

> 算은 「~하는 셈치다 / ~한 편이다」라는 의미로 사용된다.

1455. 키가 큰 편이군요.

你算是高个子。

Nǐ suàn shì gāo gèzi.

니 수안스 까오 꺼즈

1456. 예, 당신도 키가 큰 편입니까?

是, 那么你也算个子高吗?

Shì, nàme nǐ yě suàn gèzi gāo ma?

스, 나머 니 이에 수안 꺼즈 까오 마

1457. 저는 키가 약간 작습니다.

我的个子有点儿矮。

Wǒ de gèzi yǒu diǎnr ǎi.

워더 꺼즈 여우디얼 아이

1458. 체중이 얼마입니까?

体重是多少?

Tǐzhòng shì duōshao?

티쭝 스 뚜어샤오

1459. 70킬로그램입니다.

七十公斤。

Qī shí gōng jīn.

치스 꿍진

> 「킬로그램」은 公斤, 千克라고 한다.

1460. 최근에 체중이 좀 늘었어요.

最近体重又长了。

Zuìjìn tǐzhòng yòu zhǎng le.

쭈이진 티쭝 여우 쟝러

1461. 특히 허리 살을 좀 빼려고 합니다.

特别是我要减点腰围。

Tèbié shì wǒ yào jiǎn diǎn yāowéi.

트어비에 스 워 이야오 지엔 디엔 이야오웨이

1462. 그래서 살을 빼려고 합니다.

所以要减肥呢。

Suǒyǐ yào jiǎnféi ne.

수오이 이야오 지엔페이너

1463. 제가 보기에는 별로 살이 안 찐 것 같은데요.

我看你没有那么胖呢。

Wǒ kàn nǐ méiyǒu nàme pàng ne.

워 칸 니 메이여우 나머 팡너

Unit 03

얼굴이나 용모에 대해 말할 때

1464. 여자친구의 외모가 어떻습니까?

你女朋友的外貌怎么样?

Nǐ nǚpéngyou de wàimào zěnmeyàng?

니 뉘펑여우더 와이마오 쩐머이양

1465. 그녀는 키가 크고 날씬합니다.

她个子高, 还苗条。

Tā gèzi gāo, hái miáotiao.

타 꺼즈 까오, 하이 미아오티아오

> 还는 「그리고, 또」라는 의미로 사용된다.

1466. 모델의 조건은 무엇입니까?

模特儿的条件是什么?

Mó tèr de tiáojiàn shì shénme?

모어털더 티아오지엔 스 션머

1467. 남자는 체격이 좋아야 하고, 여자는 날씬하고 예뻐야 합니다.

男人是体格好, 女人是又苗条又漂亮。

Nánrén shì tǐgé hǎo, nǚrén shì yòu miáotiao yòu piàoliang.

난런 스 티꺼 하오, 뉘런 스 여우 미아오티아오 여우 피아오리앙

1468. 그럼 저 여자는 어떻습니까?

那么她怎么样?

Nàme tā zěnmeyàng?

나머 타 쩐머이양

> 又~ 又…는 「~하고, 또 …하다」라는 의미로 동시에 발생하는 동작이나 모습을 나타낼 때 사용한다.

1469. 그녀는 차림새가 정말 멋지군요.

她打扮得真漂亮啊。

Tā dǎban de zhēn piàoliang a.

타 따빤 더 쩐 피아오리앙아

1470. 이 남자도 괜찮은 것 같은데요.

这位男子也算不错。

Zhè wèi nánzi yě suàn búcuò.

쩌 웨이 난즈 이에 수안 부추어

1471. 그럼 이 두 사람을 우리 회사 모델로 채용합시다.

那么采用这两个人当我们公司的模特儿吧。

Nàme cǎiyòng zhè liǎng ge rén dāng wǒmen gōngsī de mó tèr ba.

나머 차이용 쩌 리앙거런 땅 워먼 꽁쓰더 모어털바

1472. 그는 어떤 특징이 있습니까?

他有什么特征?

Tā yǒu shénme tèzhēng?

타 여우 션머 트어쩡

1473. 그는 왼손잡이입니다.

他是左撇子。

Tā shì zuǒpiězi.

타 스 쭈어피에즈

1474. 그는 뚱뚱합니까?

他是个胖子吗?

Tā shì ge pàngzi ma?

타 스 거 팡즈 마

1475. 그는 배에 군살이 있긴 하지만 뚱보는 아닙니다.

他的肚子有点儿肥, 但不是个胖子。

Tā de dùzi yǒu diǎnr féi,　　dàn búshì ge pàngzi.

타더 뚜즈 여우디얼 페이, 딴 부스 거 팡즈

1476. 키에 비해 몸무게가 많이 나갑니다.

体重比身高重一些。

Tǐzhòng bǐ shēngāo zhòng yìxiē.

티쭝 비 션 까오 쭝 이시에

> A 比 B~는 「A는
> B보다 ~하다」라는
> 의미로 해석한다.

1477. 당신은 왜 이렇게 열심히 운동을 합니까?

你为什么那么热心运动呢?

Nǐ wèishénme nàme rèxīn yùndòng ne?

니 웨이션머 나머 르어신 윈뚱너

1478. 허리 살을 좀 빼려고 합니다.

我得减点腰围。

Wǒ děi jiǎn diǎn yāowéi.

워 데이 지엔 디엔 이야오웨이

사람의 성격

성격은 자기 자신을 대상으로 표현하기도 하고, 제3자에 의해서 평가되기도 한다. 성격을 나타내는 단어로는 「원만하다 圆满(yuán mǎn)」, 「활발하다 活泼(huó pō)」, 「다정하다 溫情(wēn qíng)」, 「대범하다 胆大(dǎn dà)」, 「섬세하다 心细(xīn xì)」, 「외향적 外向(wài xiàng)」, 「상냥하다 溫柔(wēn róu)」, 「소심하다 小气(xiǎo qì)」, 「성격이 급하다 性子急(xìng zǐ jí)」 등이 있다.

Ⓐ 你想你自己是什么性格的人?
Nǐ xiǎng nǐ zìjǐ shì shénme xìng gé de rén?

Ⓑ 我的性格圆满。
Wǒ de xìnggé yuánmǎn.

Ⓐ 당신은 자신이 어떤 성격의 소유자라고 생각하십니까? Ⓑ 저는 성격이 원만합니다.

Ⓐ 你的优点和缺点是什么?
Nǐ de yōu diǎn hé què diǎn shì shénme?

Ⓑ 我的长处是有幽默，缺点是性子有些急。
Wǒ de chángchù shì yǒu yōumò, quēdiǎn shì xìngzi yǒu xiē jí.

Ⓐ 我见过他，但是不怎么好。
Wǒ jiàn guò tā, dànshì bùzěnme hǎo.

Ⓑ 为什么?
Wèishénme?

Ⓐ 他就知道自己。
Tā jiù zhīdao zìjǐ.

Ⓑ 是吗? 我以为他是个温情的人。
Shì ma? Wǒ yǐwéi tā shì ge wēnqíng de rén.

Ⓐ 당신의 장점과 단점은 무엇입니까?
Ⓑ 제 장점은 유머감각이 있는 것이고, 단점은 성미가 급합니다.
Ⓐ 내가 그 친구 만나 봤는데 별로인 것 같습니다.
Ⓑ 왜요?
Ⓐ 그는 자신밖에 모르는 것 같아요.
Ⓑ 그래요? 나는 그가 다정한 편인 것 같았는데요.

1479. 당신의 성격은 어떻습니까?

你看自己的性格怎么样?

Nǐ kàn zìjǐ de xìnggé zěnmeyàng?

니 칸 쯔지더 싱꺼 쩐머이양

> 算是는 「~한 편이다」
> 라는 의미로 해석한다.

1480. 저는 다정한 편인 것 같습니다.

我想，我算是多情的人吧。

Wǒ xiǎng, wǒ suàn shì duō qíng de rén ba.

워 시앙, 워 수안 스 뚜어 칭더런바

1481. 저는 대담하면서도 섬세하다고 생각합니다.

我认为自己胆大而心细。

Wǒ rènwéi zìjǐ dǎndà ér xīn xì.

워 런웨이 쯔지 딴따 얼 신시

> 胆大는 「대담하다, 통
> 이 크다」라는 의미로,
> 반대말로는 小气「소심
> 하다」라고 한다.

1482. 저는 늘 활동적입니다.

我是个活动型的人。

Wǒ shì ge huódòng xíng de rén.

워 스 거 후어똥싱더런

1483. 저는 사교적입니다.

我这个人善于交际。

Wǒ zhè ge rén shànyú jiāojì.

워 쩌거런 샨위 지아오지

> 善은 「착하다, 선하다」의
> 의미로 사용된 것이 아니라
> 「좋다, 잘하다, 우수하다」
> 라는 의미로 사용되었다.

1484. 저는 내성적입니다.

我是内向的人。

Wǒ shì nèixiàng de rén.

워 스 네이시앙더런

1485. 자신을 어떤 성격의 소유자라고 생각하십니까?

你认为自己是什么性格的人?

Nǐ rènwéi zìjǐ shì shénme xìnggé de rén?

니 런웨이 쯔지 스 션머 싱꺼더런

1486. 당신의 성격은 어떻습니까?

你的性格怎么样?

Nǐ de xìnggé zěnmeyàng?

니더 싱꺼 쩐머이양

1487. 저는 외향적인 사람입니다.

我是外向的人。

Wǒ shì wàixiàng de rén.

워 스 와이시앙더런

1488. 당신은 리더입니까, 추종하는 편입니까?

你属于头头呢，还是追随者?

Nǐ shǔyú tóu tou ne, hái shì zhuī suí zhe?

니 슈위 토우토우너, 하이스 쭈이 수이져

> 属于는 「속하다, 포함되다」라는 의미로 사용된다.

1489. 저는 리더이고 싶습니다.

我想当领导。

Wǒ xiǎng dāng lǐngdǎo.

워 시앙 땅 링다오

1490. 당신의 장점은 무엇입니까?

你的长处是什么?

Nǐ de chángchù shì shénme?

니더 창추 스 션머

> 长处는 「장점, 좋은 점」이라는 의미로, 반대말은 短处, 缺点 「결점, 단점」이라고 한다.

1491. 저의 장점은 원만한 인간관계입니다.

我的长处是圆满的人际关系。

Wǒ de chángchù shì yuánmǎn de rénjì guānxi.

워더 창추 스 위엔만더 런지 꾸안시

1492. 당신의 약점은 무엇입니까?

你的弱点是什么?

Nǐ de ruòdiǎn shì shénme?

니더 루어디엔 스 션머

1493. 조금 소심한 것이 저의 단점입니다.

我的缺点是有点儿小气。

Wǒ de quēdiǎn shì yǒu diǎnr xiǎoqì.

워더 취에디엔 스 여우디얼 시아오치

Unit 03

바람직한 성격을
말할 때

1494. 제가 도와드리겠습니다.

我来帮你。

Wǒ lái bāng nǐ.

워 라이 빵 니

1495. 참 친절하시군요.

您真亲切呀。

Nín zhēn qīnqiè ya.

닌 쩐 친치에야

1496. 정말 상냥하시군요.

你很温柔。

Nǐ hěn wēnrou.

니 헌 원로우

1497. 이 아이는 정말 착합니다.

这孩子真乖。

Zhè háizǐ zhēn guāi

쩌 하이즈 쩐 꾸아이

1498. 정말 너그러우시군요.

真宽宏大量。

Zhēn kuān hóng dà liàng.

쩐 쿠안 홍 따리앙

宽宏大量 도량이 넓고 크다

1499. 저는 친구가 많습니다.

我有很多朋友。

Wǒ yǒu hěn duō péngyou.

워 여우 헌 뚜어 펑여우

1500. 성격이 원만하신가 봐요.

我看你的性格真好。

Wǒ kàn nǐ de xìnggé zhēn hǎo.

워 칸 니더 싱꺼 쩐 하오

1501. 저는 한번 시작하면 끝을 봐야합니다.

我一开始某种事情, 一定要结束。

Wǒ yì kāishǐ mǒu zhǒng shìqíng, yídìng yào jiéshù.

워 이 카이스 모 종 스칭, 이띵 이야오 지에슈

1502. 당신은 적극적이군요.

你很积极。

Nǐ hěn jījí.

니 헌지지

1503. 여기서 혼자 뭐하세요?

你一个人在这里做什么?

Nǐ yí ge rén zài zhèlǐ zuò shénme?

니 이거런 짜이 쩌리 쭈어 선머

1504. 저는 별로 사교적이지 않습니다.

我这个人不善于交际。

Wǒ zhè ge rén bú shànyú jiāojì.

워 쩌거런 부 샨위 지아오지

1505. 저는 소극적인 편입니다.

我属于消极的。

Wǒ shǔyú xiāojí de.

워 슈위 시아오지더

1506. 너무 조급해하지 마세요.

请不要那么着急。

Qǐng búyào nàme zháo jí.

칭 부이야오 나머 짜오지

1507. 저는 성미가 급합니다.

我的性子有些急。

Wǒ de xìngzi yǒu xiē jí.

워더 싱즈 여우시에 지

性子는 「성미, 성격」이라는 의미로, 性格, 生性 등과 같은 의미로 사용된다.

1508. 어제 만난 그 사람 어때요?

昨天见面的男人怎么样?

Zuótiān jiàn miàn de nánrén zěnmeyàng?

쭈어티엔 지엔미엔더 난런 쩐머이양

1509. 그는 자신밖에 모릅니다.

他就知道自己。

Tā jiù zhīdao zìjǐ.

타 지우 즈따오 쯔지

1510. 그는 유머 감각이 없습니다.

他不懂幽默。

Tā bùdǒng yōumò.

타 뿌똥 여우모어

Chapter 14

친구 · 사랑과 연애

한국에서는 고백이나 데이트 신청을 남자가 여자에게 하는 것이 일반적이나, 중국은 남녀불문이 일반적이다. 연인 사이에서 자주 사용되는 것이 「반어법」이다. 중국에서도 마찬가지로 「반어법」이 자주 사용되는데 예를 들어 「讨厌(tǎo yàn) 밉다」 이라는 말을 할 때 애교 있는 말투와 함께 사용한다면 「밉다」가 아니라 「사랑한다」는 말로 들릴 것이다.

Ⓐ 你跟她什么时候开始认识的?
Nǐ gēn tā shénme shíhou kāishǐ rènshi de?

Ⓑ 我从小时候开始认识她。
Wǒ cóng xiǎo shíhou kāishǐ rènshi ta.

Ⓐ 你们俩可能很亲密呢。
Nǐmen liǎ kěnéng hěn qīnmì ne.

Ⓑ 周末，休假期间也都在一起。
Zhōumò, xiūjià qījiān yě dōu zài yìqǐ.

Ⓐ 그녀와 당신은 언제부터 알고 지냈습니까?
Ⓐ 매우 친하겠네요.

Ⓑ 저는 그녀를 어렸을 때부터 알았습니다.
Ⓑ 주말이나 휴가 때도 항상 같이 합니다.

Ⓐ 你为什么想跟我见面?
Nǐ wèishénme xiǎng gēn wǒ jiàn miàn?

Ⓑ 从前就开始注视你了。我爱你的一切，想跟你在一起。
Cóngqián jiù kāishǐ zhù shì nǐ le. Wǒ ài nǐ de yíqiè, xiǎng gēn nǐ zài yìqǐ.

Ⓐ 跟金先生在一起的是谁?
Gēn Jīn xiānsheng zài yìqǐ de shì shéi?

Ⓑ 她是金先生的恋人。
Tā shì Jīn xiānsheng de liànrén.

Ⓐ 从什么时候开始谈恋爱的?
Cóng shénme shíhou kāishǐ tán liàn'ài de?

Ⓑ 他们俩相爱已经多年了。
Tāmen liǎ xiāng ài yǐjīng duō nián le.

Ⓐ 왜 저를 만나고 하셨습니까?
Ⓑ 예전부터 당신을 지켜봐왔습니다. 당신의 모든 것을 사랑하며, 항상 곁에 있고 싶어요.
Ⓐ 김 선생님과 같이 있는 저 사람은 누구입니까?
Ⓑ 그녀는 김 선생님의 애인입니다.
Ⓐ 언제부터 사귀게 된 겁니까?
Ⓑ 그들 두 사람은 서로 사랑한지 이미 여러 해가 되었습니다.

Unit 01

지인 · 친구와의 교제

1511. 그는 아는 사람입니까?

你认识他吗?

Nǐ rènshi tā ma?

니 런스 타 마

认识는 「알다, 인식하다」라는 의미로 특히 「(교류가 있어) 알다」라는 의미로 자주 사용된다.

1512. 저와 그는 매우 친합니다.

我和他的关系很亲密。

Wǒ hé tā de guānxi hěn qīnmì.

워 흐어 타더 꾸안시 헌 친미

从~开始는 「~부터 쪽」이라는 의미로 뒤에 종결점이 나와 있지 않으면 현재까지라는 의미가 된다.

1513. 저는 그를 어렸을 때부터 알았습니다.

我从小时候开始认识他。

Wǒ cóng xiǎo shíhou kāishǐ rènshi tā.

워 총 시아오 스호우 카이스 런스 타

1514. 친구가 참 많으시네요.

你的朋友真多啊。

Nǐ de péngyou zhēn duō a.

니더 펑여우 쩐 뚜어아

1515. 저는 친구 사귀는 것을 매우 좋아합니다.

我很喜欢交朋友。

Wǒ hěn xǐhuān jiāo péngyou.

워 헌 시후안 지아오 펑여우

1516. 이번 방학에 무슨 계획이 있습니까?

这次放假有什么计划吗?

Zhè cì fàng jià yǒu shénme jihuà ma?

쩌츠 팡지아 여우 션머 지화 마

1517. 외국 친구들과 함께 여행을 갑니다.

跟外国朋友一起去旅行。

Gēn wàiguó péngyou yìqǐ qù lǚxíng.

껀 와이구어 펑여우 이치 취 뤼싱

Unit 02

연애에 대해 말할 때

1518. 그녀는 누구입니까?

她是谁?

Tā shì shéi?

타 스 쉐이

谁는 shéi라고도 읽고, shuí 라고도 읽는다.

1519. 그녀는 내 애인입니다.

她是我恋人。

Tā shì wǒ liànrén.

타 스 워 리엔런

Part 3 즉석에서 활용하는 실용 회화

1520. 그들은 사귄 지 얼마나 됐습니까?

他们谈恋爱多长时间了?

Tāmen tán liànài duō cháng shíjiān le?

타먼 탄 리엔아이 뚜어 창 스지엔러

1521. 그들 두 사람은 서로 사랑한 지 이미 여러 해가 되었습니다.

他们俩相爱已经多年了。

Tāmen liǎ xiāng ài yǐjīng duō nián le.

타먼 리아 시앙아이 이징 뚜어 니엔러

> 多年과 같은 의미로
> 好几年이라는 표현
> 도 자주 사용된다.

1522. 우리 두 사람은 하루 종일 사랑을 속삭입니다.

我们俩一整天谈情说爱。

Wǒmen liǎ yì zhěngtiān tán qíng shuō ài.

워먼 리아 이 쩡티엔 탄 칭 슈어 아이

1523. 그는 한 여인을 사랑하게 되었습니다.

他爱上了一个女人。

Tā ài shang le yí ge nǚ rén.

타 아이샹러 이거 뉘런

> 上은 동사 뒤에 붙어
> 결과보어로 사용되어
> 「~하게 되다」라는
> 의미로 쓰인다.

Unit 03

데이트를 신청할 때

1524. 저와 데이트해 주시겠어요?

你能跟我约会吗?

Nǐ néng gēn wǒ yuēhuì ma?

니 넝 껀 워 위에후이 마

1525. 몇 시에 만날까요?

几点钟见面?

Jǐ diǎn zhōng jiàn miàn?

지 디엔쭝 지엔미엔

1526. 저와 함께 저녁식사를 하시겠어요?

我能跟你共进晚餐吗?

Wǒ néng gēn nǐ gòng jìn wǎncān ma?

워 넝 껀 니 꽁 진 완찬 마

1527. 미안해요, 약속이 있어요.

对不起，今天有约会。

Duìbuqǐ,　jīntiān yǒu yuēhuì.

뚜이붙이, 진티엔 여우 위에후이

1528. 사귀는 사람 있나요?

你有正在谈的朋友吗?

Nǐ yǒu zhèngzài tán de péngyou ma?

니 여우 쩡짜이 탄더 펑여우 마

1529. 아니오, 없는데요.

还没有。

Hái méiyǒu.

하이 메이여우

> 还는 「여전히, 아직도」
> 라는 의미로도 사용되지만,
> 이 문장에서는 「아직」이
> 라는 의미로 사용되었다.

244

1530. 어떤 타입의 남자가 좋습니까?

你喜欢什么类型的男人?

Nǐ xǐhuān shénme lèixíng de nánrén?

니 시후안 션머 레이싱더 난런

1531. 난 꽃미남이 좋아요.

我喜欢美男子。

Wǒ xǐhuān měinánzi.

워 시후안 메이 난즈

1532. 당신에게 아주 반했습니다.

我被你迷住了。

Wǒ bèi nǐ mízhù le.

워 뻬이 니 미쭈러

> 迷는 「빠지다, 심취하다, 매혹되다」라는 의미로 사용된다.
> 예 歌迷(가수의 팬)

1533. 당신의 모든 걸 사랑합니다.

我爱你的一切。

Wǒ ài nǐ de yíqiè.

워 아이 니더 이치에

> 一切는 「모든 것, 전부」라는 의미로 사용된다.

1534. 당신을 누구보다 사랑합니다.

我爱你胜过爱任何人。

Wǒ ài nǐ shèng guò ài rènhé rén.

워 아이 니 성구어 아이 런흐어런

1535. 나는 항상 당신 곁에 있을 거예요.

我一定会在你身边。

Wǒ yídìng huì zài nǐ shēnbiān.

워 이띵 후이 짜이 니 션비엔

결혼에 대한 화제

중국은 지역별로 결혼 절차나 결혼식 때 먹는 음식이 다른 경우가 많다. 하지만 공통적인 것은 결혼식 전통 복장은 빨간색 의상이라는 것이다. 요즘 중국의 결혼 풍습은 많이 간소화되어서 간단한 결혼축하연(喜宴)을 하거나 간단한 다과회로 결혼식을 하는 경우도 있다. 또한 우리처럼 예식장에서 결혼식을 올리지 않고 주로 식당에서 피로연 겸해서 예식을 올린다.

A 你肯跟我结婚吗？如果你嫁给我的
话，我永远不离开你身边。
Nǐ kěn gēn wǒ jiéhūn ma? Rúguǒ nǐ jià gěi wǒ de huà,
wǒ yǒngyuǎn bù líkāi nǐ shēnbiān.

B 对不起，我不能跟你结婚。
你不是我的缘分。
Duìbuqǐ,　wǒ bù néng gēn nǐ jiéhūn.
Nǐ bú shì wǒ de yuánfēn.

A 为什么?
Wèishénme?

B 你不是我喜
欢的类型。
Nǐ bú shì wǒ xǐhuān
de lèixíng.

A 저와 결혼해 주시겠습니까? 결혼해 주신다면 나는 영원히 당신을 떠나지 않겠습니다.
B 미안합니다. 난 당신과 결혼할 수 없습니다. 당신의 나의 인연이 아닙니다.
A 왜요?　　　　　　　　　　　　　　　B 당신은 제가 좋아하는 타입이 아닙니다.

A 请问你是已婚还是未婚?
Qǐngwèn nǐ shì yǐ hūn hái shì wèi hūn?

B 已经结婚了。结婚过五年了。
Yǐjīng jiéhūn le.　Jiéhūn guò wǔ nián le.

A 你结婚以后，还在上班吗?
Nǐ jiéhūn yǐhòu,　hái zài shàngbān ma?

B 是的，我还在上班。虽然有点累，我们的结婚生活真有意思。
Shì de,　wǒ hái zài shàngbān. Suīrán yǒu diǎn lèi,　wǒmen de jiéhūn shēnghuó zhēn yǒuyìsi.

A 他们俩气氛有点儿奇怪，是不是?
Tāmen liǎ qìfēn yǒu diǎnr qíguài,　shì bú shì?

B 他们正在分居。他们打算离婚。
Tāmen zhèngzài fēn jù. Tāmen dǎsuàn líhūn.

A 真不好意思啊。
Zhēn bùhǎoyìsi a.

A 당신은 기혼입니까, 미혼입니까?
A 결혼 후에도 계속 직장에 다닙니까?
B 예, 직장에 다니고 있습니다. 피곤하지만, 우리 결혼 생활은 매우 재미가 있어요.
A 그들 두 사람 분위기가 좀 이상한데요?
A 안됐네요.

B 기혼입니다. 결혼한 지 5년이 됐어요.

B 그들은 별거 중입니다. 곧 이혼할 거예요.

1536. 어떤 타입의 여자가 좋습니까?

你喜欢什么类型的女人?

Nǐ xǐhuān shénme lèixíng de nǚrén?

니 시후안 션머 레이싱더 뉘런

1537. 저는 요조숙녀 타입의 여자를 좋아합니다.

我喜欢窈窕淑女类型的女人。

Wǒ xǐhuān yǎotiǎo shūnǚ lèixíng de nǚrén.

워 시후안 이야오티아오슈뉘 레이싱더 뉘런

1538. 정면에 있는 그 남자 어떻습니까?

在你正面的男人怎么样?

Zài nǐ zhèngmiàn dènán rén zěnmeyàng?

짜이 니 쩡미엔더 난런 쩐머이양

> 방향을 나타내는 面은
> 「앞, 뒤」에 해당하
> 는 正面 / 后面은 사
> 용하지만, 「우측, 좌
> 측」에는 左面, 右面
> 은 사용하지 않는다.

1539. 그는 제 타입이 아닙니다.

他不是我喜欢的类型。

Tā búshì wǒ xǐhuān de lèixíng.

타 부스 워 시후안더 레이싱

1540. 저는 유머 있는 사람이 좋습니다.

我喜欢幽默的人。

Wǒ xǐhuān yōumò de rén.

워 시후안 여우모더런

1541. 성실한 사람이 좋습니다.

我喜欢诚实的人。

Wǒ xǐhuān chéngshí de rén.

워 시후안 청스더런

1542. 저와 결혼해 주시겠습니까?

你肯跟我结婚吗?

Nǐ kěn gēn wǒ jiéhūn ma?

니 컨 껀 워 지에훈 마

1543. 당신과 평생 같이 살고 싶습니다.

我想一辈子跟你在一起。

Wǒ xiǎng yíbèizi gēn nǐ zài yìqǐ.

워 시앙 이뻬이즈 껀 니 짜이 이치

> 一辈子는 「한
> 평생」이라는 의
> 미로 사용된다.

1544. 내 아내가 되어 줄래요?

做我的妻子好吗?

Zuò wǒ de qīzi hǎo ma?

쭈어 워더 치즈 하오 마

청혼을 할 때

1545. 나는 영원히 당신을 떠나지 않겠습니다.
我永远不离开你身边。
Wǒ yǒngyuǎn bù líkāi nǐ shēnbiān.
워 용위엔 뿌 리카이 니 션비엔

Unit 03
청혼을 거절할 때

1546. 미안합니다. 난 당신과 결혼할 수 없습니다.
对不起，我不能跟你结婚。
Duìbuqǐ, wǒ bù néng gēn nǐ jiéhūn.
뚜이뿔이, 워 뿌넝 껀 니 지에훈

1547. 당신은 나의 인연이 아닙니다.
你不是我的缘分。
Nǐ búshì wǒ de yuánfēn.
니 부스 워더 위엔펀

1548. 당신은 나와 영원히 함께 할 수 없습니다.
你不能跟我永远在一起。
Nǐ bù néng gēn wǒ yǒngyuǎn zài yìqǐ.
니 뿌넝 껀 워 용위엔 짜이 이치

1549. 독신입니다.
我是单身。
Wǒ shì dānshēn
워 스 딴션

1550. 저는 생각이 좀 필요합니다.
我要好好儿想一想这个问题。
Wǒ yào hǎo hār xiǎng yi xiǎng zhè ge wèntí.
워 이야오 하오할 시앙이시앙 쩌거 원티

> 好好儿은 「좋다」라는 의미의 好를 중첩하여 「잘, 신중히」라는 의미로 사용되며, 두 번째 음절의 발음은 1声으로 한다.

Unit 04
결혼에 대해 말할 때

1551. 결혼하셨습니까?
请问，你结婚了吗?
Qǐngwèn, nǐ jiéhūn le ma?
칭원, 니 지에훈러 마

> 结婚은 동사로도 사용되고 명사로도 사용된다. 중국어에는 이러한 단어들이 많이 있다.

1552. 결혼한 지 얼마나 됐습니까?
结婚多长时间了?
Jiéhūn duō cháng shíjiān le?
지에훈 뚜어 창 스지엔러

1553. 결혼한 지 5년이 됐습니다.
结婚五年了。
Jiéhūn wǔ nián le.
지에훈 우 니엔러

결혼에 대해 말할 때

1554. 당신은 기혼입니까, 미혼입니까?

请问你是已婚还是未婚?

Qǐngwèn nǐ shì yǐ hūn hái shì wèi hūn?

칭원 니 스 이훈 하이스 웨이훈

중국어를 발음할 때에는 연음이라는 것이 없다. 즉 소리가 이어지지 않고 하나하나 또박또박 발음해야 한다는 말이다. 또한 성조도 정확하게 발음해야 한다. 예를 들어, 「말해주다, 알려주다」는 의미의 告诉(gào su)를 (gào sù)로 발음하면 「고소하다, 고발하다」는 의미가 된다.

1555. 아직 미혼입니다.

我还没结婚呢。

Wǒ hái méi jiéhūn ne.

워 하이 메이 지에훈너

1556. 언제 결혼할 예정입니까?

打算什么时候结婚?

Dǎsuàn shénme shíhou jiéhūn?

따수안 션머 스호우 지에훈

1557. 대략 올해 5월에 할 것 같습니다.

我大概今年五月份要结婚。

Wǒ dàgài jīnnián wǔ yuè fèn yào jiéhūn.

워 따까이 진니엔 우 위에펀 이야오 지에훈

Unit 05

결혼생활에 대해 말할 때

1558. 결혼한 지 얼마나 됐습니까?

结婚多长时间了?

Jiéhūn duō cháng shíjiān le?

지에훈 뚜어 창 스지엔러

1559. 저는 신혼입니다.

我是新婚。

Wǒ shì xīnhūn.

워 스 신훈

1560. 결혼 생활은 어떻습니까?

结婚后，过得怎么样?

Jiéhūn hòu, guò de zěnmeyàng?

지에훈 호우, 꾸어 더 쩐머이양

1561. 우리 결혼 생활은 매우 재미가 있어요.

我的结婚生活真有意思。

Wǒ de jiéhūn shēnghuó zhēn yǒuyìsi.

워더 지에훈 성후어 쩐 여우 이쓰

1562. 친구들이 나의 결혼생활을 부러워합니다.

我朋友羡慕我们的结婚生活。

Wǒ péngyou xiànmù wǒmen de jiéhūn shēnghuó.

워 펑여우 시엔무 워먼더 지에훈 성후어

羡慕는 「부러워하다, 흠모하다, 탐내다」라는 의미로 사용된다.

1563. 결혼 후에도 계속 직장에 다닙니까?

你结婚以后还在上班吗?

Nǐ jiéhūn yǐhòu hái zài shàngbān ma?

니 지에훈 이호우 하이 짜이 상빤 마

以后는 「~한 후에」라는 의미로, 문장 뒤에 还와 함께 사용되면 「~한 후에 아직도」라는 의미로 사용된다.

1564. 이젠 가사만 합니다.

我只在家做家事务。

Wǒ zhǐ zài jiā zuò jiāshìwù.

워 즈 짜이 지아 쭈어 지아 스우

Unit 06

임신 · 출산에 대해
말할 때

1565. 이 음식 싫어했잖아요?

这菜不是你不喜欢的吗?

Zhě cài búshì nǐ bù xǐhuān de ma?

쩌 차이 부스 니 뿌 시후안더 마

> 부정을 반복하여 긍정을 나타내는 문장이다. 즉 「~아닌 것이 아니다」는 「~이다」라는 의미가 된다. ⑩ 不是不去的. (안 간 것이 아니다.)

1566. 임신한 것 같습니다.

我好像怀孕了。

Wǒ hǎoxiàng huáiyùn le.

워 하오시앙 후아이윈러

1567. 의사 선생님, 어떻습니까?

医生先生, 怎么样?

Yīshēng xiānsheng, zěnmeyàng?

이셩 시엔셩, 쩐머이양

1568. 축하합니다. 임신 6주입니다.

恭喜你, 怀孕六周了。

Gōngxǐ nǐ, huáiyùn liù zhōu le.

꽁시니, 후아이윈 리우 쪼우러

> 恭喜는 「축하하다」라는 의미로 중국인들이 좋은 일이 있을 때 자주 사용하는 표현이다.

1569. 왜 안 먹습니까?

你为什么不吃呢?

Nǐ wèishénme bù chī ne?

니 웨이션머 뿌 츠너

1570. 입덧이 심합니다.

我害口很厉害。

Wǒ hài kǒu hěn lìhai.

워 하이 코우 헌 리하이

> 舒服는 「편안하다」라는 의미로 부정을 할 때는 앞에 不를 붙여서 不舒服라고 표현하고 의미는 「불편하다」라고 해석한다

1571. 어디 편찮으세요?

哪儿不舒服啊?

Nǎr bù shūfu a?

날 뿌 슈프아

1572. 5분마다 산통이 있어요.

每个五分钟, 我的阵痛就发作。

Měi ge wǔ fēn zhōng, wǒ de zhèn tòng jiù fā zuò.

메이 거 우 펀중, 워더 쩐 통 지우 파쭈어

1573. 출산하셨습니까?

你生孩子了吗?

Nǐ shēng háizi le ma?

니 셩 하이즈러 마

1574. 저는 지난주에 아들을 낳았습니다.

我上个星期生了男孩子。

Wǒ shàng ge xīngqī shēng le nán háizi.

워 샹거 싱치 성러 난하이즈

1575. 두 분 사이는 좋으시죠?

你们俩怎么啦?

Nǐmen liǎ zěnme la?

니먼 리아 쩐머라

1576. 별거 중입니다.

我们正在分居。

Wǒmen zhèngzài fēn jù.

워먼 쩡짜이 펀쥐

1577. 죄송합니다.

真不好意思。

Zhēn bùhǎoyìsi.

쩐 뿌하오이쓰

> 不好意思는 「죄송
> 하다, 미안하다」라
> 는 의미로 쓰인다.

1578. 이혼했습니다.

我离婚了。

Wǒ líhūn le.

워 리훈러

1579. 우리는 곧 이혼할 예정입니다.

我们打算离婚。

Wǒmen dǎsuàn líhūn.

워먼 따수안 리훈

> 分手는 「헤어지다, 이
> 별하다」 라는 의미로 离
> 别와 같은 의미이다.

1580. 우린 지난 겨울에 헤어졌습니다.

我们去年冬天已经分手了。

Wǒmen qùnián dōngtiān yǐjīng fēn shǒu le.

워먼 취니엔 뚱티엔 이징 펀쇼우러

1581. 저는 이혼 수속을 하려고 왔습니다.

我来办离婚手续。

Wǒ lái bàn líhūn shǒuxù.

워 라이 빤 리훈 쇼우쉬

> 「수속을 밟다」는 표
> 현을 할 때는 办이라
> 는 동사를 사용한다.

Chapter 16

가벼운 음료를 마시면서

중국은 「콜라」나 「커피」 등의 외래어를 중국어로 바꾸어 쓸 만큼 언어에 대한 자부심이 강하다. 발음도 비슷하고, 뜻도 기가 막힌 경우가 많다. 한 예로 「코카콜라」는 「可口可乐(kě kǒu kě lè)」라고 하는데 그 뜻은 「입맛에 맞아 즐겁다」이다. 이 밖에 중국인들은 차를 즐겨마신다. 차는 크게 「花茶(香片茶), 绿茶, 乌龙茶, 红茶」 네 가지로 나눌 수 있다. 일반적으로 「쟈스민차」라고 하는 것은 「茉莉花茶」라고 하며 이는 대표적인 「花茶」이고, 「普洱茶」, 「白茶」, 「铁观音」은 대표적인 「乌龙茶」이다.

Ⓐ 你一天喝几杯咖啡?
Nǐ yì tiān hē jǐ bēi kāfēi?

Ⓑ 我一天大概喝三杯咖啡。
Wǒ yì tiān dàgài hē sān bēi kāfēi.

Ⓐ 喝多咖啡, 对身体不好。
为了你的健康, 喝果汁还好。
Hē duō kāfēi, duì shēntǐ bù hǎo.
Wèi le nǐ de jiànkāng, hē guǒzhī hái hǎo.

Ⓐ 당신은 하루에 커피를 몇 잔 마십니까?　　　　　　Ⓑ 저는 하루에 커피를 세 잔 정도 마십니다.
Ⓐ 커피를 너무 많이 마시면 몸에 좋지 않습니다, 건강을 위해 주스를 마시는 편이 낫습니다

Ⓐ 您要喝什么?
Nín yào hē shénme?

Ⓑ 我要喝咖啡。
Wǒ yào hē kāfēi.

Ⓐ 咖啡要怎么泡?
Kāfēi yào zěnme pào?

Ⓑ 加点奶油和方糖。 这杯咖啡好香啊。 茶馆的气氛也挺好啊。
Jiā diǎn nǎi yóu hé fāng táng. Zhè bēi kāfēi hǎo xiāng a. Cháguǎn de qìfēn yě tǐng hǎo a.

- -

Ⓐ 주문하시겠습니까?
Ⓑ 저는 커피로 하겠습니다.
Ⓐ 커피는 어떻게 해드릴까요?
Ⓑ 크림과 설탕을 넣어주세요. 이 커피는 향이 매우 좋군요. 이곳 분위기도 멋지고요.

1582. 저는 설탕을 넣지 않고 커피를 마십니다.

我喝咖啡的时候，不放糖喝。

Wǒ hē kāfēi de shíhòu, bú fàng táng hē.

워 흐어 카페이더 스호우, 부 팡 탕 흐어

1583. 그는 하루에 녹차를 두 잔 정도 마십니다.

他一天喝两杯绿茶。

Tā yì tiān hē liǎng bēi lǜchá.

타 이티엔 흐어 리앙 뻬이 뤼차

> 对는 「~에 대해, ~에 관해」라는 의미이며 뒤에는 대상이 나온다.

1584. 커피를 너무 많이 마시면 몸에 좋지 않습니다.

喝多咖啡，对身体不好。

Hē duō kāfēi, duì shēntǐ bùhǎo.

흐어 뚜어 카페이, 뚜이 션티 뿌 하오

1585. 중국사람들은 차를 마시는 습관이 있습니다.

中国人有喝茶的习惯。

Zhōngguórén yǒu hē chá de xíguàn.

쭝구어런 여우 흐어 차더 시꾸안

> 「차를 따르다」는 표현은 倒茶라고 한다.

1586. 무엇을 드시겠습니까?

您要点什么茶?

Nín yào diǎn shénme chá?

닌 이야오 디엔 션머 차

1587. 마실 것은 어떤 것으로 하죠?

上什么飲料呢?

Shàng shénme yīnliào ne?

상 션머 인리아오너

1588. 한국 차를 드시겠습니까?

要不要尝尝韩式茶?

Yào bu yào cháng chang hánshì chá?

이야오부이야오 창창 한스 차

1589. 냉홍차가 있습니까?

有冰红茶吗?

Yǒu bīng hóngchá ma?

여우 삥홍차 마

> 咖啡는 외래어를 중국식으로 표현한 것으로 중국어에는 이러한 표현들이 많다.
> 예 可口可乐(코카콜라), 百事可乐(펩시콜라), 麥当劳(맥도날드), 当肯(던킨)

1590. 그럼 전 커피로 하겠습니다.

那我要咖啡。

Nà wǒ yào kāfēi.

나 워 이야오 카페이

1591. 커피는 어떻게 해 드릴까요?

咖啡要怎么泡?

Kāfēi yào zěnme pào?

카페이 이야오 쩐머 파오

1592. 크림과 설탕을 넣어 주세요.

加点奶油和方糖。

Jiā diǎn nǎi yóu hé fāng táng

지아 디엔 나이 여우 흐어 팡 탕

Unit 03
커피숍에서의 대화

1593. 이 커피는 향이 매우 좋군요.

这杯咖啡好香啊。

Zhè bēi kāfēi hǎo xiāng a.

쩌 뻬이 카페이 하오 시앙아

1594. 친구들과 수다를 떱니다.

跟朋友聚在一起聊天儿。

Gēn péngyou jù zài yìqǐ liáotiānr.

껀 펑여우 쥐 짜이 이치 리아오티얼

> 聊天儿은 「수다를 떨다, 대화를 하다」라는 의미이다. 인터넷에서는 「채팅」을 聊天儿이라고 한다.

1595. 다방 분위기가 멋지군요.

茶馆的气氛挺好啊。

Cháguǎn de qìfēn tǐng hǎo a.

차구안더 치펀 팅 하오아

> 气氛은 「분위기」라는 뜻이고, 心情이 「기분」이라는 뜻이다.

1596. 중국의 다도를 가르쳐 주세요.

请你告诉我中国的茶礼。

Qǐng nǐ gàosu wǒ zhōngguó de chálǐ.

칭 니 까우수 워 쭝구어더 차리

Unit 04
그 밖의 음료를 마실 때

1597. 콜라 하나요. 작은 것으로 주세요.

要一杯可乐，小杯的。

Yào yì bēi kělè,　xiǎo bēi de.

이야오 이 뻬이 크어러, 시아오 뻬이더

1598. 이곳의 과일주스는 매우 신선합니다.

这里的果汁很新鲜。

Zhèlǐ de guǒzhī hěn xīn xiān.

쩌리더 구어즈 헌 신시엔

> 果汁는 「과일주스」라는 의미이다. 「과일 이름+汁」라고 하면 「~주스」라는 표현이 된다.
> 예 苹果汁(사과주스), 葡萄汁(포도주스)

1599. 물을 좀 더 주세요.

给我加点儿茶水。

Gěi wǒ jiā diǎnr chá shuǐ.

게이 워 지아디얼 차슈이

그밖에 음료를 마실 때

1600. 그들은 자기 전에 따뜻한 우유를 마십니다.

他们睡前喝暖和的牛奶。

Tāmen shuì qián hē nuǎnhuo de niúnǎi.

타먼 슈이 치엔 흐어 누안후어더 니우나이

1601. 건강을 위해 콜라보다는 주스를 마시는 편이 낫습니다.

为了你的健康，喝果汁比可乐还好。

Wèi le nǐ de jiànkāng, hē guǒzhī bǐ kělè hái hǎo.

웨이러 니더 지엔캉, 흐어 구어즈 비 크어러 하이 하오

음식과 식사

중국인들은 식사를 할 때 젓가락(筷子)을 주로 사용하며 음식을 덜어먹는 것이 일반적이다. 중국음식은 대개 찬 음식에서 따뜻한 음식 순으로 먹는다. 처음에는 「냉채」 같은 것으로 입맛을 돋우고, 따뜻한 요리들을 먹고, 마지막에 국수류를 먹는다. 「먹다, 마시다」는 중국어로 「吃(chī)」라고 말할 수도 있지만 일반적으로는 「吃(chī), 喝(hē)」라고 나누어 말한다.

Ⓐ 要点什么菜?
Yào diǎn shénme cài?

Ⓑ 我点豆腐汤和套菜。
Wǒ diǎn dòufu tāng hé tào cài.

Ⓐ 어떤 것으로 주문하시겠습니까?　　Ⓑ 두부탕하고 정식 먹겠습니다.

Ⓐ 牛排要怎么做?
Niúpái yào zěnme zuò?

Ⓑ 赶紧趁热吃吧, 凉了就不好吃。
Gǎnjǐn chèn rè chī ba,　liáng le jiù bù hǎochī.

Ⓑ 我也吃够了。
Wǒ yě chī gòu le.

Ⓐ 午饭你要吃什么?
Wǔfàn nǐ yào chī shénme?

Ⓐ 可以的话, 今天午饭就让饭店给送过来吧。
Kěyǐ de huà,　jīntiān wǔfàn jiù ràng fàndiàn gěi sòng guò lái ba.

Ⓒ 请烤得嫩一点, 烤太久了不好吃。
Qǐng kǎo de nèn yì diǎn, kǎo tài jiǔ le bù hǎochī.

Ⓒ 太好吃了, 我吃饱了。
Tài hǎochī le,　wǒ chī bǎo le.

Ⓓ 吃饱了, 再也吃不下了。
Chī bǎo le,　zài yě chī bú xià le.

Ⓑ 没时间了, 中午就吃快餐吧。
Méi shíjiān le,　zhōngwǔ jiù chī kuài cān ba.

Ⓐ 스테이크는 어떻게 해드릴까요?
Ⓑ 식기 전에 드십시오, 식으면 맛이 없습니다.
Ⓑ 저도 많이 먹었습니다.
Ⓐ 점심은 어떻게 할까요?
Ⓐ 가능하면, 오늘 점심 배달시킵시다.

Ⓒ 저는 살짝 구운 것을 좋아합니다. 많이 구우면 맛이 없어요.
Ⓒ 너무 맛있었습니다. 배가 부릅니다.
Ⓓ 배가 불러서 더 못 먹겠어요.
Ⓑ 시간이 없으니, 점심에는 패스트푸드를 먹도록 합시다.

**배가 고플 때와
부를 때**

1602. 배고파 죽겠어요.

我要饿死了。

Wǒ yào è sǐ le.

워 이야오 으어 쓰러

1603. 배가 부르군요.

我吃饱了。

Wǒ chī bǎo le.

워 츠 빠오러

> 吃饱는 「배가 부르다」
> 는 뜻이고, 吃好는 「다
> 먹었다」 라는 의미이다.

1604. 배가 불러서 더 못 먹겠어요.

吃饱了，再吃也不下了。

Chī bǎo le, zài chī yě bú xià le.

츠 빠오러, 짜이 츠 이에 부 시아러

> 吃不下는 「배가 불
> 러서 더 먹을 수 없
> 다.」 는 의미이다.

1605. 제가 과식을 했나 봐요.

我好像吃多了。

Wǒ hǎoxiàng chī duō le.

워 하오시앙 츠 뚜어러

Unit 02

식욕에 관한 표현

1606. 전 식욕이 왕성해요.

我食欲旺盛。

Wǒ shíyù wàngshèng.

워 스위 왕성

1607. 먹고 싶은 생각이 없어요.

我不想吃。

Wǒ bùxiǎng chī.

워 뿌시앙 츠

1608. 당신은 대식가군요.

你好大的胃口啊。

Nǐ hǎo dà de wèikǒu a.

니 하오 따더 웨이코우아

1609. 이걸 먹으면 식욕이 없어져요.

吃这个会减低食欲。

Chī zhè ge huì jiǎn dī shíyù.

츠 쩌거 후이 지엔 띠 스위

1610. 저는 조금밖에 안 먹어요.

我只能吃一点。

Wǒ zhǐ néng chī yìdiǎn.

워 즈넝 츠 이디엔

> 能은 자신의 능력
> 을 나타낸다.

1611. 저는 단것을 잘 먹습니다.

我喜欢吃甛的。

Wǒ xǐhuān chī tián de.

워 시후안 츠 티엔더

1612. 군침이 도는군요.

我流口水了。

Wǒ liú kǒushuǐ le.

워 리우 코우슈이러

口水 군침

1613. 생각보다 맛있군요.

比想象中好吃多了。

Bǐ xiǎng xiàng zhōng hǎochī duō le.

비 시앙시앙 중 하오츠 뚜어러

味口는 「입맛」이라는 의미로 사용된다.

1614. 이건 제 입맛에 안 맞아요.

这个不合我的味口。

Zhè ge bù hé wǒ de wèikǒu.

쩌거 뿌 흐어 워더 웨이코우

1615. 싱거워요.

味道淡淡的。

Wèidao dàndan de.

웨이따오 딴딴더

1616. 맛이 너무 짜요.

味道太咸。

Wèidao tài xián.

웨이따오 타이 시엔

1617. 저는 기름기 있는 음식을 안 좋아해요.

我不喜欢油腻的。

Wǒ bù xǐhuān yóunì de.

워 뿌 시후안 여우니더

油腻는 「느끼하다」라는 의미로 油腻的菜는 「기름진 음식」이라는 의미이다.

1618. 저는 편식을 좀 해요.

我有点挑食。

Wǒ yǒu diǎn tiāoshí.

워 여우디엔 티아오스

1619. 저는 살짝 구운 것을 좋아합니다.

请烤得嫩一点。

Qǐng kǎo de nèn yì diǎn.

칭 카오 더 넌 이디엔

1620. 내 남동생은 편식을 해서 건강이 좋지 않습니다.

我弟弟偏食，所以身体也不太好。

Wǒ dìdi piānshí, suǒyǐ shēntǐ yě bú tài hǎo.

워 띠디 피엔스, 수오이 션티 이에 부타이 하오

1621. 매운 것을 못 먹어요. 고추를 적게 넣어주세요.

我不能吃辣的，少放辣椒。

Wǒ bù néng chī là de, shǎo fàng làjiāo.

워 뿌넝 츠 라더, 샤오 팡 라지아오

1622. 담백하게 해주세요. 너무 짠 것은 좋아하지 않습니다.

请做得淡一点，我不喜欢太咸的。

Qǐng zuò de dàn yì diǎn, wǒ bù xǐhuān tài xián de.

칭 쭈어 더 탄 이디엔, 워 뿌 시후안 타이 시엔더

Unit 05

음식을 권할 때

1623. 식기 전에 먹어라. 식으면 맛이 없어.

趕紧趁热吃吧，凉了就不好吃了。

Gǎnjǐn chèn rè chī ba, liáng le jiù bù hǎo chī le.

간진 쳔 르어 츠바, 리앙러 지우 뿌 하오츠러

> 趕紧은 「서둘러, 급히, 재빨리」라는 의미로 사용된다. 趁은 「틈을 타다」라는 의미로 사용된다.

1624. 뭐 다른 것을 더 드시겠습니까?

还需要别的什么吗?

Hái xūyào bié de shénme ma?

하이 쉬이야오 비에더 션머 마

1625. 마음껏 드십시오. 사양하실 필요가 없습니다.

请随意，不用客气。

Qǐng suí yì, búyòng kèqi.

칭 수이이, 부용 커치

1626. 이것은 제가 가장 잘하는 요리입니다. 맛 좀 보세요.

这是我的拿手菜，尝一尝。

Zhè shi wǒ de náshǒu cài, cháng yi cháng.

쩌 스 워더 나쇼우차이, 창이창

1627. 맛있는 음식이 많이 준비되어 있습니다.

还有很多好吃的。

Hái yǒu hěn duō hǎochī de.

하이여우 헌 뚜어 하오츠더

1628. 좀더 많이 드십시오.

您再多吃点儿。

Nín zài duō chī diǎnr.

닌 짜이 뚜어 츠 디얼

> 有点儿과 一点儿은 같은 「조금」이라는 의미로 사용되지만, 有点儿은 부정적인 의미로 사용된다. 예를 들어, 这件衣服有点儿大(이 옷은 좀 크네요)이라고 표현해야 하고, 没有大一点儿的吗(좀 더 큰 것 없어요?)라고 표현한다.

1629. 오늘 정말 배불리 먹었습니다.

今天吃饱了。

Jīntiān chī bǎo le.

진티엔 츠 빠오러

1630. 너무 맛있습니다. 배가 부릅니다.

太好吃了，我吃饱了。

Tài hǎochī le,　wǒ chī bǎo le.

타이 하오츠러, 워 츠 빠오러

1631. 좀 과식한 것 같아. 더 이상 먹지 못하겠어.

我有点吃多了，肚子受不了。

Wǒ yǒu diǎn chī duō le, dùzi shòu bu liǎo.

워 여우디엔 츠 뚜어러, 뚜즈 쇼우뿌리아오

1632. 오늘 정말 잘 먹었습니다.

今天我吃得太好了，谢谢。

Jīntiān wǒ chī de tài hǎo le,　xièxie.

진티엔 워 츠 더 타이 하오러, 씨에시에

1633. 저는 매일 아침 빵과 우유를 먹습니다.

我每天早上吃面包，喝牛奶。

Wǒ měitiān zǎoshang chī miànbāo, hē niúnǎi.

웨 메이티엔 짜오성 츠 미엔빠오, 흐어 니우나이

> 咕咕는 의성어로 「꼬르륵, 쪼르륵, 데굴데굴」 등으로 사용된다.

1634. 오늘 아침을 먹지 않았어. 배에서 꼬르륵 소리 나.

今天没吃早饭，肚子咕咕直叫。

Jīntiān méi chī zǎofàn,　dùzi gū gū zhí jiào.

진티엔 메이 츠 짜오판, 뚜즈 꾸꾸 즈 지아오

1635. 아침에 늦게 일어나서 아침밥을 먹지 못했습니다.

早上我起得晚，没有吃早饭了。

Zǎoshang wǒ qǐ de wǎn, méiyǒu chī zǎofàn le.

짜오성 워 치 더 완, 메이여우 츠 짜오판러

1636. 아침밥은 하루 중 가장 중요합니다.

早饭是一天中最重要的。

Zǎofàn shì yì tiān zhōng zuì zhòngyào de.

짜오판 스 이 티엔 중 쭈이 쫑이야오더

1637. 시간이 없으니까, 점심에는 패스트푸드를 먹자.

没时间了，中午就吃快餐吧。

Méi shíjiān le,　zhōngwǔ jiù chī kuài cān ba.

메이 스지엔러, 쭝우 지우 츠 쿠와이찬바

> 快餐은 「패스트푸드」라는 의미로, 영어의 의미를 중국어로 해석하여 사용한 것이다.

1638. 우리 점심 식사나 같이 할까요?

我们一起吃午饭好吗?

Wǒmen yìqǐ chī wǔfàn hǎo ma?

워먼 이치 츠 우판 하오 마

1639. 여기가 점심 먹기에 괜찮을 것 같아.

在这儿吃午饭好像挺不错的。

Zài zhèr chī wǔfàn hǎoxiàng tǐng búcuò de.

짜이 쩔 츠 우판 하오시앙 팅 부추어더

1640. 저는 점심을 싸 가지고 왔어요.

我带了盒饭。

Wǒ dài le hé fàn.

워 따이러 흐어판

1641. 오늘 점심 배달시키자.

今天午饭就让饭店给送过来吧。

Jīntiān wǔfàn jiù ràng fàndiàn gěi sòng guò lái ba.

진티엔 우판 지우 랑 판디엔 게이 쏭 꾸어라이바

Unit 09

저녁식사 표현

1642. 전화로 저녁을 시켜 먹을까요?

快晚上了，打个订餐电话如何?

Kuài wǎnshang le, dǎ ge dìng cān diànhuà rú hé?

쿠와이 완샹러, 따 거 띵찬 띠엔화 루흐어

1643. 우리는 저녁에 밤참을 잘 먹습니다.

我们晚上常常吃夜宵。

Wǒmen wǎnshang chángchang chī yèxiāo.

워먼 완샹 창창 츠 이에시아오

> 夜宵 밤참, 야식

1644. 오늘 저녁에 외식하자.

今晚就出去吃吧。

Jīnwǎn jiù chū qù chī ba.

진완 지우 추취 츠바

1645. 자 갑시다! 오늘 저녁은 제가 살게요.

好，走吧！今天晚上我请客。

Hǎo, zǒu ba! Jīntiān wǎnshang wǒ qǐng kè.

하오, 쪼우바! 진티엔 완샹 워 칭커

> 请客는 「한 턱 내 다, 대접하다」라는 의미로 사용된다.

1646. 저는 대개 8시에 저녁을 먹습니다.

我大概八点钟才吃晚饭。

Wǒ dàgài bā diǎn zhōng cái chī wǎnfàn.

워 따까이 빠 디엔중 차이 츠 완판

> 才는 「비로소 ~하 다」라는 의미로 때 가 늦음을 나타낸다.

식당에서의 대화

중국의 음식에는 재료가 정말 다양하다. 중국은 희귀한 재료의 음식이 많다. 대표적인 예로 「상어힘줄요리」와 「원숭이골 요리」 등이 있다. 우리의 음식 문화와는 달리 중국음식은 기름진 음식이 많기 때문에 여행 시에 미리 알아두도록 하자. 중국의 메뉴(菜单)에 나와 있는 요리들은 대개 재료, 형태, 양념, 조리법 순의 조합으로 이루어져 있다. 그래서 한자의 의미를 알면 어떤 요리인지 어느 정도 추측할 수 있다.

🅰 不知道点什么好。你们这儿最拿手的菜是什么?
Bùzhīdao diǎn shénme hǎo   Nǐmen zhèr zuì náshǒu de cài shì shénme?

🅑 我要点他吃的那个菜。
Wǒ yào diǎn tā chī de nà ge cài.

🅰 무엇을 주문해야 할지 모르겠군요. 여기에서 제일 잘하는 요리는 무엇입니까?
🅑 저 사람이 먹고 있는 것을 시킬게요.

🅐 你搞错了，我们没点这个菜。
Nǐ gǎocuò le,   wǒmen méi diǎn zhè ge cài.

🅒 对不起，马上换给你。
Duìbuqǐ,   mǎshàng huàn gěi nǐ.

🅑 这汤好像煮过头了， 有点烂了，还有牛肉有点硬。
Zhè tāng hǎoxiàng zhǔ guò tóu le, yǒu diǎn làn le, háiyǒu niúròu yǒu diǎn yìng.

🅐 能用信用卡结算吗?   🅒 可以。
Néng yòng xìn yòng kǎ jiésuàn ma?   Kěyǐ.

🅐 请给我开发票。
Qǐng gěi wǒ kāi fā piào.

🅐 잘못 나온 것 같습니다. 우리는 이 요리를 주문하지 않았습니다.
🅒 죄송합니다. 지금 곧 요리를 바꿔드리겠습니다.
🅑 탕을 너무 끓였습니다. 좀 물컹거리는 것 같습니다. 이 소고기도 좀 질기네요
🅐 카드로 계산해도 되겠습니까?   🅒 네.
🅐 영수증을 주시겠습니까?

식사를 제의할 때

1647. 제가 점심을 대접하고 싶습니다.

我安排午餐。
Wǒ ānpái wǔcān.
워 안파이 우찬

별는 「~하지 마라, ~할 필요가 없다」라 는 의미로 명령형의 문장에 사용된다.

1648. 걱정 마, 내가 살게.

别多想了，我买单。
Bié duō xiǎng le, wǒ mǎi dān.
비에 뚜어 시앙러, 워 마이딴

1649. 당신에게 특별히 한턱내고 싶습니다.

我想特别地请你一下。
Wǒ xiǎng tèbié di qǐng nǐ yíxià.
워 시앙 트어비에 디 칭 니 이시아

特别는 「특별히」라는 의미 로 사용된다.

1650. 뭐 좀 간단히 먹으러 나갑시다.

出去凑合一顿吧。
Chū qù còuhé yídùn ba.
추취 초우흐어 이 뚠바

1651. 여기 들러서 뭐 좀 먹읍시다.

进这儿吃点什么吧。
Jìn zhèr chī diǎn shénme ba.
진 쩔 츠 디엔 션머바

식당을 찾을 때

1652. 이 근처에 식당이 하나 있다고 들었어요.

听说这附近有家饭店。
Tīng shuō zhèfù jìn yǒu jiā fàn diàn.
팅슈어 쩌 푸진 여우 지아 판디엔

有个는 원래 有 一个이며, 一는 생략이 가능하다.

1653. 집 근처에 새로 생긴 데가 하나 있는데.

我家附近有个新开的店。
Wǒ jiā fùjìn yǒu ge xīn kāi de diàn.
워 지아 푸진 여우 거 신 카이더 디엔

1654. 이 도시에 한국식 레스토랑은 있습니까?

这城市有韩食馆吗?
Zhè chéngshì yǒu hánshíguǎn ma?
쩌 청스 여우 한스구안 마

1655. 점심 식사할 만한 좋은 식당 하나 추천해 주시겠어요?

推荐一个适合吃午饭的地方好吗?
Tuījiàn yí ge shìhé chī wǔfàn de dìfang hǎo ma?
투이지엔 이거 스흐어 츠 우판더 띠팡 하오 마

Part 3 주석에서 활용하는 실용 회화

1656. 어디 특별히 정해 둔 식당이라도 있으세요?

你有想好的地方吗？

Nǐ yǒu xiǎng hǎo de dìfang ma?

니 여우 시앙하오더 띠팡 마

Unit 03

식당을 예약할 때

1657. 몇 테이블 예약을 원하십니까?

您要预定几桌？

Nín yào yùdìng jǐ zhuō?

닌 이야오 위띵 지 쭈어

> 预定은 「예약하다」라는 의미로 사용되며 订으로 바꿔 사용해도 된다.

1658. 예약을 하지 않았는데, 빈 좌석은 있습니까?

我没有预定，有空桌吗？

Wǒ méiyǒu yùdìng, yǒu kōng zhuō ma?

워 메이여우 위띵, 여우 콩 쭈어 마

1659. 두 사람 좌석을 예약하고 싶습니다.

我想订一个双人席。

Wǒ xiǎng dìng yí ge shuāngrénxì.

워 시앙 띵 이거 슈왕런시

1660. 복장에 대해서 규제는 있습니까?

有没有对服装的要求？

Yǒu méi yǒu duì fúzhuāng de yāoqiú?

여우메이여우 뚜이 푸쭈앙더 이야오치우

> 要는 동사로 사용될 때에는 yào(4声)라고 읽지만, 명사 要求라고 할 때는 yāo qiú(1声)으로 발음한다.

1661. 오늘 밤 7시 예약을 취소하고 싶습니다.

我想取消定在今晚7点的桌。

Wǒ xiǎng qǔxiāo dìng zài jīnwǎn qī diǎn de zhuō.

워 시앙 취시아오 띵 짜이 진완 치 디엔더 쭈어

Unit 04

식당에 들어서서 자리를 잡을 때

1662. 예약하셨어요?

你预定了吗？

Nǐ yùdìng le ma?

니 위띵러 마

1663. 금연석을 부탁합니다.

我要禁烟席。

Wǒ yào jìnyānxì.

워 이야오 진이엔시

1664. 세 사람 좌석을 원합니다.

我要三人桌。

Wǒ yào sān rén zhuō.

워 이야오 산 런 쭈어

1665. 아, 예, 이쪽으로 오십시오.

啊, 是。 里边请。

A, shì Lǐbiān qǐng.

아, 스. 리비엔 칭

1666. 모두 몇 분이십니까?

你们一共几位, 先生?

Nǐmen yígòng jǐ wèi, xiānsheng?

니먼 이꽁 지 웨이, 시엔셩

一共은 「모두, 다, 합해서」라는 의미로 사용되며 어느 범위의 총계를 나타낼 때 사용한다.

Unit 05

메뉴를 보면서

1667. 메뉴판 좀 보여 주세요.

给我看菜单。

Gěi wǒ kàn càidān.

게이 워 칸 차이딴

1668. 당신들이 제일 잘하는 요리는 무엇입니까?

你们这儿拿手菜是什么?

Nǐmen zhèr ná shǒu cài shì shénme?

니먼 쩔 나쇼우차이 스 션머

1669. 야채요리에는 어떤 것이 있습니까?

蔬菜有哪些?

Shùcài yǒu nǎ xiē?

슈차이 여우 나시에

1670. 이 고장의 명물요리가 있습니까?

你们这里有本地名菜吗?

Nǐmen zhèlǐ yǒu běndì míngcài ma?

니먼 쩌리 여우 번띠 밍차이 마

「요리」는 料理(처리하다)라고 하지 않고 菜라고 쓰는 것이 일반적이다.

Unit 06

음식을 주문하면서

1671. 무엇을 주문해야 할지 모르겠군요.

不知道点什么好。

Bùzhīdao diǎn shénme hǎo.

뿌 즈따오 디엔 션머 하오

1672. 저 사람이 먹고 있는 건 뭡니까?

他们吃的是什么?

Tāmen chī de shì shénme?

타먼 츠더 스 션머

1673. 손님, 주문하시겠습니까?

先生, 请您点菜吗?

Xiānsheng, qǐng nín diǎn cài ma?

시엔셩, 칭 닌 디엔차이 마

「주문하다」라는 표현을 할 때에는 点이라는 동사를 사용하고, 「음식을 주문하다」라고 말할 때는 点菜라고 한다.

1674. 잠시 후에 주문을 받으시겠습니까?

稍后点菜可以吗?

Shāo hòu diǎn cài kěyǐ ma?

샤오 호우 디엔차이 커이 마

「세트」라는 표현을 할 때는 套라는 단어를 사용한다.

1675. 정식세트를 주문하겠습니다.

我想点套菜。

Wǒ xiǎng diǎn tào cài.

워 시앙 디엔 타오 차이

1676. 스테이크는 어떻게 해드릴까요?

牛排要怎么做?

Niúpái yào zěnme zuò?

니우파이 이야오 쩐머 쭈어

1677. 살짝 구워주세요.

请烤得嫩点。

Qǐng kǎo de nèn diǎn.

칭 카오 더 넌 디엔

1678. 잘못 나온 것 같습니다. 우리는 이 요리를 주문하지 않았습니다.

你搞错了，我们没点这个菜。

Nǐ gǎocuò le,　wǒmen méi diǎn zhè ge cài.

니 까오추어러, 워먼 메이 디엔 쩌거 차이

1679. 죄송합니다. 지금 곧 바꿔드리겠습니다.

对不起，现在就给您换。

Duìbuqǐ,　xiànzài jiù gěi nín huàn.

뚜이뿔이, 시엔짜이 지우 게이 닌 후안

1680. 주문한 요리를 바꾸고 싶은데요.

我想换我们点的菜。

Wǒ xiǎng huàn wǒmen diǎn de cài.

워 시앙 후안 워먼 디엔더 차이

1681. 아직 요리 한 가지가 나오지 않았습니다.

还有一道菜没上。

Háiyǒu yí dào cài méi shàng.

하이여우 이 따오 차이 메이 샹

1682. 여기서 웬 이상한 냄새가 납니다.

这里好象有某种怪味。

Zhèlǐ hǎoxiàng yǒu mǒuzhǒng guàiwèi.

쩌리 하오시앙 여우 모 종 꾸와이웨이

1683. 이 감자는 덜 익은 것 같아요.

这个土豆好象没熟。

Zhè ge tǔdòu hǎoxiàng méi shú.

쩌거 투또우 하오시앙 메이 슈

주문에 문제가 있을 때

1684. 이 소고기는 좀 질깁니다.
这牛肉有点硬。
Zhè niúròu yǒu diǎn yìng
쩌 니우로우 여우디엔 잉

有点은 「(부정적인 의미의) 조금」이라 는 뜻으로 사용된다.

1685. 너무 끓인 것 같아요. 좀 물컹거려요.
好象煮过头了, 有点烂了。
Hǎoxiàng zhǔ guò tóu le, yǒu diǎn làn le.
하오시앙 주 꾸어 토우러, 여우디엔 란러

Unit 08

무엇을 부탁할 때

1686. 식탁 좀 치워 주시겠어요?
擦一下桌子好吗?
Cā yíxià zhuōzi hǎo ma?
차 이시아 쭈어즈 하오 마

1687. 테이블 위에 물 좀 닦아 주세요.
把桌子上的水擦一擦。
Bǎ zhuō zi shàng de shuǐ cā yi cā.
바 쭈어즈 샹더 슈이 차이차

1688. 치즈 좀 더 주시겠어요?
加点乳酪可以吗?
Jiā diǎn rǔlào kěyǐ ma?
지아 디엔 루라오 커이 마

1689. 이 접시들 좀 치워 주시겠어요?
可以拿走这些盘子吗?
Kěyǐ ná zǒu zhèxiē pán zi ma?
커이 나 쪼우 쩌시에 판즈 마

1690. 지금 디저트를 드릴까요/올릴까요?
现在上点心吗?
Xiànzài shàng diǎnxīn ma?
시엔짜이 샹 디엔신 마

1691. 젓가락을 바꿔주세요.
我要换一双筷子。
Wǒ yào huàn yì shuāng kuàizi.
워 이야오 후안 이 슈앙 쿠와이즈

筷子는 「젓가락」을 의미하는 단어로, 젓 가락은 「한 쌍」으로 이루어지므로 양사도 双을 사용하게 된다.

1692. 티슈 좀 갖다 주세요.
请给我拿餐巾纸。
Qǐng gěi wǒ ná cānjīnzhǐ.
칭 게이 워 나 찬진즈

Part 3 즉석에서 활용하는 실용 회화

267

1693. 계산서를 주시겠습니까?

可以给我看一下账单吗?

Kěyǐ gěi wǒ kàn yíxià zhàngdān ma?

커이 게이 워 칸 이시아 짱딴 마

1694. 나누어 계산하기로 합시다.

我们各付各的吧。

Wǒmen gè fù gè de ba.

워먼 꺼 푸 꺼더바

> 各付各的는 「각자의 것을 계산하다」라는 뜻으로 「더치페이」라는 의미로 사용된다.

1695. 봉사료는 포함되어 있습니까?

这里包括服务费吗?

Zhèlǐ bāokuò fú wù fèi ma?

쩌리 빠오쿠어 푸우 페이 마

1696. 거스름돈이 틀립니다.

零钱找错了。

Língqián zhǎo cuò le.

링치엔 짜오 추어러

> 「거스름돈을 내주다」라는 표현은 找钱, 找零钱이라고 한다.

1697. 카드로 계산해도 되겠습니까?

能用信用卡付钱吗?

Néng yòng xìn yòng kǎ fù qián ma?

넝 용 신용카 푸치엔 마

1698. 영수증을 떼 주세요.

请给我开发票。

Qǐng gěi wǒ kāi fā piào.

칭 게이 워 카이 파피아오

음주와 흡연

중국술은 우리나라 술보다 독한 술이 많다. 술의 종류로는 「酒, 汾酒, 茅台酒, 五粮液, 劍南春, 古井贡酒, 董酒, 竹叶青」이 있다. 술을 마실 때에 한 잔 두 잔 등의 표현은 「杯(bēi)」으로 쓴다. 중국의 술 문화에서 「敬酒(jìng jiǔ) 술을 권하다」를 하면, 「干杯(gān bēi) 술잔의 술을 다 마신다」를 한다.

A 要不要喝一杯?
Yào bú yào hē yì bēi?

A 干一杯。
Gān yì bēi.

B 我家有中国名酒。
Wǒ jiā yǒu zhōngguó míngjiǔ.

A 今天的酒特别好喝,
再来一杯。
Jīntiān de jiǔ tèbié hǎohē,
zài lái yì bēi.

B 我敬你一杯。
Wǒ jìng nǐ yì bēi.

A 술 한 잔 하시겠어요?
A 한 잔 합시다.
A 오늘 술이 유달리 맛있네. 한 잔 더.

B 저희 집에 중국의 유명한 술이 있습니다.
B 제가 한 잔 따라 드리겠습니다.

(在酒吧)

A 来两杯啤酒吧。
Lái liǎng bēi píjiǔ ba.

A 干杯! 祝你幸运!
Gān bēi Zhù nǐ xìngyùn!

A 先喝到这里, 咱们换个地方吧。
Xiān hē dào zhèlǐ, zánmen huàn ge dìfang ba.

B 有什么下酒菜?
Yǒu shénme xià jiǔcài?

B 为了我们大家的健康!
Wèi le wǒmen dàjiā de jiànkāng!

B 好的。
Hǎo de.

(술집에서)

A 맥주 두 잔 갖다 주세요.
A 건배! 행운을 빕니다!
A 이제 여기서는 그만 마시고 장소를 바꿉시다.

B 안주는 무엇이 있습니까?
B 우리들의 건강을 위해!
B 그럽시다.

술을 마시러 가자고
할 때

1699. 술 한잔하시겠어요?

要不要喝一杯?

Yào bú yào hē yì bēi?

이야오부이야오 흐어 이 뻬이

1700. 한잔 사고 싶은데요.

我想请你喝酒。

Wǒ xiǎng qǐng nǐ hē jiǔ.

워 시앙 칭 니 흐어 지우

1701. 술 마시는 것을 좋아하세요?

喜欢喝酒吗?

Xǐ huān hē jiǔ ma?

시후안 흐어 지우 마

1702. <u>저희 집에 중국의 유명한 술이 있습니다.</u>

我家有中国名酒。

Wǒ jiā yǒu zhōngguó míngjiǔ.

워 지아 여우 쭝구어 밍지우

Unit 02

술을 권할 때

1703. 한 잔 합시다.

干一杯。

Gān yì bēi.

깐 이 뻬이

> 혹은 敬一杯
> 라고도 한다.

1704. 맥주 한 잔 더 하시겠어요?

要不要再来一杯啤酒?

Yào bú yào zài lái yì bēi píjiǔ?

이야오부이야오 짜이 라이 이 뻬이 피지우

1705. 제가 한 잔 따라 드리겠습니다.

我倒你一杯。

Wǒ dào nǐ yì bēi.

워 따오 니 이 뻬이

1706. <u>취하도록 마셔 봅시다.</u>

今晚不醉不归。

Jīnwǎn bú zuì bù guī.

진완 부 쭈이 뿌 꾸이

> 不~ 不…는 「~하지
> 않고는 …하지 않는다」
> 라는 표현이다.
> 例 不见不散 만나지
> 않으면 헤어지지 않는다
> (만날 때까지 기다리다)

1707. 감정이 돈독해졌으니 원샷을 합시다.

感情深，一口闷。

Gǎnqíng shēn, yìkǒu mèn.

간칭 선, 이 커우 먼

1708. 오늘 술이 유달리 맛있네. 한 잔 더.

今天的酒特别好喝，再来一杯。

Jīntiān de jiǔ tèbié hǎohē,　zài lái yì bēi.

진티엔더 지우 트어비에 하오 흐어, 짜이 라이 이 뻬이

Unit 03
술집에서

1709. 와인 메뉴 좀 볼까요?

我可以看一下葡萄酒单子吗?

Wǒ kěyǐ kàn yíxià pútáojiǔ dān zi ma?

워 커이 칸 이시아 푸타오지우 딴즈 마

1710. 맥주 두 잔 갖다 주세요.

来两杯啤酒吧。

Lái liǎng bēi píjiǔ ba.

라이 리앙 뻬이 피지우바

1711. 얼음을 타서 주세요.

要带冰的。

Yào dài bīng de.

이야오 따이 삥더

1712. 안주는 무엇이 있습니까?

有什么下酒菜?

Yǒu shénme xià jiǔcài?

여우 션머 시아 지우차이

> 下酒菜는 「술 안주」라는 의미로 사용된다.

1713. 이제 여기서는 그만 마시고 장소를 바꿉시다.

先喝到这里，咱们换个地方吧。

Xiān hē dào zhèlǐ,　zánmen huàn ge dìfāng ba.

시엔 흐어 따오 쩌리, 잔먼 후안 거 띠팡바

Unit 04
술을 마시면서

1714. 건배! 행운을 빕니다!

干杯! 祝你幸运!

Gān bēi! Zhù nǐ xìngyùn!

깐뻬이! 쭈 니 싱윈

1715. 우리들의 건강을 위해!

为了我们大家的健康!

Wèi le wǒmen dàjiā de jiànkāng!

웨이러 워먼 따지아더 지엔캉

1716. 저는 한 잔만 마셔도 얼굴이 빨개져요.

我只要喝一杯就脸红。

Wǒ zhǐyào hē yì bēi jiù liǎnhóng.

워 즈이야오 흐어 이 뻬이 지우 리엔홍

술을 마시면서

1717. 저는 술고래입니다.

我是个大酒鬼。

Wǒ shì ge dà jiǔguǐ.

워 스 거 따 지우꾸이

> 酒鬼는 「술을 매우 밝히는 사람(술고래)」을 칭하는 말이다.

1718. 저는 술을 천천히 마시는 편입니다.

我喝得比较慢。

Wǒ hē de bǐ jiào màn.

워 흐어 더 비지아오 만

Unit 05
술에 취했을 때

1719. 당신 취했군요.

你醉了。

Nǐ zuì le.

니 쭈이러

1720. 약간 취기가 오릅니다.

有点醉意。

Yoǔ diǎn zuìyì.

여우디엔 쭈이이

> 东倒西歪는 「기울어져 넘어갈 듯 하다, 쓰러질 듯하다」라는 의미로 「비틀비틀 거리는 모습」을 묘사한 표현이다.

1721. 그는 너무 많이 마셔서 걸을 때도 비틀거립니다.

他喝得太多了，走路也东倒西歪。

Tā hē de tài duō le, zǒu lù yě dōng dǎo xī wāi.

타 흐어 더 타이 뚜어러, 쪼우루 이에 뚱 따오 시 와이

1722. 필름이 끊기다.

失去知觉。

Shī qù zhījué.

스 취 즈쥐에

1723. 오늘 술이 안 받는 것 같습니다.

我今天不胜酒力。

Wǒ jīntiān bú shèng jiǔlì.

워 진티엔 부 성 지우리

Unit 06
담배에 대해서

1724. 당신은 담배를 피웁니까?

你抽烟吗?

Nǐ chōu yān ma?

니 초우이엔 마

1725. 여기서 담배를 피워도 됩니까?

在这里可以吸烟吗?

Zài zhèlǐ kě yǐxī yān ma?

짜이 쩌리 커이 시이엔 마

1726. 중국 사람은 담배를 권하는 풍습이 있습니다.

中国人有敬烟的习惯。

Zhōngguórén yǒu jìng yān de xíguàn.

쭝구어런 여우 징이엔더 시꾸안

敬烟은 「담배를 권하다」
라는 의미이다.
예 敬酒。(술을 권하다.)

1727. 불 좀 빌려 주시겠습니까?

请借给我打火机，好吗?

Qǐng jiè gěi wǒ dǎhuǒjī,　hǎo ma?

칭 지에 게이 워 따 후어지, 하오 마

打火机은 「라
이터」를 나타내
는 단어이다.

1728. 담배 한 갑을 사려고 합니다.

我要买一包香烟。

Wǒ yào mǎi yìbāo xiāngyān.

워 이야오 마이 이 빠오 시앙이엔

Unit 07

금연에 대해서

1729. 흡연은 인체에 해롭습니다.

吸烟对人体有害。

Xī yān duì réntǐ yǒu hài.

시이엔 뚜이 런티 여우 하이

1730. 금연구역이 점점 늘어나는 추세를 보인다.

表示禁烟地区渐渐增加的趋势。

Biǎoshì jìnyān dìqū jiànjiàn zēngjiā de qūshì.

비아오스 진이엔 띠취 지엔지엔 쩡지아더 취스

1731. 가족들을 위해 금연을 해야 한다.

为了家族，一定要禁烟。

Wèi le jiāzǔ,　yídìng yào jìnyān.

웨이러 지아주, 이띵 이야오 진이엔

一定要는 「반드시
~해야 한다」라는
의미로 강한 의지를
나타낼 때 사용한다.

1732. 흡연은 폐암의 주요원인 중의 하나이다.

抽烟是生肺癌的主要原因之一。

Chōu yān shì shēng fèi'ái de zhǔyào yuányīn zhī yī.

초우이엔 스 성 페이아이더 주이야오 위엔인 즈 이

쇼핑

중국 사람들은 물건을 살 때 가격흥정(讨价)을 즐겨한다. 물건 값을 깎을 때는「能不能便宜一点儿?」등의 말로 가격을 흥정한다. 한국 돈은 중국어로「韩币」라고 하고, 중국 돈은「人民币」라고 한다. 그 외에「달러」는「美金, 美元」,「엔」은「日币, 日元」,「마르크」는「马克」,「프랑」은「法郎」,「파운드」는「英镑」라고 한다. 중국 화폐단위는「元, 块, 角, 毛(0.5원), 分(0.1원)」이 사용된다. 중국 돈 1元은 보통 170원(한국 화폐) 정도이다.

Ⓐ 比我的想象要贵一点儿。
Bǐ wǒ de xiǎngxiàng yào guì yì diǎnr.

Ⓑ 价格是贵点,
但一定会满意的。
Jiàgé shì guì diǎn,
dàn yídìng huì mǎnyì de.

Ⓐ 제가 예상했던 것보다 비싸군요.　　　　　Ⓑ 가격이 비싸긴 하지만 만족스러우실 겁니다.

Ⓐ 我要买这个。可以送到这个地址吗? 送货费要另付吗?
Wǒ yào mǎi zhè ge. Kěyǐ sòng dào zhè ge dìzhǐ ma? Sònghuòfèi yào lìng fù ma?

Ⓑ 不用,那是免费服务。用现金还是信用卡?
Búyòng, nà shì miǎnfèi fúwù. Yòng xiànjīn háishì xìnyòngkǎ?

Ⓐ 用现金付钱吧。　　　　　　　　　　Ⓑ 谢谢
Yòng xiànjīn fù qián ba.　　　　　　　　Xièxie.

Ⓐ 这是三天之前买了的衣服。这件衣服有毛病,请给我换一件。
Zhè shì sān tiān zhī qián mǎi le de yīfu. Zhè jiàn yīfú yǒu máobìng, qǐng gěi wǒ huàn yí jiàn.

Ⓑ 这好像是次品。马上换给你。　　　　Ⓐ 谢谢你。
Zhè hǎoxiàng shì cì pǐn. Mǎshàng huàn gěi nǐ.　　Xièxie nǐ.

Ⓑ 你拿来收据了没有?　　　　　　　　Ⓐ 收据在这里。
Nǐ ná lái shōujù le méiyǒu?　　　　　　　Shōujù zài zhèli.

Ⓐ 이 물건을 사겠습니다. 이 주소로 이걸 배달해 주시겠어요? 배달에 대한 별도의 요금을 내야 합니까?
Ⓑ 아니요, 그것은 무료로 서비스해드리고 있습니다. 현금으로 지불하시겠습니까, 혹은 카드로 하시겠습니까?
Ⓐ 현금으로 지불하겠습니다.　　　　　　Ⓑ 감사합니다.
Ⓐ 3일전에 샀던 옷입니다. 이 옷에는 흠집이 있는데, 다른 것으로 바꿔주세요.
Ⓑ 불량품인 것 같습니다. 바로 바꿔드리겠습니다.　　Ⓐ 감사합니다.
Ⓑ 영수증을 가지고 오셨습니까?　　　　　Ⓐ 여기에 영수증이 있습니다.

1733. 실례합니다, 백화점은 어디 있습니까?

对不起，请问百货商店在哪里?

Duìbuqǐ, qǐngwèn bǎihuòshāng diàn zài nǎli?

뚜이붙이, 칭원 바이후어샹디엔 짜이 나리

> 「백화점」은 百货商店, 百货公司라고 한다.

1734. 여기서 가장 가까운 편의점은 어디에 있습니까?

离这儿最近的便利店在哪里?

Lí zhèr zuì jìn de biànlìdiàn zài nǎli?

리 쩔 쭈이진더 삐엔리디엔 짜이 나리

1735. 아동복은 어디서 팔죠?

哪儿卖儿童服装?

Nǎr mài értóng fúzhuàng?

날 마이 얼퉁 푸쭈앙

1736. 필름은 어디서 살 수 있습니까?

到哪里可以买到胶卷?

Dào nǎli kěyǐ mǎi dào jiāojuǎn?

따오 나리 커이 마이 따오 지아오쥐엔

1737. 매장 안내소는 어디입니까?

哪里有咨询台?

Nǎli yǒu zīxúntái?

나리 여우 쯔쉰타이

1738. 면세품 상점이 있습니까?

有免税品商店吗?

yǒu miǎn shuì pǐn shāngdiàn ma?

여우 미엔수이핀 샹디엔 마

1739. 그냥 둘러보고 있어요.

我只是逛逛。

Wǒ zhǐshì guàng guang.

워 즈스 꾸앙꾸앙

> 只是는 「단지 ~하다」라는 의미로 사용된다.

1740. 저걸 보여 주겠어요?

可以给我看那个吗?

Kěyǐ gěi wǒ kàn nà ge ma?

커이 게이 워 칸 나거 마

1741. 이걸 만져봐도 됩니까?

这东西可以摸摸吗?

Zhè dōngxi kě yǐ mō mo ma?

쩌 똥시 커이 모어모어 마

> 摸摸는 摸一摸, 摸一下 등과 같이 「한 번 ~해보다」라는 의미이다.

물건을 고를 때

1742. 몇 가지 더 보여 주시겠어요?

可以再给我看几个别的吗?

Kěyǐ zài gěi wǒ kàn jǐ ge bié de ma?

커이 짜이 게이 워 칸 지 거 비에더 마

1743. 입어 봐도 됩니까?

可以试试吗?

Kěyǐ shì shi ma?

커이 스 스 마

Unit 03

물건값을 흥정할 때

1744. 너무 비쌉니다.

太贵了。

Tài guì le.

타이 꾸이러

1745. 깎아 줄래요?

能不能便宜点儿?

Néng bù néng piányi diǎnr?

넝뿌넝 피엔이 디얼

1746. 얼마면 되겠습니까?

你想要多少钱的?

Nǐ xiǎng yào duōshao qián de?

니 시앙 이야오 뚜어샤오 치엔더

1747. 더 싼 것은 없습니까?

有没有更便宜的?

Yǒu méi yǒu gèng piányi de?

여우메이여우 껑 피엔이더

> 更은 「더욱,
> 더」라는 의미
> 로 사용된다.

1748. 이건 다른 가게에서 60달러입니다.

这个在别的家都卖60美元。

Zhè ge zài bié de jiā dōu mài liù shí měiyuán.

쩌거 짜이 비에더 지아 또우 마이 리우스 메이위엔

> 「달러」는 美元이라
> 고 하고, 「한국돈」
> 은 韩币, 「중국돈」
> 은 人民币라고 한다.

1749. 제가 예상했던 것보다 비싸군요.

比我的想象有点儿贵。

Bǐ wǒ de xiǎngxiàng yǒu diǎnr guì.

비 워더 시앙시앙 여우디얼 꾸이

1750. 할인해 드릴 수 없습니다.

这不能打折的。

Zhě bù néng dǎ zhé de.

쩌 뿌넝 따저더

276

1751. 어디서 계산을 하죠?
在哪里交钱?
Zài nǎli jiāo qián?
짜이 나리 지아오치엔

1752. 합계가 얼마입니까?
总共多少钱?
Zǒnggòng duōshao qián?
종꽁 뚜어샤오 치엔

总共은 一
共과 바꿔
쓸 수 있다.

1753. 현금으로 지불하시겠습니까, 혹은 카드로 하시겠습니까?
用现金还是用信用卡?
Yòng xiànjīn hái shì yòng xìnyòngkǎ?
용 시엔진 하이스 용 신용카

1754. 여행자수표를 받습니까?
可以用旅游支票吗?
Kěyǐ yòng lǚyóu zhīpiào ma?
커이 용 뤼여우 즈피아오 마

1755. 영수증 좀 끊어 주세요.
给我开个收据吧。
Gěi wǒ kāi ge shōu jù ba.
게이 워 카이 거 쇼우쥐바

1756. 칫솔은 어디에 있습니까?
牙刷在哪里?
Yáshuā zài nǎli?
야슈아 짜이 나리

1757. 손톱깎이는 있습니까?
有指甲刀吗?
Yǒu zhǐjiādāo ma?
여우 즈지아따오 마

1758. 이것과 같은 전지는 있습니까?
有这样的电池吗?
Yǒu zhèyàng de diànchí ma?
여우 쩌이양더 띠엔츠 마

1759. 이 생선은 신선한가요?
这条鱼新鲜吗?
Zhè tiáo yú xīnxian ma?
쩌 티아오 위 신시엔 마

「생선」을 세는 양
사로는 条(가늘고 긴
것의 양사)를 쓴다.

슈퍼를 이용할 때

1760. 이것들은 신선해 보이지 않네요.
这些看起来不太新鲜。
Zhè xiē kàn qǐ lái bú tài xīnxian.
쩌 시에 칸 치라이 부타이 신시엔

1761. 지금 백화점에서 30% 세일을 하고 있습니다.
现在在百货商店打七折。
Xiànzài zài bǎihuòshāngdiàn dǎ qī zhé.
시엔짜이 짜이 바이후어샹디엔 따 치 저

1762. 가격이 비싸긴 하지만 아주 만족스럽습니다.
虽然价格有点儿贵，但很满意。
Suīrán jiàgé yǒu diǎnr guì, dàn hěn mǎnyì.
수이란 지아꺼 여우디얼 꾸이, 딴 헌 만이

> 虽然~，但(是) 구문은
> 「비록 ~하지만 …하다」
> 라는 의미를 나타낸다.
> 🐷 虽然他有钱，但
> 是没有真正的朋友。
> (비록 그는 돈은 많지만,
> 진정한 친구가 없다.)

1763. 듣자하니 그 백화점의 상품이 싸고 좋대요.
听说那家百货店的商品又便宜又好。
Tīng shuō nà jiā bǎihuòdiàn de shāngpǐn yòu piányi yòu hǎo.
팅슈어 나 지아 바이후어디엔더 샹핀 여우 피엔이 여우 하오

1764. 이 바지는 주름이 잡히지 않을 뿐만 아니라 입을 때 느낌이 편해.
这裤子不但(不仅)不起皱而且穿着舒服。
Zhè kùzi búdàn (bùjǐn) bù qǐ zhòu érqiě chuān zhe shūfu.
쩌 쿠즈 부딴(뿌진)뿌 치 쪼우 얼치에 추안져 슈프

1765. 여기는 모두 정찰제입니다.
这里的价格都是明码标价。
Zhèli de jiàgé dōu shì míng mǎ biāo jià.
쩌리더 지아꺼 또우스 밍 마 삐아오 지아

1766. 포장을 해 주시겠어요?
可以给包装吗?
Kěyǐ gěi bāozhuàng ma?
커이 게이 빠오쭈앙 마

1767. 이거 넣을 수 있는 박스 좀 얻을 수 있을까요?
有能够装上这东西的盒子吗?
Yǒu néng gòu zhuàng shang zhè dōngxi de hézi ma?
여우 넝꺼우 쭈앙샹 쩌 똥시더 흐어즈 마

1768. 이 주소로 이걸 배달해 주시겠어요?
可以送到这个地址吗?
Kěyǐ sòng dào zhè ge dìzhǐ ma?
커이 쏭 따오 쩌거 띠즈 마

포장과 배달

1769. 배달에 대한 별도의 요금을 내야 합니까?

送货费要另付吗?

Sònghuò fèi yào lìng fù ma?

쏭후어 페이 이야오 링 푸 마

1770. 이 옷에는 흠집이 있는데, 다른 것으로 바꿔 주세요.

这件衣服有毛病，请给我换一件。

Zhè jiàn yīfu yǒu máobìng, qǐng gěi wǒ huàn yí jiàn.

쩌 지엔 이프 여우 마오삥, 칭 게이 워 후안 이 지엔

> 毛病은 「(제품이나 물
> 건에) 문제가 생기다, 흠
> 집이 있다, 고장이 나다」
> 라는 의미로 사용된다.

1771. 깨져 있습니다.

这个被弄破了。

Zhè ge bèi nòng pò le.

쩌거 뻬이 농 포어러

1772. 이 스커트를 환불받고 싶은데요.

我想退这条裙子。

Wǒ xiǎng tuì zhè tiáo qúnzi.

워 시앙 투이 쩌 티아오 췬즈

> 次品은 「불량품」
> 이라는 의미로 次货,
> 残品이라고도 한다.

1773. 불량품인 것 같은데요.

这好像是次品。

Zhè hǎoxiàng shì cì pǐn.

쩌 하오시앙 스 츠핀

1774. 여기에 영수증이 있습니다.

收据在这里。

Shōujù zài zhèli.

쇼우쥐 짜이 쩌리

식료품 구입

중국에서는 포장된 물건 이외에 채소나 과일 등을 살 때는 저울에 무게를 달아서 파는 것이 일반적이다. 수량 기준이 아니라 중량 기준인 셈. 예를 들어 수박은 우리나라처럼 1통씩 팔지 않고 1근, 2근 등의 무게 단위로 잘라서 판다. 중국에서 1근은 육류나 채소를 막론하고 0.5㎏이다. 식료품 구입 시 자주 사용되는 양사로는 「公斤(gōng jīn) 킬로그램」, 「条(tiáo) 물고기 종류 한 마리」, 「个(gè) 개」 등이 있는데 만약 양사를 잘 모를 경우에는 个(개)를 사용해도 무방하다.

🅐 白菜在哪里买呢?
Báicài zài nǎli mǎi ne?

🅑 跟我来。
Gēn wǒ lái.

🅐 배추는 어디에서 살 수 있습니까?

🅑 저를 따라 오십시오.

🅐 给我一公斤红萝卜和白苏。
Gěi wǒ yì gōng jīn hóngluóbo hé báisū.

🅐 这些白苏是进口的还是本地产的?
Zhèxiē báisū shì jìn kǒu de háishì běndì chǎn de?

🅐 这苹果怎么卖? 是论公斤卖的吗?
Zhè píngguǒ zěnme mài? Shì lùn gōngjīn mài de ma?

🅐 我要一公斤就够啦。
Wǒ yào yì gōng jīn jiù gòu la.

🅑 在这里。
Zài zhèli.

🅑 这是本地产的。有没有找别的?
Zhè shì běndì chǎn de. Yǒu méi yǒu zhǎo bié de?

🅑 是, 你要多少?
Shì, nǐ yào duōshao?

🅐 당근 1킬로그램과 들깨를 주세요.

🅐 이 들깨는 수입한 것입니까 국산입니까?

🅐 이 사과는 어떻게 팝니까? 킬로그램으로 파는 겁니까?

🅐 저는 1킬로그램이면 충분합니다.

🅑 여기 있습니다.

🅑 국산입니다. 다른 것 더 필요한 것 있으세요?

🅑 네, 얼마나 드릴까요?

식품을 구입할 때

1775. 원산지는 어디입니까?

从哪儿生产的?

Cóng nǎr shēngchǎn de?

총 날 성찬더

1776. 킬로그램으로 파는 겁니까?

是论公斤卖的吗?

Shì lùn gōngjīn mài de ma?

스 룬 꽁진 마이더 마

> 论은 「~의하다, ~을 기준(단위)으로 하다」 라는 의미로 쓰인다.

1777. 저는 1킬로그램이면 충분합니다.

我要一公斤就够啦。

Wǒ yào yì gōng jīn jiù gòu la.

워 이야오 이 꽁진 지우 꺼우라

1778. 요즘은 무공해 식품이 인기가 있습니다.

现在时兴吃绿色食品。

Xiànzài shí xing chī lǜ sè shí pǐn.

시엔짜이 스씽 츠 뤼써 스핀

야채를 구입할 때

1779. 배추는 어디에서 삽니까?

白菜在哪里买呢?

Báicài zài nǎli mǎi ne?

빠이차이 짜이 나리 마이너

1780. 당근 1킬로그램 주세요.

给我一公斤红萝卜。

Gěi wǒ yì gōng jīn hóng luó bo.

게이 워 이 꽁진 홍루어뽀

1781. 고추 좀 더 주세요.

多给几个辣椒。

Duō gěi jǐ ge làjiāo.

뚜어 게이 지거 라지아오

> 多는 동사 앞에 쓰여 좀더 라는 의미로 해석된다.

1782. 이 들깨는 수입한 것입니까 국산입니까?

这些白苏是进口的还是国产的?

Zhè xiē básū shì jìn kǒu de hái shì guóchǎn de?

쩌 시에 바이스 스 진코우더 하이스 구어찬더

> 进口는 「수입하다」라는 표현이고, 반대로 出口는 「수출하다」라는 표현이다.

과일을 구입할 때

1783. 이 사과는 어떻게 팝니까?

这苹果怎么卖?

Zhè píngguǒ zěnme mài?

쩌 핑구어 쩐머 마이

과일을 구입할 때

1784. 이 수박 2통을 사면 하나를 더 드립니다.

这西瓜买两个就加给一个。

Zhè xīguā mǎi liǎng ge jiù jiā gěi yí ge.

쩌 시구아 마이 리앙거 지우 지아 게이 이거

> 打折는 「할인하다」라는 뜻으로 중간에 숫자를 써서 할인 정도를 나타낸다.

1785. 모든 과일이 다 있습니다.

各种水果什么都有。

Gè zhǒng shuǐguǒ shénme dōu yǒu.

꺼 종 슈이구어 선머 또우 여우

1786. 산지 직송한 포도를 30% 할인하여 팔고 있습니다.

从产地直接送来的葡萄打七折。

Cóng chǎndì zhí jiē sòng lái de pútáo dǎ qī zhé.

총 찬띠 즈지에 쏭라이더 푸타오 따 치 저

Unit 04

고기를 구입할 때

1787. 돼지고기는 한 근에 얼마입니까?

猪肉一斤多少钱?

Zhūròu yì jīn duōshao qián?

쭈로우 이 진 뚜어샤오 치엔

> 多少는 얼마를 나타내는 의문대명사이다.

1788. 소고기가 돼지고기보다 비쌉니다.

牛肉比猪肉贵。

Niúròu bǐ zhūròu guì.

니우로우 비 쭈로우 꾸이

1789. 포크커틀렛을 만들려면 어느 고기를 사야합니까?

要作炸猪排，要买哪种肉?

Yào zuò zhá zhū pái, yào mǎi nǎ zhǒng ròu?

이야오 쭈어 자 쭈파이, 이야오 마이 나 종 로우

Unit 05

생선을 구입할 때

1790. 이 생선은 얼마입니까?

这条鱼多少钱?

Zhè tiáo yú duōshao qián?

쩌 티아오 위 뚜어샤오 치엔

> 条는 생선을 세는 양사로써, 그 외에 河(강), 裙子(치마)를 셀 때도 쓰인다.

1791. 오징어 두 마리와 문어 한 마리 주세요.

给我两条乌贼和一条章鱼。

Gěi wǒ liǎng tiáo wū zéi hé yì tiáo zhāng yú.

게이 워 리앙 티아오 우저 흐어 이 티아오 짱위

1792. 얼마나 원하십니까?

你要多少?

Nǐ yào duōshao?

니 이야오 뚜어샤오

1793. 저 백화점에서는 많은 상품들을 특가판매하고 있답니다.

听说那家百货公司特价处理很多产品。

Tīng shuō nà jiā bǎihuògōngsī tè jià chǔlǐ hěn duō chǎnpǐn.

팅슈어 나 지아 빠이후어꽁쓰 트어지아 추리 헌 뚜어 찬핀

Unit 06

제과점에서

1794. 식빵과 잼 하나 주세요.

给我一个面包，还有一个果酱。

Gěi wǒ yí ge miànbāo, háiyǒu yí ge guǒjiàng.

게이 워 이거 미엔빠오, 하이여우 이거 구어지앙

1795. 포장해 드릴까요?

要打包吗?

Yào dǎ bāo ma?

이야오 따빠오 마

1796. 지금 방금 구운 빵입니다, 맛 좀 보세요.

这是刚刚烘烤的面包，请尝一尝。

Zhè shì gānggāng hōng kǎo de miànbāo, qǐng cháng yì cháng.

쩌 스 깡깡 홍카오더 미엔빠오, 칭 창이창

> 동사를 중첩하는 표현
> 형식으로는 「AA, A
> 一A, A了A(잠깐~
> 해보다)」가 있다.

1797. 이 빵은 반값에 판매합니다.

这些面包卖半价。

Zhè xiē miànbāo mài bàn jià.

쩌시에 미엔빠오 마이 빤 지아

1798. 빵 두 개를 사시면 하나를 더 드립니다.

买两个面包就加一个面包。

Mǎi liǎng ge miànbāo jiù jiā yí ge miànbāo.

마이 리앙거 미엔빠오 지우 지아 이거 미엔빠오

1799. 이 과자는 어떻게 팔아요?

这种饼干怎么卖?

Zhè zhǒng bǐnggān zěnme mài?

쩌 종 삥깐 쩐머 마이

1800. 케이크를 사시면, 와인을 드립니다.

要是买蛋羔加给葡萄酒。

Yàoshì mǎi dàngāo jiā gěi pútáojiǔ.

이야오스 마이 딴까오 지아 게이 푸타오지우

1801. 지금 사면 20% 할인됩니다.

现在买的话八折优惠。

Xiànzài mǎi de huà bā zhé yōu huì.

시엔짜이 마이더 화 빠 저 여우후이

1802. 감자로 만든 과자 있습니까?

有没有用土豆做的饼干?

Yǒu méi yǒu yòng tǔ dòuzuò de bǐnggān?

여우메이여우용 투또우 쭈어더 삥깐

의류 구입

중국에서 다른 곳보다 싸다고 생각되어 무심코 사서 나중에 자세히 보면 진짜 상품을 모방하여 만든 것임을 여기저기에서 쉽게 찾아볼 수 있다. 중국에서는 물건을 싸게 사는 것도 잘사는 요령 중의 하나지만 이때는 자칫하면 가짜 상품을 사게 되는 위험도 있으므로 주의한다. 결국 가짜 상품에 속지 않으려면 가격은 다른 곳에 비해서 조금 비싸지만, 외국인 전용 상점이나 백화점 혹은 국영상점 등에서 사는 것이 가장 안전하다.

ⓐ 最近流行的款式是哪一种?
Zuìjìn liúxíng de kuǎnshì shì nǎ yì zhǒng?

ⓑ 最近牛仔裤很时髦，试一试吗?
Zuìjìn niú zǎi kù hěn shí máo, shì yí shì ma?

ⓐ 요즘 유행하는 스타일은 어떤 것입니까?　　ⓑ 청바지가 유행입니다. 한번 입어보시겠어요?

ⓐ 这裤子太瘦了，穿不了了。
Zhè kùzi tài shòu le, chuān bù liǎo le.

ⓑ 拿给你大一点儿的吧。
Ná gěi nǐ dà yì diǎnr de ba.

ⓐ 我穿着是不是很大?
Wǒ chuān zhe shì bú shi hěn dà?

ⓑ 看上去正好，不算太大。
Kàn shang qù zhèng hǎo, bú suàn tài dà.

ⓐ 我要买这个。请问一下。要买帽子得到哪儿?
Wǒ yào mǎi zhè ge. Qǐngwèn yíxià. Yào mǎi màozi děi dào nǎr?

ⓑ 往左拐第三个商店。
Wǎng zuǒ guǎi dì sān ge shāngdiàn.

ⓐ 이 바지는 너무 낍니다. 못 입겠어요.　　　　ⓑ 큰 치수로 갖다드릴게요.
ⓐ 제가 입으면 너무 커 보이지 않나요?　　　　ⓑ 딱 좋습니다. 별로 크지 않습니다.
ⓐ 이것으로 사겠습니다. 뭐 하나 여쭤볼게요. 모자를 사려면 어디로 가야 합니까?
ⓑ 왼쪽으로 돌아서 세 번째 가게입니다.

1803. 저는 맞춤옷을 좋아합니다.
我喜欢穿定做的衣服。
Wǒ xǐhuān chuān dìngzuò de yīfu.
워 시후안 추안 띵쭈어더 이프

套는 양사로서 세트를 이루는 물건에 자주 쓰이며, 예로는 一套家具(가구 한 세트)가 있다.

1804. 어떤 양복을 원하십니까?
您要什么样的西服?
Nín yào shénme yàng de xīfú?
닌 이야오 션머이양더 시푸

1805. 양복점에서 가서 양복 한 벌 지어 입었습니다.
到服装店定做一套西服穿。
Dào fúzhuāngdiàn dìng zuò yítào xīfú chuān.
따오 푸쭈앙디엔 띵 쭈어 이 타오 시푸추안

1806. 양복 한 벌 맞춰주시겠어요?
请给我做一套西服。
Qǐng gěi wǒ zuò yítào xīfú.
칭 게이 워 쭈어 이 타오 시푸

1807. 맞춤옷은 보통 잘 어울리는데, 너도 한 벌 맞춰.
定做的衣服一般很合身，你也定做一套吧。
Dìngzuò de yīfu yìbān hěn hé shēn, nǐ yě dìngzuò yítào ba.
띵쭈어더 이프 이빤 헌 흐어션, 니 이에 띵쭈어 이 타오바

1808. 언제쯤 찾을 수 있어요?
大概什么时候可以取?
Dàgài shénme shíhou kěyǐ qǔ?
따까이 션머스호우 커이 취

1809. 요즘 유행하는 스타일은 어떤 것입니까?
最近流行的款式是哪一种?
Zuìjìn liúxíng de kuǎnshì shì nǎ yì zhǒng?
쭈이진 리우싱더 쿠안스 스 나 이 종

1810. 이 바지는 너무 낍니다. 못 입겠어요.
这裤子太瘦了，穿不了了。
Zhè kùzi tài shòu le, chuān bù liǎo le.
쩌 쿠즈 타이 쇼우러, 추안뿌리아오러

瘦는 체격이 마르다는 의미로 주로 쓰이며, 옷과 함께 쓰일 때는 옷이 작아서 불편함을 나타낸다.

1811. 제가 입으면 너무 커 보이지 않나요?
我穿着是不是看起来很大?
Wǒ chuān zhe shì bú shì kàn qǐ lái hěn dà?
워 추안저 스부스 칸 치라이 헌 따

1812. 내가 보기에는 딱 좋아. 별로 크지 않아.

我觉得正好, 不算太大。

Wǒ jué de zhèng hǎo, bú suàn tài dà.

워 쥐에더 쩡 하오, 부 수안 타이 따

1813. 이 옷은 너무 화려한 거 아니에요?

这件衣服是不是很艳?

Zhè jiàn yīfu shì bú shì hěn yàn?

쩌 지엔 이프 스부스 헌 이엔

Unit 03
모자를 구입할 때

1814. 모자를 사려면 어디로 가야 합니까?

要买帽子得到哪儿?

Yào mǎi màozi dé dào nǎr?

이야오 마이 마오즈 더따오 날

1815. 수입 상품은 일반적으로 조금 비쌉니다.

进口商品一般有点儿贵。

Jìn kǒu shāngpǐn yìbān yǒu diǎnr guì.

진코우 샹핀 이빤 여우디얼 꾸이

1816. 모자가 잘 어울리시네요

这帽子对你很合适。

Zhè màozi duì nǐ hěn héshì.

쩌 마오즈 뚜이 니 헌 흐어스

1817. 지난번 들여온 물건이 다 팔렸습니다. 더 들여와야 되겠어요.

上次进的货全卖光了, 得再进了。

Shàngcì jìn de huò quán màiguāng le, děi zài jìn le.

샹츠 진더 후어 취엔 마이꾸앙러, 데이 짜이 진러

> 光은 결과보어로써, 동사 뒤에 붙어 어떤 사물이 소진되었음을 나타낸다. 卖光 매진되다, 남김없이 다 팔(리)다

Unit 04
신발을 구입할 때

1818. 구두는 어디서 팝니까?

皮鞋在哪儿卖?

Píxié zài nǎr mài?

피시에 짜이 날 마이

1819. 이건 진짜 가죽이기 때문에 조금 비쌉니다.

这因为是真皮的, 所以有点儿贵。

Zhè yīnwèi shì zhēn pí de, suǒyǐ yǒu diǎnr guì.

쩌 인웨이 스 쩐 피더, 수어이 여우디얼 꾸이

> 「因为 ~所以…」는 「~때문에, 그래서 …하다」라는 표현으로 인과관계를 나타내는 복문이다.

1820. 이런 상품은 수제품이라서 좀 비쌉니다.

这种商品因为是手工制作的, 所以价钱有点儿贵。

Zhè zhǒng shāngpǐn yīnwèi shì shǒugōng zhìzuò de, suǒyǐ jiàqián yǒu diǎnr guì.

쩌 종 샹핀 인웨이 스 쇼우꽁 즈쭈어더, 수어이 지아치엔 여우디얼 꾸이

신발을 구입할 때

1821. <u>이 신발은 싸고 좋습니다.</u>

这鞋又便宜又好。

Zhè xié yòu piányi yòu hǎo.

쩌 시에 여우 피엔이 여우 하오

「又A 又B」는 「A하고, 또 B하다」라는 뜻으로 병렬관계를 나타낸다.

Part 3 즉석에서 활용하는 실용 회화

주거와 정원

대도시에 사는 중국인들은 대부분 침대에서 생활하며, 사는 곳은 신분과 지역에 따라 규모와 모양이 다르나 거의 아파트 건물 위주이다. 직장에서 근무경력, 직위, 근무성적 등에 따라 무료로 배분되므로 주택확보 및 유지에 많은 돈이 들지 않는다. 그러나 도시에서는 주택사정이 매우 심각해 방이 없어서 결혼을 못하기도 하고, 먼저 혼인신고를 한 다음에 직장에서 아파트를 배분해주기를 기다리는 경우가 많다.

Ⓐ 请问你住在哪里?
Qǐngwèn nǐ zhù zài nǎlǐ?

Ⓑ 住在这附近。
Zhù zài zhè fùjìn.

Ⓐ 어디에서 사세요?　　　　　　　　　　　Ⓑ 이 근처에 살고 있어요.

Ⓐ 那儿的居住环境怎么样?
Nàr de jūzhù huánjìng zěnmeyàng?

Ⓑ 我住在交通方便的地方。可是附近有地铁站，有点儿吵。
Wǒ zhù zài jiāotōng fāngbiàn de dìfang. Kěshì fùjìn yǒu dìtiě zhàn, yǒu diǎnr chǎo.

Ⓐ 可以转一转家吗?
Kěyǐ zhuàn yí zhuàn jiā ma?

Ⓑ 随意，请进。
Suí yì, qǐng jìn.

Ⓐ 你家真漂亮啊。
Nǐ jiā zhēn piàoliang a.

Ⓑ 这儿是院子。
Zhèr shì yuànzi.

Ⓐ 院子里开满了花儿。装饰院子花了很多工夫。可以经过吗?
Yuànzi lǐ kāi mǎn le huār. Zhuāngshì yuànzi huā le hěn duō gōngfu. Kěyǐ jīngguò ma?

Ⓑ 院子里种种子，请不要乱踩。
Yuànzi lǐ zhòng zhǒng zi, qǐng búyào luàn cǎi.

Ⓐ 그곳은 주위환경이 어떻습니까?
Ⓑ 저는 교통이 편한 곳에 살고 있습니다. 하지만 지하철 근처에 있어서 시끄럽습니다.
Ⓐ 집을 좀 구경해도 될까요?　　　　　　　Ⓑ 그러세요. 들어오세요.
Ⓐ 집이 너무 예쁩니다.　　　　　　　　　Ⓑ 여기가 정원이에요.
Ⓐ 정원에 꽃이 많이 피었군요. 정원을 꾸미는데 정성을 많이 들이셨군요. 이곳으로 지나가도 됩니까?
Ⓑ 정원에 씨를 뿌려놨으니 밟지 마세요.

주거에 대해 말할 때

1822. 어디에서 사세요?

请问你住在哪里?

Qǐngwèn nǐ zhù zài nǎlǐ?

칭원 니 쭈 짜이 나리

1823. 이 근처에 살고 있어요.

住在这附近。

Zhù zài zhè fùjìn.

쭈 짜이 쩌 푸진

1824. 그곳에서 얼마나 사셨어요?

你在那儿住多久了?

Nǐ zài nàr zhù duō jiǔ le?

니 짜이 날 쭈 뚜어지우러

1825. 저희 집 주변은 시끄러워요.

我家附近可闹了。

Wǒ jiā fùjìn kě nào le.

워 지아 푸진 커 나오러

> 「可~了」는 형용사를 강조하는 용법으로, 이와 비슷한 표현으로는 「太~了」가 있다.

주택에 대해 말할 때

1826. 저는 교통이 편한 곳에 살고 있습니다.

我住在交通方便的地方。

Wǒ zhù zài jiāotōng fāngbiàn de dìfang.

워 쭈 짜이 지아오통 팡비엔더 띠팡

1827. 아파트에서 사세요, 단독주택에 사세요?

住在公寓还是独门独院?

Zhù zài gōngyù háishì dúmén dúyuàn?

쭈 짜이 꽁위 하이스 두먼 두위엔

1828. 이 집에 대한 느낌이 어떻습니까?

对这所房子印象如何?

Duì zhè suǒ fángzi yìnxiàng rúhé?

뚜이 쩌 수어 팡즈 인시앙 루흐어

1829. 우리 집은 방 세 개, 거실이 하나입니다.

我的房子是三室一厅。

Wǒ de fángzi shì sān shì yì tīng.

워더 팡즈 스 산 스 이 팅

1830. 부엌이 아주 깨끗하구나.

厨房很干净。

Chúfáng hěn gānjìng.

추팡 헌 깐징

주택에 대해 말할 때

1831. 너의 집은 아주 호화롭구나.

你家挺豪华啊

Nǐ jiā tǐng háohuá a.

니 지아 팅 하오화아

Unit 03

정원에 대해 말할 때

1832. 정원에 꽃이 많이 피었군요.

院子里开满了花儿。

Yuànzi lǐ kāi mǎn le huār.

위엔즈리 카이 만러 활

1833. 정원을 꾸미는 데 정성을 많이 들이셨군요.

装饰院子花了很多工夫。

Zhuāngshì yuànzi huā le hěn duō gōngfu.

쭈앙스 위엔즈 화러 헌 뚜어 꽁푸

花는 시간이나 노력을 「쓰다」라는 동사이다.

1834. 어제 뒤뜰에 나무를 심었어요.

昨天在后院子种了几棵树。

Zuótiān zài hòu yuànzi zhòng le jǐ kē shù.

쭈어티엔 짜이 호우 위엔즈 종러 지 커 슈

种은 「심다」라는 동사로 쓰일 때는 4声으로 읽으며, 종류·씨앗의 의미로 쓰일 때는 3声으로 읽는다.

1835. 정원에 씨를 뿌려 놨으니 밟지 마세요.

院子里种种子，请不要乱踩。

Yuànzi lǐ zhòng zhǒng zi, qǐng búyào luàn cǎi.

위엔즈리 종종즈, 칭 부이야오 루안 차

학생과 학교생활

중국의 학교는 기숙사 생활이 많다. 그래서 학기 중에는 중국의 거리에서 중·고등학생들을 찾아보기 힘들다. 학교생활에 필요한 단어들을 몇 가지 알아보자.

开夜车(kāi yè chē) 밤을 새서 공부하다, 打工(dǎ gōng) 아르바이트, 同党(tóng dǎng) 동아리, 新生(xīn shēng) 신입생, 前辈(qián bèi)/学哥(xué gē)/学姐(xué jiě) 선배, 学弟(xué dì) / 学妹(xué mèi) 후배 등

Ⓐ 你打工吗?
Nǐ dǎgōng ma?

Ⓑ 我在早上有教韩语的打工。
Wǒ zài zǎoshang yǒu jiào hányǔ de dǎgōng.

Ⓐ 아르바이트를 하고 있나요?　　Ⓑ 저는 아침에 아르바이트로 한국어를 가르칩니다.

Ⓐ 累不累啊?
Lèi bú lèi a?

Ⓑ 平时不累，但最近是考试期间，所以累点儿。
Píngshí bú lèi, dàn zuìjìn shì kǎoshì qījiān, suǒyǐ lèi diǎnr.

Ⓐ 什么时候开始考试呢?
Shénme shíhou kāishǐ kǎoshì ne?

Ⓑ 眼看就考试了。
Yǎn kàn jiù kǎoshì le.

Ⓐ 听说生活情况不好，有没有好办法?
Tīng shuō shēnghuó qíngkuàng bùhǎo, yǒu méi yǒu hǎo bànfǎ?

Ⓑ 没关系，我申请了奖学金。
Méi guānxi, Wǒ shēnqǐng le jiǎngxuéjīn.

· ·

Ⓐ 힘들겠군요.　　　　　　　　　　Ⓑ 평소엔 힘들지 않지만, 요즘은 시험 때라 좀 힘듭니다.
Ⓐ 언제부터 시험인데요?　　　　　　Ⓑ 시험이 임박했어요.
Ⓐ 형편이 어렵다던데, 좋은 방법이 없을까요?
Ⓑ 괜찮아요, 저는 장학금도 신청했어요.

1836. 당신은 어느 대학을 다니십니까?

你上哪一个大学?

Nǐ shàng nǎ yí ge dàxué?

니 샹 나 이거 따쉬에

> 上은 회사나 학교를 다닌다는 의미로 쓰인다.

1837. 저는 북경 언어문화학원에 다니고 있습니다.

我上北京语言文化学院呢。

Wǒ shàng běijīng yǔyán wénhuà xuéyuàn ne.

워 샹 뻬이징 위이엔 원화 쉬에위엔너

1838. 어느 학교를 졸업하셨습니까?

哪个学校毕业的?

Nǎ ge xuéxiào bì yè de?

나거 쉬에시아오 삐이에더

1839. 저는 서울대학생입니다.

我是首尔大学的。

Wǒ shì Shǒu'ěr dàxué de.

워 스 쇼우얼 따쉬에더

1840. 저는 서울대학 졸업생입니다.

我是首尔大学毕业生。

Wǒ shì Shǒu'ěr dà xué bì yè shēng.

워 스 쇼우얼 따쉬에 삐이에성

1841. 대학교 때 전공이 무엇이었습니까?

大学时候是什么专业?

Dàxué shí hou shì shénme zhuānyè?

따쉬에 스호우 스 션머 쭈안이에

1842. 교육학을 전공하고 있습니다.

我专攻教育学呢。

Wǒ zhuāngōng jiàoyùxué ne.

워 쭈안꽁 지아오위쉬에너

1843. 어떤 학위를 가지고 계십니까?

请问你有什么学位?

Qǐngwèn nǐ yǒu shénme xuéwèi?

칭원 니 여우 션머 쉬에웨이

1844. 무얼 전공하십니까?

你是哪个專業的?

Nǐ shì nǎ ge zhuānyè de?

니 스 나거 쭈안이에더

동아리 활동에 대해서

1845. 어떤 동아리 활동을 하고 있니?
你加入什么团体活动?
Nǐ jiārù shénme tuántǐ huódòng?
니 지아루 션머 투안티 후어똥

> 加入는 「어떤 단체 나 소속에 가입하다」 라는 의미로 쓰인다.

1846. 너희 동아리의 월 회비는 얼마니?
你们团体一个月付多少团费?
Nǐmen tuántǐ yí ge yuè fù duōshao tuánfèi?
니먼 투안티 이거 위에 푸 뚜어샤오 투안페이

1847. 이번에 동아리에서 연극을 준비합니다.
这次我们团体要准备话剧。
Zhè cì wǒmen tuántǐ yào zhǔnbèi huà jù.
쩌츠 워먼 투안티 이야오 준뻬이 화쥐

> 打는 손으로 하는 운동에 서 쓰이는 동사이다. 발로 하는 축구는 踢를 쓴다.

1848. 저는 농구 동아리의 대표선수입니다.
我是打篮球的团体中代表选手。
Wǒ shì dǎ lánqiú de tuántǐ zhōng dàibiǎo xuǎnshǒu.
워 스 따 란치우더 투안티 중 따이삐아오 쉬엔쇼우

1849. 너희 동아리에서는 매주 몇 번 모임을 갖니?
你们团体一个星期有几次聚会?
Nǐmen tuántǐ yí ge xīngqī yǒu jǐ cì jùhuì?
니먼 투안티 이거 싱치 여우 지츠 쥐후이

아르바이트에 대해서

1850. 아르바이트를 하고 있나요?
你打工吗?
Nǐ dǎgōng ma?
니 따꽁 마

> 挺은 부사로써 「매우, 아주」 라는 뜻을 지니고 있다.

1851. 아르바이트하는 학생들이 많아요.
打工的学生挺多的。
Dǎgōng de xuésheng tǐng duō de.
따꽁더 쉬에셩 팅 뚜어더

1852. 저는 아침에 아르바이트로 한국어를 가르칩니다.
我在早上有教韩语的打工。
Wǒ zài zǎoshang yǒu jiào hányǔ de dǎgōng.
워 짜이 자오샹 여우 지아오 한위더 따꽁

1853. 한국의 대학생들은 아르바이트를 많이 합니다.
有很多韩国大学生打工。
Yǒu hěn duō hánguó dàxuésheng dǎgōng.
여우 헌 뚜어 한구어 따쉬에셩 따꽁

Part 3 즉석에서 활용하는 실용 회화

1854. 여름방학 기간에 아르바이트할 겁니다.

暑假期间去打工。

Shǔ jià qījiān qù dǎ gōng.

슈지아 치지엔 취 따꿍

暑假는 「여름방학, 여름휴가」를 의미한다. 반대로 「겨울휴가」는 寒假를 사용한다.

1855. 난 아르바이트를 할 거야, 돈도 벌고 경험도 쌓게.

我要去打工，一边挣钱，一边能增长经验。

Wǒ yào qù dǎgōng, yìbiān zhēng qián, yìbiān néng zēng zhǎng jīngyàn.

워 이야오 취 따꿍, 이비엔 쩡치엔, 이비엔 넝 쩡짱 징이엔

Unit 05

학교생활에 대해서

1856. 이번 학기에는 몇 과목이나 수강신청을 했습니까?

这个学期你申请选修几门课?

Zhè ge xuéqī nǐ shēnqǐng xuǎn xiū jǐ mén kè?

쩌거 쉬에치 니 선칭 쉬엔시우 지 먼 커

门은 수업을 세는 양사이다.

1857. 저는 결강하고 싶지 않습니다.

我不想缺课。

Wǒ bù xiǎng quēkè.

워 뿌시앙 취에커

1858. 그는 수업 준비하느라 바쁩니다.

他准备上课忙着呢。

Tā zhǔnbèi shàngkè máng zhe ne.

타 준뻬이 샹커 망져너

1859. 저는 장학금을 신청했습니다.

我申请了奖学金。

Wǒ shēnqǐng le jiǎngxuéjīn.

워 선칭러 지앙쉬에진

1860. 저는 수학적인 머리가 없는 것 같아요.

我好像没有数学脑袋。

Wǒ hǎoxiàng méiyǒu shùxué nǎodài.

워 하오시앙 메이여우 지아오 쉬에 나오따이

Unit 06

시험에 대해서

1861. 시험이 임박했어요.

眼看就考试了。

Yǎn kàn jiù kǎoshì le.

이엔 칸 지우 카오스러

1862. 그는 밤늦게까지 공부를 해요.

他每天都用功到深夜。

Tā měitiān dōu yònggōng dào shēn yè.

타 메이티엔 또우 용꿍 따오 선이에

시험에 대해서

1863. 그는 전 학년을 커닝해서 다녔습니다.
整个学年他都是靠作弊混过来的。
Zhěngge xuénián tā dōu shì kào zuò bì hùn guò lái de.
쩡거 쉬에니엔 타 또우스 카오 쭈어삐 훈 꾸어라이더

> 整个는 명사를 수식하며 「모든」이라는 뜻으로 전체 대상을 의미한다.

1864. 열심히 공부하는 게 나쁠 건 하나도 없어요.
用心做功课没有一点坏处。
Yòng xīn zuò gōngkè méiyǒu yì diǎn huàichù.
용 신 쭈어 꽁커 메이여우 이디엔 후아이추

1865. 영어시험에서 100점을 받았습니다.
英语考试得了满分呢。
Yīngyǔ kǎoshì de le mǎn fēn ne.
잉위 카오스 더러 만펀너

1866. 수학 성적은 어땠어?
数学成绩怎么样?
Shùxué chéngjì zěnmeyàng?
슈쉬에 청지 쩐머이양

1867. 제가 우리 반에서 제일 뒤떨어진 것 같아요.
我好像在班级里最差。
Wǒ hǎoxiàng zài bān jí lǐ zuì chà.
워 하오시앙 짜이 빤 지 리 쭈이 차

1868. 그녀는 반에서 1등이에요.
她是班级第一呢。
Tā shì bān jí dì yī ne.
타 스 빤 지 띠이너

1869. 그는 학교 성적이 매우 좋아진 것 같아요.
看样子他的学校成绩提高多了。
Kàn yàngzi tā de xuéxiào chéngjì tí gāo duō le.
칸 이양즈 타더 쉬에시아오 청지 티까오 뚜어러

1870. 저는 맨 뒷자리에 앉기를 좋아해요.
我喜欢坐在最末一排。
Wǒ xǐhuān zuò zài zuì mò yì pái.
워 시후안 쭈어 짜이 쭈이 모어 이 파이

1871. 그 문제에 대한 답을 알겠어요.
我知道那个问题的答案。
Wǒ zhīdao nà ge wèntí de dáàn.
워 즈따오 나거 원티더 다안

1872. <u>3 더하기 5는 얼마입니까?</u>

3加5等于几?

Sān jiā wǔ děng yú jǐ?
산 지아 우 떵 위 지

1873. <u>30 빼기 25는 얼마입니까?</u>

30减25等于几?

Sān shí jiǎn èr shí wǔ děng yú jǐ?
산스 지엔 얼스우 떵 위 지

1874. <u>3 곱하기 5는 얼마입니까?</u>

3乘5等于几?

Sān chéng wǔ děng yú jǐ?
산 청 우 떵 위 지

1875. <u>20 나누기 4는 얼마입니까?</u>

20除4等于几?

Èr shí chú sì děng yú jǐ?
얼스 추 쓰 떵 위 지

1876. <u>수업이 곧 시작됩니다.</u>

快开始上课了。

Kuài kāishǐ shàngkè le.
쿠와이 카이스 샹커러

전화를 받을 때

전화로 「여보세요」라고 할 때에는 「喂(wèi)」 혹은 「你好(nǐ hǎo)」라고 말한다. 「喂」는 제2성으로 발음해도 좋으며, 처음에 제4성으로 발음했다가 상대방의 말이 잘 들리지 않을 때 제2성으로 되묻는 경우도 있다. 또 「어이!」하고 사람을 부를 때에도 「喂」하고 제4성으로 발음하는데 조금 점잖지 못한 말투이므로 주의하자.

叮铃铃
dīng líng líng

Ⓐ 我来接吧。 喂?
Wǒ lái jiē ba. Wèi?

Ⓑ 请转金先生。
Qǐng zhuǎn Jīn xiānsheng.

따르르릉
Ⓐ 전화는 제가 받을게요. 여보세요?
Ⓑ 미스터 김을 부탁합니다.

Ⓐ 请问打电话的是哪位?
　 Qǐngwèn dǎ diànhuà de shì nǎ wèi?

Ⓑ 我叫小王， 是金先生的朋友。
　 Wǒ jiào xiǎo Wáng, shì Jīn xiān sheng de péngyou.

Ⓐ 请稍等。 正在外面呢， 快回来了吧。需要给他转达口信吗?
　 Qǐng shāoděng. Zhèngzài wàimiàn ne, kuài huí lái le ba. Xūyào gěi tā zhuǎndá kǒuxin ma?

Ⓑ 你能告诉他， 回来后给我来个电话吗?
　 Nǐ néng gàosu tā, huí lái hòu gěi wǒ lái ge diànhuà ma?

Ⓐ 是， 我知道了。
　 Shì, wǒ zhīdao le.

- -

Ⓐ 전화하시는 분은 누구시죠?
Ⓑ 친구 왕이라고 전해주세요. 김 씨의 친구입니다.
Ⓐ 잠깐만 기다려 주세요. 지금은 외출중입니다. 곧 돌아오실 겁니다. 그에게 메시지를 전해드릴까요?
Ⓑ 돌아오면 저한테 전화해 달라고 전해 주시겠습니까?
Ⓐ 예, 알겠습니다.

1877. 누구십니까?

是哪位?

Shì nǎ wèi?

스 나 웨이

1878. 전화는 제가 받을게요.

我来接吧。

Wǒ lái jiē ba.

워 라이 지에바

> 来는 행동의 주체를 도출한다. 예를 들어 「너 해봐」는 你来把라고 한다.

1879. 여보세요.

喂，你好。

Wèi, nǐ hǎo.

웨이, 니 하오

1880. 네, 전화 주셔서 감사합니다.

是，谢谢你来电话。

Shì, xièxie nǐ lái diànhuà.

스, 씨에시에 니 라이 띠엔화

1881. 전화하시는 분은 누구시죠?

请问打电话的是哪位?

Qǐngwèn dǎ diànhuà de shì nǎ wèi?

칭원 따 띠엔화더 스 나 웨이

> 일반적으로 상대방이 누군지 모를 때 谁라는 단어를 쓰지만 哪位는 그에 대한 존칭어이다.

1882. 잠깐만 기다려 주세요.

请稍等。

Qǐng shāo děng.

칭 샤오 떵

1883. 누구 바꿔 드릴까요?

请问换哪位?

Qǐngwèn huàn nǎ wèi?

칭원 후안 나 웨이

1884. 미스터 리, 미스터 김 전화예요.

李先生，金先生来电话了。

Lǐ xiānsheng, Jīn xiānsheng lái diànhuà le.

리 시엔성, 진 시엔성 라이 띠엔화러

1885. 미스터 김한테 전화를 돌려드리겠습니다.

我把电话转给金先生。

Wǒ bǎ diànhuà zhuǎn gěi Jīn xiānsheng.

워 바 띠엔화 쭈안 게이 진 시엔성

전화를 바꿔줄 때

1886. 기다려 주셔서 감사합니다.
谢谢您等我。
Xièxie nín děng wǒ.
씨에시에 닌 떵 워

Unit 03
**전화를 받을 상대가
없을 때**

1887. 지금 자리에 안 계세요.
现在不在。
Xiànzài bú zài.
시엔짜이 부 짜이

1888. 그는 지금 통화하기 힘들어요.
现在没法通话。
Xiànzài méi fǎ tōnghuà.
시엔짜이 메이 파 통화

1889. 전화 안 받아요.
不接电话呢。
Bù jiē diànhuà ne.
뿌 지에 띠엔화너

接는 전화를 받을 때
사용하는 동사이다.

1890. 지금은 외출 중입니다. 곧 돌아오실 겁니다.
正在外面呢，快回来了吧。
Zhèng zài wàimiàn ne, kuài huí lái le ba.
쩡짜이 와이미엔너, 쿠와이 후이라이러바

正在는 사건이 현재
진행되고 있음을 서
술할 때 사용한다.

1891. 점심식사를 하러 나가셨습니다.
出去吃午饭去了。
Chū qù chī wǔfàn qù le.
추취 츠 우판 취러

1892. 퇴근하셨습니다.
下班了。
Xiàbān le.
시아빤러

1893. 지금 다른 전화를 받고 있습니다.
正接另一部电话呢。
Zhèng jiē lìng yí bù diànhuà ne.
쩡 지에 링 이 뿌 띠엔화너

Unit 04
전화가 왔다고 전할 때

1894. 미스터 김, 전화입니다.
金先生，您的电话。
Jīn xiānsheng, nín de diànhuà.
진 시엔셩, 닌더 띠엔화

1895. 전화 왔어. 빨리 받아.

来电话了，快来接。

Láidiàn huà le, kuài lái jiē.

라이 띠엔화러, 쿠와이 라이 지에

1896. 오후에 누군가가 너에게 전화 왔더라.

下午，有人给你来电话了。

Xiàwǔ, yǒurén gěi nǐ lái diànhuà le.

시아우, 여우런 게이 니 라이 띠엔화러

1897. 135호실 리징 씨, 전화 왔어요.

一三五室的李静，有你的电话。

Yī sān wǔ shì de Lǐjìng, yǒu nǐ de diànhuà.

이산우 스더 리징, 여우 니더 띠엔화

1898. 리징, 전화 왔는데 왕메이 전화 같아.

李静，电话！ 好象是王梅。

Lǐjìng, diànhuà! hǎoxiàng shì WángMéi.

리징, 띠엔화! 하오시앙 스 왕메이

好象은 자신의 추측·예상을 나타내는 표현으로 쓰인다.

Unit 05

잘못 걸려온 전화를 받았을 때

1899. 죄송합니다. 잘못 거셨습니다.

对不起，您打错了。

Duìbuqǐ, nín dǎ cuò le.

뚜이붙이, 닌 따추어러

1900. 번호를 잘못 누르신 것 같은데요. 여기는 가정집입니다.

您好象拨错号了，我这里是个人家。

Nín hǎoxiàng bō cuò hào le, wǒ zhèlǐ shì gè rénjiā.

닌 하오시앙 뽀어 추어 하오러, 워 쩌리 스 꺼런 지아

1901. 전화번호를 다시 확인해 보세요.

请再确认一下电话号码。

Qǐng zài quèrèn yíxià diànhuà hàomǎ.

칭 짜이 취에런 이시아 띠엔화 하오마

这里는 화자가 있는 장소를 가리킨다. 즉 「여기, 이곳」으로 해석하고 화자와 먼 장소를 얘기할 때는 那里를 사용한다.

1902. 미안합니다만, 여긴 김이라는 사람이 없는데요.

对不起，我们这儿没有姓金的呀。

Duìbuqǐ, wǒmen zhèr méiyǒu xìng Jīn de ya.

뚜이붙이, 워먼 쩔 메이여우 싱 진더야

1903. 여보세요, 누구를 찾으세요?

我说，你找谁?

Wǒ shuō, nǐ zhǎo shéi?

워 슈어, 니 짜오 쉐이

Chapter 26

전화를 걸 때

콜렉트콜(对方付款电话)을 걸거나 호텔에 전화하여 호실을 말할 때 중국 사람들은 숫자「1」을「yī」로 발음하지 않고「yāo」로 발음함에 주의하자. 예를 들면,「011-123-4567」을 읽는다면「líng yāo yāo – yāo èr sān – sì wǔ liù qī」이고,「201호로 연결해주세요」라고 말하려면「请转二零一号(qǐng zhuǎn èr líng yāo hào)」라고 한다.

Ⓐ 请问，公用电话在哪里?
Qǐngwèn, gōngyòng diànhuà zài nǎli?

Ⓑ 这附近肯定没有公用电话。
Zhè fùjìn kěndìng méiyǒu gōngyòng diànhuà.

Ⓐ 공중전화는 어디에 있습니까?　　　　Ⓑ 이 부근엔 공중전화가 없는데요.

Ⓐ 不好意思，我可以用一下电话吗?
Bùhǎoyìsi, Wǒ kěyǐ yòng yíxià diànhuà ma?

Ⓑ 可以。
Kěyǐ.

Ⓐ 这个电话能打长途吗?
Zhè ge diànhuà néng dǎ chángtú ma?

Ⓑ 是，可以打。
Shì, kěyǐ dǎ.

Ⓐ 我想给韩国首尔打个国际长途。请打个对方付费电话。
Wǒ xiǎng gěi hánguó Shǒu'ěr dǎ ge guójì chángtú.Qǐng dǎ ge duìfāng fù fèi diànhuà.

Ⓑ 请告诉你要打的电话号码。
Qǐng gàosu nǐ yào dǎ de diànhuà hàomǎ.

Ⓐ 请告诉我通话时间和话费。
Qǐng gàosu wǒ tōng huà shíjiān hé huàfèi.

Ⓐ 죄송한데, 전화를 사용해도 될까요?　　Ⓑ 그러세요.
Ⓐ 이 전화로 시외전화를 할 수 있습니까?　Ⓑ 예, 가능합니다.
Ⓐ 한국 서울로 국제전화를 하고 싶습니다. 콜렉트콜로 부탁합니다.
Ⓑ 연결할 전화번호를 말씀해 주세요.　　Ⓐ 걸린 시간과 요금을 가르쳐 주십시오.

1904. 공중전화는 어디에 있습니까?

请问，公用电话在哪里？

Qǐngwèn, gōngyòng diànhuà zài nǎli?

칭원, 꽁용 띠엔화 짜이 나리

1905. 전화를 사용해도 될까요?

我可以用一下电话吗？

Wǒ kěyǐ yòng yíxià diànhuà ma?

워 커이 용 이시아 띠엔화 마

1906. 이 전화로 시외전화를 할 수 있습니까?

这个电话能打长途吗？

Zhè ge diànhuà néng dǎ chángtú ma?

쩌거 띠엔화 넝 따 창투 마

1907. 전화번호부가 있습니까?

有电话号码簿吗？

Yǒu diànhuà hàomǎbù ma?

여우 띠엔화 하오마뿌 마

1908. 뉴욕의 지역번호는 몇 번입니까?

纽约的区号是多少？

Niúyuè de qū hào shì duōshǎo?

니우위에더 취하오 스 뚜오샤오

> 纽约은 바로 미국의 도시 뉴욕을 지칭한다. 중국어 중에는 외국어의 음을 따서 고유명사로 사용하는 경우가 많다.

1909. 장거리 전화를 부탁합니다.

我想打个长途。

Wǒ xiǎng dǎ ge chángtú.

워 시앙 따 거 창투

1910. 전화를 걸어 주시겠습니까?

能帮我打个电话吗？

Néng bāng wǒ dǎ ge diànhuà ma?

넝 빵 워 따 거 띠엔화 마

1911. 그에게 메시지를 전해드릴까요?

需要给他转达口信吗？

Xūyào gěi tā zhuǎndá kǒuxin ma?

쉬이야오 게이 타 쭈안따 코우신 마

1912. 그에게 전화 드리라고 할까요?

让他给你回电话吗？

Ràng tā gěi nǐ huí diànhuà ma?

랑 타 게이 니 후이 띠엔화 마

> 让은 「(뒤에 오는 대상에게) ~를 시키다」라는 의미의 사역동사이다.

1913. 돌아오면 저한테 전화해 달라고 전해주시겠습니까?

你能告诉他，回来后给我来个电话吗?

Nǐ néng gàosu tā, huí lái hòu gěi wǒ lái ge diànhuà ma?

니 넝 까우수 타, 후이라이 호우 게이 워 라이 거 띠엔화 마

1914. 그에게 제가 다시 전화하겠다고 좀 전해주십시오.

请转告他，我会再给他打电话的。

Qǐng zhuǎngào tā, wǒ huì zài gěi tā dǎ diànhuà de.

칭 쭈안까오 타, 워 후이 짜이 게이 타 따 띠엔화더

1915. 그녀에게 메시지를 남기고 싶은데요.

我想给她留言，可以吗?

Wǒ xiǎng gěi tā liúyán, kěyǐ ma?

워 시앙 게이 타 리우이엔, 커이 마

Unit 03
국제전화를 할 때

1916. 한국 서울로 국제전화를 하고 싶습니다.

我想给韩国首尔打个国际长途。

Wǒ xiǎng gěi hánguó Shǒu'ěr dǎ ge guójì chángtú.

워 시앙 게이 한구어 쇼우얼 따거 구어지 창투

> 想은 자신의 의지를 나타내는 조동사이다.

1917. 이 전화로 한국에 걸 수 있습니까?

这个电话能打韩国吗?

Zhè ge diànhuà néng dǎ hánguó ma?

쩌거 띠엔화 넝 따 한구어 마

1918. 콜렉트콜로 부탁합니다.

请接个对方付费电话。

Qǐng jiē ge duìfāng fù fèi diànhuà.

칭 지에거 뚜이팡 푸 페이 띠엔화

1919. 신용카드로 전화를 걸고 싶습니다.

我想用信用卡打电话。

Wǒ xiǎng yòng xìnyòngkǎ dǎ diànhuà.

워 시앙 용 신용카 따 띠엔화

> 和는 병렬관계를 나타낸다. 「~와(과)~」라고 해석한다.

1920. 걸린 시간과 요금을 가르쳐 주십시오.

请告诉我通话时间和话费。

Qǐng gàosu wǒ tōng huà shíjiān hé huàfèi.

칭 까우수 워 통화 스지엔 흐어 화페이

Chapter 27

팩스 · 휴대전화 · 이메일

중국어로 「휴대전화」를 「移动电话, 大哥大, 手机」라고 하는데, 「大哥大」는 홍콩에서 들어온 속어이다. 홍콩 영화에는 자주 「黑社会(마피아)」의 「大哥(형님 혹은 보스)」가 휴대전화를 쓰는 장면이 나오는데, 그 휴대전화가 「大哥」보다 큰(훌륭한) 존재로 비춰지는 것에서 「大哥大」로 불리게 되었다고 한다.

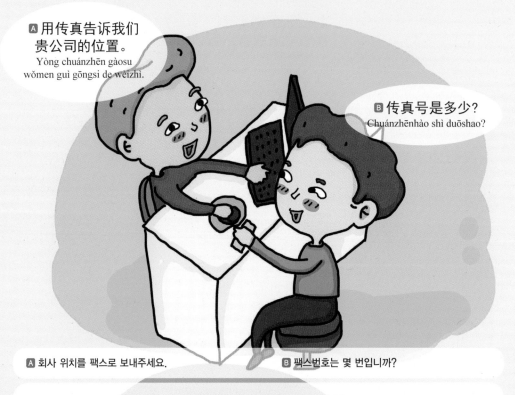

Ⓐ 用传真告诉我们
　贵公司的位置。
　Yòng chuánzhēn gàosu
　wǒmen guì gōngsi de wèizhì.

Ⓑ 传真号是多少?
　Chuánzhēnhào shì duōshao?

Ⓐ 회사 위치를 팩스로 보내주세요.　　Ⓑ 팩스번호는 몇 번입니까?

Ⓐ 一二三 – 四五六七。把传真发送了没有?
　Yāo èr sān zhī sì wǔ liù qī. Bǎ chuánzhēn fā sòng le méiyǒu?

Ⓑ 我们已经发送了，你还没有收到了吗?
　Wǒmen yǐjīng fā sòng le,　nǐ hái méiyǒu shōu dào le ma?

Ⓐ 传真机好象出毛病，怎么办?
　Chuánzhēn jī hǎoxiàng chū máobìng, zěnme bàn?

Ⓑ 寄给你们电子邮件，可以吗?
　Jì gěi nǐmen diànzi yóujiàn,　kěyǐ ma?

Ⓐ 好吧，寄完了就打电话给我。
　Hǎo ba,　jì wán le jiù dǎ diànhuà gěi wǒ.

Ⓑ 你的手机号是多少?
　Nǐ de shǒujī hào shì duōshao?

Ⓐ 我的手机号是011-1234-5678。
　Wǒ de shǒujīhào shì líng yāo yāo yāo èr sān sì wǔ liù qī bā.

Ⓐ 123-4567입니다. 팩스 보내셨어요?
Ⓑ 팩스를 보냈는데 못 받았어요?
Ⓐ 팩스가 고장 난 것 같습니다. 어쩌죠?
Ⓐ 그러세요, 보내고 나서 전화해주세요.
Ⓐ 휴대폰은 011-1234-5678입니다.

Ⓑ 이메일로 보내드릴까요?
Ⓑ 휴대폰 번호는 몇 번입니까?

Unit 01
팩스를 주고받을 때

1921. 팩스번호는 몇 번이니?
传真号是多少?
Chuánzhēnhào shì duōshao?
추안쩐하오 스 뚜어샤오

1922. 귀사의 위치를 팩스로 보내주세요.
用传真告诉我们贵公司的位置。
Yòng chuánzhēn gàosu wǒmen guì gōngsi de wèizhì.
용 추안쩐 까우수 워먼 꾸이 꽁쓰더 웨이즈

1923. 팩스가 고장 났습니다.
传真机出毛病了。
Chuánzhēnjī chū máobìng le.
추안쩐지 추 마오삥러

> 贵는 상대방을 높여주는 「귀하」 라는 의미로 쓰인다. 이 문장에서 贵公司는 「귀사」 라는 의미이다.

Unit 02
휴대전화에 대해서

1924. 휴대폰 번호는 몇 번이니?
你的手机号是多少?
Nǐ de shǒujī hào shì duōshao?
니더 쇼우지하오 스 뚜어샤오

1925. 휴대폰은 011-1234-5678이야.
我的手机号是011-1234-5678。
Wǒ de shǒujī hào shì líng yāo yāo yāo èr sān sì wǔ liù qī bā.
워더 쇼우지하오 스 링 야오 이야오 이야오 얼 산 쓰 우 리우 치 빠

1926. 자리에 안 계십니다. 휴대폰으로 전화해보세요.
他现在不在，打手机一下。
Tā xiànzài bú zài, dǎ shǒujī yíxià.
타 시엔짜이 부 짜이, 따 쇼우지 이시아

1927. 요즘은 은행 업무도 핸드폰으로 합니다.
最近用手机可以办银行业务。
Zuìjìn yòng shǒujī kěyǐ bàn yínháng yèwù.
쭈이진 용 쇼우지 커이 빤 인항 이에우

> 办은 「업무를 처리하다」 라는 의미의 동사로 쓰인다.

Unit 03
이메일에 대해서

1928. 나의 이메일함은 거의 찼어.
我的电子邮箱快满了。
Wǒ de diànzi yóuxiāng kuài mǎn le.
워더 띠엔즈 여우시앙 쿠와이 만러

1929. 난 메일함을 새로 등록했어.
我重新注册了一个信箱。
Wǒ chóngxīn zhù cè le yí ge xìnxiāng.
워 총신 쭈처러 이거 신시앙

> 注册는 「등기하다, 등록하다」 라는 의미이다.

1930. 요즘 스팸메일이 너무 많이 와.

现在垃圾邮件来得太多了。

Xiànzài lājī yóujiàn lái de tài duō le.

시엔짜이 라지 여우지엔 라이 더 타이 뚜어러

1931. 요즘 인터넷에 들어가지 않았더니 메일함이 꽉 찼어.

这两天没有上网，我的信箱满了。

Zhè liǎng tiān méiyǒu shàngwǎng, wǒ de xìnxiāng mǎn le.

쩌 리앙티엔 메이여우 샹왕,워더 신시앙 만러

Chapter 28

우체국과 은행

우체국 관련 단어를 보면 다음과 같다.
엽서-明信片(míng xìn piàn), 우표-邮票(yóu piào), 편지봉투-信封(xìn fēng),
우체통-信筒(xìn tǒng), 우편번호-邮政编码(yóu zhèng biān mǎ), 보통우편-慢
件(màn jiàn), 속달우편-快件(kuài jiàn), 등기우편-挂号信(guà hào xìn) 등.

ⓐ 我要寄包裹。
Wǒ yào jì bāoguǒ.

ⓑ 你要寄什么包裹?
Nǐ yào jì shénme bāoguǒ?

ⓐ 我要往韩国寄这包裹。
Wǒ yào wǎng Hánguó jì zhè bāoguǒ.

ⓑ 用航空寄包裹吗?
Yòng hángkōng jì bāoguǒ ma?

ⓐ 소포를 부치려고 하는데요.
ⓐ 이 소포를 한국으로 보내고 싶은데요.

ⓑ 어떤 소포를 부치시게요?
ⓑ 항공편으로 하시겠어요?

ⓐ 不，请用船运寄到韩国。邮费是多少?
Bù, qǐng yòng chuányùn jì dào Hánguó. Yóufèi shì duōshao?

ⓑ 邮费按包裹的体重有差别。
Yóufèi àn bāoguǒ de tǐzhòng yǒu chā bié.

ⓐ 邮局又办什么事?
Yóujú yòu bàn shénme shì?

ⓑ 在邮局不但卖邮票而且汇款。你用过邮汇吗? 用邮汇，很方便。
Zài yóujú búdàn mài yóupiào érqiě huì kuǎn. Nǐ yòng guò yóuhuì ma? Yòng yóuhuì, hěn fāngbiàn.

ⓐ 汇款手续费是多少?
Huì kuǎn shǒuxùfèi shì duōshao?

ⓑ 按金额有差别。
àn jīné yǒu chà bié.

ⓐ 아니오, 한국까지 선편으로 보내주세요. 요금은 얼마입니까?
ⓑ 요금은 소포의 무게에 따라 다릅니다.
ⓐ 우체국에서는 어떤 일을 하나요?
ⓐ 우체국은 우표를 팔 뿐만 아니라 송금도 할 수 있습니다. 우편환을 이용해 보셨어요? 우편환을 이용하면 매우
편리합니다.
ⓐ 송금수수료는 얼마입니까?
ⓑ 금액에 따라 틀립니다.

Unit 01
우표를 살 때

1932. 저는 기념우표 한 세트를 사고 싶습니다.

我想买一套纪念邮票。
Wǒ xiǎng mǎi yítào jìniàn yóupiào.
워 시앙 마이 이 타오 지니엔 여우피아오

> 套는 어떤 물건의 묶음을 세는 양사이다.

1933. 우표를 사려면 어느 창구로 가야합니까?

要买邮票我该去哪一个窗口?
Yào mǎi yóupiào wǒ gāi qù nǎ yí ge chuāngkǒu?
이야오 마이 여우피아오 워 까이 취 나 이거 추앙코우

> 「不但 ~而且」는 「~뿐 아니라 …하다」라는 의미로 쓰인다.

1934. 우체국은 우표를 팔 뿐만 아니라 송금도 할 수 있습니다.

在邮局不但卖邮票而且汇款。
Zài yóujú búdàn mài yóupiào érqiě huì kuǎn.
짜이 여우쥐 부딴 마이 여우피아오 얼치에 후이쿠안

1935. 지금 2008년 북경 올림픽 기념우표를 살 수 있습니까?

现在可以买2008年北京奥林匹克纪念邮票吗?
Xiànzài kě yǐ mǎi 2008 nián běijīng ào lín pǐ kè jìniàn yóupiào ma?
시엔짜이 커이 마이 얼 링 링 빠 니엔 뻬이징 아오린피커 지니엔 여우피아오 마

Unit 02
편지를 부칠 때

1936. 엽서를 보내고 싶습니다.

想寄张明信片。
Xiǎng jì zhāng míngxinpiàn.
시앙 지 짱 밍신피엔

1937. 한국까지 항공편으로 보내 주세요.

请用航空寄往韩国。
Qǐng yòngh, háng kōng jì wǎng hánguó.
칭 용 항콩 지 왕 한구어

1938. 등기우편을 좀 부쳐 줄래?

帮我寄挂号信好吗?
Bāng wǒ jì guàhàoxin hǎo ma?
빵 워 지 꾸아 하오신 하오 마

1939. 항공우편으로 부탁합니다. 목적지까지 며칠 걸립니까?

我要寄航空信，几天能到目的地?
Wǒ yào jì hángkōngxin, jǐ tiān néng dào mùdìdì?
워 이야오 지 항콩신, 지 티엔 넝 따오 무띠띠

1940. 어떤 편지를 부치시게요?

你要寄什么信?
Nǐ yào jì shénme xìn?
니 이야오 지 션머 신

1941. 이 소포를 한국으로 보내고 싶은데요.

我要把这包裹寄往韩国。

Wǒ yào bǎ zhè bāoguǒ jì wǎng Hánguó.

워 이야오 바 쩌 빠오구어 지 왕 한구어

1942. 요금은 얼마입니까?

邮费是多少?

Yóufèi shì duōshao?

여우페이 스 뚜어샤오

1943. 한국까지 선편으로 보내 주세요.

请用船运寄到韩国。

Qǐng yòng chuányùn jì dào Hánguó.

칭 용 추안윈 지 따오 한구어

1944. 포장박스 하나에 얼마예요?

包裝箱一个多少钱?

Bāozhuāngxiāng yí ge duōshaoqián?

빠오쭈앙시앙 이거 뚜어샤오 치엔

1945. 요금은 소포의 무게에 따라 다릅니다.

邮费按包裹的体重有差别。

Yóufèi àn bāoguǒ de tǐzhòng yǒu chà bié.

여우페이 안 빠오구어 티쭝 여우 차비에

> 按은 「~에 의해, ~에 따라」 라는 의미로 해석되며, 판단의 기준을 제시한다.

1946. 제일 빠른 송금 방법은 무엇인가요?

最快的汇款方式是什么?

Zuì kuài de huì kuǎn fāngshì shì shénme?

쭈이 쿠와이더 후이쿠안 팡스 스 션머

1947. 우편환을 이용하니 매우 편리합니다.

用邮汇，也很方便。

Yòng yóuhuì, yě hěn fāngbiàn.

용 여우후이, 이에 헌 팡비엔

1948. 수수료는 얼마입니까?

手续费是多少?

Shǒuxù fèi shì duōshao?

쇼우쉬페이 스 뚜어샤오

1949. 넌 집에 송금을 얼마나 했니?

你给家里寄多少钱?

Nǐ gěi jiāli jì duōshaoqián?

니 게이 지아리 지 뚜어샤오 치엔

1950. 전보를 치려면 어디로 가야합니까?

在哪里能打电报呢?

Zài nǎli néng dǎ diànbào ne?

짜이 나리 넝 따 띠엔빠오너

1951. 전보비용은 얼마입니까?

电报费是多少钱?

Diànbàofèi shì duōshao qián?

띠엔빠오페이 스 뚜어샤오 치엔

> 密码는 「비밀번호」
> 라는 뜻이다. 생활에서
> 은행에 관한 업무 등 빈
> 번하게 사용되는 단어
> 이므로 기억해두자.

1952. 전보 암호서는 어떻게 보는 것입니까?

请帮忙看电报密码书的方法?

Qǐng bāng máng kàn diànbào mìmǎshū de fāngfǎ?

칭 빵망 칸 띠엔빠오 미마슈더 팡파

> 到는 收의 결과
> 보어로 사용된다.

1953. 오늘 전보를 보내면 내일은 한국에서 받아볼 수 있습니까?

今天发电报, 明天在韩国能收到电报吗?

Jīntiān fā diànbào,　míngtiān zài Hánguó néng shōu dào diànbào ma?

진티엔 파 띠엔빠오, 밍티엔 짜이 한구어 넝 쇼우따오 띠엔빠오 마

1954. 이 여행자수표를 현금으로 바꿀 수 있습니까?

能把这旅行支票换成现金吗?

Néng bǎ zhè lǚxíng zhīpiào huànchéng xiànjīn ma?

넝 바 쩌 뤼싱 즈피아오 환 청 시엔진 마

1955. 이 한국돈을 인민폐로 바꾸고 싶습니다.

想把这韩币换成人民币。

Xiǎng bǎ zhè hánbì huànchéng rénmínbì.

시앙 바 쩌 한삐 환 청 런민삐

1956. 잔돈을 섞어 주시겠습니까?

可以给点零钱吗?

Kěyǐ gěi diǎn língqián ma?

커이 게이 디엔 링치엔 마

1957. 수표를 현금으로 바꾸고 싶습니다.

想把支票换成现金。

Xiǎng bǎ zhīpiào huàn chéng xiànjīn.

시앙 바 즈피아오 환 청 시엔진

1958. 수수료는 얼마입니까?

手续费是多少?

Shǒuxùfèi shì duōshao?

쇼우쉬페이 스 뚜어샤오

1959. 당분간 쓰지 않는 돈을 은행에 맡겨두려고 합니다.

我想要把暂时不用的钱存放在银行里。

Wǒ xiǎng yào bǎ zànshí bú yòng de qián cún fàng zài yínháng lǐ.

워 시앙 이야오 바 짠스 부용더 치엔 춘 팡 짜이 인항리

1960. 나는 500달러를 찾으려고 합니다.

我要取五百美金。

Wǒ yào qǔ wǔ bǎi měijīn.

워 이야오 취 우 빠이 메이진

> 暂时는 짧은 시간을
> 나타낸다. 해석은 「잠
> 시」 정도로 해준다.

1961. 정기예금은 다른 예금보다 이율이 높습니다.

定期存款是比别的存款利率高。

Dìngqī cúnkuǎn shì bǐ bié de cúnkuǎn lìlǜ gāo.

띵치 춘쿠안 스 비 비에더 춘쿠안 리뤼 까오

1962. 1만 달러를 입금하면, 10년 후에는 얼마나 늘어납니까?

要是存款一万美元，十年以后增加多少钱？

Yàoshì cúnkuǎn yí wàn měiyuán, shí nián yǐhòu zēngjiā duōshaoqián?

이야오스 춘쿠안 이 완 메이위엔, 스 니엔 이호우 쩡지아 뚜어샤오 치엔

Chapter 29

건강과 운동

「몸에」혹은 「건강에」라고 표현할 때에는 「对(duì), 对于(duì yú)」를 많이 사용한다. 「对, 对于」는 명사 앞에 사용되거나 문장 앞에 사용되어 「~에 대하여」라고 해석이 된다. 건강의 좋고 나쁨을 「好/不好」를 사용하며, 꽤(相当, 挺), 그다지(不太, 不大, 并不), 점점(渐渐, 逐渐, 越来越) 등의 부사로 다양한 표현을 할 수 있다.

Ⓐ 你最近身体好吗?
Nǐ zuìjìn shēntǐ hǎo ma?

Ⓑ 身体状况良好。
Shēntǐ zhuàngkuàng liáng hǎo.

Ⓐ 요즘 건강은 어떠십니까?　　　　　　　　　Ⓑ 건강상태가 양호합니다.

Ⓐ 为保持健康，你都做些什么?
Wèi bǎochí jiànkāng, nǐ dōu zuò xiē shénme?

Ⓑ 我天天晨练。你脸色很苍白，是不是哪儿不舒服?
Wǒ tiāntiān chén liàn. Nǐ liǎnsè hěn cāngbái, shì bú shì nǎr bùshūfu?

Ⓐ 最近夜班频繁，累极了。
Zuìjìn yèbān pínfán, lèi jí le.

Ⓑ 在忙也得保重身体呀!
Zài máng yě děi bǎozhòng shēntǐ ya!

Ⓐ 没有比健康更重要的。
Méiyǒu bǐ jiànkāng gèng zhòngyào de.

Ⓑ 下个星期开始，要学游泳。
Xià ge xīngqī kāishǐ, yào xué yóuyǒng.

Ⓐ 游泳是对健康有利的运动之一。
Yóuyǒng shì duì jiànkāng yǒu lì de yùndòng zhī yī.

Ⓐ 건강 유지를 위해 무엇을 하세요?
Ⓑ 매일 조깅을 합니다. 당신은 안색이 창백합니다. 어디 아픈 거 아닙니까?
Ⓐ 요즘 야근이 잦아서, 너무 힘들었어요.
Ⓑ 아무리 바빠도 몸은 돌보셔야죠.
Ⓐ 건강보다 중요한 것은 없습니다.
Ⓑ 다음주부터는 수영을 해보려고 합니다.
Ⓐ 수영은 건강에 유익한 운동입니다.

1963. 요즘 건강은 어떠십니까?

你最近身体好吗?

Nǐ zuìjìn shēntǐ hǎo ma?

니 쮀이진 션티 하오 마

1964. 건강상태가 양호합니다.

身体状况良好。

Shēntǐ zhuàngkuàng liáng hǎo.

션티 쮸앙쿠왕 리앙하오

1965. 요즘 건강상태가 별로 좋지 않습니다.

最近身体状态不怎么好。

Zuìjìn shēntǐ zhuàngtài bùzěnme hǎo.

쮀이진 션티 쮸앙타이 뿌 쩐머 하오

1966. 너 안색이 아주 창백해, 어디 아픈 거 아냐?

你脸色很苍白, 是不是哪儿不舒服?

Nǐ liǎnsè hěn cāngbái, shì bú shì nǎr bùshūfu?

니 리엔써 헌 창바이, 스부스 날 뿌 슈프

1967. 건강 유지를 위해 무엇을 하세요?

为保持健康, 你都做些什么?

Wèi bǎochí jiànkāng, nǐ dōu zuò xiē shénme?

웨이 빠오츠 지엔캉, 니 또우 쭈어시에 션머

> 为는 「~을 위해」
> 라는 의미이다.

1968. 날마다 운동하시죠?

您是不是天天锻炼?

Nín shì bú shì tiān tiān duànliàn?

니 스부스 티엔티엔 뚜안리엔

> 天天은 명사 天을 중첩함
> 으로써 하루하루가 반복
> 됨을 나타낸다. 즉 「매일
> 매일」로 해석된다.

1969. 매일 조깅을 합니다.

我天天晨练。

Wǒ tiāntiān chén liàn.

워 티엔티엔 천 리엔

1970. 수영은 건강에 유익한 운동입니다.

游泳是对健康有利的运动之一。

Yóuyǒng shì duì jiànkāng yǒulì de yùndòng zhī yī.

여우융 스 뚜이 지엔캉 여우리더 윈똥 즈 이

> 至少는 「최소한」이
> 라는 의미이다. 반대로
> 「최대한」이라는 의미
> 는 最多를 사용한다.

1971. 일주일에 두세 번은 운동을 해야합니다.

一个星期至少两三次一定要做运动。

Yí ge xīngqī zhì shǎo liǎng sān cì yídìng yào zuò yùndòng.

이거 싱치 즈샤오 리앙산 츠 이띵 이야오 쭈어 윈똥

운동에 대해 말할 때

1972. 적당한 운동은 신체건강에 유익합니다.
适当的运动有利于身体健康。
Shìdāng de yùndòng yǒu lì yú shēntǐ jiànkāng.
스땅더 윈똥 여우 리위 션티 지엔캉

于는 「~에 대하여」라는 전치사이다.

Unit 03

상대의 건강을 배려할 때

1973. 몸조리 잘 하세요.
请多多保重。
Qǐng duō duō bǎozhòng.
칭 뚜어뚜어 빠오쭝

1974. 건강보다 중요한 것은 없습니다.
没有比健康更重要的。
Méiyǒu bǐ jiànkāng gèng zhòngyào de.
메이여우 비 지엔캉 껑 쭝이야오더

1975. 하루빨리 건강을 회복하시기를 빌겠습니다.
祝你早日恢復健康。
Zhù nǐ zǎo rì huīfù jiànkāng.
쭈 니 짜오르 후이푸 지엔캉

1976. 몸이 안 좋다 싶으면 바로 의사에게 진찰을 받으세요.
你身体觉得不舒服，马上给医生看病。
Nǐ shēntǐ jué de bùshūfu,　mǎshàng gěi yīshēng kàn bìng.
니 션티 쥐에더 뿌 슈프, 마샹 게이 이셩 칸삥

1977. 아무리 바빠도 몸은 돌보셔야죠!
再忙也得保重身体呀！
Zài máng yě děi bǎozhòng shēntǐ ya!
짜이 망 이에 데이 빠오쭝 션티야

「再~ 也得…」는 「아무리 ~라도 반드시 …해야 한다」라는 의미이다.

Unit 04

상대의 건강 배려에 대한 응답

1978. 덕분에 저는 아주 건강합니다.
托你的福我很健康。
Tuō nǐ de fú wǒ hěn jiànkāng.
투어 니더 푸 워 헌 지엔캉

1979. 저는 건강 상태가 아주 좋아요.
我的健康状态很好。
Wǒ de jiànkāng zhuàngtài hěn hǎo.
워더 지엔캉 쭈앙타이 헌 하오

이 문장에서 了는 상태의 변화·발생을 나타내주는 어기조사로 쓰였다.

1980. 지금은 많이 좋아졌습니다.
谢谢，现在好多了。
Xièxie,　xiànzài hǎo duō le.
씨에시에, 시엔짜이 하오 뚜어러

운동에 대해 말할 때

1981. <u>당신도 건강하십시오.</u>
你也保重身体。
Nǐ yě bǎozhòng shēntǐ.
니 이에 빠오쭝 션티

1982. <u>몸살이 났습니다.</u>
浑身酸痛。
Húnshēn suān tòng.
훈션 수안 텅

> 浑身 온몸 酸痛 시크시큰 쑤시고 아프다

1983. <u>기침과 열이 나요.</u>
咳嗽，还发烧。
Késou, hái fāshāo.
커소우, 하이 파샤오

1984. <u>땀을 많이 흘러요.</u>
流好多汗呢。
Liú hǎo duō hàn ne.
리우 하오 뚜어 한너

1985. <u>1주일 넘게 감기를 앓고 있습니다.</u>
感冒都一个多星期了。
Gǎnmào dōu yí ge duō xīngqī le.
간마오 또우 이거 뚜어 싱치러

> 이 문장에서 都는「모두」라는 뜻이 아니라「이미」라는 의미로 쓰였다.

병원에서

아픈 곳을 설명하기 위해 다음 신체부위를 참고하자. 머리-头(tóu), 목-脖子(bó zi), 가슴-胸(xiōng), 팔(꿈치)-胳膊/肘(gēbó/zhǒu), 배-肚子(dù zi), 허벅지-大腿(dà tuǐ), 어깨-肩膀(jiān bǎng), 허리-腰(yāo), 엉덩이-屁股(pì gǔ), 손(가락)-手/指(shǒu/zhǐ), 무릎-膝盖(xī gài), 뒤꿈치-脚跟(jiǎo gēn) 등.

A 你身体怎么啦?
Nǐ shēntǐ zěnme la?

A 请多多保重。
祝你早日恢復健康。
Qǐng duō duō bǎozhòng.
Zhù nǐ zǎo rì huīfù jiànkāng.

B 感冒都一个多星期了。
谢谢, 现在好多了。
你也小心感冒。
Gǎnmào dōu yí ge duō xīngqī le.
Xièxie, xiànzài hǎo duō le.
Nǐ yě xiǎoxīn gǎnmào.

A 몸이 안 좋으세요? B 1주일 넘게 감기를 앓고 있습니다. 지금은 많이 좋아졌습니다. 당신도 감기 조심하세요.
A 몸조리 잘 하세요. 하루빨리 건강을 회복하시기를 빌겠습니다.

A 这附近有医院吗?
Zhè fùjìn yǒu yīyuàn ma?

C 哪儿不舒服?
Nǎr bùshūfú?

C 你是怎么受伤的?
Nǐ shì zěnme shòushāng de?

A 运动的时候受伤了。骑自行车摔倒, 把肩膀给扭了。
Yùndòng de shíhou shòushāng le. Qí zìxíngchē shuāidǎo, bǎ jiānbǎng gěi niǔ le.

多长时间才能好啊? 需要住院吗?
Duō cháng shíjiān cái néng hǎo a? Xūyào zhùyuàn ma?

C 检查检查看看。
Jiǎnchá jiǎnchá kànkan.

B 就在旁边。
Jiù zài pángbiān.

A 我的肩膀好痛。
Wǒ de jiānbǎng hǎo tòng.

A 근처에 병원이 있습니까? B 바로 옆에 있습니다.
C 어디가 불편하십니까? A 어깨가 아픕니다.
C 어쩌다가 다치셨습니까?
A 운동하다가 다쳤어요. 자전거를 타다가 넘어져 어깨를 삐었습니다.
얼마나 있어야 나을까요? 입원해야 합니까?
C 검진해 봅시다.

1986. 몸에 이상이 있는 것 같아요.
好像身体有了异常。
Hǎoxiàng shēntǐ yǒu le yìcháng.
하오시앙 션티 여우러 이창

1987. 요즘은 쉽게 피로해져요.
最近容易感到疲劳。
Zuìjìn róngyì gǎn dào píláo.
쭈이진 롱이 간따오 피라오

> 感은 원래 「느끼다」
> 라는 의미이다. 到는
> 결과보어로 쓰였다.

1988. 갑자기 몸무게가 줄었어요.
体重突然减轻了。
Tǐzhòng tūrán jiǎnqīng le.
티쭝 투란 지엔칭러

> 突然은 「돌연,
> 갑자기」란 의미
> 의 부사이다.

1989. 근처에 병원이 있습니까?
这附近有医院吗?
Zhè fùjìn yǒu yīyuàn ma?
쩌 푸진 여우 이위엔 마

1990. 구급차를 불러 주세요.
快叫救护车。
Kuài jiào jiùhùchē.
쿠와이 지아오 지우후처

1991. 배가 아파요.
肚子疼。
Dùzi téng.
뚜즈 텅

1992. 이가 아파요.
牙疼。
Yá téng.
이야 텅

1993. 귀가 아파요.
耳朵疼。
ěrduo téng.
얼뚜어 텅

1994. 다리가 부었어요.
腿肿了。
Tuǐ zhǒng le.
투이 쭝러

1995. 목이 아파요.

咽喉肿痛。

Yānhóu zhǒngtòng.

이엔호우 쫑통

1996. 벌레한테 물렸어요.

被虫子叮咬了。

Bèi chóngzi dīng yǎo le.

뻬이 총즈 딩 이야오러

Unit 03
증상을 설명할 때

1997. 속이 메스껍고, 구토를 하고, 가슴이 답답합니다.

恶心, 呕吐, 胸闷。

è xīn, ǒu tù, xiōng mèn.

으어신, 오우투, 시옹먼

> 受의 원래의 뜻은 「받다, 얻다」 라는 의미이고, 伤은 「상처」 라는 의미이다. 즉, 「상처를 입다」 라는 뜻이 된다.

1998. 운동하다가 다쳤어요.

运动的时候受伤了。

Yùndòng de shíhou shòushāng le.

윈뚱더 스호우 쇼우샹러

1999. 감기에 걸린 것 같습니다.

好像感冒了。

Hǎoxiàng gǎnmào le.

하오시앙 간마오러

2000. 몹시 가려운 것 같습니다.

好像很痒痒。

Hǎoxiàng hěn yǎngyǎng.

하오시앙 헌 양양

Unit 04
통증을 호소할 때

2001. 머리가 깨지는 것 같이 아픕니다.

头痛得像刀割似的。

Tóu téng de xiàng dāo gē sì de.

토우텅 더 시앙 따오 꺼 쓰더

2002. 피곤하고 기운이 없어요.

浑身疲惫, 没有力气。

Húnshēn píbèi, méiyǒu lìqì.

훈션 피뻬이, 메이여우 리치

2003. 목이 뻐근해요.

脖子僵硬。

Bózi jiāngyìng.

보어즈 지앙잉

2004. 다리가 저려서 걷지 못하겠습니다.

我因为腿麻走不动了。

Wǒ yīnwèi tuǐ má zǒu bú dòng le.

워 인웨이 투이 마 쪼우 부 똥러

因为는 이유, 원인을 도출해 내는 접속사이다. 「~때문에, ~인해서」라는 의미이다.

2005. 자전거를 타다가 넘어져 어깨를 삐었습니다.

骑自行车摔倒，把肩膀给扭了。

Qí zìxíngchē shuāidǎo, bǎ jiānbǎng gěi niǔ le.

치 쯔싱처 슈와이따오, 바 지엔빵 게이 니우러

给는 해당 절을 수동의 의미로 만들어 준다.

Unit 05

진찰을 받을 때

2006. 얼마나 있어야 나을까요?

多长时间才能好啊?

Duōcháng shíjiān cái néng hǎo a?

뚜어 창 스지엔 차이 넝 하오아

看看은 동사를 중첩함으로써 상대방에게 어떤 행동을 유도하는 권유문으로 만들었다.

2007. 검진해 봅시다.

检查检查看看。

Jiǎnchá jiǎnchá kànkan.

지엔차 지엔차 칸칸

2008. 얼마나 자주 이 알약을 복용해야 됩니까?

要间隔多长时间服用一次?

Yào jiàn gé duōcháng shíjiān fúyòng yícì?

이야오 지엔 꺼 뚜어 창 스지엔 푸 용 이츠

2009. 입원해야 합니까?

需要住院吗?

Xūyào zhùyuàn ma?

쉬이야오 쭈위엔 마

Unit 06

병문안을 할 때

2010. 기분이 좀 어떠세요?

你心情好点吗?

Nǐ xīnqíng hǎo diǎn ma?

니 신칭 하오 디엔 마

2011. 좀 나아지셨습니까?

病情好点儿了吗?

Bìngqíng hǎo diǎnr le ma?

삥칭 하오 디얼 러마

2012. 곧 나아지길 바랍니다.

我希望你早日康復。

Wǒ xīwàng nǐ zǎo rì kāng fù.

워 시왕 니 짜오르 캉 푸

2013. 어쩌다가 다치셨습니까?

你是怎么受伤的?

Nǐ shì zěnme shòushāng de?

니 스 쩐머 쇼우샹더

2014. 당신 건강이 좋아지셨다니 기쁩니다.

你有了好转，我很高兴。

Nǐ yǒu le hǎo zhuǎn, wǒ hěn gāoxìng.

니 여우러 하오 쭈안, 워 헌 까오싱

好转은 「몸이 나아지다」라는 의미이다. 그런데 한글로 읽어도 「호전」이다. 이처럼 중국과 한국 양국 모두 한자를 쓰기 때문에 해석상 편리한 부분도 있다.

진료와 진찰

중국 병원은 그 담당과 근처에 접수실이 있다. 거기서 접수를 하는데 먼저 돈을 내면 접수증을 준다. 그걸 가지고 간호사에게 보이면 의사 선생님에게 안내한다. 진료를 받고 뭔가를 써주면 그걸 가지고 간호사에게 간다. 그러면 간호사가 다시 그 종이를 주며 약을 타오라고 한다. 그리고 나서 그걸 가지고 약을 주는 곳으로 가서 돈을 주고 약을 사야 한다.

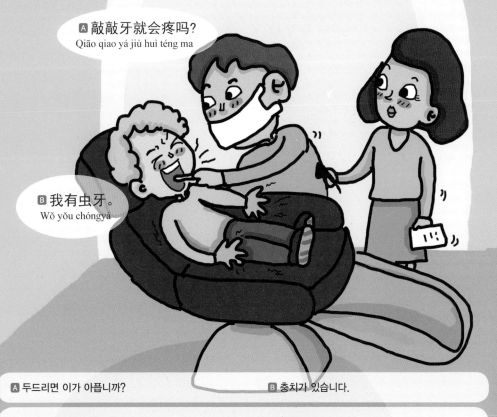

Ⓐ 敲敲牙就会疼吗?
Qiāo qiao yá jiù huì téng ma

Ⓑ 我有虫牙。
Wǒ yǒu chóngyá

Ⓐ 두드리면 이가 아픕니까?　　　　　　Ⓑ 충치가 있습니다.

Ⓐ 这里也疼吗?
Zhèlǐ yě téng ma

Ⓐ 牙龈出血，有很多牙垢。
Yáyín chū xiě,　yǒu hěn duō yágòu

Ⓑ 下腹疼痛。
Xià fù téng tòng

Ⓑ 喝了点儿牛奶。
Hē le diǎnr niúnǎi

Ⓑ 是的。
Shì de

Ⓐ 请你告诉你的症状。
Qǐng nǐ gàosu nǐ de zhèngzhuàng

Ⓐ 你中午吃什么了?
Nǐ zhōngwǔ chī shénme le

Ⓐ 好像是食物中毒。
Hǎoxiàng shì shíwù zhōngdú

Ⓐ 여기도 아프세요?
Ⓐ 잇몸에서 피가 나고, 치석이 많이 끼었습니다.
Ⓑ 아랫배가 아픕니다.
Ⓑ 우유를 먹었습니다.

Ⓑ 네.
Ⓐ 증상을 말해주세요.
Ⓐ 점심에 뭘 드셨습니까?
Ⓐ 식중독에 걸린 것 같아요.

2015. 머리가 좀 띵합니다.

头有些发晕。

Tóu yǒu xiē fāyùn.

토우 여우시에 파윈

> 晕는 「(머리가) 어지럽
> 다」 라는 뜻으로 사용된다.
> 예晕头 머리가 어지럽다

2016. 아랫배가 아픕니다.

下腹疼痛。

Xià fù téng tòng.

시아 푸 텅통

2017. 배탈이 났어요.

患了腹泻。

Huàn le fùxiè.

후안러 푸시에

2018. 식중독에 걸린 것 같아요.

好像是食物中毒。

Hǎoxiàng shì shíwù zhōngdú.

하오시앙 스 스우 쭝두

> 胀는 원래 팽창하다는 동사
> 로서 위에서는 배가 「더부
> 룩하다」 라는 의미이다. 이
> 장에서 소개되는 문장들은
> 신체와 관련된 말들이므로
> 해석에 유의한다.

2019. 배에 가스가 찼습니다.

肚子发胀。

Dùzi fā zhàng.

뚜즈 파 짱

2020. 숨이 찹니다.

气喘，上不来气。

Qì chuǎn, shàng bù lái qì.

치 추안, 상 부 라이 치

2021. 허리를 삐었습니다.

扭伤了腰。

Niǔshāng le yāo.

니우샹러 이야오

> 跤는 「넘어지다」
> 란 뜻의 동사 摔의
> 수량사로 쓰인다.

2022. 미끄러 넘어져 발목을 삐었습니다.

摔了一跤，挫伤了脚脖子。

Shuāi le yì jiāo, cuòshāng le jiǎobózi.

슈와이러 이 지아오, 추어샹러 지아오 보어즈

2023. 팔이 부러진 것 같아요.

胳膊好像骨折了。

Gēbo hǎoxiàng gǔzhé le.

꺼보 하오시앙 구저러

외과에서

2024. 근육통이 심합니다.

肌肉疼得厉害。

Jīròu téng de lìhai.

지로우 텅 더 리하이

> 厉害는 정도보어 뒤에서 자주 볼 수 있다. 「심하다, 대단하다」 등의 여러 가지 의미로 쓰이는데 그 동작이나 상태의 정도가 엄중하다는 것을 표현한다.

2025. 깨진 유리조각을 밟았어요.

踩了碎玻璃。

Cǎi le suì bōli.

차이러 수이 뽀리

2026. 끓는 물에 손을 데었습니다.

叫开水烫伤了手。

Jiào kāishuǐ tàngshāng le shǒu.

지아오 카이수이 탕샹러 쇼우

> 叫는 문장의 의미를 피동으로 만들어 준다.

2027. 피를 많이 흘렸네.

流了好多血。

Liú le hǎo duō xiě.

리우러 하오 뚜어 시에

2028. 햇볕으로 화상을 입었습니다.

被阳光烧伤了。

Bèi yángguāng shāoshāng le.

뻬이 양꾸앙 샤오샹러

2029. 온몸에 멍이 들었습니다.

浑身青一块紫一块的。

Húnshēn qīng yíkuài zǐ yíkuài de.

훈선 칭 이쿠와이 즈 이쿠와이더

2030. 상처에 고름이 생겼습니다.

伤口化脓了。

Shāngkǒu huànóng le.

샹코우 화농러

Unit 03

산부인과에서

2031. 생리가 한 번 없었습니다.

我跳过一次月经了。

Wǒ tiào guò yí cì yuèjīng le.

워 티아오 구어 이츠 위에징러

> 跳는 「건너다, 뛰다」라는 의미이다. 문장에서는 생리를 한번 「건너뛰었다」라는 것을 의미하고 있다.

2032. 평상시보다 피가 많이 나와요.

出血量比平时多。

Chū xuè liàng bǐ píngshí duō.

추 쉬에 리앙 비 핑스 뚜어

2033. 저는 불감증입니다.

我是性冷淡。

Wǒ shì xìng lěng dàn.

워 즈 싱렁딴

2034. 음부에 종기가 있습니다.

阴部有肿块。

Yīnbù yǒu zhǒng kuài.

인뿌 여우 쫑쿠와이

2035. 임신한 것 같습니다.

我好像怀孕了。

Wǒ hǎoxiàng huáiyùn le.

워 하오시앙 후아이윈러

2036. 입덧이 심합니다.

我害口很厉害。

Wǒ hàikǒu hěn lìhai.

워 하이코우 헌 리하이

2037. 5분마다 산통이 있어요.

每隔五分钟，我的阵痛就发作。

Měi gé wǔ fēn zhōng, wǒ de chén tòng jiù fā zuò.

메이 꺼 우 펀중, 워더 천통 지우 파 쭈어

Unit 04

소아과에서

2038. 아이의 코가 막혔습니다.

孩子鼻塞了。

Háizi bí sāi le.

하이즈 비 싸이러

2039. 아이의 편도선이 부었습니다.

孩子扁桃腺发炎了。

Háizi biǎntáoxiàn fā yán le.

하이즈 비엔타오시엔 파 에엔러

2040. 아이가 젖을 잘 못 빨아요.

孩子不大会吮奶。

Háizi bú dà huì shǔn nǎi.

하이즈 부 따 후이 순나이

2041. 아이의 귀에 염증이 생겼습니다.

孩子的耳朵发炎了。

Háizi de ěrduo fā yán le.

하이즈더 얼뚜어 파 이엔러

2042. 아이가 괜찮을까요?

孩子不会有事吧?

Háizi búhuì yǒu shì ba?

하이즈 부 후이 여우 스바

> 总是는 「자주, 늘」이라
> 는 의미의 부사로 쓰인다.

2043. 아이가 코피를 자주 흘립니다.

孩子总是流鼻血。

Háizi zǒngshì liú bíxuè.

하이즈 쭝스 리우 삐쉬에

2044. 피부가 건조합니다.
皮肤干燥。
Pífū gānzào.
피푸 깐짜오

2045. 입술이 틉니다.
我嘴唇龟裂了。
Wǒ zuǐchún jūnliè le.
워 쭈이춘 쥔리에러

「对~过敏」는 「~에 대해 알레르기가 있다(과민방응을 한다)」라는 의미이다.

2046. 향수 알레르기가 있습니다.
我对香水过敏。
Wǒ duì xiāngshuǐ guòmǐn.
워 뚜이 시앙슈이 꾸어민

2047. 여드름이 심각해요.
我脸上痘痘长得很厉害。
Wǒ liǎn shàng dòudou zhǎng de hěn lihai.
워 리엔샹 또우또우 장 더 헌 리하이

2048. 화장품 때문에 살갗에 발진이 생겼습니다.
我因化妆品得了皮疹。
Wǒ yīn huàzhuāngpǐn dé le pí zhěn.
워 인 화쫭핀 더러 피쩐

2049. 오른쪽 팔에 물집이 생겼어요.
我的右臂上起了水泡。
Wǒ de yòu bì shang qǐ le shuǐpào.
워더 여우 삐 샹 치 러 슈이파오

2050. 소변을 자주 보는 것 같습니다.
我小便太勤了。
Wǒ xiǎobiàn tài qín le.
워 시아오비엔 타이 친러

2051. 대변을 볼 때 피가 섞여 나옵니다.
大便掺着血。
Dàbiàn chān zhe xuè.
따비엔 찬저쉬에

2052. 소변 색깔이 진합니다.
尿水颜色深。
Niàoshuǐ yánsè shēn.
니아오슈이 이엔써 션

深은 색깔의 진함 정도를 나타내는 형용사이다. 반대어로는 「淺(엷다)」가 있다.

2053. 변비가 심합니다.

便秘得厉害。

Biànmì de lìhai.

비엔미 더 리하이

得는 生과 같이 병을 걸렸을
때 사용하는 동사이다.
예 得病, 生病(병이 걸리다)

2054. 치질에 걸린 것 같습니다.

我好像得了痔疮。

Wǒ hǎoxiàng dé le zhìchuāng.

워 하오시앙 더러 즈추앙

2055. 성병이 있는 것 같아요.

我好像有性病。

Wǒ hǎoxiàng yǒu xìngbìng.

워 하오시앙 여우 싱삥

Unit 07

치과에서

2056. 충치가 있습니다.

我有虫牙。

Wǒ yǒu chóngyá.

워 여우 총이야

2057. 두드리면 이가 아픕니다.

敲敲牙就会疼。

Qiāo qiao yá jiù huì téng.

치아오치아오 이야 지우 후이 텅

2058. 잇몸에 피가 납니다.

牙龈出血了。

Yáyín chū xiě le.

이야인 추시에러

2059. 이가 부러졌어요.

牙齿断了。

Yáchǐ duàn le.

이야츠 뚜안러

2060. 치석이 많이 끼었습니다.

有很多牙垢。

Yǒu hěn duō yágòu.

여우 헌 뚜어 이야꺼우

也许는 「아마도, 혹시」
라는 의미의 부사이다.

2061. 틀니가 필요할지도 모르겠습니다.

你也许要戴假牙。

Nǐ yěxǔ yào dài jiǎyá.

니 이에쉬 이야오 따이 지아이야

2062. 흐릿하게 보여요.
我看不清楚。
Wǒ kàn bù qīngchu.
워 칸 뿌 칭추

2063. 눈을 감을 때 아픕니다.
闭上眼睛就会疼。
Bì shang yǎnjing jiù huì téng.
삐샹 이엔징 지우 후이 텅

2064. 눈이 따끔거립니다.
眼睛辣辣的。
Yǎnjing là la de.
이엔징 라라더

2065. 눈이 항상 깜박거려요.
眼睛总是一眨一眨的。
Yǎnjing zǒngshì yì zhǎ yì zhǎ de.
이엔징 쭝스 이 자 이 자더

2066. 사물이 일그러져 보입니다.
我所看到的东西都是扭曲的。
Wǒ suǒ kàn dào de dōngxi dōu shì niǔ qū de.
워 수어 칸따오더 똥시 또우스 니우취더

2067. 눈이 충혈되었습니다.
眼睛发红了。
Yǎnjing fā hóng le.
이엔징 파 훙러

2068. 안경을 쓰면 머리가 아픕니다.
戴上眼镜就头疼。
Dài shang yǎnjìng jiù tóu téng.
따이 샹 이엔징 지우 토우텅

> 戴는 신체에 걸쳐지는 물건들을 신체에 착용할 때 쓰는 동사이다. 다시 말해서 입는 옷이나 신는 신발은 穿이라는 동사를 쓰는 반면에 모자나 안경 등은 戴를 사용한다.

2069. 귀가 멍멍합니다.
耳朵嗡嗡的。
Ěrduo wēng weng de.
얼뚜어 웡웡더

2070. 귀에 조그만 벌레가 들어갔습니다.
耳朵里进了小虫子。
Ěrduo lǐ jìn le xiǎo chóngzi.
얼뚜어 리 진러 시아오 총즈

이비인후과에서

2071. 귀가 막힌 것 같아요.

耳朵好像堵住了。

Ěrduo hǎoxiàng dǔ zhù le.

얼뚜어 하오시앙 두처러

2072. 귀에서 고름이 나옵니다.

耳朵流脓。

Ěrduo liú nóng.

얼뚜어 리우 눙

2073. 귀지가 가득 찼어요.

满耳朵都是耳屎。

Mǎn ěrduo dōu shì ěrshǐ.

만 얼뚜어 또우스 얼스

Unit 10

정신과에서

2074. 밤에 잠을 이룰 수가 없습니다.

夜晚无法入睡。

Yè wǎn wúfǎ rù shuì.

이에완 우파 루슈이

2075. 매일 밤 악몽을 꿉니다.

每一夜都做恶梦。

Měi yí yè dōu zuò èmèng.

메이 이 이에 또우 쭈어 으어멍

2076. 최근에 기분이 아주 침체되어 있어요.

我的情绪最近陷入低潮。

Wǒ de qíngxù zuìjìn xiàn rù dī cháo.

워더 칭쉬 쭈이진 시엔루 띠차오

2077. 걸핏하면 화를 냅니다.

动不动就发火。

Dòng bú dòng jiù fā huǒ.

똥부똥 지우 파후어

2078. 심한 망상에 시달리고 있습니다.

严重的妄想症困扰着我。

Yánzhòng de wàng xiǎng zhèng kùn rǎo zhe wǒ.

이엔쭝더 왕시앙쩡 쿤 라오저 워

2079. 사소한 일로 걱정을 합니다.

我总是为了小事而烦恼。

Wǒ zǒngshì wèi le xiǎo shì ér fánnǎo.

워 쫑스 웨이러 시아오 스 얼 판나오

2080. 의식을 잃었습니다.

失去意识了。

Shī qù yìshí le.

스취 이스러

2081. 오한 경련이 있습니다.

我有畏寒痉挛的症状。

Wǒ yǒu wèihán jìngluán de zhèngzhuàng.

워 여우 웨이 한 징루안더 쩡쭈앙

2082. 가끔 팔에 감각이 없어집니다.

我的手臂有时会失去知觉。

Wǒ de shǒubì yǒushí huì shī qù zhījué.

워더 쇼우삐 여우스 후이 스취 즈쥐에

有时는 「가끔, 어떤 때
는」이라는 부사이다.

2083. 척추 아랫부분이 욱신거려요.

脊椎下方部位发酸。

Jǐ zhuī xià fāng bù wèi fā suān.

지쭈이 시아팡 뿌웨이 파 수안

酸은 「쑤시다」라는 의
미의 동사이다. 허리가
「쑤시다」는 어떻게 말
할까? 바로 腰酸이다.

2084. 가끔 하반신이 마비되는 느낌이 들어요.

有时下半身会麻痹。

Yǒushí xiàbànshēn huì mábì.

여우스 시아빤션 후이 마삐

약국에서

중국 약국은 조명이 음침하고 내부 분위기가 비교적 어두우며 약국에서 파는 약들은 포장지가 대체로 허술하고 조잡하다. 그러나 어떤 약은 한국약보다 뛰어난 효과를 지닌 것도 있다. 중국도 우리나라처럼 약을 사기 위해서는 「처방전-药方(yá chǐ kē), 处方(yào fāng)」이 필요하다. 약국-药房(yào fáng), 약의 효과-药力(yào lì), 연고-药膏(yào gāo), 아스피린-阿司匹林(ā sī pǐ lín), (약을) 복용하다-服用(fú yòng) 등의 단어는 숙지하도록 하자.

Ⓐ照这处方抓药吧。
Zhào zhè chǔfāng zhuā yào ba

Ⓑ拿给我处方。药在这里。
一日三次，饭前服用。
Ná gěi wǒ chǔfāng Yào zài zhèli.
Yī rì sān cì,   fàn qián fúyòng

Ⓐ 이 처방전대로 약을 지어 주세요. Ⓑ 처방전 주세요. 약 여기 있습니다. 1일 3회, 식전에 복용하세요.

Ⓐ一次服用几粒？
Yícì fúyòng jǐ lì

Ⓑ一次服用一粒就行。
Yí cì fú yòng yí lì jiù xíng

Ⓐ把药跟牛奶一起服用也可以吗？
Bǎ yào gēn niúnǎi yìqǐ fúyòng yě kěyǐ ma

Ⓑ不行。跟暖和的水一起服用。再有没有需要的？
Bùxíng Gēn nuǎnhuó de shuǐ yìqǐ fúyòng. Zài yǒu méi yǒu xūyào de

Ⓐ给我一个绷带和消毒药。
Gěi wǒ yí ge bēngdài hé xiāodúyào

Ⓑ对不起，绷带再没有了。
Duìbuqǐ,   bēngdài zài méiyǒu le

Ⓐ 몇 알씩 먹어야 하나요? Ⓑ 한 번에 한 알씩만 복용하십시오.
Ⓐ 우유와 함께 약을 먹어도 되나요?
Ⓑ 안됩니다. 따뜻한 물과 함께 드세요. 더 필요하신 것 있으세요?
Ⓐ 붕대 하나와 소독약 주세요. Ⓑ 죄송합니다. 붕대는 다 떨어졌습니다.

Unit 01

약을 조제 받을 때

2085. 이 처방전대로 약을 지어 주세요.

照这处方抓药吧。

Zhào zhè chǔfāng zhuā yào ba.

짜오 쩌 추팡 쭈아야오바

照는 「~따라서, ~에 비추어」라고 해석된다. 일반적으로 按照와 통용된다.

2086. 1일 3회, 식전에 복용하세요.

一日三次，饭前服用。

Yǐ rì sān cì, fàn qián fúyòng.

이 르 산 츠, 판 치엔 푸용

2087. 처방전 가져오셨습니까?

带来处方了吗?

Dài lái chǔfāng le ma?

따이라이 추팡러 마

2088. 한 번에 한 알씩만 복용하십시오.

一次服用一粒就行。

Yícì fúyòng yí lì jiù xíng.

이츠 푸용 이 리 지우 싱

粒은 작고 둥근 것을 셀 때 쓰이는 양사로 씨앗이나 알약 등을 셀 때 사용한다.

Unit 02

약을 구입할 때

2089. 처방전 없이는 약을 사실 수 없습니다.

没有处方不能买药。

Méiyǒu chǔfāng bù néng mǎi yào.

메이여우 추팡 뿌넝 마이 이야오

2090. 감기에 좋은 약이 있나요?

有好的感冒药吗?

Yǒu hǎo de gǎnmào yào ma?

여우 하오더 간마오 이야오 마

2091. 몇 알씩 먹어야 하나요?

一次服用几粒?

Yícì fúyòng jǐ lì?

이츠 푸용 지 리

331

Part 3 즉석에서 활용하는 실용 회화

스포츠와 레크리에이션

구기 종목에는 공을 뜻하는 「球(qiú)」가 들어간다. 예를 들어 축구-足球, 배구-排球, 야구-棒球, 농구-籃球, 탁구-乒乓球 등이 있다. 손을 사용하는 운동은 「打」라는 동사를 사용하며, 발을 이용하는 운동은 「踢」를 쓴다. 또한 스포츠를 매우 좋아하는 사람은 「迷」라는 말을 붙인다. 「迷」는 일반적으로 「팬」이라고 하는데 운동에서만 쓰이는 것이 아니라 영화나 음악에서도 쓰인다.

Ⓐ 你喜欢哪种体育项目?
Nǐ xǐhuān nǎ zhǒng tǐyù xiàngmù

Ⓑ 在体育项目中我最喜欢足球。
Zài tǐyù xiàngmù zhōng wǒ zuì xǐhuān zúqiú

Ⓐ 좋아하는 스포츠가 뭡니까?

Ⓑ 스포츠 종목 중에서 축구를 가장 좋아합니다.

Ⓐ 你昨天看了跟中国队的比赛吗?
Nǐ zuótiān kàn le gēn zhōngguóduì de bǐsài ma

Ⓑ 真可惜, 那场赛平了。这是一场势均力敌的比赛。
Zhēn kěxi, nà chǎng sài píng le. Zhè shì yì chǎng shì jūn lì dí de bǐsài

Ⓐ 听说明天又有比赛, 是吗? 你看哪个队能赢?
Tīng shuō míngtiān yòu yǒu bǐsài, shì ma? Nǐ kàn nǎ ge duì néng yíng

Ⓑ 韩国队会赢的。
Hánguóduì huì yíng de

Ⓐ 今天咱们一起去游泳场, 好吗?
Jīntiān zánmen yìqǐ qù yóuyǒngchǎng, hǎo ma

Ⓑ 我在水中简直是个啤酒瓶。
Wǒ zài shuǐ zhōng jiǎnzhí shì ge píjiǔpíng

Ⓐ 我来教你。一起去吧。
Wǒ lái jiào nǐ. Yìqǐ qù ba

Ⓐ 어제 중국과의 경기도 보셨나요?
Ⓑ 안타깝게도 그 경기는 무승부로 끝났어요. 막상막하의 경기였습니다.
Ⓐ 내일 또 시합이 있다던데요? 어느 팀이 이길 것 같습니까?
Ⓑ 한국팀이 이길 것입니다.
Ⓐ 오늘 수영장 갈까요?
Ⓑ 저는 물에서 맥주병입니다.
Ⓐ 제가 가르쳐 드릴게요. 수영하러 갑시다.

2092. 저는 퇴근 후에 수영을 다닙니다.

我下班以后去游泳。

Wǒ xiàbān yǐhòu qù yóuyǒng.

워 시아빤 이호우 취 여우융

> 爱好는 기호나 취미라는 뜻으로만 쓰이는데 반해 嗜好는 악습관이나 취미의 정도가 지나친 경우에도 사용한다.

2093. 주말에 그들 부부는 등산을 한다.

周末的时候，他们夫妇去登山。

Zhōumò de shíhou, tāmen fūfù qù dēngshān.

쪼우머더 스호우, 타먼 푸푸 취 떵샨

2094. 제 취미는 쉬는 날에 공기 좋은 야외에 나가서 낚시를 하는 것입니다.

我的嗜好是休息天到空气晴朗的野外钓鱼。

Wǒ de shì hào shì xiūxitiān dào kōngqì qíng lǎng de yě wài diàoyú.

워더 스하오 스 시우시티엔 따오 콩치 칭랑더 이에와이 띠아오위

2095. 물론 많은 취미가 있지만, 제일 즐기는 건 독서입니다.

虽然有很多爱好，但最喜欢的是看书。

Suīrán yǒu hěn duō àihǎo, dàn zuì xǐhuān de shì kànshū.

수이란 여우 헌 뚜어 아이하오, 딴 쭈이 시후안더 스 칸슈

2096. 저는 볼링에 흥미를 가지게 되었습니다.

我这几天对保龄球产生了兴趣。

Wǒ zhè jǐ tiān duì bǎolíngqiú chǎn shēng le xīngqù.

워 쩌 지 티엔 뚜이 빠오링치우 찬셩러 싱취

> 「虽然~, 但…」은 「비록 ~하지만 …한다」라는 의미의 접속사 조합으로 자주 쓰인다.

2097. 좋아하는 스포츠가 뭡니까?

你喜欢哪种体育项目?

Nǐ xǐhuān nǎ zhǒng tǐyù xiàngmù?

니 시후안 나 종 티위 시앙무

2098. 저는 스포츠광입니다.

我是个体育迷。

Wǒ shì ge tǐyùmí.

워 스 거 티위미

> 迷는 어떤 대상에 대해 상당한 관심을 가지고 있는 사람을 나타내는 단어로 「~팬, ~광」으로 해석한다. ⑩ 歌迷(음악팬), 球迷(축구팬)

2099. 그는 운동신경이 발달했습니다.

他运动神经很发达。

Tā yùndòng shénjīng hěn fādá.

타 윈똥 션징 헌 파따

2100. 당신은 얼마나 자주 운동을 하세요?

你经常参加运动吗?

Nǐ jīngcháng cānjiā yùndòng ma?

니 징창 찬지아 윈똥 마

2101. 저는 스포츠 중 농구를 가장 좋아합니다.
在体育项目中我最喜欢篮球。
Zài tǐyù xiàngmù zhōng wǒ zuì xǐhuān lánqiú.
짜이 티위 시앙무 중 워 쭈이 시후안 란치우

> 「在~中」는 어떤 범위를 도출해낼 때 사용된다.

2102. 어느 팀이 이길 것 같습니까?
你看哪个队能赢?
Nǐ kàn nǎ ge duì néng yíng?
니 칸 나거 뚜이 넝 잉

> 여기서 看은 「보다」라는 의미에서 더 나아가 추측이나 판단을 나타낸다.

2103. 점수가 어떻게 됐어요?
现在分数怎么样了?
Xiànzài fēn shù zěnmeyàng le?
시엔짜이 펀슈 쩐머이양러

2104. 그 경기는 무승부로 끝났어요.
那场赛平了。
Nà chǎng sài píng le.
나 창 싸이 핑러

2105. 오늘 밤 그 경기가 텔레비전에 방영됩니까?
今晚的比赛电视转播吗?
Jīn wǎn de bǐsài diànshì zhuǎn bō ma?
진완더 비싸이 띠엔스 쭈안뽀 마

2106. 당신은 어느 팀을 응원하고 있지요?
你在为哪个队加油?
Nǐ zài wèi nǎ ge duì jiāyóu?
니 짜이 웨이 나거 뚜이 지아여우

2107. 막상막하의 경기였습니다.
这是一场势均力敌的比赛。
Zhè shì yì chǎng shì jūn lì dí de bǐsài.
쩌 스 이 창 스쥔 리띠더 비싸이

2108. 그 시합 볼만하던가요?
那场比赛有看头吗?
Nà chǎng bǐsài yǒu kàn tóu ma?
나 창 비싸이 여우 칸 토우 마

2109. 전 축구를 해요.
我踢足球。
Wǒ tī zúqiú.
워 티 주치우

> 踢는 발로 하는 운동의 동사로 쓰이며, 손으로 하는 운동에는 주로 동사 打가 쓰인다.

축구를 즐길 때

2110. 승리는 우리의 것입니다.

胜利属于我们。

Shènglì shǔ yú wǒmen.

성리 슈위 워먼

属于는 「~에 속하다」
라는 의미로 쓰인다.

2111. 우리는 2:5로 패배했어요.

我们二比五失利了。

Wǒmen èr bǐ wǔ shīlì le.

워먼 얼 비 우 스리러

2112. 저는 축구팀의 후보 선수입니다.

我是球队的替补选手。

Wǒ shì qiúduì de tìbǔ xuǎnshǒu.

워 스 치우뚜이더 티뿌 쉬엔쇼우

Unit 05

야구를 즐길 때

2113. 그 선수 타율이 어떻습니까?

那选手打率怎么样?

Nà xuǎnshǒu dǎlǜ zěnmeyàng?

나 쉬엔쇼우 따뤼 쩐머이양

2114. 지금 몇 회입니까?

这是第几回合?

Zhè shì dì jǐ huí hé?

쩌 스 띠 지 후이 흐어

喜欢 뒤에 동사가 오면
「~하는 것을 좋아하다」
라는 의미로 해석된다.

2115. 지금 만루입니다.

现在是满垒。

Xiànzài shì mǎn lěi.

시엔짜이 스 만레이

2116. 저는 텔레비전으로 야구 경기를 보는 것을 좋아합니다.

我喜欢看电视的棒球赛。

Wǒ xǐhuān kàn diànshì de bàngqiúsài.

워 시후안 칸 띠엔스더 빵치우싸이

Unit 06

골프를 즐길 때

2117. 골프 치는 것을 좋아하세요?

你喜欢打高尔夫吗?

Nǐ xǐhuān dǎ gāoěrfū ma?

니 시후안 따 까오얼푸 마

2118. 핸디가 얼마입니까?

你让几个球?

Nǐ ràng jǐ ge qiú?

니 랑 지거 치우

골프를 즐길 때

2119. 골프를 간혹 칩니다.

我偶尔打打高尔夫。

Wǒ ǒu ěr dǎ dǎ gāoěrfū.

워 오얼 따따 까오얼푸

偶尔 은 「가끔, 간혹」으로 해석 되는 부사이다.

2120. 골프는 별로 좋아하지 않습니다.

我不大喜欢高尔夫。

Wǒ bú dà xǐhuān gāoěrfū.

워 부 따 시후안 까오얼푸

수영을 즐길 때

2121. 수영하러 갑시다.

咱们去游泳吧。

Zánmen qù yóuyǒng ba.

잔먼 취 여우용바

能은 조동사로써 「~ 할 수 있다」라고 해석되 며, 구체적인 능력을 나 타낸다. 단지 수영을 할 수 있는지 없는지에 대해 물을 때는 「你会游泳 吗?」라고 질문한다.

2122. 어떤 형의 수영을 좋아하십니까?

你喜欢哪种姿势的游泳?

Nǐ xǐhuān nǎ zhǒng zīshì de yóuyǒng?

니 시후안 나 종 쯔스더 여우용

2123. 얼마나 멀리 헤엄칠 수 있습니까?

你能游多长距离?

Nǐ néng yóu duōcháng jùlí?

니 넝 여우 뚜어 창 쥐리

2124. 수영을 하기 전에 준비운동을 해야 합니다.

游泳之前要做准备运动。

Yóuyǒng zhī qián yào zuò zhǔnbèi yùndòng.

여우용 즈 치엔 이야오 쭈어 준뻬이 윈똥

2125. 저는 물에서 맥주병입니다.

我在水中简直是个旱鸭子。

Wǒ zài shuǐ zhōng jiǎnzhí shì ge hàn yā zi.

워 짜이 슈이 중 지엔즈 스 거 한야즈

승마를 즐길 때

2126. 승마를 배운 지는 얼마나 됐습니까?

你学骑马学了多长时间?

Nǐ xué qí mǎ xué le duōcháng shíjiān?

니 쉬에 치 마 쉬에러 뚜어 창 스지엔

「多+형용사」는 형 용사의 정도에 대해 묻는 표현방식이다.

2127. 어렸을 때부터 승마를 했습니다.

从小时候开始骑马。

Cóng xiǎo shíhou kāishǐ qí mǎ.

총 시아오 스호우 카이스 치 마

2128. 저는 승마에 대해서 아는 것이 없어요.

关于骑马我没有什么知识。

Guānyú qí mǎ wǒ méiyǒu shénme zhīshí.

꾸안위 치 마 워 메이여우 션머 즈스

2129. 처음 시작하기에 승마는 쉽습니까?

一开始骑马难不难?

Yì kāishǐ qí mǎ nán bù nán?

이 카이스 치 마 난뿌난

Unit 09

스키를 즐길 때

2130. 가끔 스키를 타러 가시나요?

你经常去滑雪吗?

Nǐ jīngcháng qù huá xuě ma?

니 징창 취 화쉬에 마

2131. 스키를 타 본 적이 없습니다.

我没有滑过雪。

Wǒ méiyǒu huá guò xuě.

워 메이여우 화구어 쉬에

「동사+过」는 경험을 나타내며 「~해본 적이 있다」라고 해석된다.

2132. 스키에는 관심이 없습니다.

我对滑雪没有兴趣。

Wǒ duì huá xuě méiyǒu xìngqù.

워 뚜이 화쉬에 메이여우 싱취

对는 「~에 대하여」라고 해석되며 동작의 대상을 나타낸다.

2133. 스키용품을 빌리는 데 얼마나 들죠?

借滑雪用品要花多少钱?

Jiè huá xuě yòng pǐn yào huā duōshaoqián?

지에 화쉬에 용핀 이야오 화 뚜어샤오 치엔

Unit 10

해양스포츠를 즐길 때

2134. 윈드서핑 배우기가 힘듭니까?

学帆板容易不容易?

Xué fān bǎn róngyì bù róngyì?

쉬에 판 빤 롱이뿌롱이

2135. 제가 살던 바닷가 주변에 수상스키 타는 곳이 있습니다.

在我住过的海边有滑水的地方。

Zài wo zhù guò de hǎibiān yǒu huá shuǐ de dìfāng.

짜이 워 쭈구어더 하이비엔 여우 화슈이더 띠팡

2136. 해양스포츠는 한국보다는 외국에서 즐기는 사람이 많습니다.

在外国比韩国做海洋运动的人更多。

Zài wàiguó bǐ hánguó zuò hǎiyáng yùndòng de rén gèng duō.

짜이 와이구어 비 한구어 쭈어 하이양 윈뚱더 런 껑 뚜어

2137. 이번 여름에 많은 해양 스포츠 중 하나를 배울 것이다.

这次夏季，我一定学一个海洋运动。

Zhè cì xiàjì, wǒ yídìng xué yí ge hǎiyáng yùndòng.

쩌츠 시아지, 워 이띵 쉬에 이거 하이양 윈뚱

2138. 요트를 타보지는 않았고, 해변에서 몇 번 본 적이 있습니다.

我没有乘过快艇，只在海边看过几次。

Wǒ méiyǒu chéng guò kuài tǐng, zhǐ zài hǎibiān kàn guò jǐ cì.

워 메이여우 청구어 쿠와이 팅, 즈 짜이 하이비엔 칸구어 지츠

Unit 11
등산을 즐길 때

2139. 요즘 한국 사람들은 등산을 많이 다닙니다.

最近许多韩国人常去登山。

Zuìjìn xǔduō hánguórén cháng qù dēngshān.

쭈이진 쉬뚜어 한구어런 창 취 떵샨

> 但是는 역접을 나타내는 접속사로 문장이 전환된다.

2140. 산을 오르기는 힘들지만 정상에 오르면 기분이 매우 좋습니다.

登上去山的时候很苦，但是一到山顶就很爽快。

Dēng shàng qù shān de shíhou hěn kǔ, dànshì yí dào shān dǐng jiù hěn shuǎng kuai.

떵샨 취 샨더 스호우 헌 쿠, 딴스 이 따오 샨띵 지우 헌 슈왕쿠와이

2141. 저는 세계 각국의 명산을 오르고 싶습니다.

我想爬上世界各国的名山。

Wǒ xiǎng pá shang shìjiè gè guó de míngshān.

워 시앙 파 샹 스지에 꺼꾸어더 밍샨

2142. 우리 회사 내에는 등산 모임이 있습니다.

我们公司里有登山团体。

Wǒmen gōngsī lǐ yǒu dēngshān tuántǐ.

워먼 꽁쓰리 여우 떵샨 투안티

Unit 12
야유회를 즐길 때

2143. 이번 주 일요일에 직원들끼리 야유회를 간다.

这个星期天跟职员们一起去郊游会。

Zhè ge xīngqī tiān gēn zhíyuánmen yìqǐ qù jiāoyóuhuì.

쩌거 싱치티엔 껀 즈위엔먼 이치 취 지아오여우후이

2144. 야유회 장소는 어디로 정하지?

去郊游会到什么地方好呢？

Qù jiāoyóuhuì dào shénme dìfang hǎo ne?

취 지아오여우후이 따오 션머 띠팡 하오너

2145. 야유회 가기 전에 어떤 것을 준비해야 합니까?

去郊游会以前要准备什么东西？

Qù jiāoyóuhuì yǐqián yào zhǔnbèi shénme dōngxi?

취 지아오여우후이 이치엔 이야오 준뻬이 션머 똥시

2146. 매번 야유회에 우리는 고기를 구워먹었다.

야유회를 즐길 때

每次去郊游会的时候，我们都吃烤肉。

Měi cì qù jiāoyóuhuì de shíhou,　wǒmen dōu chī kǎoròu.
메이츠 취 지아오여우후이더 스호우, 워먼 또우 츠 카오로우

해수욕을 즐길 때

2147. 바닷가에 가서 해수욕을 합니다.

去海滩洗海水浴。

Qù hǎi tān xǐ hǎishuǐyù.
취 하이 탄 시 하이 슈이위

> 因为는 원인을 나타내
> 는 접속사로 뒤에 所以
> 와 함께 자주 쓰인다.

2148. 여름에 해수욕을 하려는 사람들 때문에 호텔은 항상 만원입니다.

在夏季因为要洗海水浴的人，饭店总是满员。

Zài xiàjì yīnwèi yào xǐ hǎishuǐyù de rén,　fàndiàn zǒngshì mǎn yuán.
짜이 시아지 인웨이 이야오 시 하이슈이위더런, 판디엔 쫑스 만위엔

2149. 해수욕을 할 때는 안전요원의 말을 잘 들어야 합니다.

洗海水浴的时候，一定要注意听安全人员的话。

Xǐ hǎishuǐyù de shíhou,　yídìng yào zhùyì tīng ānquán rén yuán de huà.
시 하이슈이위더 스호우, 이띵 이야오 쭈이 팅 안취엔 런위엔더화

2150. 바닷가에서 너무 멀리까지 헤엄치지 말아야 합니다.

在海水浴场不许游到远处。

Zài hǎishuǐyùchǎng bùxǔ yóu dào yuǎn chù.
짜이 하이슈이위창 뿌 쉬 여우 따오 위엔추

> 许는 「허락하
> 다」라는 의미
> 로 쓰이며, 不
> 를 붙여 불가함
> 을 나타낸다.

2151. 어린아이들은 부모와 함께 물에 들어가야 합니다.

小孩子们一定跟父母一起进去海水。

Xiǎoháizi men yídìng gēn fùmǔ yìqǐ jìn qù hǎishuǐ.
시아오 하이즈먼 이띵 껀 푸무 이치 진 취 하이슈이

Chapter 34

취미에 대해서

취미는 중국어로 「爱好(ài hǎo), 兴趣(xīng qù)」라고 한다.
중국어의 단어조합은 「동사 + 목적어」 형태이다. 만약 취미가 「음악듣기」라면 「听(듣다)+音乐(음악)」으로 표현한다. 중국어의 동사는 영어나 한국어처럼 동사의 변화가 없기 때문에 문장을 만들거나 말을 할 때 어순만 맞춘다면 비교적 쉽게 문장을 만들 수 있다.

Ⓐ 请问有什么兴趣?
Qǐngwèn yǒu shénme xìngqù?

Ⓐ 취미가 뭡니까?

Ⓐ 我的兴趣很广泛。
Wǒ de xìngqù shì hěn guǎngfàn.

Ⓑ 저의 취미는 다양해요.

Ⓐ 其中最喜欢的兴趣是什么?
Qí zhōng zuì xǐhuān de xìngqù shì shénme?

Ⓑ 我最喜欢集邮。你的兴趣呢?
Wǒ zuì xǐhuān jí yóu. Nǐ de xìngqù ne?

Ⓐ 我的兴趣是欣赏音乐。
Wǒ de xìngqù shì xīnshang yīnyuè.

Ⓐ 그중에서 가장 좋아하는 취미는 무엇입니까?
Ⓑ 우표 수집을 좋아합니다. 당신의 취미는요?
Ⓐ 제 취미는 음악 감상입니다.

2152. 취미가 뭡니까?

请问有什么趣味?

Qǐngwèn yǒu shénme qùwèi?

칭원 여우 선머 취웨이

请问은 「실례합니다」라 는 뜻으로 질문을 하기에 앞 서 표현하는 겸양어이다.

2153. 우표 수집을 좋아합니다.

我喜欢集邮。

Wǒ xǐhuān jí yóu.

워 시후안 지여우

2154. 제 취미는 음악 감상입니다.

我的兴趣是欣赏音乐。

Wǒ de xìngqù shì xīnshang yīnyuè.

워더 싱취 스 신샹 인위에

2155. 저의 취미는 다양해요.

我的兴趣很广泛。

Wǒ de xìngqù hěn guǎngfàn.

워더 싱취 헌 구왕판

广泛은 범위가 넓음을 나타내 는 형용사이다.

2156. 저는 배드민턴 치는 것을 좋아합니다.

我喜欢打羽毛球。

Wǒ xǐhuān dǎ yǔmáoqiú.

워 시후안 따 위마오치우

羽毛球 배드민턴

오락에 대해서

중국의 대표적인 오락으로는 마작(麻雀)이 있다. 마작은 중국에서 명절 때도 하지만 우리나라의 장기처럼 평상시에도 친목 도모를 위해 많이 하는 놀이이다. 한국에서는 장기를 남자들이 주로 하지만, 중국에서 마작은 여자들도 많이 즐기는 놀이이다. 마작은 중국에서 전해 온 실내 놀이의 한 가지로 네 사람이 136개의 패(牌)를 가지고 짝을 맞추는 놀이이다.

Ⓐ 在这里可以做哪些赌博?
Zài zhèli kěyǐ zuò nǎ xiē dǔbó?

Ⓑ 有各种各样的吧。
Yǒu gè zhǒng gè yàng de ba.

Ⓐ 여기서는 어떤 갬블을 할 수 있습니까?

Ⓑ 여러 가지 게임을 할 수 있습니다.

Ⓐ 我要两百美元的筹码。
Wǒ yào liǎng bǎi měiyuán de chóu mǎ.

Ⓑ 你要玩儿什么赌博?
Nǐ yào wánr shénme dǔbó?

Ⓐ 有没有容易点的游戏?
Yǒu méi yǒu róngyì diǎn de yóuxì?

Ⓑ 学一点儿就都会。
Xué dì diǎnr jiù dōu huì.

Ⓐ 听说 '赌场无父子', 这句话是真的吗?
Tīng shuō dǔ chǎng wú fù zi, zhè jù huà shì zhēn de ma?

Ⓑ 那句话就是有关对于赌博沉醉的少数人。
Nà jù huà jiùshì yǒu guān duìyú dǔbó chén zuì de shǎo shǔ rén.

把赌博不要以为是赌博, 就认为游戏。
Bǎ dǔbó búyào yǐwéi shì dǔbó, jiù rènwéi yóuxì.

Ⓐ 칩 200달러 부탁합니다.

Ⓑ 어떤 게임을 하시겠습니까?

Ⓐ 쉬운 게임은 있습니까?

Ⓑ 배우면 됩니다.

Ⓐ 듣기에 '도박판에는 부모 자식도 없다'라는 말이 있던데 정말 그런가요?

Ⓑ 그 말은 도박에 심취해있는 소수의 사람을 두고 하는 말입니다.

도박을 도박으로 생각하면 안 되고, 그저 게임으로 생각해야 합니다.

2157. 인기가 있는 디스코텍은 어디입니까?

最受欢迎的迪厅是哪里?

Zuì shòu huānyíng de dí tīng shì nǎli?

쭈이 쇼우 후안잉더 띠팅 스 나리

> 受는 「받다」라는 의미 의 동사로써, 예로 는 受帮 助, 受优待 등이 있다.

2158. 라이브 연주도 있습니까?

有现场演奏吗?

Yǒu xiàn chǎng yǎn zòu ma?

여우 시엔창 이엔쪼우 마

2159. 여기서는 어떤 갬블을 할 수 있습니까?

在这里可以做哪些赌博?

Zài zhèli kěyǐ zuò nǎ xiē dǔbó?

짜이 쩌리 커이 쭈어 나시에 두뽀

2160. 칩 200달러 부탁합니다.

我要两百美元的筹码。

Wǒ yào liǎng bǎi měiyuán de chóu mǎ.

워 이야오 리앙 빠이 메이위엔더 초우마

> 两은 숫자 二과 같은 뜻 으로 사용되며, 백 이상의 단위 앞이나, 양사 앞에서 는 주로 两을 사용한다.

2161. 쉬운 게임은 있습니까?

有没有容易点儿的游戏?

Yǒu méi yǒu róngyì diǎnr de yóuxì?

여우메이여우 롱이 디얼더 여우시

> 긍정과 부정형식을 병렬하 여 사용하는 의문문으로서 정반의 문 문이라고 한다.

문화 활동

영상매체를 보거나 들을 때 필요한 것들을 알아보자.
CD플레이어-激光唱机(jī guāng chàng jī), 레코드플레이어-电唱机(diàn chàng jī), 텔레비전-电视(机)(diàn shì(jī)), 비디오-录影机(lù yǐng jī) 등.
중국은 서점이나 레코드 가게, 길거리 등에서 테이프나 CD를 구입할 수 있으나, 길거리에서 판매하는 테이프는 해적판(盗版)이 많고, 가격이 싼 대신 품질이 좋지 않다.

Ⓐ 你喜欢读什么样的书?
Nǐ xǐhuān dú shénmeyàng de shū?

Ⓑ 我是随意, 逮什么读什么。
Wǒ shì suí yì, dǎi shénme dú shénme.

Ⓐ 어떤 책을 즐겨 읽으십니까?　　Ⓑ 저는 손에 잡히는 대로 다 읽습니다.

Ⓐ 你喜欢随笔吗?
Nǐ xǐhuān suí bǐ ma?

Ⓑ 比起随笔, 我更喜欢小说。
Bǐ qǐ suí bǐ, wǒ gèng xǐhuān xiǎoshuō.

Ⓐ 你念过这本书吗?
Nǐ niàn guò zhè běn shū ma?

Ⓑ 那本书从头到尾看过, 但是无聊。
Nà běn shū cóng tóu dào wěi kàn guò, dànshì wúliáo.

Ⓐ 你喜欢看电影吗?
Nǐ xǐhuān kàn diànyǐng ma?

Ⓑ 是, 我真喜欢看电影。
Shì, wǒ zhēn xǐhuān kàn diànyǐng.

Ⓐ 你喜欢看什么电影?
Nǐ xǐhuān kàn shénme diànyǐng?

Ⓑ 喜欢动作片, 因为很刺激。
Xǐhuān dòng zuò piàn, yīnwèi hěn cìjī.

Ⓐ 수필을 좋아하세요?　　Ⓑ 수필보다 소설을 좋아합니다.
Ⓐ 이 책 읽어보셨어요?　　Ⓑ 그 책은 처음부터 끝까지 다 읽었는데, 지루해요.
Ⓐ 영화 좋아하세요?　　Ⓑ 예, 전 영화보는 것을 무척 좋아합니다.
Ⓐ 어떤 영화를 좋아하세요?　　Ⓑ 액션 영화를 좋아합니다. 스릴 있어서요.

2162. 어떤 책을 즐겨 읽으십니까?
你喜欢读什么样的书?
Nǐ xǐhuān dú shénmeyàng de shū?
니 시후안 두 션머이양더 슈

2163. 주로 애정소설을 읽습니다.
主要看爱情小说。
Zhǔ yào kàn àiqíng xiǎoshuō.
주이야오 칸 아이칭 시아오슈어

2164. 저는 손에 잡히는 대로 다 읽습니다.
我是随意，逮什么读什么。
Wǒ shì suí yì, dǎi shénme dú shénme.
워 스 수이이, 따이 션머 두 션머

随意는 「뜻대로 하다, 생각대로 하다」라는 뜻을 가진 동사이다.

2165. 그 책은 처음부터 끝까지 다 읽었어요.
我把那本书从头到尾看过了。
Wǒ bǎ nà běn shū cóng tóu dào wéi kàn guò le.
워 바 나뻔슈 총 토우 따오 웨이 칸구어러

把는 목적어를 앞으로 이끌어 내는 개사로써 문장이 도치된다.

2166. 이 책은 지루해요.
这本太冗长。
Zhè běn tài rǒngcháng.
쩌 번 타이 롱창

2167. 한번 훑어봤어요.
泛泛地浏览了一遍。
fàn fàn de liú lǎn le yíbiàn.
판 판 더 리우란러 이비엔

地는 구조조사로서 동사나 형용사를 수식하는 경우에 쓰인다.

2168. 좋아하는 작가는 누구입니까?
你喜欢的作家是谁?
Nǐ xǐhuān de zuòjiā shì shéi?
니 시후안더 쭈어지아 스 쉐이

2169. 수필보다 소설을 좋아합니다.
比起随笔，我更喜欢小说。
Bǐ qǐ suí bǐ, wǒ gèng xǐhuān xiǎoshuō.
비 치 슈이비, 워 껑 시후안 시아오슈어

2170. 요즘 베스트셀러는 무엇입니까?
最近的畅销书是什么?
Zuìjìn de chàng xiāo shū shì shénme?
쭈이진더 창시아오 슈 스 션머

2171. 무슨 신문을 보십니까?

你看什么报纸?

Nǐ kàn shénme bàozhǐ?

니 칸 션머 빠오즈

报纸는 신문을 나타내며, 중국에서는 우리가 쓰는 新聞을 써서 뉴스를 나타낸다.

2172. 그 사건은 일면에 났어요.

那事件登在头版呢。

Nà shì jiàn dēngzài tóu bǎn ne.

나 스 지엔 뚱짜이 토우빤너

2173. 그 사람 신문에 났더군요.

那人上报了。

Nà rén shàng bào le.

나런 샹 빠오러

首先은 먼저라는 의미로, 뒷문장이 이어질 경우, 종종 然后(~한 연후에), 最后(마지막으로) 등과 호응하여 쓰인다.

2174. 저는 스포츠면을 먼저 읽습니다.

我首先看体育版。

Wǒ shǒuxiān kàn tǐyù bǎn.

워 쇼우시엔 칸 티위빤

2175. 어떤 잡지를 좋아합니까?

你喜欢什么样的杂志?

Nǐ xǐhuān shénmeyàng de zázhì?

니 시후안 션머이양더 자즈

2176. 그 잡지는 격주로 발행됩니다.

那是隔周发行的期刊。

Nà shì gé zhōu fā xíng de qī kān.

나 스 꺼쪼우 파싱더 치칸

订은 「예약하다」라는 뜻으로, 예로는 订报(신문을 구독하다), 订货(물품을 주문하다) 등이 있다.

2177. 자동차 잡지를 구독합니다.

我订阅汽车杂志。

Wǒ dìng yuè qìchē zázhì.

워 띵 위에 치처 자즈

2178. 어떤 텔레비전 프로그램을 좋아하십니까?

你喜欢哪些电视节目?

Nǐ xǐhuān nǎ xiē diànshì jiémù?

니 시후안 나시에 티엔스 지에무

2179. 연속극을 좋아합니다.

我喜欢连续剧。

Wǒ xǐhuān liánxùjù.

워 시후안 리엔쉬쥐

2180. 그게 언제 방송되죠?

那个什么时候播放?

Nà ge shénme shíhou bō fàng?

나거 션머 스호우 뽀어팡

2181. 리모콘이 어디 있죠?

遥控器在哪里?

Yáokòngqì zài nǎli?

이야오콩치 짜이 나리

2182. 다음 프로가 무엇이죠?

下面的节目是什么?

Xiàmiàn de jiémù shì shénme?

시아미엔더 지에무 스 션머

Unit 04
비디오와 라디오에 대해 말할 때

2183. 라디오 좀 꺼 주세요.

请关掉收音机。

Qǐng guān diào shōuyīnjī.

칭 꾸안띠아오 쇼우인지

2184. 예전에는 라디오 듣는 사람이 많았지만 지금은 그렇지 않습니다.

以前很多人听收音机，但是现在不是那样。

Yǐqián hěn duō rén tīng shōuyīnjī, dànshì xiànzài búshì nà yàng.

이치엔 헌 뚜어런 팅 쇼우인지, 딴스 시엔짜이 부스 나이양

2185. 비디오 테입을 빌려와서 같이 봅시다.

借录像带一起看电影吧。

Jiè lùxiàngdài yìqǐ kàn diànyǐng ba.

지에 루시앙따이 이치 칸 띠엔잉바

> 吧는 문장 끝에 쓰는 어기조사로써 제의나 권유를 나타낸다.

2186. 비디오가 고장 났나 봐요.

录像机好像出毛病了。

Lùxiàngjī hǎoxiàng chū máobìng le.

루시앙지 하오시앙 추 마오삥러

Unit 05
음악에 대해 말할 때

2187. 어떤 음악을 좋아하세요?

你喜欢听什么音乐?

Nǐ xǐhuān tīng shénme yīnyuè?

니 시후안 팅 션머 인위에

2188. 좋아하는 가수가 누구예요?

喜欢的歌星都有谁?

Xǐhuān de gēxīng dōu yǒu shéi?

시후안더 꺼싱 또우 여우 쉐이

> 歌星은 明星(스타)의 하나로 가수를 나타내며, 이와 비슷하게는 影星(영화배우), 交际星(사교계 스타) 등이 있다.

2189. 그 음악은 제 취향에 맞지 않습니다.

那音乐不合我的口味。

Nà yīnyuè bù hé wǒ de kǒuwèi.

나 인위에 뿌 흐어 워더 코우웨이

2190. 악기를 연주할 줄 압니까?

你会演奏乐器吗?

Nǐ huì yǎn zòu yuèqì ma?

니 후이 이엔쪼우 위에치 마

2191. 저는 노래는 못해요.

我唱歌唱得不太好。

Wǒ chànggē chàng de bú tài hǎo.

워 창꺼 창 더 부타이 하오

2192. 저는 음치입니다.

我五音不全。

Wǒ wǔ yīn bù quán.

워 우인뿌취엔

2193. 노래 한 곡 불러 주시겠어요?

能给我唱一首歌吗?

Nénggěi wǒ chàng yìshǒu gē ma?

너 게이 워 창 이 쇼우 꺼 마

> 得는 정도보어를 만들어주
> 는 구조조사로서 정도보어
> 의 부정은 得 다음의 형용
> 사를 부정하여 나타낸다.

Unit 06
**영화와 연극에 대해
말할 때**

2194. 어떤 영화를 좋아하세요?

你喜欢看什么电影?

Nǐ xǐhuān kàn shénme diànyǐng?

니 시후안 칸 션머 띠엔잉

2195. 액션 영화를 좋아합니다.

喜欢动作片。

Xǐhuān dòngzuòpiàn.

시후안 똥쭈어피엔

2196. 스릴 있는 영화를 좋아합니다.

我喜欢惊险电影。

Wǒ xǐhuān jīng xiǎn diànyǐng.

워 시후안 징시엔 띠엔잉

2197. 저 영화배우들 중에서 누구를 가장 좋아하세요?

那些影星中你最喜欢谁?

Nà xiē yǐngxīng zhōng nǐ zuì xǐhuān shéi?

나시에 잉싱 중 니 쭈이 시후안 쉐이

2198. 그 영화의 주연은 누구입니까?

那电影是谁主演的?

Nà diànyǐng shì shéi zhǔyǎn de?

나 띠엔잉 스 쉐이 주이엔더

**영화와 연극에 대해
말할 때**

2199. 상영 기간은 언제까지입니까?

放映期间到什么时候为止?

Fàngyìng qījiān dào shénme shíhou wéizhǐ?

팡잉 치지엔 따오 션머 스호우 웨이즈

「到~为止」는 시간이나 진도를 나타내며 「~를 끝으로 하다」라고 해석된다.

2200. 최근에 본 영화는 무엇입니까?

最近看了什么电影?

Zuìjìn kàn le shénme diànyǐng?

쭈이진 칸러 션머 띠엔잉

Unit 07

**그림과 골동품 수집에
대해 말할 때**

2201. 이 그림 한번 보세요.

请看看这幅畫。

Qǐng kànkàn zhè fùhuà.

칭 칸칸 쩌 푸 화

2202. 저는 수채화 감상을 좋아합니다.

我喜欢欣赏水彩畫。

Wǒ xǐhuān xīnshǎng shuǐcǎihuà.

워 시후안 신샹 슈이차이화

2203. 정말 아름다운 작품인데요.

这个作品真是太美了。

Zhè ge zuòpǐn zhēn shì tài měi le.

쩌거 쭈어핀 쩐스 타이 메이러

2204. 저는 미술품 수집을 좋아합니다.

我喜欢搜集美术品。

Wǒ xǐhuān sōu jí měishùpǐn.

워 시후안 소우지 메이슈핀

2205. 좋아하는 화가는 누군가요?

你喜欢的畫家是谁?

Nǐ xǐhuān de huàjiā shì shéi?

니 시후안더 화지아 스 쉐이

2206. 이 그림이 뭐가 그리 좋은가요?

你说这幅畫到底哪点那么好?

Nǐ shuō zhè fù huà dàodǐ nǎ diǎn nàme hǎo?

니 슈어 쩌 푸 화 따오띠 나 디엔 나머 하오

到底는 「도대체」라는 뜻으로 의문문에 쓰여 어조를 강조한다.

길 안내와 묻기

중국은 땅이 넓기 때문에 어렸을 때부터 방향에 대한 교육을 반복해서 시킨다고 한다. 중국어의 방향에 관한 표현을 잘 익혀두자. 예시) 우측-右边(yòu biān), 좌측-左边(zuǒ biān), 이쪽-这边(zhè biān), 저쪽-那边(nà biān), 동쪽-东边(dōng biān), 서쪽-西边(xī biān), 남쪽-南边(nán biān), 북쪽-北边(běi biān), 쪽-边(biān), ~향해서-向(xiàng), ~방향으로-往(wǎng), 돌다-拐(guǎi), 곧장 가다--直走(yī zhí zǒu)

🅐 这附近百货公司在哪里?
Zhè fùjìn bǎihuògōngsi zài nǎli?

🅑 我不太熟悉。
Wǒ yě bú tài shú xi.

🅐 이 근처 백화점이 어디 있습니까?

🅑 잘 모르겠는데요.

🅐 听说在邮局旁边。
Tīng shuō zài yóujú pángbiān.

🅑 从这儿到邮局，该要走一会儿。
Cóng zhèr dào yóujú, gāi yào zǒu yíhuìr.

🅐 走着去要花几分钟?
Zǒu zhe qù yào huā jǐ fēn zhōng?

🅑 走着去的话，五分钟就到了。
Zǒu zhe qù de huà, wǔ fēn zhōng jiù dào le.

🅐 우체국 옆에 있다고 하던데요.
🅑 우체국은 좀 걸어가야 합니다.
🅐 걸어서 몇 분 걸립니까?
🅑 걸어서 5분 거리입니다.

Unit 01

길을 물을 때

2207. 우체국을 가려면 어떻게 해야 합니까?

请问邮局怎么走?

Qǐngwèn yóujú zěnme zǒu?

칭원 여우쥐 쩐머 쪼우

> 花은 동사로 「소비하다, 쓰다」라고 해석된다. 중국에서는 「돈을 쓰다」를 花钱이라고 많이 표현한다.

2208. 걸어서 몇 분 걸립니까?

走着去要花几分钟?

Zǒu zhe qù yào huā jǐ fēn zhōng?

쪼우저 취 이야오 화 지 펀중

2209. 역까지 가는 길을 가르쳐 주세요.

麻烦你告诉我怎么到车站。

Máfan nǐ gàosu wǒ zěnme dào chēzhàn.

마판 니 까우수 워 쩐머 따오 처짠

> 麻烦의 본뜻은 「귀찮게 하다」이지만 상대방에게 부탁을 할 때 정중한 표현으로 사용된다.

2210. 여기에서 가깝습니까?

离这儿近吗?

Lí zhèr jìn ma?

리 쩔 진 마

2211. 이 주위에 지하철역은 있습니까?

这附近有地铁站吗?

Zhè fùjìn yǒu dìtiězhàn ma?

쩌 푸진 여우 띠티에짠 마

2212. 제가 지금 있는 곳이 어디입니까?

我现在在哪儿呢?

Wǒ xiànzài zài nǎr ne?

워 시엔짜이 짜이 날너

Unit 02

길을 가르쳐 줄 때

2213. 곧장 가세요.

简直走就行。

Jiǎnzhí zǒu jiù xíng.

지엔즈 쪼우 지우 싱

2214. 되돌아가세요.

你得往回走。

Nǐ děi wǎng huí zǒu.

니 데이 왕 후이 쪼우

2215. 저 빌딩입니다.

就是那个大厦。

 大厦 빌딩

Jiù shì nà ge dàshà.

지우스 나거 따샤

Part 3 주석에서 활용하는 실용 회화

2216. 걸어서 5분 거리입니다.

走着去的话，五分钟就到了。

Zǒuzhe qù de huà, wǔ fēn zhōng jiù dào le.

쪼우저 취더화, 우 펀중 지우 따오러

2217. 저도 같은 방향으로 가는 중입니다.

我正好和你同路。

Wǒ zhèng hǎo hé nǐ tóng lù.

워 쩡하오 흐어 니 퉁루

正好는 긍정적인 사건의 발생 시점이 정확하게 맞아 떨어질 경우에 사용한다. 반대의 경우는 不巧를 사용한다. 匍你也要那本书吗? 不巧那本书被他借走了。 (너도 그 책이 필요하니? 공교롭게도 그 책은 그가 빌려갔어.)

2218. 저 사람에게 물어볼게요.

我帮你问问那个人。

Wǒ bāng nǐ wènwen nà ge rén.

워 빵 니 원원 나거런

2219. 첫 번째 모퉁이에서 왼쪽으로 도세요.

在第一个拐角处往左拐。

Zài dì yí ge guǎi jiǎo chù wǎng zuǒ guǎi.

짜이 띠이거 꾸와이지아오 추 왕 쭈어 꾸와이

2220. 지도를 그려 드릴게요.

我给你畫个地图吧。

Wǒ gěi nǐ huà ge dìtú ba.

워 게이 니 화거 띠투바

2221. 차를 타는 게 좋아요.

你最好坐车。

Nǐ zuì hǎo zuò chē.

니 쭈이 하오 쭈어처

最는 최상급을 표현하며 「가장, 최고」의 정도의 의미로 쓰인다.

2222. 가로수 길을 따라 걸어가세요.

沿着这条街走。

Yánzhe zhè tiáo jiē zǒu.

이엔저 쩌 지에 티아오 쪼우

Unit 03

길을 잘 모를 때

2223. 이 근방은 잘 모릅니다.

这一带我也不太熟悉。

Zhè yí dài wǒ yě bú tài shúxī.

쩌 이 따이 워 이에 부타이 슈시

2224. 미안합니다. 저도 잘 모릅니다.

对不起，我也不清楚。

Duìbuqǐ, wǒ yě bù qīngchu.

뚜이붙이, 워 이에 뿌 칭추

2225. 물어볼 테니까, 잠깐 기다리세요.

我去问问，请稍等。

Wǒ qù wènwen, qǐng shāoděng.

워 취 원원, 칭 샤오 떵

2226. 파출소에서 물어볼게요.

길을 잘 모를 때

我去派出所问问。

Wǒ qù pàichū suǒ wènwen.

워 취 파이추수어 원원

2227. 길을 잘못 들었습니다.

你走错路了。

Nǐ zǒu cuò lù le.

니 쪼우 추어 루러

> 错는 走의 결과보어로
> 행위나 동작이 틀렸음
> 을 나타낸다.

2228. 길을 잃었습니다. 여기가 어디입니까?

我迷路了，请问这里是哪儿?

Wǒ mílù le, qǐngwèn zhèlǐ shì nǎr?

워 미루러, 칭원 쩌리 스 날?

2229. 저에게 방향을 가리켜 주실 수 있습니까?

能给我指方向吗?

Néng gěi wǒ zhǐ fāngxiàng ma?

넝 게이 워 즈 팡시앙 마

2230. 지도로 가리켜 주실 수 없나요?

能在地图上指一下吗?

Néng zài dìtú shàng zhǐ yíxià ma?

넝 짜이 띠투 샹 즈 이시아 마

2231. 이곳은 어디입니까?

请问这是什么地方?

Qǐngwèn zhè shì shénme dìfāng?

칭원 쩌 스 션머 띠팡

대중교통의 이용

택시는 중국어로 「出租汽车(chū zū qì chē)」 혹은 「的士(de shì)」라고 한다. 중국에서 택시를 이용하는 경우 미터기를 사용하지 않는 택시를 잘못 타면 의외의 요금을 요구당할 수 있으니 주의하자. 만약 납득할 수 없는 요금이라면 흥정을 하거나 아니면 단호하게 거절하는 것이 좋겠다. 「~까지 얼마예요?」라는 표현은 「到+목적지+多少钱?」이라고 한다. 예를 들어, 「공항까지 얼마예요?」라고 물어 본다면 「到机场多少钱?」이라고 말하면 된다.

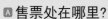
A 售票处在哪里?
Shòupiàochù zài nǎli?

B 就在那里。
Jiù zài nàli.

A 매표소는 어디입니까?　　　　　　　　　　B 저쪽에 있습니다.

C 你好，您到哪儿去?
Nǐ hǎo, nín dào nǎr qù?

A 给我一张到北京的单程票。
Gěi wǒ yì zhāng dào běijīng de dānchéngpiào.

A 这辆火车到站以前，有没有引导广播?
Zhè liàng huǒchē dào zhàn yǐqián, yǒu méi yǒu yǐndǎo guǎngbō?

D 中国的火车没有引导播送。你去哪里?
Zhōngguó de huǒchē méiyǒu yǐndǎo bōsòng. Nǐ qù nǎli?

A 我去北京。
Wǒ qù běijīng.

D 下一站就是北京。
Xià yī zhàn jiù shì běijīng.

A 车里可以吸烟吗?
Chēlǐ kěyǐ xī yān ma?

D 车里禁止吸烟。
Chēlǐ jìnzhǐ xī yān.

C 어서오세요. 어디로 가십니까?　　　　　A 북경까지 편도 주세요.

A 이 기차는 역마다 안내방송을 해주나요?

D 중국의 기차는 안내방송이 없습니다. 어디로 가시나요?

A 북경에 갑니다.　　　　　　　　　　　　D 다음역이 북경입니다.

A 차내에서 담배를 피워도 되나요?　　　　D 차내에서는 금연입니다.

2232. 다음 역은 남경입니다.
下一站是南京。
Xià yī zhàn shì Nánjīng.
시아 이 짠 스 난징

> 下의 반대말은 上이다.
> 예 下次(다음 번) ↔
> 上次(지난 번)

2233. 이번 열차는 북경행입니다.
这次列车是去北京的。
Zhè cì liè chē shì qù běijīng de.
쩌츠 리에처 스 취 베이징더

2234. 시청역으로 가실 손님은 이번 역에서 2호선으로 갈아타세요.
要去市政府站的乘客，在本站下车，换乘第二号线。
Yào qù shìzhèngfu zhàn de chéngkè, zài běn zhàn xiàchē, huàn chéng dì èr hào xiàn.
이야오 취 스쩡푸짠더 청커, 짜이 본짠 시아처, 환 청 띠얼하오시엔

2235. 차내에서는 금연입니다.
车里禁止吸烟。
Chēlǐ jìn zhǐ xī yān.
처리 진즈 시이엔

2236. 중국의 기차는 외국어 안내방송이 없습니다.
中国的火车没有引导播广。
Zhōngguó de huǒchē méiyǒu yǐndǎo bōguǎng.
쭝구어더 후어처 메이여우 인따오 뽀어꾸왕

2237. 북경까지 편도 주세요.
给我一张到北京的单程票。
Gěi wǒ yì zhāng dào běijīng de dānchéngpiào.
게이 워 이 짱 따오 베이징더 딴청피아오

2238. 매표소는 어디입니까?
售票处在哪里?
Shòupiàochù zài nǎli?
쇼우피아오추 짜이 나리

2239. 몇 등석으로 드릴까요?
你要什么档次的?
Nǐ yào shénme dǎng cì de?
니 이야오 션머 땅츠더

2240. 편도입니까, 왕복입니까?
是单程还是往返?
Shì dānchéng háishì wǎngfǎn?
스 딴청 하이스 왕판

2241. 심천행 열차는 어디입니까?

开往深川的列车在哪里?

Kāi wǎng shēn chuān de lièchē zài nǎli?

카이 왕 션쩐더 리에처 짜이 나리

往은 방향보어로서 동사 开가 행해지는 방향을 제시한다.

2242. 이 열차는 예정대로 출발합니까?

这车正点出发吗?

Zhè chē zhèng diǎn chūfā ma?

쩌 처 쩡디엔 추파 마

2243. 이 자리에 손님이 있습니까?

请问这儿有人吗?

Qǐngwèn zhèr yǒu rén ma?

칭원 쩔 여우 런 마

2244. 차표 좀 보실까요?

可以看看你的车票吗?

Kěyǐ kànkan nǐ de chēpiào ma?

커이 칸칸 니더 처피아오 마

看看 상대방에게 정중하게 요청하는 경우 동사를 중첩하여 표현할 수 있다.

2245. 미안하지만, 차표가 매진되었습니다.

对不起，票已经卖完了。

Duìbuqǐ, piào yǐjīng mài wán le.

뚜이붙이, 피아오 이징 마이 완러

중국어에서 完은 결과보어로 자주 등장한다. 동작이 완료되었음을 나타낸다.

2246. 식당차는 어디입니까?

请问餐车在哪里?

Qǐngwèn cān chē zài nǎli?

칭원 찬처 짜이 나리

2247. 어디서 지하철을 탈 수 있나요?

到哪儿可以坐地铁?

Dào nǎr kěyǐ zuò dìtiě?

따오 날 커이 쭈어 띠티에

2248. 표는 어디서 살 수 있습니까?

在哪儿可以买票?

Zài nǎr kěyǐ mǎi piào?

짜이 날 커이 마이 피아오

2249. 어느 선이 시청으로 가죠?

哪条路线到市政府?

Nǎ tiáo lù xiàn dào shìzhèngfu?

나 티아오 루시엔 따오 스쩡푸

2250. 입구가 어디죠?

入口在哪里?

Rùkǒu zài nǎli?

루코우 짜이 나리

지하철을 이용할 때

2251. 3호선을 타십시오.

坐3号线路吧。

Zuò sān hào xiànlù ba.

쭈어 산 하오 시엔루바

吧는 상대방에게 어떤 행위나 동작을 제시, 권유하는 어기조사이다.

2252. 다음은 어디입니까?

下一个站点是哪里?

Xià yí ge zhàn diǎn shì nǎli?

시아 이거 짠 디엔 스 나리

2253. 어디서 갈아탑니까?

到哪里换车?

Dào nǎli huànchē?

따오 나리 후안처

2254. 북부역은 몇 번째입니까?

到北站还有几个站点?

Dào běi zhàn háiyǒu jǐ ge zhàn diǎn?

따오 베이짠 하이여우 지거 짠 디엔

Unit 04

버스를 이용할 때

2255. 버스 정류소는 어디에 있습니까?

公车站点在哪里?

Gōngchēzhàn diǎn zài nǎli?

꽁처짠 디엔 짜이 나리

2256. 천안문으로 가는 버스 정류소는 어디입니까?

去天安门的公车站在哪儿?

Qù Tiān'ānmén de gōngchē zhàn zài nǎr?

취 티엔안먼더 꽁처짠 짜이 날

2257. 어느 버스를 타야 되나요?

我该坐几路车?

Wǒ gāi zuò jǐ lù chē?

워 까이 쭈우 지 루 처

중국에서 버스의 번호를 세는 단어로 路가 쓰인다.
예 你坐330路车可以去。
(330번 버스를 타면 갈 수 있다.)

2258. 상해행 버스 요금이 얼마죠?

去上海的车票多少钱?

Qù Shànghǎi de chēpiào duōshaoqián?

취 상하이더 처 피아오 뚜어샤오 치엔

2259. 시청에 가려면 어디서 내리죠?

要到市政府得在哪个站点下?

Yào dào shìzhèngfu děi zài nǎ ge zhàn diǎn xià?

이야오 따오 스쩡푸 데이 짜이 나거 짠 디엔 시아

2260. 다음 버스는 몇 시입니까?

下一班车几点到?

Xià yì bān chē jǐ diǎn dào?

시아 이 빤처 지 디엔 따오

2261. 연변을 방문하는 투어는 있습니까?

有没有去延边的旅程?

Yǒu méi yǒu qù Yánbiān de lǚ chéng?

여우메이여우 취 이엔비엔더 뤼청

2262. 시내 관광버스가 있습니까?

有市内观光汽车吗?

Yǒu shìnèi guānguāng qìchē ma

여우 스네이 꾸완꾸왕 치처 마

2263. 투어는 몇 시에 어디에서 시작됩니까?

旅程什么时候在哪里开始?

Lǚ chēng shénme shíhou zài nǎlǐ kāishǐ?

뤼청 션머 스호우 짜이 나리 카이스

2264. 박물관을 보고 난 후에 경복궁으로 갈 것입니다.

看完博物馆后，再去景福宫。

Kàn wán bówùguǎn hòu, zài qù Jǐngfúgōng.

칸 완 뽀우구안 호우, 짜이 취 징푸꿍

「从~到…」는
시간과 장소의 시작
점과 도착점을 나타
낼 때 사용한다. 즉
「~부터 …까지」
라고 해석한다.

2265. 천진에서 북경까지는 관광버스를 이용하는 것이 좋습니다.

从天津到北京的时候，最好用观光汽车。

Cóng tiānjīn dào běijīng de sh hou, zuì hǎo yòng guānguāng qìchē.

총 티엔진 따오 뻬이징더 스호우, 쭈이하오 용 꾸안꾸왕 치처

2266. 택시를 잡읍시다.

打个出租车吧。

Dǎ ge chūzūchē ba.

따거 추쭈처바

2267. 택시 승강장이 이 근처에 있습니까?

出租车停车场在这附近吗?

Chūzūchē tíngchē chǎng zài zhè fùjìn ma?

추쭈처 팅처창 짜이 쩌 푸진 마

2268. 공항까지 요금이 얼마나 나올까요?

去机场需要多少钱呢?

Qù jīchǎng xūyào duōshaoqián ne?

취 찌창 쉬야오 뚜어샤오치엔 너

2269. 택시를 타면 얼마나 걸립니까?

坐出租车要花多长时间?

Zuò chūzūchē yào huā duōcháng shíjiān?

쭈어 추쭈처 이야오 화 뚜어 창 스지엔

택시를 이용할 때

2270. 밤에는 요금이 더 드나요?
晚上车费是不是更贵一些?
Wǎnshang chēfèi shì bú shì gèng guì yìxiē?
완샹 처페이 스부스 껑 꾸이 이시에

更은「더욱」이라는 뜻으로 수식하는 대상의 정도를 심화시킨다.

2271. 어디까지 가십니까?
你要到哪里?
Nǐ yào dào nǎli?
니 야오 따오 나리

2272. 이 주소로 데려다주시겠어요?
请把我送到这个地址，可以吗?
Qǐng bǎ wǒ sòng dào zhè ge dìzhǐ, kěyǐ ma?
칭 바 워 쏭다오 쩌거 띠즈, 커이 마

2273. 빨리 가 주세요.
请快一点吧。
Qǐng kuài yì diǎn ba.
칭 쿠와이 이디엔바

2274. 제 가방을 내려 주시겠습니까?
请帮我把包卸下来，可以吗?
Qǐng bāng wǒ bǎ bāo xiè xià lái, kěyǐ ma?
칭 빵 워 바 빠오시에 시아라이, 커이 마

Unit 07

국내선 비행기를 이용할 때

2275. 스튜어디스, 제 좌석이 어디에 있나요?
空中小姐, 请问我的座位在哪儿?
Kōngzhōng xiǎojie, qǐngwèn wǒ de zuòwèi zài nǎr?
콩중 시아오지에, 칭원 워더 쭈어웨이 짜이 날

空中小姐를 空姐로 줄여서 사용하기도 한다.

2276. 이것은 제 탑승권입니다.
这是我的登机牌。
Zhè shì wǒ de dēngjīpái.
쩌 스 워더 떵지파이

2277. 금연석으로 바꿔주세요.
我要换到禁烟席。
Wǒ yào huàn dào jìnyānxí.
워 이야오 후안 따오 진이엔시

块는 毛毯의 양사로 쓰였다. 이외에도 块는 중국의 화폐를 세는 단위로 쓰이기도 한다. 예 一块钱 1원(인민폐)

2278. 담요 한 장 주세요.
请给我一块毛毯。
Qǐng gěi wǒ yīkuài máotǎn.
칭 게이 워 이 쿠와이 마오탄

2279. 한국어를 아는 스튜어디스가 있습니까?
有没有会韩国语的小姐?
Yǒu méi yǒu huì hánguóyǔ de xiǎojie?
여우메이여우 후이 한구어위더 시아오지에

드라이브와 여객선 이용

중국 도로들이 위험지역이 되고 있다. AFP는 중국에서 매년 1천100만 명의 초보운전자들이 적절한 교육 없이 거리로 나오고 있다며 중국 고속도로에서의 치사율이 세계 최고수준을 기록하고 있다고 전했다. 참고로 차를 뜻하는 「车(chē)」를 응용하면 차에 관한 단어를 쉽게 익힐 수 있다.

주차-停车(tíng chē), 세차-洗车(xǐ chē), 차고-车库(chē kù) 등.

Ⓐ 请系上安全带。
Qǐng jì shang ānquándài.

Ⓑ 堵车啊。上下班的时候，
  总是这样吗?
Dǔchē a. Shàngxiàbān de shíhou,
zǒngshì zhèyàng ma?

Ⓐ 안전벨트를 매세요.

Ⓑ 차가 많이 막히네요. 출퇴근 시간은 항상 이래요?

Ⓐ 是，堵车很厉害 该加点儿油啦。在哪里停车?
shì, dǔchē hěn lìhai. Gāi jiā diǎnr yóu la. Zài nǎli tíngchē?

Ⓒ 请把车停靠在2号加油器旁。你要加多少?
Qǐng bǎ chē tíng kào zài èr hào jiā yóu qì páng. Nǐ yào jiā duōshao?

Ⓐ 给我加满。
Gěi wǒ jiā mǎn.

Ⓐ 到了。停车场在哪里?
Dào le. Tíngchēchǎng zài nǎli?

Ⓑ 里边有。
Lǐbiān yǒu.

Ⓐ 每小时停车费是多少?
Měi xiǎoshí tíngchēfèi shì duōshao?

Ⓑ 这里是免费停车场。
Zhèli shì miǎnfèi tíngchēchǎng.

Ⓐ 네, 많이 막힙니다. 기름 좀 넣어야겠습니다. 차를 어디에 정차시킬까요?
Ⓒ 2번 주유기에 차를 세우세요. 얼마나 넣어드릴까요?
Ⓐ 가득 채워 주세요.
Ⓐ 도착했습니다. 주차장이 어디에 있습니까?
Ⓑ 안쪽으로 들어가면 있습니다.
Ⓐ 시간당 주차료가 얼마입니까?
Ⓑ 이곳은 무료 주차장입니다.

렌터카를 빌릴 때

2280. (공항에서) 렌터카 카운터는 어디입니까?

借车处在哪里?

Jièchēchù zài nǎli?

지에처추 짜이 나리

2281. 3일간 차를 빌리고 싶습니다.

我想借用三天车。

Wǒ xiǎng jiè yòng sān tiān chē.

워 시앙 지에 용 산 티엔 처

> 借用三天车 한눈에도 보기 이상하다. 틀린 표현으로 생각하기 쉽지만 이렇게 표현하는 것은 중국인들의 언어습관이다. 우리는 중국어를 잘하기 위하여 이런 습관에 익숙해질 필요가 있다. 그러기 위해 예를 들어보겠다.
> 예 我看了三天的书。
> (난 3일 동안 책을 보았다.)
> 我们吃了两个小时的晚饭。
> (우리는 2시간 동안 저녁을 먹었다.)

2282. 어떤 차종을 원하십니까?

需要什么样的车?

Xūyào shénmeyàng de chē

쉬이야오 션머이양더 처

2283. (확인서를 제출하며) 예약했습니다.

已经订好了。

Yǐjīng dìng hǎo le.

이징 띵 하오러

2284. 이게 제 국제면허증입니다.

这是我的国际驾照。

Zhè shì wǒ de guójì jiàzhào.

쩌 스 워더 구어지 지아짜오

2285. 상해에 차를 놔두고 싶은데요.

我想把车放在上海。

Wǒ xiǎng bǎ chē fàng zài Shànghǎi.

워 시앙 바 처 팡 짜이 상하이

2286. 보증금은 얼마입니까?

押金是多少?

Yājīn shì duōshao?

이야진 스 뚜어샤오

2287. 종합보험을 들어 주세요.

请买一下综合保险。

Qǐng mǎi yíxià zōnghé bǎoxiǎn.

칭 마이 이시아 쫑흐어 바오시엔

차를 운전하면서

2288. 안전벨트를 매세요.

请系上安全带。

Qǐng jì shang ānquándài.

칭 지 샹 안취엔따이

Part 3 즉석에서 활용하는 실용 회화

2289. 에어컨 좀 켜 주세요.
请开一下空调。
Qǐng kāi yí xià kōngtiáo.
칭 카이 이시아 콩티아오

开는 기계나 가전제품을 가동하거나 전원을 켤 때 사용하는 동사이다.

2290. 문 잠금 장치를 찾을 수 없어요.
我找不到门锁。
Wǒ zhǎo bú dào mén suǒ.
워 짜오 부따오 먼 수어

2291. 속도 좀 줄이세요.
请慢一点儿。
Qǐng màn yì diǎnr.
칭 만 이디얼

2292. 그러다간 과속 딱지 떼일 거야.
你这样下去肯定挨罚。
Nǐ zhèyàng xià qù kěndìng ái fá.
니 쩌이양 시아취 컨띵 아이파

下去는 동작의 지속을 의미하는 복합방향보어이다.

2293. 간섭 좀 그만해.
是你开车还是我开车?
Shì nǐ kāichē háishì wǒ kāichē?
스 니 카이처 하이스 워 카이처

2294. 밤에는 운전을 잘 못합니다.
我晚上开不好。
Wǒ wǎnshang kāi bùhǎo.
워 완샹 카이 뿌 하오

2295. 앞쪽에서 사고가 난 것이 틀림없어요.
前面肯定出事故了。
Qiánmiàn kěndìng chū shìgù le.
치엔미엔 컨띵 추 스꾸러

2296. 출퇴근 시간은 항상 이래요?
上下班时间总是这样吗?
Shàngxiàbān shíjiān zǒngshì zhèyàng ma?
샹시아빤 스지엔 쫑스 쩌이양 마

上班(출근하다) ↔ 下班(퇴근하다)

2297. 우측 차선으로 들어가세요.
切换到右边车道。
Qiè huàn dào yòubiān chē dào.
치에 후안 따오 여우비엔 처따오

Unit 03

주차를 할 때

2298. 주차장이 어디에 있습니까?
停车场在哪里?
Tíngchē chǎng zài nǎli?
팅처창 짜이 나리

주차를 할 때

2299. 여기에 주차할 수 있습니까?

我可以把车停在这里吗?

Wǒ kěyǐ bǎ chē tíng zài zhèlǐ ma?

워 커이 바 처 팅 짜이 쩌리 마

2300. 시간당 주차료가 얼마입니까?

每小时停车费是多少?

Měi xiǎoshí tíngchēfèi shì duōshao?

메이 시아오스 팅처페이 스 뚜어샤오

2301. 여기는 무료 주차장입니다.

这里是免费停车场。

Zhèlǐ shì miǎnfèi tíngchēchǎng.

쩌리 스 미엔페이 팅처창

중국 어디서든 免费라는 이 단어를 자주 볼 수 있다. 그만큼 많이 쓰는 말이다.
免费(무료)

2302. 주차장이 꽉 찼어요.

停车场满了。

Tíngchēchǎng mǎn le.

팅처창 만러

2303. 이곳은 견인지역입니다.

这里是拖车区段。

Zhèlǐ shì tuōchē qūduàn.

쩌리 스 투어처 취뚜안

2304. 차를 뒤로 빼 주시겠어요?

请往后倒一下好吗?

Qǐng wǎng hòu dào yíxià hǎo ma?

칭 왕 호우 따오 이시아 하오 마

Unit 04

주유·세차를 할 때

2305. 이 근처에 주유소가 있나요?

这附近有加油站吗?

Zhè fùjìn yǒu jiāyóuzhàn ma?

쩌 푸진 여우 지아여우짠 마

加油는 이 문장에서 「기름을 넣다」라는 의미로 쓰였지만, 또 다른 의미로 「힘내라!, 파이팅!」 등의 격려의 뜻도 있다.

2306. 20원 어치 넣어주세요.

给我加20元的油。

Gěi wǒ jiā èr shí yuán de yóu.

게이 워 지아 얼스 위엔더 여우

2307. 가득 채워 주세요.

给我加满。

Gěi wǒ jiā mǎn.

게이 워 지아만

满는 결과보어로 쓰여서 「가득, 꽉」이라는 의미를 부여하고 있다.
예 春天到了, 花开满了。
(봄이 오니 꽃이 활짝 피었다.)

2308. 2번 주유기에 차를 세우세요.

请把车停靠在2号加油器旁。

Qǐng bǎ chē tíng kào zài èr hào jiā yóu qì páng.

칭 바 처 팅 카오 짜이 얼 하오 지아여우 치팡

2309. 세차 좀 해 주세요.

请把车给洗一下。

Qǐng bǎ chē gěi xǐ yíxià.

칭 바 처 게이 시 이시아

Unit 05

고장이 났을 때

2310. 차에 펑크 났어요.

我的轮胎爆了。

Wǒ de lún tāi bào le.

워더 룬타이 빠오러

2311. 시동이 안 걸립니다.

这车打不着火。

Zhè chē dǎ bù zháo huǒ.

쩌 처 따 뿌 짜오후어

2312. 엔진에 이상한 소리가 나요.

引擎发出奇怪的声音。

Yǐn qíng fā chū qí guài de shēngyīn.

인 칭 파추 치꾸와이더 성인

2313. 오일이 샙니다.

漏油了。

Lòu yóu le.

로우 여우러

2314. 차에 배터리가 나갔어요.

车上的蓄电池用完了。

Chē shàng de xù diàn chí yòng wán le.

처 샹더 쉬 띠엔츠 용 완러

2315. 전구 하나가 나갔어요.

一个车灯坏了。

Yí ge chē dēng huài le.

이거 처 떵 후와이러

2316. 왼쪽 뒷바퀴가 다 닳았어요.

左后轮磨损得厉害。

Zuǒ hòu lún mó sǔn de lìhai.

쭈어 호우 룬 모어순 더 리하이

2317. 지금 고쳐줄 수 있나요?

现在马上就能修好吗?

Xiànzài mǎshàng jiù néng xiū hǎo ma?

시엔짜이 마샹 지우 넝 시우 하오 마

2318. 브레이크 상태가 아주 나쁩니다.

刹车很不好使。

Shā chē hěn bùhǎo shǐ.

샤 처 헌 뿌 하오 스

> 马上과 就는 같이 한 묶음으로 자주 쓰인다. 두 단어의 의미는 비슷하다. 곧 「즉시, 바로」 등으로 해석한다.

> 刹车는 자동차 등을 멈출 때 쓰고, 자전거를 멈출 때에는 停车를 쓴다.

2319. 내 차가 꼼짝 못하게 되었습니다.

我的车动弹不得了。

Wǒ de chē dòng tan bù de liǎo.

워더 처 똥탄 뿌더리아오

> 不得了는 동사 뒤에 보어로 사용되어 불가능을 나타낸다.

2320. 교통사고를 당했습니다.

我遭到交通事故了。

Wǒ zāo dào jiāo tōng shì gù le.

워 짜오따오 지아오통 스꾸러

> 遭到 불행한 일이나 불리한 일을 당했을 경우에 주로 쓰인다.

2321. 충돌사고를 당했습니다.

我撞车了。

Wǒ zhuàng chē le.

워 쭈앙처러

2322. 사고를 냈습니다.

我闯祸了。

Wǒ chuǎng huò le.

워 추앙후어러

2323. 보험 처리가 됩니까?

保险能生效吗?

Bǎoxiǎn néng shēng xiào ma?

빠오시엔 넝 성시아오 마

2324. 그런 사고가 난 것은 제 잘못이에요.

出了这种事故，确实是我的错。

Chū le zhè zhǒng shìgù, quèshí shì wǒ de cuò.

추러 쩌 종 스꾸, 취에스 스 워더 추어

> 确实는 「확실히」라는 의미의 부사이다.

2325. 운전면허증을 보여 주세요.

给我看一下你的驾照。

Gěi wǒ kàn yíxià nǐ de jià zhào.

게이 워 칸 이시아 니더 지아짜오

2326. 여기 음주 측정기를 부십시오.

请吹一下这个飲酒测试器。

Qǐng chuī yíxià zhè ge yǐn jiǔ cè shì qì.

칭 추이 이시아 쩌거 인지우 처스치

2327. 경찰관, 제가 뭘 잘못했나요?

我犯什么错了吗，警官?

Wǒ fàn shénme cuò le ma, jǐngguān?

워 판 션머 추어러 마, 징꾸안

2328. 선생님, 정지 신호에서 멈추지 않았습니다.

先生，你刚刚闯过红灯了。

Xiānsheng, nǐ gānggāng chuǎng guò hóngdēng le.

시엔셩, 니 깡깡 추안구어 홍떵러

2329. 저기 경관님, 봐 주세요.

警官大哥，你就行个方便吧。

Jǐngguān dàgē, nǐ jiù xíng ge fāngbiàn ba.

진구안 따꺼, 니 지우 싱 거 팡비엔바

2330. 배에는 어떤 객실이 있습니까?

船上都有什么样的客舱？

Chuán shàng dōu yǒu shénmeyàng de kècāng?

추안 샹 또우 여우 션머이양더 커창

2331. 배에 식당이 있습니까?

船上有餐厅吗？

Chuán shàng yǒu cāntīng ma?

추안 샹 여우 찬팅 마

2332. 이 선실은 어떻게 갑니까?

请问这个客舱怎么走？

Qǐngwèn zhè gè kècāng zěnme zǒu?

칭원 쩌거 커창 쩐머 쪼우

2333. 배에는 1등 선실, 2등 선실, 3등 선실이 있습니다.

船上分一等舱，二等舱，三等舱。

Chuán shàng fēn yīděngcāng, èrděngcāng, sānděngcāng.

추안 샹 펀 이떵창, 얼떵창, 산떵창

Chapter 40

호텔에서의 숙박

중국의 모든 호텔은 별의 개수(1~5개)에 따라 등급이 구분된다. 북경에는 북경반점 등 별 5개의 최고급 호텔부터 초대소 등 다양한 숙박시설이 있다. 숙박요금은 호텔 등급에 따라 많은 차이가 있으며 10~20%의 서비스요금이 가산된다. 그러므로 북경의 호텔은 기본적인 숙박요금에 많게는 25%의 추가요금이 붙는다.

체크아웃-退房, 객실료-房费, 출납계-收款处, 팁-小费, 서비스료-服务费, 식당-餐厅.

Ⓐ 你好？有什么需要帮忙的吗？
Nǐ hǎo? Yǒu shénme xūyào bāng máng de ma?

Ⓑ 今晚会有房间吗？
Jīnwǎn huì yǒu fángjiān ma?

Ⓐ 안녕하십니까? 무엇을 도와 드릴까요?

Ⓑ 오늘 밤 방이 있을까요?

Ⓐ 需要什么样的房间？
Xūyào shénmeyàng de fángjiān?

Ⓑ 我需要带浴室的单间。住一宿多少钱？
Wǒ xiūyào dài yùshì de dānjiān. Zhù yī xiǔ duōshaoqián?

Ⓐ 住一天六百块。
Zhù yì tiān liù bǎi kuài.

Ⓑ 包括早餐吗？
Bāokuò zǎocān ma?

Ⓐ 没有包括。
Méiyǒu bāokuò.

- -

Ⓐ 어떤 방을 원하십니까?
Ⓑ 욕실이 딸린 싱글 룸이 필요한데요. 1박에 얼마입니까?
Ⓐ 600원입니다.
Ⓑ 아침식사는 포함됩니까?
Ⓐ 아니요, 포함되지 않습니다.

2334. 오늘 밤 방이 있을까요?

今晚会有房间吗?

Jīnwǎn huì yǒu fángjiān ma?

진완 후이 여우 팡지엔 마

> 今晚은 「今天(오늘)」
> 과 「晚上(저녁)」을 합
> 쳐놓은 말이다.

2335. 어떤 방을 원하십니까?

需要什么样的房间?

Xūyào shénmeyàng de fángjiān?

쉬이야오 선며이양더 팡지엔

2336. 욕실이 딸린 싱글 룸이 필요한데요.

我需要带浴室的单间。

Wǒ xūyào dài yùshì de dānjiān.

워 쉬이야오 따이 위스더 딴지엔

> 이 문장에서는 宿는 밤
> 을 세는 양사이며 xiǔ
> 로 읽는다. 기숙사를
> 뜻하는 宿舍는 sù로
> 읽는 것에 유의하자.

2337. 1박에 얼마입니까?

住一宿多少钱?

Zhù yī xiǔ duōshaoqián?

쭈 이 시우 뚜어샤오 치엔

2338. 아침식사는 포함됩니까?

包括早餐吗?

Bāokuò zǎocān ma?

바오쿠어 짜오찬 마

2339. 더 싼 방은 없습니까?

有没有更便宜的房间?

Yǒu méiyǒu gēng piányi de fángjiān?

여우메이여우 껑 피엔이더 팡지엔

> 更은 비교를 할 때 쓰이며
> 「더욱이」라고 해석한다.

2340. 방을 예약하고 싶습니다. 방이 있습니까?

我要预定客房，有房间吗?

Wǒ yào yùdìng kèfáng, yǒu fángjiān ma?

워 이야오 위띵 커팡, 여우 팡지엔 마

2341. 예약을 취소하고 싶습니다.

我要取消预约。

Wǒ yào qǔxiāo yùyuē.

워 이야오 취시아오 위위에

2342. 지금 남은 방들은 어떤 것들이 있습니까?

现在剩下的客房都有什么样的?

Xiànzài shèng xià de kèfáng dōu yǒu shénmeyàng de?

시엔짜이 성 시아더 커팡 또우 여우 선머이양더

호텔을 예약할 때

2343. <u>보통 방을 원합니다.</u>

我要标准间。

Wǒ yào biāozhǔn jiān.

워 이야오 삐아준지엔

Unit 03

호텔 체크인할 때

2344. <u>안녕하십니까? 무엇을 도와드릴까요?</u>

你好? 有什么需要帮忙的吗?

Nǐ hǎo? Yǒu shénme xūyào bāng máng de ma?

니 하오? 여우 션머 쉬야오 빵망더 마

2345. <u>체크인하고 싶은데요.</u>

我想开房。

Wǒ xiǎng kāi fáng.

워 시앙 카이 팡

2346. <u>예약을 하셨습니까?</u>

您预订了吗?

Nín yùdìng le ma?

닌 위띵러 마

2347. <u>이 숙박카드에 기입해 주십시오.</u>

请填写这个住宿卡。

Qǐng tián xiě zhè ge zhùsùkǎ.

칭 티엔 시에 쩌거 쭈수카

2348. <u>방을 체크아웃하지 않았습니다.</u>

我没有退房。

Wǒ méi yǒu tuìfáng.

워 메이여우 투이팡

2349. <u>이것이 예약확인증입니다.</u>

这是预约确认证。

Zhè shì yùyuē quèrènzhèng.

쩌 스 위위에 취에런쩡

Unit 04

호텔 프런트에서

2350. <u>귀중품을 보관하고 싶은데요.</u>

我想保管贵重物品。

Wǒ xiǎng bǎoguǎn guìzhòng wùpǐn.

워 시앙 빠오구안 꾸이중 우핀

2351. <u>열쇠를 보관해 주시겠습니까?</u>

请帮我保管钥匙可以吗?

Qǐng bāng wǒ bǎoguǎn yàoshi kěyǐ ma?

칭 빵 워 빠오구안 이야오스 커이 마

2352. 비상구는 어디에 있습니까?

安全出口在哪里?

Ānquán chūkǒu zài nǎli?

안취엔 추코우 짜이 나리

2353. 저한테 온 메시지는 있습니까?

有没有给我的留言。

Yǒu méi yǒu gěi wǒ de liúyán.

여우메이여우 게이 워더 리우이엔

成은 换의 결과보어로서 동작 대상의 변화를 나타낸다.

2354. 여행자수표를 현금으로 바꿔 주시겠습니까?

可以把旅游支票兑换成现金吗?

Kěyǐ bǎ lǚyóu zhīpiào duì huàn chéng xiànjīn ma?

커이 바 뤼여우 즈피아오 뚜이후안 청 시엔진 마

2355. 오늘 밤 늦게 돌아올 예정입니다.

今晚会晚点回来。

Jīnwǎn huì wǎn diǎn huí lái.

진완 후이 완 디엔 후이라이

Unit 05

룸서비스를 이용할 때

2356. 룸서비스를 부탁합니다.

我要客房服务。

Wǒ yào kèfáng fúwù.

워 이야오 커팡 푸우

2357. 내일 아침 식사를 부탁드리고 싶습니다.

我想拜托明天的早餐。

Wǒ xiǎng bài tuō míngtiān de zǎocān.

워 시앙 빠이투어 밍티엔더 짜오찬

중국에서는 물이 귀하다. 식당에서 물을 시키는 경우가 많은데, 일반적으로 물을 달라고 할 때는 开水를 쓴다. 문장 해석상 뜨거운 물이라고 해석했지만 开水는 끓인 물이라고 생각하면 된다.

2358. 계란 프라이와 커피를 부탁합니다.

我要荷包蛋和咖啡。

Wǒ yào hébao dàn hé kāfēi.

워 이야오 흐어빠오 딴 흐어 카페이

2359. 뜨거운 물을 가져오세요.

请给我拿开水。

Qǐng gěi wǒ ná kāishuǐ.

칭 게이 워 나 카이슈이

2360. 내일 아침 7시에 깨워 주세요.

明早七点叫醒我。

Míng zǎo qī diǎn jiào xǐng wǒ.

밍짜오 치 디엔 지아오싱 워

클리닝을 부탁할 때

2361. 호텔 안에 세탁소가 있습니까?

酒店内有洗衣店吗?

Jiǔdiàn nèi yǒu xǐyīdiàn ma?

지우디엔 네이 여우 시이디엔 마

2362. 드라이클리닝을 하려면 며칠이 걸립니까?

干洗衣服需要几天?

Gānxǐ yīfu xūyào jǐ tiān?

깐시 이푸 쉬야오 지 티엔

2363. 이 옷을 다림질해 주십시오.

请把这件衣服熨一下。

Qǐng bǎ zhè jiàn yīfu yùn yíxià.

칭 바 쩌 지엔 이프 윈 이시아

2364. 언제 옷을 찾을 수 있습니까?

什么时候能取衣服?

Shénme shíhòu néng qǔ yīfu?

션머 스호우 넝 취 이프

2365. 이 바지를 다려 주었으면 합니다.

请烫一下这条裤子。

Qǐng tàng yí xià zhè tiáo kùzi.

칭 탕 이시아 쩌 티아오 쿠즈

호텔 방에서
국제전화를 할 때

2366. 국제전화는 어떻게 겁니까?

国际电话怎么打?

Guójì diànhuà zěnme dǎ?

구어지 띠엔화 쩐머 따

2367. 콜렉트콜로 하고 싶은데요.

我要打对方付款电话。

Wǒ yào dǎ duìfāng fù kuǎn diànhuà.

워 이야오 따 뚜이팡 푸꾸안 띠엔화

> 付는 「(돈을)
> 지불하다」라는
> 의미로 쓰인다.

2368. 한국으로 전화하고 싶은데 전화비가 얼마입니까?

往韩国打电话费是多少?

Wǎng hánguó dǎ diànhuà fèi shì duōshao?

왕 한구어 따 띠엔화 페이 스 뚜어샤오

2369. 상대방 전화번호를 알려 주세요. 전화를 놓고 잠시만 기다려 주세요.

请告诉我对方的电话号码。

Qǐng gàosù wǒ duìfāng de diànhuàhàomǎ.

칭 까오 수 워 뚜이팡더 띠엔화 하오마

放下电话稍等。

Fàng xià diànhuà shāo děng.

팡 시아 띠엔화 샤오 떵

> 放은 「전화를 끊다」라
> 는 뜻이 아니다. 「전화를
> 끊다」는 挂를 쓴다.

2370. 방에 열쇠를 둔 채 잠가 버렸습니다.

我把钥匙丢在房里，锁了门。

Wǒ bǎ yàoshi diū zài fángli,　suǒ le mén.

워 바 이야오스 띠우 짜이 팡 리, 수어러 먼

2371. 방이 아직 청소되어 있지 않습니다.

房间还没打扫干净。

Fángjiān hái méi dǎsǎo gānjìng.

팡지엔 하이 메이 따사오 깐징

> 干净은 「깨끗하다, 청결
> 하다」라는 뜻의 형용사
> 로 이 문장에서 청소의 결
> 과를 나타내주고 있다.

2372. 방의 전등이 고장 났습니다.

房间的灯坏了。

Fángjiān de dēng huài le.

팡지엔더 떵 후아이러

2373. 화장실 물이 내려가지 않습니다.

卫生间的水冲不下去。

Wèishēngjiān de shuǐ chōng bù xià qù.

웨이성지엔더 슈이 총 부 시아취

2374. 텔레비전 화면이 나오지 않습니다.

电视机没有畵面。

Diànshìjī méiyǒu huàmiàn.

띠엔스지 메이여우 화미엔

2375. 체크아웃을 하고 싶은데요.

我想退房。

Wǒ xiǎng tuìfáng.

워 시앙 투이팡

2376. 열쇠를 주시겠습니까?

麻烦您交出钥匙。

Máfan nín jiāo chū yàoshi?

미판 닌 지아오 추 이야오스

2377. 포터(짐꾼)를 부탁합니다.

我需要一个搬运工。

Wǒ xūyào yí ge bānyùngōng.

워 쉬이야오 이거 반윈꽁

2378. 이 신용카드로 지불하고 싶은데요.

我想用这个信用卡。

Wǒ xiǎng yòng zhè ge xìnyòngkǎ.

워 시앙 용 쩌거 신용카

호텔 체크아웃할 때

2379. 체크아웃 시간은 몇 시까지입니까?

退房截止时间是几点?

Tuìfáng jié zhǐ shíjiān shì jǐ diǎn?

투이팡 지에즈 스지엔 스 지디엔

2380. 이 항목들을 설명해 주실 수 있습니까?

能说明这些收费项目吗?

Néng shuōmíng zhèxiē shōu fèi xiàngmù ma?

넝 슈어밍 쩌시에 쇼우페이 시앙무 마

Chapter 41

중국 여행

여행을 갈 때 공항에서 필요한 단어 몇 가지를 알아보자.
항공권-机票, 안전벨트-安全带, 산소마스크-氧气罩, 흡연석-吸烟席, 비상구-太平门, 여권-护照, 비자-签證, 입(출)국카드-入(出)境登记卡, 입국심사-入境审查, 환전소-兑换处, 안내소-问讯处, 면세품-免税品, 스튜어디스-空中小姐

Ⓐ 我要找我的行李。
Wǒ yào zhǎo wǒ de xíngli.

Ⓑ 出示一下货物保管证。
Chūshì yíxià huòwù bǎoguǎnzhèng.

Ⓐ 제 짐을 찾으러 왔습니다.   Ⓑ 수화물 보관증을 보여 주세요.

Ⓐ 免稅店在什么地方?
Miǎnshuìdiàn zài shénme dìfāng?

Ⓑ 就在楼上。
Jiù zài lóu shàng.

Ⓐ 可以给我一个导游手册吗? 这城市的主要景点是哪儿?
Kěyǐ gěi wǒ yí ge dǎoyóu shǒucè ma?   Zhè chéng shì de zhǔyào jǐng diǎn shì nǎr?

Ⓑ 长城很有名。
Chángchéng hěn yǒumíng.

Ⓐ 在这儿能预约吗?
Zài zhèr néng yùyuē ma?

Ⓑ 是。有旅游專车。上午十点钟，在市政府前边出发。
Shì. Yǒu lǚyóu zhuān chē. Shàngwǔ shí diǎn zhōng, zài shìzhèngfu qiánbiān chūfā.

Ⓐ 면세점은 어디에 있습니까?   Ⓑ 위층에 있습니다.
Ⓐ 관광안내 책자를 하나 주시겠어요? 이 도시의 주요 관광 명소가 어디입니까?
Ⓑ 만리장성입니다.   Ⓐ 여기서 관광예약을 할 수 있습니까?
Ⓑ 네. 관광버스가 있습니다. 오전 10시에 시청 앞에서 출발합니다.

2381. 탑승권을 보여 주시겠습니까?

可以出示一下机票吗?

Kěyǐ chūshì yíxià jīpiào ma?
커이 추스 이시아 지피아오 마

可以는 상대방에게 가
능여부를 확인하는 의문
문을 만들 수 있다.
예 你可以干吗?
(너 할 수 있겠니?)

2382. 미안합니다, 지나가도 될까요?

对不起，借一下光。

Duìbuqǐ, jiè yíxià guāng.
뚜이붙이, 지에 이시아 꾸앙

2383. 실례지만, 여긴 제 자리입니다.

不好意思，这是我的座位。

Bùhǎoyìsi, zhè shì wǒ de zuòwèi.
뿌하오이쓰, 쩌 스 워더 쭈어웨이

2384. 어떤 음료를 드릴까요?

您要什么飲料?

Nín yào shénme yǐnliào?
닌 이야오 션머 인리아오

2385. 오렌지주스를 하나 더 주세요.

再来一杯橙汁。

Zài lái yì bēi chéngzhī.
짜이 라이 이 뻬이 청즈

2386. 토할 것 같습니다. 위생봉투를 주세요.

我想吐，能给清洁袋吗?

Wǒ xiǎng tǔ, néng gěi qīngjiédài ma?
워 시앙 투, 넝 게이 칭지에따이 마

2387. 여권 좀 보여 주시겠습니까?

可以出示一下护照吗?

Kěyǐ chūshì yíxià hùzhào ma?
커이 추스 이시아 후짜오 마

2388. 여행 목적은 무엇입니까?

您的旅游目的是什么?

Nín de lǚyóu mùdì shì shénme?
닌더 뤼여우 무띠 스 션머

2389. 관광(일, 홈스테이, 유학)입니다.

是观光(公务，访问，留学)。

Shì guānguāng(gōngwù, fǎngwèn, liúxué).
스 꾸안꾸왕(꽁우, 팡원, 리우쉬에)

입국심사를 받을 때

2390. 어느 정도 체류합니까?

要逗留多长时间?

Yào dòuliú duōcháng shíjiān?

이야오 또우리우 뚜어 창 스지엔

多长时间은 시간을 물어보는 의문사이다. 이처럼 앞에 多를 사용해서 측정 가능한, 즉 수로 표현할 수 있는 대상에 관해 물어본다. 나이를 물어볼 때는 多大를 사용한다.

2391. 돌아가는 항공권을 보여 주세요.

给我看一下你的返程机票。

Gěi wǒ kàn yíxià nǐ de fǎn chéng jīpiào.

게이 워 칸 이시아 닌더 판청 지피아오

2392. 수화물 보관증을 보여 주세요.

出示一下货物保管证。

Chūshì yíxià huòwù bǎoguǎnzhèng.

추스 이시아 후어우 빠오구안쩡

2393. 가방을 열어 주십시오. 이것은 무엇입니까?

请打开你的包，这是什么?

Qǐng dǎ kāi nǐ de bāo, zhè shì shénme?

칭 따카이 니더 빠오, 쩌 스 션머

2394. 어떤 신고할 것을 가지고 있습니까?

你有什么需要申报的吗?

Nǐ yǒu shénme xūyào shēnbào de ma?

니 여우 션머 쉬이야오 션빠오더 마

申报 신고하다

Unit 03

짐을 찾을 때

2395. 실례지만, 짐 찾는 곳이 어디에 있죠?

请问，领取行李的地方在哪儿?

Qǐngwèn, lǐngqǔ xíngli de dìfāng zài nǎr?

칭원, 링취 싱리더 띠팡 짜이 날

2396. 저쪽의 짐 찾는 곳에서 당신의 짐을 찾으세요.

请到那边的行李领取处领取您的行李。

Qǐng dào nàbiān de xíngli lǐngqǔchù lǐngqǔ nín de xíngli.

칭 따오 나비엔더 싱리 링취추 링취 닌더 싱리

2397. 먼저 확인 좀 할게요.

我先帮您确认一下吧!

Wǒ xiān bāng nín quèrèn yíxià bā!

워 시엔 빵 닌 취에언 이시아바

2398. 제 짐이 어디에 있는지 확인해 주세요.

帮我确认一下我的行李在哪儿。

Bāng wǒ quèrèn yíxià wǒ de xíngli zài nǎr.

빵 워 취에언 이시아 워더 싱리 짜이 날

2399. 제 짐이 도착했는지를 봐 주세요.

帮我看一下我的行李到没到。

Bāng wǒ kàn yíxià wǒ de xíngli dào méi dào.

빵 워 칸 이시아 워더 싱리 따오 메이 따오

Unit 04
세관검사를 받을 때

2400. 신고할 물품이 있습니까?

您有要申报的物品吗?

Nín yǒu yào shēnbào de wùpǐn ma?

닌 여우 이야오 션빠오더 우핀 마

2401. 이런 물품도 신고해야 합니까?

这种物品也需要申报吗?

Zhè zhǒng wùpǐn yě xūyào shēnbào ma?

쩌 종 우핀 이에 쉬이야오 션빠오 마

2402. 가방 안에 뭐가 들었는지 보여주시겠어요?

请让我看一下包里面是什么东西。

Qǐng ràng wǒ kàn yíxià bāo lǐ miàn shì shénme dōngxi.

칭 랑 워 칸 이시아 빠오 리미엔 스 션머 뚱시

2403. 어디에서 관세를 지불하면 됩니까?

在哪里交关税?

Zài nǎli jiāo guānshuì?

짜이 나리 지아오 꾸안수이

让은 뒤에 대상을 도출하
여 「~시키다, ~하게 하
다」라고 해석한다. 보통
어떤 행위에 있어서 상대
방에게 동의를 구할 때
「请让我~」를 써서
「저를 ~하게 해주세요
(제가 ~해도 될까요?)」
라는 의미를 가진다.

Unit 05
공항 안에서

2404. 면세점은 어디에 있습니까?

免税店在什么地方?

Miǎnshuìdiàn zài shénme dìfāng?

미엔수이디엔 짜이 션머 띠팡

2405. 면세점은 글자 그대로 관세를 부과하지 않는 상점을 말합니다.

免税店，顾名思义就是免税的商店。

Miǎnshuìdiàn, gù míng sī yì jiùshì miǎnshuì de shāngdiàn.

미엔수이디엔, 꾸 밍 쓰 이 지우스 미엔수이더 샹디엔

2406. 관광안내소는 어디입니까?

问讯处在哪里?

Wènxùnchù zài nǎli?

원쉰추 짜이 나리

2407. 공항 근처의 호텔에 묵고 싶습니다.

我想住机场附近的宾馆。

Wǒ xiǎng zhù jīchǎng fùjìn de bīnguǎn.

워 시앙 쭈 지창 푸진더 삥구안

Unit 06
관광안내소에서

2408. 이 도시의 주요 관광 명소가 어디입니까?

这城市的主要景点是哪儿?

Zhè chéngshì de zhǔyào jǐng diǎn shì nǎr?

쩌 청스더 주이야오 징디엔 스 날

2409. 관광안내 책자를 하나 주시겠어요?

可以给我一个导游手册吗?

Kěyǐ gěi wǒ yí ge dǎoyóu shǒucè ma?

커이 게이 워 이거 다오여우 쇼우처 마

2410. 시내를 한눈에 볼 수 있는 곳이 있습니까?

有没有可以一揽市内全景的地方?

Yǒu méi yǒu kěyǐ yī lǎn shì nèi quán jǐng de dìfang?

여우메이여우 커이 이 란 스 네이 취엔 징더 띠팡

2411. 박물관은 몇 시에 문을 엽니까?

博物馆几点开门?

Bówùguǎn jǐ diǎn kāi mén?

뽀우구안 지 디엔 카이 먼

Unit 07
투어를 이용할 때

2412. 관광버스가 있습니까?

有旅游专车吗?

Yǒu lǚyóu zhuān chē ma?

여우 뤼여우 쭈안 처 마

2413. 개인당 비용은 얼마입니까?

每个人多少钱?

Měi ge rén duōshaoqián?

메이거런 뚜어샤오 치엔

2414. 여기서 관광예약을 할 수 있습니까?

在这儿能预约吗?

Zài zhèr néng yùyuē ma?

짜이 쩔 넝 위위에 마

2415. 야간관광이 있습니까?

有没有夜间旅程?

Yǒu méi yǒu yèjiān lǚchéng?

여우메이여우 이에지엔 뤼청

2416. 몇 시에 어디서 출발합니까?

几点从什么地方出发?

Jǐ diǎn cóng shénme dìfang chūfā?

지 디엔 총 션머 띠팡 추파

Unit 08
관광을 할 때

2417. 어른 표 2장과 어린이 표 3장 주세요.

要两张普通票，三张儿童票。

Yào liǎng zhāng pǔtōngpiào, sān zhāng értóngpiào.

이야오 리앙 짱 푸통피아오, 산 짱 얼통 피아오

관광을 할 때

2418. 저 동상은 뭐죠?

那个铜像是什么?

Nà ge tóngxiàng shì shénme?

나거 퉁시앙 스 션머

2419. 정말 아름다운 경치군요!

好美的景色啊!

Hǎo měi de jǐng sè a!

하오메이더 징써아

2420. 전망이 기가 막히군요!

整个视野简直棒极了。

Zhěng ge shìyě jiǎnzhí bàng jí le.

쩡거 스이에 지엔즈 방 지러

2421. 이 건물은 왜 유명합니까?

这座建筑何以闻名?

Zhè zuò jiànzhù héyǐ wénmíng?

쩌 쭈어 지엔쭈 흐어이 원밍

2422. 화장실은 어디에 있습니까?

卫生间在哪里?

Wèishēngjiān zài nǎ li?

웨이셩지엔 짜이 나리

Unit 09

사진을 찍을 때

2423. 저희들 사진 좀 찍어 주시겠어요?

可以给我们拍张照吗?

Kěyǐ gěi wǒmen pāi zhāng zhào ma?

커이 게이 워먼 파이 쟝 짜오 마

2424. 알겠습니다. 웃으세요. 좋습니다.

知道了，请笑一个。很好。

Zhīdaole,　qǐng xiào yí ge.　Hěn hǎo.

즈따오러, 칭 시아오 이거. 헌 하오

2425. 당신 사진을 찍어도 됩니까?

我可以给你拍照吗?

Wǒ kěyǐ gěi nǐ pāi zhào ma?

워 커이 게이 니 파이 짜오 마

2426. 함께 사진을 찍읍시다.

我们一起照相吧。

Wǒmen yìqǐ zhàoxiāng ba.

워먼 이치 짜오시앙바

2427. 비디오를 찍어도 됩니까?

我可以摄像吗?

Wǒ kěyǐ shèxiàng ma?

워 커이 셔시앙 마

사진을 찍을 때

2428. 당신 이름과 주소를 써 주시겠어요?

可以给我写下你的名字和地址吗?

Kěyǐ gěi wǒ xiě xià nǐ de míngzi hé dìzhǐ ma?

커이 게이 워 시에 시아 니더 밍즈 흐어 띠즈 마

> 下는 写의 결
> 과보어이다.

Unit 10

**여행을 마치고 귀국할
때**

2429. 입국카드는 가지고 계십니까?

身上带着入国卡吗?

Shēn shang dài zhe rùguókǎ ma?

선샹 따이저 루구어카 마

2430. 입국카드 작성법을 모르겠습니다.

我不知道怎么填写入国卡。

Wǒ bùzhīdào zěnme tián xiě rùguókǎ.

워 뿌 즈따오 쩐머 티엔 시에 루구어카

2431. 이것이 세관신고서입니다.

这是海关申报书。

Zhè shì hǎiguān shēnbàoshū.

쩌 스 하이꾸안 션빠오슈

2432. 제시간에 도착합니까?

能正点到达吗?

Néng zhèng diǎn dàodá ma.

넝 쩡디엔 따오따 마

2433. 인천에 언제 도착합니까?

什么时候到仁川?

Shénme shíhou dào Rénchuān?

션머 스호우 따오 런추안

> 着는 어떤 동작이나 상황
> 이 현재에 일어나고 있음
> 을 의미한다. 이 문장에서
> 带는 「가지다」라는 의미
> 를 가지는 동사이다. 하지
> 만 뒤에 着가 붙어서 「가
> 지고 있다」라는 현재 동
> 작이 지속됨을 의미한다.

긴급상황의 대처

「도와주세요, 살려주세요」 등의 표현으로는 「救命啊, 有人吗(jiù mìng ā, yǒu rén ma)?」가 있으며 이러한 도움을 요청할 수 있는 표현을 알아두자.
중국의 범죄 신고는 110, 화재는 119, 의료구조는 120, 전화번호 안내는 114번이므로 긴급상황 시에 필요한 번호를 숙지해 두면 더욱 좋겠다.

Ⓐ 救命啊!
Jiùmìng a!

Ⓑ 报警一下。
这里发生事故了。
Bào jǐng yíxià. Zhèli fāshēng shìgù le.

Ⓐ 살려주세요!

Ⓑ 경찰을 불러주세요. 여기 사고가 났어요!

Ⓒ 说一下当时的情况。
Shuō yíxià dāngshí de qíngkuàng.

Ⓐ 对面的车撞过来的。后面的车太快了。
Duìmiàn de chē zhuàng guò lái de. Hòumiàn de chē tài kuài le.

Ⓓ 我犯什么错了吗, 警官? 这次事故不是我的责任。
Wǒ fàn shénme cuò le ma, jǐngguān? Zhè cì shìgù búshì wǒ de zérèn.

Ⓒ 你们俩一起去警察局吧。
Nǐmen liǎ yìqǐ qù jǐngchájú ba.

Ⓒ 사고경위를 말해주세요.

Ⓐ 맞은편 차가 와서 부딪쳤습니다. 뒤차가 과속을 했습니다.

Ⓓ 경찰관, 제가 뭘 잘못했나요? 이번 사고는 제 책임이 아닙니다.

Ⓒ 두 사람 모두 경찰서로 갑시다.

2434. 회사가 빚을 갚지 못해서 파산을 신청했습니다.

公司因无法偿还债务而宣告破产。

Gōngsī yīn wúfǎ cháng huán zhài wù ér xuāngào pòchǎn.

꽁쓰 인 우파 창 후안 자우 얼 쉬엔까오 포어찬

2435. 그가 어려움에 처해 있는데 보고만 있을 수 없습니다.

他有困难，我不能袖手旁观。

Tā yǒu kùnnán, wǒ bù néng xiù shǒu páng guān.

타 여우 쿤난, 워 뿌넝 시우쑈우 팡구안

> 以免은 「~을 면하다, ~을 피하다」라는 의미로 해석된다.

2436. 번거로운 일에 말려들지 않도록 언행을 조심해라.

要注意言行，以免卷进一些麻烦事中。

Yào zhùyì yánxíng, yǐ miǎn juǎn jìn yī xiē máfan shì zhōng.

이야오 쭈이 이엔싱, 이미엔 쥐엔 진 이시에 마판 스 중

2437. 카메라를 호텔에 놓고 왔습니다.

我把照相机落在賓馆里了。

Wǒ bǎ zhàoxiāng jī luò zài bīnguǎnli le.

워 바 짜오시앙지 루어 짜이 삥구안리러

2438. 호텔로 전화해서 카메라가 있는지 확인해야 합니다.

先打电话到賓馆，确认一下有没有照相机。

Xiān dǎ diànhuà dào bīnguǎn, quèrèn yíxià yǒu méi yǒu zhàoxiāngjī.

시엔 따 띠엔화 따오 삥구안, 취에런 이시아 여우메이여우 짜오시앙지

2439. 소나기가 내릴 것 같습니다.

看来要下雷雨了。

Kàn lái yào xià léi yǔ le.

칸라이 이야오 시아 레이위러

2440. 어제 태풍은 정말 무서웠어.

昨天刮的台风太可怕了。

Zuótiān guā de táifēng tài kě pà le.

쭈어티엔 꾸아더 타이펑 타이 커파러

2441. 많은 사람들이 수재민이 되었습니다.

听说很多人受灾了。

Tīng shuō hěn duō rén shòu zāi le.

팅슈어 헌 뚜어런 쇼우 자이러

> 正在는 동사 앞에 쓰여서 지금 그 동작이 진행되고 있음을 강조한다.

2442. 바깥은 바람이 세차게 붑니다.

外面正在刮大风。

Wàimiàn zhèngzài guā dà fēng.

와이미엔 쩡짜이 꾸아 따펑

자연재해에 대해서

2443. 모래바람이 불 때는 새까맣게 몰려와서 하늘도 어두워져.

刮黄沙的时候黑呀呀一片，天都黑了。

Guā huángshā de shíhòu hēi yā yā yí piàn, tiān dū hēi le.

꾸아 후왕샤더 스호우 헤이 이야 이야 이 피엔, 티엔 뚜 헤이러

2444. 바깥에 황사가 너무 심해서 눈뜨기도 힘들어.

外面黄沙刮得太厉害了，都睁不开眼睛。

Wàimiàn huángshā guā de tài lìhài le, dōu zhēng bù kāi yǎnjīng.

와이미엔 후왕샤 꾸아 더 타이 리하이러, 또우 쩡 부 카이 이엔징

Unit 03
화재와 사고

2445. 부상자가 몇 명 있습니다.

有几个人受伤了。

Yǒu jǐ ge rén shòushāng le.

여우 지거런 쇼우샹러

2446. 하마터면 큰일 날 뻔 했군요.

差一点就出大事了。

Chà yì diǎn jiù chū dà shì le.

차 이디엔 지우 추 따스러

> 差一点은 어떤 상황이 발생에 가까웠는데 결국 일어나지 않았을 경우 쓰인다. 주로 좋지 않은 사건일 경우에 사용하며 「하마터면 ~할 뻔하다, 거의 ~할 뻔하다」라고 해석한다.

2447. 여기가 사고난 현장입니다.

这里就是发生事故的场所。

Zhèlǐ jiùshì fāshēng shìgù de chǎngsuǒ.

쩌리 지우스 파셩 스꾸더 창수어

2448. 이번 화재로 인한 손실은 어떻게 됩니까?

有这次火灾，发生了多少损失?

Yǒu zhè cì huǒzāi, fāshēng le duōshao sǔnshī?

여우 쩌츠 후어짜이, 파셩러 뚜어샤오 순스

Unit 04
사건 · 사고에 대한 변명과 사과

2449. 나를 속이려 들지 마.

别想骗我了。

Bié xiǎng piàn wǒ le.

비에 시앙 피엔 워러

2450. 살려주세요!

救命啊!

Jiùmìng a!

지우밍아

2451. 이번 사고는 제 책임이 아닙니다.

这次事故不是我的责任。

Zhè cì shìgù búshì wǒ de zérèn.

쩌츠 스꾸 부스 워더 저런

2452. 맞은편 차가 와서 부딪쳤습니다.

对面的车撞过来的。

Duìmiàn de chē zhuàng guòlái de.

뚜이미엔더 처 쭈앙 꾸어라이더

2453. 뒤차가 과속을 했습니다.

后面的车太快了。

Hòumiàn de chē tài kuài le.

호우미엔더 처 타이 쿠와이러

2454. 그의 차가 갑자기 튀어나왔습니다.

他的车突然闯出来了。

Tā de chē tūrán chuǎng chū lái le.

타더 처 투란 추앙 추라이러

出来는 복합방향보
어로 동작이 진행의
방향을 나타낸다.

Unit 05

위험한 상황에서
외치는 소리

2455. 큰일이야!

糟糕了!

Zāogāo le!

짜오까오러

2456. 도망쳐!

快跑啊!

Kuài pǎo a!

쿠와이 파오아

2457. 조심해요!

小心!

Xiǎoxīn!

시아오신

糟糕는 상황이 자신
에게 불리할 경우에만
쓸 뿐 아니라 「아뿔
싸, 아차」 등의 감탄
사로도 자주 쓰인다.

Unit 06

경찰에게 잡혔을 때

2458. 어떻게 된 거죠?

怎么搞的?

Zěnme gǎo de?

쩐머 까오더

2459. 문제의 요점을 얘기합시다.

抓住问题的要点谈吧。

Zhuā zhù wèntí de yàodiǎn tán ba.

쭈아 쭈 원티더 이야오디엔 탄바

2460. 경찰관, 제가 뭘 잘못했나요?

我犯什么错了吗，警官?

Wǒ fàn shénme cuò le ma, jǐngguān?

워 판 션머 추어러 마, 징구안

경찰에게 잡혔을 때

2461. 놓으세요. 제가 범인이 아닙니다.
放手啊，我不是犯人。
Fàng shǒu a, wǒ bú shì fànrén.
팡 쇼우아, 워 부스 판런

2462. 제가 피해자입니다.
我就是受害者呀。
Wǒ jiùshì shòu hài zhe ya.
워 지우스 쇼우 하이 저야

Unit 07
강도나 도둑을 맞았을 때

2463. 도와줘요!
来人!
Lái rén!
라이 런

2464. 저놈을 잡아 주세요!
请帮我抓住他!
Qǐng bāng wǒ zhuā zhù tā!
칭 빵 워 쭈아 쭈 타

2465. 경찰을 부르겠다!
我要报警了!
Wǒ yào bào jǐng le!
워 이야오 빠오징러

2466. 가진 것 다 내놔!
把钱全都拿出来。
Bǎ qián quán dōu ná chū lái!
바 치엔 취엔 또우 나 추라이

2467. 전 돈이 없어요.
我没钱。
Wǒ méi qián.
워 메이 치엔

2468. 죽고 싶냐?
你想死啊?
Nǐ xiǎng sǐ a?
니 시앙 쓰아

2469. 죽이지만 마세요.
请不要杀我。
Qǐng búyào shā wǒ.
칭 부이야오 샤 워

2470. 왜 그러세요?
怎么啦?
Zěnme la?
쩐머라

2471. 지갑을 도난당했습니다.

我的钱包被偷走了。

Wǒ de qiánbāo bèi tōu zǒu le.

워더 치엔빠오 뻬이 토우 쪼우러

2472. 소매치기야!

小偷!

Xiǎotōu!

시아오토우

2473. 무엇을 도와드릴까요?

有什么事吗?

Yǒu shénme shì ma?

여우 션머 스 마

2474. 도난신고를 하고 싶습니다.

我想申报被盗。

Wǒ xiǎng shēnbào bèi dào.

워 시앙 션빠오 뻬이 따오

2475. 제가 어떻게 해 드릴까요?

我怎么帮你忙好呢?

Wǒ zěnme bāng nǐ máng hǎo ne?

워 쩐머 빵 니 망 하오너

> 「帮我~」는 상대
방에게 정중히 도움
을 구할 때 쓰인다.

2476. 한국대사관에 전화해 주세요.

请帮我打通韩国大使馆。

Qǐng bāng wǒ dǎ tōng hánguó dàshǐguǎn.

칭 빵 워 따퉁 한구어 따스구안

2477. 뭘 잃어버리셨나요?

你丢了什么东西?

Nǐ diū le shénme dōngxi?

니 띠우러 션머 뚱시

> 好像은 「마치 ~인 것 같
다, 마치 ~한 것 같다」
로 해석하며 자신의 생각
이 정확하지 않거나 확실
치 않을 때 사용한다.

2478. 택시 안에 가방을 두고 온 것 같습니다.

好像落在出租车里了。

Hǎoxiàng luò zài chūzūchēlǐ le.

하오시앙 루어 짜이 추쭈처 리러

2479. 유실물 취급소는 어디입니까?

失物招领所在哪里?

Shīwù zhāolǐngsuǒ zài nǎli?

스우 짜오링수어 짜이 나리

2480. 잃어버린 장소는 기억나세요?

你想起在哪里丢了呢?

Nǐ xiǎng qǐ zài nǎli diū le ne?

니 시앙 치 짜이 나리 띠우러너

> 起는 想의 결과
보어로 쓰였다.

2481. 어디서 잃어버렸는지 기억이 안 납니다.

想不起来是在哪里丢的。

Xiǎng bù qǐ lái shì nǎli diū de.

시앙 뿌 치라이 스 짜이 나리 띠우더

2482. 찾고자 하는 물품은 무엇입니까?

你要找什么东西吗?

Nǐ yào zhǎo shénme dōngxi má?

니 이야오 짜오 션머 똥시 마

2483. 신용카드를 잃어버렸습니다.

我丢了信用卡。

Wǒ diū le xinyòngkǎ.

워 띠우러 신용카

2484. 무슨 일로 오셨습니까?

有什么事吗?

Yǒu shénme shì ma?

여우 션머 스 마

2485. 분실한 짐을 찾으러 왔습니다.

我来领取失物。

Wǒ lái lǐngqǔ shīwù.

워 라이 링취 스우

직장에서의 커뮤니케이션

중국에서 「关系(guān xì)」의 힘은 대단하다. 「关系」는 「관계」 혹은 「인맥」이라 할 수 있겠다. 「인맥만 있으면 출세한다」라고 생각을 할 수도 있지만, 그런 관점이 아닌 중국 사람들의 유대관계의 힘이 대단하다는 것이다. 은혜를 입었다면, 그 은혜를 잊지 않고 갚으려는 마음이 매우 강하다.

Ⓐ 我的电脑染上了病毒。
怎么办?
Wǒ de diànnǎo rǎn shàng le bìng dú. Zěnmebàn?

Ⓑ 给你装上杀毒软件。
Gěi nǐ zhuāng shàng shā dú ruǎn jiàn.

Ⓐ 내 컴퓨터가 바이러스에 감염되었습니다. 어떻게 하죠?
Ⓑ 당신에게 바이러스를 치료하는 프로그램을 설치해주겠습니다.

Ⓐ 这软件怎么用呢?
Zhè ruǎn jiàn zěnme yòng ne?

Ⓑ 把说明书看一看。
Bǎ shuōmíngshū kàn yí kàn.

Ⓐ 又出毛病，跟谁询问呢?
Yòu chū máobìng, gēn shéi xúnwèn ne?

Ⓑ 关于电脑有什么问题，给金科长问问。他是电脑高手。
Guānyú diànnǎo yǒu shénme wèntí, gěi jīn kēzhǎng wènwen. Tā shì diànnǎo gāoshǒu.

Ⓐ 이 프로그램은 어떻게 사용하는 것입니까?
Ⓑ 설명서를 읽어보십시오.
Ⓐ 또 고장이 나면 누구에게 물어봐야 하죠?
Ⓑ 컴퓨터에 대해 문제가 생기면 김 과장에게 물어보세요. 그는 컴퓨터 도사거든요.

스케줄을 확인할 때

2486. 오늘 이 서류 정리할 시간 있어요?

今天有时间整理这文件吗?

Jīntiān yǒu shíjiān zhěnglǐ zhè wénjiàn ma?

진티엔 여우 스지엔 쩡리 쩌 원지엔 마

2487. 제가 오늘은 스케줄이 꽉 차 있어요.

今天我的日程排得满满的。

Jīntiān wǒ de rìchéngpái de mǎn mǎn de.

진티엔 워더 르청 파이 더 만만더

> 的话는 가정을 나타내
> 며, 보통 「如果~的
> 话」의 형식으로도 많
> 이 쓰이며 「만약 ~라
> 면」으로 해석한다.

2488. 몇 시로 했으면 좋겠어요?

你说定几点好?

Nǐ shuō dìng jǐ diǎn hǎo?

니 슈어 띵 지 디엔 하오

2489. 내일이면 아무 때나 괜찮아요.

明天的话，什么时候都可以。

Míngtiān de huà, shénme shíhou dōu kěyǐ.

밍티엔더 화, 션머 스호우 또우 커이

2490. 어디서 만나야 하지?

在哪儿见面呢?

Zài nǎr jiàn miàn ne?

짜이 날 지엔미엔너

2491. 아무 곳이나 당신이 정하세요.

什么地方都可以，你来决定吧。

Shénme dìfang dōu kěyǐ,　nǐ lái juédìng ba.

션머 띠팡 또우 커이, 니 라이 쥐에띵바

2492. 오늘 누구와 미팅이 있습니까?

今天有人订约吗?

Jīntiān yǒurén dìng yuē ma?

진티엔 여우런 띵위에 마

> 好는 约의 결과보어로
> 쓰여서 약속이 이미 정
> 해졌음을 나타낸다.

2493. 예, 6시 학교 앞 커피숍에서 만나기로 했어요.

是，我们约好在学校前边的咖啡屋六点钟见面。

Shì,　wǒmen yuē hǎo zài xuéxiào qiánbiān de kāfēiwū liù diǎn zhōng jiàn miàn.

스, 워먼 위에 하오 짜이 쉬에시아오 치엔비엔더 카페이우 리우 디엔중 지엔미엔

2494. 언제쯤 볼 수 있을까?

什么时候可以见面?

Shénme shíhou kěyǐ jiàn miàn?

션머 스호우 커이 지엔미엔

2495. 6시 이후에 시간이 날 거야.

六点以后能有时间。

Liù diǎn yǐhòu néng yǒu shíjiān.

리우 디엔 이호우 넝 여우 스지엔

Unit 02

**일의 진행상황을
점검할 때**

2496. 제가 뭘 해야 하죠?

我该做什么?

Wǒ gāi zuò shénme?

워 까이 쭈어 션머

2497. 진행상황 보고서를 제출하세요.

交出进行情况报告书。

Jiāochū jìnxíng qíngkuàng bàogàoshū.

지아오추 진싱 칭꾸앙 빠오까오슈

2498. 일은 좀 순조롭게 진행되어 가지요?

事情还算顺利吧?

Shìqíng hái suàn shùnlì ba?

스칭 하이 수안 순리 바

2499. 이번 거래는 어떻게 되어 가고 있는 건가요?

这次交易到底怎么进行呢?

Zhè cì jiāoyì dàodǐ zěnme jìnxíng ne?

쩌츠 지아오이 따오띠 쩐머 진싱너

> 到底는 「도대체, 대관절」으로 해석한다.

2500. 오랫동안 소식이 없으니 답답해 죽겠네요.

好久没有联络，闷死我啦。

Hǎojiǔ méiyǒu liánluò, mèn sǐ wǒ la.

하오지우 메이여우 리엔루어, 먼 쓰 워라

2501. 이번 주 금요일까지 확실히 끝내게나.

到这个星期五，无论如何得结束!

Dào zhè ge xīngqīwǔ, wúlùn rúhé děi jiéshù!

따오 쩌거 싱치우, 우룬 루흐어 데이 지에슈

> 无论如何는 대상의 예외가 없음을 나타내며 「어쨌든」 정도로 해석한다.

2502. 일이 우리 예상대로 되고 있습니다.

事情正如我们的预想。

Shìqíng zhèng rú wǒmen de yùxiǎng.

스칭 쩡 루 워먼더 위시앙

> 正如는 「꼭 ~와 같이」라고 해석된다. 如는 원래 자체적으로 「~처럼」이라는 의미를 지닌다.

Unit 03

도움을 요청할 때

2503. 저 좀 도와주시겠어요?

您能帮我一下吗?

Nín néng bāng wǒ yíxià ma?

닌 넝 빵 워 이시아 마

2504. 어떤 일로 전화하셨어요?

你打电话有什么事?

Nǐ dǎ diànhuà yǒu shénme shì?

니 따 띠엔화 여우 션머 스

2505. 당신의 도움이 필요해요.

我需要您的帮助。

Wǒ xūyào nín de bāngzhù.

워 쉬이야오 닌더 빵쭈

2506. 죄송합니다만, 이것을 저기까지 들어주실 수 있으세요?

对不起，把这些东西帮我搬到那行吗?

Duìbuqǐ,　　bǎ zhèxiē dōngxi bāng wǒ bān dào nà xíng ma?

뚜이붙이, 바 쩌시에 똥시 빵 워 빤 따오 나 싱 마

2507. 무슨 도움을 드릴까요?

我怎么帮你忙呢?

Wǒ zěnme bāng nǐ máng ne?

워 쩐머 빵 니 망너

> 替는 「~을 대신하여」
> 라는 의미를 지닌다.

2508. 뒤에 누군가 저를 쫓고 있어요, 경찰 좀 불러주세요.

后边有人追我，替我报一下儿警。

Hòubiān yǒurén zhuī wǒ, tì wǒ bào yíxiàr jǐng.

호우비엔 여우런 쭈이 워, 티 워 빠오 이시얼 징

Unit 04
회의에 대해서

2509. 과장님께서 뭐라고 하셨습니까?

科长说什么?

Kēzhǎng shuō shénme?

커쟝 슈어 션머

2510. 내일 전체 직원회의를 연다고 합니다.

明天要开全体员工会议。

Míngtiān yào kāi quántǐ yuángōng huìyì.

밍티엔 이야오 카이 취엔티 위엔꽁 후이이

2511. 사장님을 만나 뵙고 싶습니다.

我想见老板。

Wǒ xiǎng jiàn lǎobǎn.

워 시앙 지엔 라오빤

2512. 지금 중요한 회의 중입니다.

正在开重要的会议呢。

Zhèngzài kāi zhòngyào de huìyì ne.

쩡짜이 카이 쫑이야오더 후이이너

> 不是가 문장 앞에 위
> 치함으로써 상대방에
> 게 어떤 행위에 대한
> 당위성을 제기한다.

2513. 서울 회의에 참석해야 하잖아.

不是还要参加首尔的会议吗。

Búshì hái yào cānjiā Shǒu'ěr de huìyì ma.

부스 하이 이야오 찬지아 쇼우얼더 후이이 마

2514. 자네는 이 안건에 대해서 모든 걸 책임지게.

你对这个案件完全负责。

Nǐ duì zhè ge àn jiàn wánquán fùzé.

니 뚜이 쩌거 안지엔 완취엔 푸저

2515. 네, 최선을 다하겠습니다.

是，我们会全力以赴。

Shì, wǒmen huì quánlì yǐ fù.

스, 워먼 후이 취엔리 이푸

2516. 그 사람 지시를 따르세요.

你就听他的指示吧。

Nǐ jiù tīng tā de zhǐshì ba.

니 지우 팅 타더 즈스바

Unit 05

출퇴근에 대해서

2517. 지금 출근하십니까?

你现在上班吗?

Nǐ xiànzài shàngbān ma?

니 시엔짜이 샹빤 마

2518. 출근할 때 무얼 타고 오십니까?

上班的时候坐什么来呢?

Shàngbān de shíhou zuò shénme lái ne?

샹빤더 스호우 쭈어 션머 라이너

2519. 대개 지하철을 이용해서 출근해요.

通常都用地铁上班。

Tōngcháng dōu yòng dìtiě shàngbān.

통창 또우 용 띠티에 샹빤

2520. 출근하는 데 시간이 얼마나 걸려요?

上班需要多长时间?

Shàngbān xūyào duōcháng shíjiān?

샹빤 쉬이야오 뚜어 창 스지엔

2521. 30분이면 됩니다.

三十分钟就够了。

Sān shí fēn zhōng jiù gòu le.

산스 펀쭝 지우 꺼우러

2522. 지각한 적은 없습니까?

你没有迟到过吗?

Ní méiyǒu chídào guò ma?

니 메이여우 츠따오구어 마

2523. 지금까지는 아직 없습니다.

到现在还没有。

Dào xiànzài hái méiyǒu.

따오 시엔짜이 하이 메이여우

过는 결과보어로 과거에 경험이 있음을 나타내며 「~한 적이 있다」로 해석한다.

출퇴근에 대해서

2524. 몇 시까지 출근합니까?

得几点上班。

Děi jǐ diǎn shàngbān.

데이 지 디엔 상빤

2525. 급한 일이 없다면 9시까지 출근하면 됩니다.

没有急事的话，到九点上班。

Méiyǒu jíshì de huà, dào jiǔ diǎn shàngbān.

메이여우 지스더 화, 따오 지우 디엔 상빤

的话 ~한다면

Unit 06

휴가에 대해서

2526. 휴가는 며칠이나 됩니까?

休假休几天？

Xiū jià xiū jǐ tiān?

시우지아 시우 지 티엔

2527. 휴가기간은 언제로 정했나요?

休假期间定好了没有？

Xiū jià qījiān dìng hǎo le méiyǒu?

시주지아 치지엔 띵 하오러 메이여우

2528. 다음 주에 이틀 정도 휴가를 얻고 싶습니다.

下星期，我想休两天假。

Xià xīngqī, wǒ xiǎng xiū liǎngtiān jià.

시아 싱치, 워 시앙 시우 리앙 티엔 지아

2529. 이번 휴가는 어디로 가나요?

这次休假要去哪儿？

Zhè cì xiū jià yào qù nǎr?

쩌츠 시우지아 이야오 취 날

2530. 너무 바빠서 휴가를 가질 여유가 없어요.

现在太忙，没有功夫休假。

Xiànzài tài máng, méiyǒu gōngfu xiū jià.

시엔짜이 타이 망, 메이여우 꽁푸 시우지아

太는 정도가 강함을 나타내는 술어를 수식하는 부사다. 하지만 很과는 달리 정도가 지나치게 심해서 부정적인 상황일 때 주로 쓰인다.

2531. 휴가 계획을 세우셨어요?

定了休假计划了吗？

Dìng le xiū jià jìhuà le má?

띵러 시우지아 지화러 마

2532. 이번 휴가 때는 어디로 갈 생각입니까?

这次休假的时候你打算去哪儿？

Zhè cì xiū jià de shíhòu nǐ dǎsuàn qù nǎr?

쩌츠 시우지아더 스호우 니 따수안 취 날

2533. 중국에 갈 생각입니다.

我有计划去中国。

Wǒ yǒu jìhuà qù zhōngguó.

워 여우 지화 취 쭝구어

Part 3 직장에서 활용하는 실용 회화

393

동료와 대화를 나눌 때

2534. 당신 상사와의 사이가 어떠세요?

你跟上级的关系怎么样?

Nǐ gēn shàngjí de guānxi zěnmeyàng?

니 껀 샹지더 꾸안시 쩐머이양

2535. 그저 그렇습니다.

还可以。

Hái kěyǐ.

하이 커이

> 중국인들이 주로 쓰는 말이다. 대상에 대한 평가시 미온적인 태도를 보일 때 사용하며 보통보다는 더 낫다는 의미로 쓴다. 예를 들어 「보통이다」는 一般般이라는 말을 쓰는데 「그럭저럭 괜찮다, 쓸만하다」라는 의미로는 还可以를 쓴다.

2536. 당신의 상사는 어떻습니까?

你的上级是怎么样的人?

Nǐ de shàngjí shì zěnmeyàng de rén?

니더 샹지 스 쩐머이양더런

2537. 그는 잔소리가 심해요.

他可愿意罗嗦了。

Tā kě yuànyi luósuō le.

타 커 위엔이 루어수어러

2538. 저는 제 상사를 존경합니다.

我尊重我领导。

Wǒ zūnzhòng wǒ lǐngdǎo.

워 준중 워 링다오

2539. 저는 제 상사가 싫습니다.

我讨厌我上司。

Wǒ tǎoyàn wǒ shàngsī.

워 타오이엔 워 샹쓰

2540. 회사생활을 하면서 가장 힘든 점은 무엇입니까?

在公司生活中最难的部分是哪一点?

Zài gōngsī shēnghuó zhōng zuì nán de bùfēn shì nǎ yìdiǎn?

짜이 꽁쓰 셩후어 중 쭈이 난더 뿌펀 스 나 이 디엔

2541. 자신의 행동에 책임을 져야 한다는 것입니다.

对自己的行为要自己责任。

Duì zìjǐ de xíngwéi yào zìjǐ zérèn.

뚜이 쯔지더 싱웨이 이야오 쯔지 저런

2542. 우리 사장님은 실수를 해도 잘 타일러주셔.

我们老板有时做错的时候也好好儿地劝说我们。

Wǒmen lǎobǎn yǒushí zuò cuò de shíhou yě hǎo hāor de quàn shuō wǒmen.

워먼 라오빤 여우스 쭈어 추어더 스호우 이에 하오할더 취엔 슈어 워먼

2543. 그분은 매우 관대합니다.
他非常宽宏大量。
Tā fēicháng kuān hóng dà liàng.
타 페이창 쿠안훙 따리앙

Unit 08

컴퓨터 조작에 대해서

2544. 저번에 그가 내 컴퓨터를 고쳐줬어.
上次他给我修理电脑。
Shàngcì tā gěi wǒ xiūlǐ diànnǎo.
샹츠 타 게이 워 시우리 띠엔나오

2545. 그는 컴퓨터 도사야.
他是电脑高手。
Tā shì diànnǎo gāoshǒu.
타 스 띠엔나오 까오소우

2546. 이 부분을 잘 모르세요?
你对这部分不清楚，是不是?
Nǐ duì zhè bùfēn bù qīngchu, shì bú shì?
니 뚜이 쩌 뿌펀 뿌 칭추, 스부스

2547. 컴퓨터를 배운지 얼마 안 되어서 익숙하지 못해.
刚学电脑没多久，还不熟练。
Gāng xué diànnǎo méi duō jiǔ, hái bù shúliàn.
깡 쉬에 띠엔나오 메이 뚜어지우, 하이 뿌 슈리엔

2548. 외부에 있을 때 자료를 받을 수 있을 것 같은데요.
好像你在外勤的时候才会收到资料。
Hǎoxiàng nǐ zài wài qín de shíhou cái huì shōu dào zīliào.
하오시앙 니 짜이 와이 친더 스호우 차이 후이 쇼우따오 쯔리아오

2549. 노트북 한 대 있으면 매우 편리할 텐데.
有个手提电脑应该很方便。
Yǒu ge shǒutí diànnǎo yīnggāi hěn fāngbiàn.
여우 거 쇼우티 띠엔나오 잉까이 헌 팡비엔

2550. 당신은 일하지 않을 때 무엇을 합니까?
你不工作的时候做什么?
Nǐ bù gōngzuò de shíhou zuò shénme?
니 뿌 꽁쭈어더 스호우 쭈어 션머

2551. 나는 시간이 있으면 인터넷을 합니다.
我一有时间就上网。
Wǒ yī yǒu shíjiān jiù shàngwǎng.
워 이 여우 스지엔 지우 샹왕

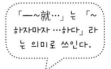

「一~就…」는 「~
하자마자 …하다」라
는 의미로 쓰인다.

2552. 이런 문제가 다시 발생하면요?
这些问题再发生的话怎么办?
Zhèxiē wèntí zài fāshēng de huà zěnmebàn?
쩌 시에 원티 짜이 파셩더 화 쩐머빤

컴퓨터 조작에 대해서

2553. 컴퓨터에 대해 문제가 생기면 그에게 물어보세요.

关于电脑有什么问题，问问他。

Guānyú diànnǎo yǒu shénme wèntí, wènwen tā.

꾸안위 띠엔나오 여우 선머 원티, 원원타

Unit 09

인터넷 활용에 대해서

2554. 내일 우리 몇 시에 만날까?

明天我们什么时候见面?

Míngtiān wǒmen shénme shíhou jiàn miàn?

밍티엔 워먼 선머 스호우 지엔미엔

2555. 내일 오전 10시에 인터넷에서 만나자.

明天上午十点登录，到时见。

Míngtiān shàngwǔ shí diǎn dēnglù, dào shí jiàn.

밍티엔 샹우 스 디엔 떵루, 따오 스 지엔

2556. 난 이미 사이트에 접속했어. 넌?

我已经进入网站了，你呢?

Wǒ yǐjīng jìnrù wǎng zhàn le, nǐ ne?

워 이징 진루 왕짠러, 니너

2557. 자료를 어디서 찾지?

在哪儿找资料呢?

Zài nǎr zhǎo zīliào ne?

짜이 날 짜오 쯔리아오너

2558. 이런 자료들은 인터넷 검색을 통하면 아주 편해.

这些资料借用网络搜索，会很方便的。

Zhèxiē zīliào jiè yòng wǎng luò sōu suǒ, huì hěn fāngbiàn de.

쩌시에 쯔리아오 지에 용 왕루어 소우수어, 후이 헌 팡비엔더

2559. 그 회사에 대해 알려면 어떻게 해야하죠?

要了解你们公司，怎么办呢?

Yào liǎojiě nǐmen gōngsī, zěnmebàn ne?

이야오 리아오지에 니먼 꽁쓰, 쩐머빤너

2560. 우리 회사의 인터넷 사이트 주소를 알려 줄게.

我告诉你我们公司的网站地址。

Wǒ gàosù nǐ wǒmen gōngsī de wǎngzhàn dìzhǐ.

워 까우수 니 워먼 꽁쓰더 왕짠 띠즈

2561. 너희는 어떻게 알게 된 거야?

你们俩怎么认识的?

Nǐmen liǎ zěnme rènshí de?

니먼 리아 쩐머 런스더

2562. 우리 두 사람은 인터넷 채팅을 통해 알게 되었어.

我们俩是通过网上交流认识的。

Wǒmen liǎ shì tōng guò wǎng shàng jiāoliú rènshi de.

워먼 리아 스 통구어 왕샹 지아오리우 런스더

인터넷 활용에 대해서

2563. 그가 해외에 있어서 연락 자주 못하지요?

由于他在外国，不能常常联络吧?

Yóu yú tā zài wàiguó, bù néng chángcháng liánluò ba?

여우위 타 짜이 와이구어, 뿌넝 창창 리엔루어바

2564. 나는 그에게 이메일을 자주 보냅니다.

我常给他发电子邮件。

Wǒ cháng gěi tā fā diànzǐ yóujiàn.

워 창 게이 타 파 띠엔즈 여우지엔

2565. 내 컴퓨터는 바이러스에 감염되었습니다.

我的电脑染上了病毒。

Wǒ de diànnǎo rǎn shàng le bìng dú.

워더 띠엔나오 란 샹러 삥두

2566. 너에게 바이러스를 치료하는 프로그램을 설치해 줄게.

给你装上杀毒软件。

Gěi nǐ zhuāng shàng shā dú ruǎn jiàn.

게이 니 쭈앙 샹 사뚜 루안지엔

기업에서는 상품을 비교하여 선택하게 된다. 중국에서는 비교를 할 때 「比, 比较」를 사용한다. 전치사 「比」는 두 개 사물의 성질·특징을 비교한다. 형식은 「A 比 B～」해석은 「A가 B보다 ～하다」라고 한다. 예를 들면, 「我比他忙」라는 문장은 「나는 그보다 바쁘다」라고 해석된다. 하지만 「比」를 사용한 문장에서는 「很, 非常」, 「太」 등의 정도 부사를 다시 쓸 수 없다. 예를 들면, 「我比他很忙」 등으로 말할 수 없다.

Ⓐ 好久不见了。
　Hǎojiǔ bújiàn le.

Ⓑ 最近生意怎么样?
　Zuìjìn shēngyi zěnmeyàng?

Ⓐ 오랜만입니다.

Ⓑ 요즘 사업은 어떠세요?

Ⓐ 托福生意不错。
　Tuō fú shēngyi búcuò.

Ⓐ 这产品就是今年生产的新产品。
　Zhè chǎnpǐn jiùshì jīnnián shēngchǎn de xīn chǎnpǐn.

Ⓐ 对价钱和质量上，比其他制品特别优秀。
　Duì jiàqián hé zhìliàng shang, bǐ qítā zhìpǐn tèbié yōuxiù.

Ⓑ 哪个是新产品?
　Nǎ ge shì xīn chǎnpǐn?

Ⓑ 比较其他商品，然后决定吧。
　Bǐjiào qítā shāngpǐn, ránhòu juédìng ba.

Ⓑ 你们提出的价格有些偏高。
　Nǐmen tíchū de jiàgé yǒu xiē piān gāo.

Ⓐ 我们的价格在国际市场上也是有竞争力的。我保证至少不会吃亏。
　Wǒmen de jiàgé zài guójì shìchǎng shàng yě shì yǒu jìngzhēnglì de. Wǒ bǎozhèng zhìshǎo bú huì chīkuī.

Ⓑ 好，我们决定契约。
　Hǎo, wǒmen juédìng qìyuē.

- -

Ⓐ 덕분에 잘 됩니다.
Ⓐ 이 상품이 올해 신상품입니다.
Ⓐ 가격과 품질에서 타사 제품보다 우수합니다.
Ⓑ 당신들이 제시한 가격은 약간 높은 편입니다.
Ⓐ 우리의 가격은 국제시장에서도 경쟁력이 있습니다. 제가 보증하는데 적어도 손해는 보지 않을 것입니다.
Ⓑ 좋습니다. 계약하지요.

Ⓑ 신상품은 어떤 겁니까?
Ⓑ 다른 제품과 비교해보고 결정할게요.

2567. 오랜만입니다.

好久不见了。

Hǎojiǔ bújiàn le.

하우지우 부지엔러

이 문장에서 好는 久를 수식해주는 부사로 쓰여서 「아주, 매우」라는 의미로 해석한다. 好久不见了는 중국인들이 오랜만에 만났을 때 하는 가장 보편화된 인사말로 반드시 기억하도록 하자.

2568. 요즘 사업은 어때요?

最近生意怎么样?

Zuìjìn shēngyi zěnmeyàng?

쭈이진 성이 쩐머이양

2569. 안녕하세요. 김 사장입니다. 직함이 어떻게 되시나요?

你好。我是金经理。你的职衔是什么?

Nǐ hǎo. Wǒ shì jīn jīnglǐ.　Nǐ de zhíxián shì shénme?

니 하오, 워 스 진 징리, 니더 즈시엔 스 션머

2570. 이건 제 명함입니다.

这是我的名片。

Zhè shì wǒ de míngpiàn.

쩌 스 워더 밍피엔

우리나라말로 经理는 경리로 읽히지만 중국에서는 사장이라는 뜻으로 사용된다. 헷갈리지 않도록 유의한다.

2571. 명함을 주시겠습니까?

能给我一张名片吗?

Néng gěi wǒ yì zhāng míngpiàn ma?

넝 게이 워 이 짱 밍피엔마

2572. 계약이 마무리되어 다행입니다.

真庆幸完成契约。

Zhēn qìngxing wánchéng qìyuē.

쩐 칭싱 완청 치위에

2573. 귀사와 거래하게 되어 영광입니다.

真荣幸跟贵公司交流。

Zhēn róngxìng gēn guì gōngsī jiāoliú.

쩐 롱싱 껀 꾸이 꽁쓰 지아오리우

荣幸은 「영광이다」로 해석한다.

2574. 저희 회사를 찾아 주셔서 감사합니다.

感谢您访问敝公司。

Gǎnxiè nín fǎngwèn bì gōngsī.

간시에 닌 팡원 삐 꽁쓰

2575. 아는 분의 소개로 왔습니다.

有人介绍来的。

Yǒurén jièshào lái de.

여우런 지에샤오 라이더

2576. 이것은 회사 소개서입니다. 먼저 한 번 읽어 보시기 바랍니다.

这是我们公司的介绍书，先看一看。

Zhè shì wǒmen gōngsī de jièshàoshū, xiān kàn yi kàn.

쩌 스 워먼 꽁쓰더 지에샤오슈, 시엔 칸이칸

2577. 경리부는 어디입니까?

会计部在哪儿？

Kuàijìbù zài nǎr?

쿠와지뿌 짜이 날

2578. 제가 안내해 드리겠습니다.

我领您转一转吧。

Wǒ lǐng nín zhuàn yí zhuàn ba.

워 링 닌 쭈안이쭈안바

2579. 이 상황에서 우리가 어떻게 해야 하죠?

这样的情况下，我们该怎么办呢？

Zhèyàng de qíngkuàng xià, wǒmen gāi zěnmebàn ne?

쩌이양더 칭쿠왕 시아, 워먼 까이 쩐머빤녀

2580. 우리는 원칙에 따라 이 일을 처리해야 됩니다.

我们得按原则处理这事。

Wǒmen děi àn yuánzé chǔlǐ zhè shì.

워먼 데이 안 위엔저 추리 쩌 스

> 「개사(전치사) 按」은 「~에 비추어, ~에 따라서」로 해석하며 按照의 형태로 쓰이기도 한다.

Unit 03

제품을 소개할 때

2581. 신상품은 어떤 겁니까?

哪一个是新制品？

Nǎ yí ge shì xīnzhìpǐn?

나 이거 스 신즈핀

2582. 이 상품이 이번 해 신상품입니다.

这制品就是今年生产的新制品。

Zhè zhìpǐn jiù shì jīnnián shēngchǎn de xīnzhìpǐn.

쩌 즈핀 지우스 진니엔 셩찬더 신즈핀

2583. 품질은 괜찮습니까?

质量好吗？

Zhìliàng hǎo ma?

즈리앙 하오 마

2584. 제가 보장할 수 있습니다.

我可以担保。

Wǒ kěyǐ dānbǎo.

워 커이 딴빠오

2585. 좀 더 비싼 것은 없나요?

没有贵一点儿的吗？

Méiyǒu guì yí diǎnr de ma?

메이여우 꾸이 이디얼더 마

> 一点儿은 형용사 뒤에 붙어서 「조금 더 ~한」의 의미로 해석한다.
> 예 便宜一点儿把。(조금 더 싸게 해주세요.)

제품을 소개할 때

2586. 가격대, 스타일 별로 다양합니다.

分别价钱，样式有各种各样的商品。

Fēnbié jiàqián, yàngshì yǒu gè zhǒng gè yàng de shāngpǐn.

펀비에 지아치엔, 이양스 여우 꺼종꺼양더 샹핀

2587. 다른 제품도 있나요?

还有别的吗?

Háiyǒu bié de ma?

하이여우 비에더 마

2588. 다른 제품과 비교해 보고 결정하세요.

比较其他商品，然后决定吧。

Bǐjiào qítā shāngpǐn, ránhòu juédìng ba.

비지아오 치타 샹핀, 란호우 쥐에띵바

> 然后는 앞에 문장이 발생한 직후에 상황을 도출할 때 쓰는 접속사이고, 以后는 앞에 문장에 비해 장래의 일을 도출할 때 쓰는 접속사이다.
> 예 他大学毕业以后，找到了工作。
> (그는 대학 졸업 이후에 직업을 구했다.)

2589. 이 제품에는 어떤 성분이 들어 있습니까?

这商品含有哪些成分?

Zhè shāngpǐn hán yǒu nǎ xiē chéngfēn?

쩌 샹핀 한여우 나시에 청펀

2590. 이 제품은 몸에 좋은 성분이 다량 함유되어 있습니다.

这商品包含着对身体有益的成分。

Zhè shāngpǐn bāohán zhe duì shēntǐ yǒuyì de chéngfēn.

쩌 샹핀 빠오한저 뚜이 션티 여우이더 청펀

2591. 손님들의 취향에 꼭 맞을 겁니다.

正合适客人的口味。

Zhèng héshì kèrén de kǒuwèi.

쩡 흐어스 커런더 코우웨이

> 对는 「~에 대하여」의 뜻으로 사태의 설명이 연관되어 있는 대상을 가리킨다.

2592. 제품에 이상이 있으면 어떡하죠?

如果商品有异常怎么办?

Rúguǒ shāngpǐn yǒu yìcháng zěnmebàn?

루구어 샹핀 여우 이창 쩐머빤

2593. 상품에 이상이 있으면 3일 내에 교환해 드립니다.

对有毛病的制品，三天之内处理交换。

Duì yǒu máobìng de zhìpǐn, sān tiān zhī nèi chǔlǐ jiāohuàn.

뚜이 여우 마오빙더 즈핀, 산 티엔 즈 네이 추리 지아오후안

2594. 고객들에게 최선의 서비스를 제공하겠습니다.

对顾客提供完善的服务。

Duì gùkè tígòng wánshàn de fúwù.

뚜이 꾸커 티꽁 완샨더 푸우

2595. 좀 망설여지는데요.

有点儿犹豫呢。

Yǒu diǎnr yóuyù ne.

여우디얼 여우위너

> 有点儿은 형용사 앞에 위치하여 「약간 ~한, 조금~ 한」으로 해석된다. 형용사 뒤에 위치하는 一点儿과 구분해서 기억하자.

2596. 여러분들의 선택에 절대 후회 안 하실 겁니다.

对于你们的选择，絶不会有后悔的。

Duìyú nǐmen de xuǎnzé, jué búhuì yǒu hòuhuǐ de.

뚜위 니먼더 쉬엔저, 쥐에 부후이 여우 호우후이더

2597. 다른 회사 제품과도 비교를 해봐야 할 것 같습니다.

我们要跟其他公司的制品比较。

Wǒmen yào gēn qítā gōngsī de zhìpǐn bǐjiào.

워먼 이야오 껀 치타 꽁쓰더 즈핀 비지아오

> 첫 번째 문장에서 「对~上」은 판단의 대상을 도출한다. 「~로 말하자면은, ~에 대해서는」으로 해석한다.

2598. 가격과 품질에서 타사 제품보다 우수합니다.

对价钱和质量上，比其他制品特别优秀。

Duì jiàqián hé zhìliàng shang, bǐ qítā zhìpǐn tèbié yōuxiù.

뚜이 지아치엔 허어 즈리앙 샹, 비 치타 즈핀 트어비에 여우시우

2599. 우리는 원칙을 위배하지 않을 것입니다.

我们不会违背自己的原则。

Wǒmen búhuì wéibèi zìjǐ de yuánzé.

워먼 부후이 웨이뻬이 쯔지더 위엔저

2600. 조금의 예외도 없습니다.

一点儿的例外都没有。

Yìdiǎnr de lìwài dōu méiyǒu.

이디얼더 리와이 또우 메이여우

> 반드시 외우고 넘어가야 할 문장!! 一点儿~都(也)没有을 기본 형식으로 「조금의 ~도 없다」라고 해석한다. 중간에 수식되어지는 대상 없이 一点儿都(也)没有로도 사용할 수 있다. 일상에서 유용하게 쓰이는 표현이다.

2601. 계약금만 걸고 제품을 받아 볼 수 있습니까?

给押金以后，可以首先收货吗?

Gěi yājīn yǐhòu, kěyǐ shǒuxiān shōu huò ma?

게이 이야진 이후우, 커이 쇼우시엔 쇼우후어 마

2602. 우리는 먼저 당신이 지불능력이 있는지 검토해야 합니다.

我们得检讨你有没有支付能力。

Wǒmen dé jiǎntǎo nǐ yǒu méi yǒu zhī fù nénglì.

워먼 더 지엔타오 니 여우메이여우 즈푸 넝리

2603. 당신들이 제시한 가격은 약간 높은 편입니다.

你们提出的价格有些偏高。

Nǐmen tíchū de jiàgé yǒu xiē piān gāo.

니먼 티 추더 지아꺼 여우시에 피엔 까오

2604. 부족한 부분은 제가 보태겠습니다. 이번 기회에 사 놓으세요.

不足的部分我给你添，你还是趁机买下来吧。

Bùzú de bùfēn wǒ gěi nǐ tiān, nǐ háishì chènjī mǎi xià lái ba.

뿌 쭈더 뿌펀 워 게이 니 티엔, 니 하이스 천지 마이 시아라이바

2605. 가격이 좀 비싼 편이 아닌가요?

价钱不是贵一点儿的吗?

Jiàqián búshì guì yì diǎnr de ma?

지아치엔 부스 꾸이 이디얼더 마

> 「在~上」 장소, 공간 등의 범위를 도출

2606. 우리의 가격은 국제시장에서도 경쟁력이 있습니다.

我们的价格在国际市场上也是有竞争力的。

Wǒmen de jiàgé zài guójì shìchǎng shàng yě shì yǒu jìngzhēnglì de.

워먼더 지아꺼 짜이 구어지 스창 샹 이에스 여우 징쩡리더

2607. 당신 회사의 지불방식은 어느 것을 선택하시겠습니까?

你们公司要选哪一个支付方式呢?

Nǐmen gōngsī yào xuǎn nǎ yí ge zhì fù fāngshì ne?

니먼 꿍쓰 이야오 쉬엔 나 이거 즈푸 팡스너

2608. 저희들은 보증신용장 지불방식을 채택할 겁니다.

我们要采用信用证支付方式。

Wǒmen yào cǎiyòng xìnyòng zhèng zhī fù fāngshì.

워먼 이야오 차이용 신용쩡 즈푸 팡스

2609. 어떤 송금방식으로 보내드릴까요?

用哪一个汇款方式好呢?

Yòng nǎ yí ge huì kuǎn fāngshì hǎo ne?

용 나 이거 후이쿠안 팡스 하오너

> 用은 행위가 이루어지는 방식, 방법, 수단 등을 이끌어내는 개사로 「~을 사용하여, ~으로」로 해석한다.

2610. 우리는 일반적으로 단순송금방식을 채택하고 있습니다.

我们一般采用T/T付款方式。

Wǒmen yībān cǎiyòng T/T fù kuǎn fāngshì.

워먼 이빤 차이용 T/T푸쿠안 팡스

Unit 07
계약을 할 때

2611. 당신들은 계약을 체결할 준비가 되었습니까?

你们准备签合同了吗?

Nǐmen zhǔnbèi qiān hétóng le ma?

니먼 준뻬이 치엔 흐어퉁러 마

2612. 당신이 보기에 문제가 없으면 여기에 서명하세요.

您要是觉得没问题，就请在这儿签名。

Nín yàoshì juédé méi wèntí, jiù qǐng zài zhèr qiān míng.

닌 이야오스 쥐에더 메이 원티, 지우 칭 짜이 쩔 치엔밍

계약을 할 때

2613. 서명한 후에는 쌍방이 모두 엄격히 계약을 이행해야 합니다.

签署后，双方必须严格履行合同。

Qiānshǔ hòu, shuāngfāng bìxū yángé lǚxíng hétóng.

치엔슈 호우, 슈왕팡 삐쉬 이엔거 뤼싱 흐어통

2614. 제가 더 검토할 사항은 무엇입니까?

有再检查的项目吗?

Yǒu zài jiǎnchá de xiàngmù ma?

여우 짜이 지엔차더 시앙무 마

> 一下는 행동·동작 등들을 세는 수량사로써 상대방을 권유하는 문장에서 자주 사용한다.
>
> 例 看一下。(한번 봐봐.)
> 听一下。(한번 들어봐.)

2615. 빠진 부분이 있지 않나 계약서를 자세히 보세요.

请您仔细审核一下合同书，看看有没有遗漏的地方。

Qǐng nín zǐxì shěnhé yíxià hétóngshū, kànkàn yǒu méiyǒu yílòu de dìfāng.

칭 닌 쯔시 션흐어 이시아 흐어통슈, 칸칸 여우메이여우 이로우더 띠팡

2616. 이 제품을 사도 괜찮을까요?

购买这货不错吧?

Gòu mǎi zhè huò búcuò ba?

꺼우마이 쩌 후어 부추어바

2617. 제가 보증하는데 적어도 손해는 보지 않을 것입니다.

我保证至少不会吃亏。

Wǒ bǎozhèng zhìshǎo búhuì chīkuī.

워 빠오쩡 즈샤오 부후이 츠쿠이

Unit 08

문의를 할 때

2618. 이번 신제품에 대해 더 물어볼 게 있으십니까?

对这种商品有没有问题?

Duì zhè zhǒng shāngpǐn yǒu méi yǒu wèntí?

뚜이 쩌 종 샹핀 여우메이여우 원티

2619. 이 제품의 효능은 어떻습니까?

这种制品的效力怎么样?

Zhè zhǒng zhìpǐn de xiàolì zěnmeyàng?

쩌 종 즈핀더 시아오리 쩐머이양

2620. 제품에 대해 문의할 것이 있습니다.

我对你们的商品有几个问题。

Wǒ duì nǐmen de shāngpǐn yǒu jǐ ge wèntí.

워 뚜이 니먼더 샹핀 여우 지거 원티

2621. 모두 합법적인 제품들이겠죠?

都是合法制作的商品吧?

Dōu shì héfǎ zhìzuò de shāngpǐn ba?

또우스 흐어파 즈쭈어더 샹핀바

404

문의를 할 때

2622. 제품 사진과 설명서를 이메일로 보내주실 수 있습니까?

你们可以把制品的照片和说明书用电子邮件寄给我们吗?

Nǐmen kěyǐ bǎ zhìpǐn de zhàopiàn hé shuōmíngshū yòng diànzi yóujiàn jì gěi wǒmen ma?

니먼 커이 바 즈핀더 짜오피엔 흐어 슈어밍슈 용 띠엔즈 여우지엔 지 게이 워먼 마

Unit 09
클레임을 제기할 때

2623. 어떤 일로 전화하셨습니까?

你打电话有什么事吗?

Nǐ dǎ diànhuà yǒu shénme shì ma?

니 따 띠엔화 여우 선머 스 마

> 因为는 이유나 원인을 제시하는 접속사로 「~이기 때문에」로 해석한다.

2624. 불량품이 있어서 주문을 취소하겠습니다.

因为有不良制品,我们取消你们的制品。

Yīnwèi yǒu bùliáng zhìpǐn, wǒmen qǔxiāo nǐmen de zhìpǐn.

인웨이 여우 뿌리앙 즈핀, 워먼 취시아오 니먼더 즈핀

2625. 제품에 대해 조치를 취해 주지 않으면 더 이상 거래를 하지 않겠습니다.

对你们的商品没有什么处理,再不要跟你们交易。

Duì nǐmen de shāngpǐn méiyǒu shénme chǔlǐ, zài búyào gēn nǐmen jiāoyì.

뚜이 니먼더 샹핀 메이여우 선머 추리, 짜이 부이야오 껀 니먼 지아오이

2626. 저희는 이 물품들을 반송하기로 결정하였습니다.

我们决定送还这些货品。

Wǒmen juédìng sònghuán zhè xiē huòpǐn.

워먼 쥐에띵 쏭 후안 쩌시에 후어핀

2627. 계약 내용과 제품의 차이가 커서 물품을 받아들일 수 없습니다.

这些制品跟合同的内容有差异,我们不能接收物品。

Zhè xiē zhìpǐn gēn hétóng de nèiróng yǒu chāyì, wǒmen bù néng jiēshòu wùpǐn.

쩌시에 즈핀 껀 흐어통더 네이롱 여우 차이, 워먼 뿌넝 지에쇼우 우핀

Unit 10
클레임에 대해 대응할 때

2628. 이 제품이 고장 났어요.

这制品出毛病了。

Zhè zhìpǐn chū máobìng le.

쩌 즈핀 추 마오삥러

> 毛病이라는 단어는 중국인들이 많이 사용하는 단어이다. 사람에게도 사용이 가능하며 어떤 물건이나 사람이 정상적인 상태가 아닌 경우 사용한다.

2629. 즉각 조치하겠습니다.

马上会处理的。

Mǎshàng huì chǔlǐ de.

마샹 후이 추리더

2630. 저는 이 회사와 거래를 끊겠습니다.

我不想再跟这公司交易。

Wǒ bùxiǎng zài gēn zhè gōngsī jiāoyì.

워 뿌시앙 짜이 껀 쩌 꽁쓰 지아오이

2631. 다시 한번 생각해 주십시오, 노력하겠습니다.

再好好儿考虑一下，我们会努力的。

Zài hǎohār kǎolǜ yíxià,　　　wǒmen huì nǔlì de.

짜이 하오할 카오뤼 이시아, 워먼 후이 눌리더

2632. 구체적인 사항을 말씀해 주십시오.

请给我们说具体的情况。

Qǐng gěi wǒmen shuō jùtǐ de qíngkuàng.

칭 게이 워먼 슈어 쥐티더 칭쿠왕

请은 상대방에게 요청하거
나 부탁을 할 경우 쓰인다.
가장 흔한 예로 상대방에게
무엇인가를 물어볼 경우 请
问이라는 말을 써서 상대방
의 주의를 환기시킨다.

2633. 아직까지 제품을 못 받았습니다.

我们还没收到货品。

Wǒmen hái méi shōu dào huòpǐn.

워먼 하이 메이 쑈우따오 후어핀

2634. 저희는 계약서에 명시한 대로 제품을 보냈습니다.

我们按合同上的内容发送了制品。

Wǒmen àn hétóng shàng de nèiróng fā sòng le zhìpǐn.

워먼 안 흐어통 샹더 네이롱 파 쏭러 즈핀

Chapter 45

인사이동 · 면접과 취직

중국 현지 회사에서 근무하는 10년 차 경력 직장인의 월평균 급여가 1만 위안(약 170 만원) 수준이다. 일반 직장인의 평균 연봉은 6만 8000위안(약 1200만원)에 달한다. 이들보다 소득이 낮은 농민공들이나 중국 인구의 절대다수를 차지하는 농민들의 경우, 그 소득은 더욱 낮은 편으로 겨우 입에 풀칠을 할 정도이다.

Ⓐ 他把文件处理得特别好，是不是？
Tā bǎ wénjiàn chǔlǐ de tèbié hǎo, shì bú shì?

Ⓑ 他是在公司里必须的人员。
Tā shì zài gōngsī lǐ bìxū de rényuán.

Ⓐ 그는 문서 처리를 정말 잘하죠?　　　　　　Ⓑ 그 사람은 회사에서 꼭 필요한 사람입니다.

Ⓐ 昨天经理称赞他把事情处理得很好。
Zuótiān jīnglǐ chēngzàn tā bǎ shìqíng chǔlǐ de hěn hǎo.

Ⓑ 这次他一定会升级的。
Zhè cì tā yí dìng huì shēng jí de.

Ⓐ 这次升级发表的标准是什么？
Zhècì shēng jí fābiǎo de biāozhǔn shì shénme?

Ⓑ 晋升全靠成绩。
Jìnshēng quán kào chéngjì.

Ⓐ 你觉得谁会被提拔？
Nǐ juéde shéi huì bèi tíbá?

Ⓑ 当然是他呀。
Dāngrán shì tā ya.

Ⓐ 어제 사장님이 그가 일을 잘한다고 칭찬하더라고요.
Ⓑ 이번에 그 사람은 승진할 겁니다.
Ⓐ 이번 승진 기준은 어떻게 됩니까?　　　　　Ⓑ 승진은 성적에 달렸어요.
Ⓐ 당신은 누가 승진할 거라고 생각하세요?　　Ⓑ 당연 그 사람이죠.

2635. 그는 문서 처리를 정말 잘하죠?

他把文件处理得特别好，是不是？

Tā bǎ wénjiàn chǔlǐ de tèbié hǎo, shì bú shì?

타 바 원지엔 추리 더 트어비에 하오, 스부스

> 是不是는 평서문 뒤에 쓰여서 상대방의 의사를 확인하는 의문문으로 바꾸어준다. 이와 같이 긍정(是)과 부정(不是)을 같이 써서 만든 의문문을 정반의문문이라고 한다.

2636. 그 사람은 회사에서 꼭 필요한 사람입니다.

他是在公司里必须的人员。

Tā shì zài gōngsī lǐ bìxū de rényuán.

타 스 짜이 꽁쓰 리 삐쉬더 런 위엔

2637. 오늘 좋아 보이는데요?

今天有什么好事吗？

Jīntiān yǒu shénme hǎo shì ma?

진티엔 여우 션머 하오 스 마

2638. 오늘 아침에 사장님이 일을 잘한다고 칭찬하셨습니다.

今天早上，老板称赞我把事情处理得很好。

Jīntiān zǎoshang, lǎobǎn chēngzàn wǒ bǎ shìqíng chǔlǐ de hěn hǎo.

진티엔 짜오성, 라오빤 청짠 워 바 스칭 추리 더 헌 하오

2639. 그녀의 근무태도는 어떻습니까?

她的工作态度怎么样？

Tā de gōngzuò tàidù zěnmeyàng?

타더 꽁쭈어 타이뚜 쩐머이양

> 得는 정도보어로 앞의 동사를 수식해서 정도의 수준을 나타낸다.

2640. 그녀는 일처리를 잘 못합니다.

她把事情处理得不好。

Tā bǎ shìqíng chǔlǐ de bù hǎo.

타 바 스칭 추리 더 뿌 하오

2641. 그녀에게 얘기했어?

告诉她了没有？

Gào su tā le méi yǒu?

까우수 타러 메이여우

> 「连~都」은 「~조차」라고 해석하며 주로 부정문과 쓰여서 「~조차 …하지 않다」라고 부정을 강하게 만들어 준다.

2642. 그녀는 일에 몰두해 있어서 내가 부르는 소리를 듣지 못했다.

她集中处理自己的事儿，连我叫的声音都听不见。

Tā jízhōng chǔlǐ zìjǐ de shìr, lián wǒ jiào de shēngyīn dōu tīng bú jiàn.

타 지중 추리 쯔지더 설, 리엔 워 지아오더 셩인 또우 팅 부지엔

2643. 가장 집중력이 필요할 때는 일을 할 때이다.

最需要集中力的时间就是办事的时候。

Zuì xūyào jízhōnglì de shíjiān jiù shì bàn shì de shíhou.

쭈이 쉬이야오 지중리더 스지엔 지우스 빤스더 스호우

2644. 그는 밥 먹을 시간도 없이 아침부터 저녁까지 일만 합니다.

他从早到晚工作，连吃饭的时间都没有。

Tā cóng zǎo dào wǎn gōngzuò, lián chī fàn de shíjiān dōu méi yǒu.

타 총 짜오 따오 완 꿍쭈어, 리엔 츠판더 스지엔 또우 메이여우

2645. 너무 일에 매달려 있으니 안쓰러워 보이네요.

看他一整天做事，真可怜呢。

Kàn tā yì zhěngtiān zuò shì, zhēn kělián ne.

칸 타 이 쩡티엔 쭈어 스, 쩐 커리엔너

2646. 내년에는 승진하시길 바랍니다.

祝愿你明年高升。

Zhùyuàn nǐ míngnián gāoshēng.

쭈 위엔 니 밍니엔 까오셩

2647. 감사합니다.

谢谢你。

Xièxie nǐ

씨에시에 니

> 考上에서 上은 考의 결과보어로 쓰여서 시험을 쳐서 합격했다는 의미로 만들어 준다. 중국어에서 동사 뒤에 쓰이는 결과보어는 상당히 중요하며 결과보어 자체가 몇 가지 의미를 가지며 특정한 동사와 결합하여 사용되므로 동사와 함께 기억해 두는 것이 좋다.

2648. 이번 승진시험에 합격했습니까?

这次升级考试考上了吗?

Zhècì shēng jí kǎoshì kǎo shàng le ma?

쩌츠 셩지 카오스 카오샹러 마

2649. 저 부장으로 승진했습니다.

我提升为部长。

Wǒ tíshēng wéi bùzhǎng.

워 티셩 웨이 뿌쟝

2650. 그 사람 어떻게 빨리 승진했지?

他怎么提升得那么快?

Tā zěnme tíshēng de nàme kuài?

타 쩐머 티셩 더 나머 쿠와이

2651. 그의 승진은 이례적이었어요.

他的晋升是破格的。

Tā de jìnshēng shì pògé de.

타더 진셩 스 포어꺼더

2652. 그에게는 강력한 후원자가 있어요.

他有着强大的后援者呢。

Tā yǒu zhe qiáng dà de hòuyuánzhe ne.

타 여우저 치앙따더 호우위앤저너

2653. 이번 승진기준은 어떻게 됩니까?

这次升级的标准是什么?

zhècì shēng jí de biāozhǔn shì shénme?

쩌츠 셩지더 비아오준 스 션머

승진에 대해서

2654. <u>승진은 성적에 달렸어요.</u>
晋升全靠成绩。
Jìnshēng quán kào chéngjì.
진셩 취엔 카오 청지

2655. <u>당신은 누가 승진할 거라고 생각하세요?</u>
你觉得谁会被提拔?
Nǐ juéde shéi huì bèi tíbá?
니 쮀에더 쉐이 후이 뻬이 티바

被는 피동적인 행위나 대상을 도출해낸다. 즉, 이 문장에서 提拔는 「발탁하다」라는 의미다. 하지만 앞에 被를 사용함으로써 「발탁되다」라는 행위를 받는 피동적 의미로 바꾸어 준다.

2656. <u>그러게 말이야.</u>
我说的就是。
Wǒ shuō de jiùshì.
워 슈어더 지우스

Unit 04

해고에 대해서

2657. <u>이상하네, 오늘 회사에서 그가 안 보이네요.</u>
奇怪, 今天在公司里怎么见不他呢。
Qíguài,　jīntiān zài gōngsīlǐ zěnme jiàn bù tā ne.
치꾸아이, 진티엔 짜이 꽁쓰 리 쩐머 지엔 부 타너

2658. <u>그는 해고됐어요.</u>
他被解雇了。
Tā bèi jiěgù le.
타 뻬이 지에꾸러

2659. <u>너 요즘 무슨 고민있니?</u>
你最近有什么事吗?
Nǐ zuìjìn yǒu shénme shì ma?
니 쮀이진 여우 션머 스 마

2660. <u>나는 2년 동안 세 군데에서 해고당했다.</u>
我这两年里, 被三个公司解雇了。
Wǒ zhè liǎng nián lǐ, bèi sān ge gōngsī jiěgù le.
워 쩌 리앙 니엔 리, 뻬이 산거 꽁쓰 지에꾸러

2661. <u>어제 너 친구랑 술을 많이 마셨던데….</u>
听说你昨天跟朋友喝了很多酒。
Tīng shuō nǐ zuótiān gēn péngyou hē le hěn duō jiǔ.
팅슈어 니 쭈어티엔 껀 펑여우 흐어러 헌 뚜어 지우

2662. <u>해고당한 친구에게 위로하느라.</u>
我安慰被解雇的朋友。
Wǒ ānwèi bèi jiěgù de péngyou.
워 안웨이 뻬이 지에꾸더 펑여우

听说는 어떤 대상으로 부터 얻은 정보를 도출할 때 사용한다. 「듣기에」정도로 해석한다.

2663. <u>어떻게 결정하셨나요?</u>

你怎么决定的呢?

Nǐ zěnme juédìng de ne?

니 쩐머 쥐에띵더너

2664. <u>그만두기로 결심했어요.</u>

我决定不干。

Wǒ juédìng bú gàn.

워 쥐에띵 부 깐

나이를 물어볼 때 多大年纪了라는 말을 사용하는데 일반적으로 多大라고만 해도 연령을 물어보는 의문문으로 사용할 수 있다.

2665. <u>한국 회사의 퇴직연령은 어떻게 됩니까?</u>

韩国公司的退休年龄是多大?

Hánguó gōngsī de tuìxiū niánlíng shì duōdà?

한구어 꽁쓰더 투이시우 니엔링 스 뚜어 따

2666. <u>대부분 회사의 퇴직연령은 65세입니다.</u>

一般公司的退休年龄是六十五岁。

Yìbān gōngsī de tuìxiū niánlíng shì liù shí wǔ suì.

이빤 꽁쓰더 투이시우 니엔링 스 리우스우 수이

「越来越 + 동사·형용사」의 형태를 써서 정도가 점점 더 심해짐을 표현한다. 「갈수록 ~한다」라고 해석하면 된다.

2667. <u>요즘 퇴직연령이 낮아진다던데?</u>

最近退休年龄越来越低，真的吗?

Zuìjìn tuìxiū niánlíng yuè lái yuè dī,　zhēn de ma?

쭈이진 투이시우 니엔링 위에라이위에 띠, 쩐더 마

2668. <u>요즘은 정년퇴직보다는 명예퇴직이 더 많다.</u>

最近名誉退休比年龄退休更多呢。

Zuìjìn míngyù tuìxiū bǐ niánlíng tuìxiū gēng duō ne.

쭈이진 밍위 투이시우 비 니엔링 투이시우 껑 뚜어너

2669. <u>당신 회사는 정년이 몇 살입니까?</u>

你们公司规定多大岁数退休?

Nǐmen gōngsī guīdìng duōdà suì shu tuìxiū?

니먼 꽁쓰 꾸이띵 뚜어 따 수이슈 투이시우

2670. <u>어휴. 50세 이상이면 위험합니다.</u>

唉，五十以上的就危险吧。

Āi,　wǔ shí yǐshàng de jiù wēixiǎn ba.

아이, 우스 이샹더 지우 웨이시엔바

2671. <u>찾아봤어?</u>

找到了没有?

Zhǎo dào le méiyǒu?

짜오따오러 메이여우

2672. <u>신문에서 나에게 적합한 구인광고를 찾았다.</u>

我在报纸上找到了适合我的招聘广告。

Wǒ zài bàozhǐ shang zhǎo dào le shì hé wǒ de zhāopìn guǎnggào.

워 짜이 빠오즈 샹 짜오 따오러 스흐어 워더 짜오핀 꾸왕까오

2673. <u>제가 가져가야 할 서류는 어떤 것입니까?</u>

我该拿走的文件是哪一个?

Wǒ gāi ná zǒu de wénjiàn shì nǎ yí ge?

워 까이 나 쪼우더 원지엔 스 나 이거

> 该는 「반드시 ~해야
> 한다」는 의미의 조동
> 사로 应该의 의미와
> 상통한다.

2674. <u>이력서와 사진 2매를 제출해야 합니다.</u>

交出履歷书和两张照片。

Jiāochū lǚlìshū hé liǎng zhāng zhàopiàn.

지아오추 뤼리슈 흐어 리앙 짱 짜오피엔

> 이 문장에서처럼 정반의
> 문문은 문장 앞에서 사
> 용하는 경우도 있는데
> 有没有는 주로 문장 앞
> 에 위치해서 사용된다.

2675. <u>저에게 맞는 구인광고는 있습니까?</u>

有没有对我合适的招聘广告?

Yǒu méi yǒu duì wǒ héshì de zhāopìn guǎnggào?

여우메이여우 뚜이 워 흐어스더 짜오핀 꾸왕까오

2676. <u>30세 이상을 찾는 구인광고는 별로 없습니다.</u>

很少找三十岁以上的。

Hěn shǎo zhǎo sān shí suì yǐshàng de.

헌 샤오 짜오 산스 수이 이샹더

2677. <u>저는 좀 더 나은 직장에서 일하고 싶습니다.</u>

我想在好一些的单位工作。

Wǒ xiǎng zài hǎo yìxiē de dānwèi gōngzuò.

워 시앙 짜이 하오 이시에더 딴웨이 꽁쭈어

> 부사 多는 형용사 好
> 를 수식하여 정도를
> 더욱 강하게 한다.

2678. <u>구인광고를 잘 찾아보면 좋은 기회를 잡을 수 있을 겁니다.</u>

好好儿找招聘广告，一定会抓到机会。

Hǎohār zhǎo zhāopìn guǎnggào, yídìng huì zhuā dào jīhuì.

하오할 짜오 짜오핀 꾸왕까오, 이띵 후이 쭈아 따오 지후이

2679. <u>우리 회사에 취직이 된다면 어떤 사람이 되겠습니까?</u>

如果你进我们公司的话，想当怎样的人呢?

Rúguǒ nǐ jìn wǒmen gōngsī de huà, xiǎng dāng zěnyàng de rén ne?

루구어 니 진 워먼 꽁쓰디 화, 시앙 땅 쩐양디 런니

2680. <u>저는 회사에 꼭 필요한 사람이 되겠습니다.</u>

我一定成为本公司需要的人员。

Wǒ yídìng chéng wéi běn gōngsī xū yào de rényuán.

워 이띵 청웨이 뻔 꽁쓰 쉬야오더 런위엔

2681. <u>저를 채용하신다면 회사에 많은 도움이 될 것입니다.</u>

采用我，对贵公司有很多好处。

Cǎiyòng wǒ, duì guì gōngsī yǒu hěn duō hǎochù.

차이용 워, 뚜이 꾸이 꽁쓰 여우 헌 뚜어 하오추

2682. 마지막으로 하고 싶은 말은 무엇입니까?

请说最后一句话。

Qǐng shuō zuì hòu yíjù huà.

칭 슈어 쭈이호우 이 쥐 화

2683. 성실히 최선을 다해 일하겠습니다.

我一定会诚实，尽力工作。

Wǒ yídìng huì chéngshí, jìn lì gōngzuò.

워 이띵 후이 청스, 진리 꽁쭈어

Unit 08
응모자를 면접할 때

2684. 면접을 보러 왔는데요.

我来面试。

Wǒ lái miànshì.

워 라이 미엔스

2685. 면접번호 107번입니다.

面试号码是107号。

Miànshì hàomǎ shì yāo líng qī hào.

미엔스 하오마 스 이야오 링 치 하오

2686. 번호를 부르면 차례대로 들어오세요.

呼号码，请按顺序进来。

Hū hàomǎ,　qǐng àn shùnxù jìn lái.

후 하오마, 칭 안 슌쉬 진라이

2687. 우리 회사에 대해 아는 것을 말해 보세요.

你说一下对我们公司的了解。

Nǐ shuō yíxià duì wǒmen gōngsī de liǎojiě.

니 슈어 이시아 뚜이 워먼 꽁쓰더 리아오지에

2688. 이 회사에 지원하게 된 동기는 무엇입니까?

你为什么志愿本公司?

Nǐ wèishénme zhìyuàn běn gōngsī?

니 웨이션머 즈위엔 뻔 꽁쓰

2689. 어느 부서에서 일하고 싶습니까?

你想在哪一科工作呢?

Nǐ xiǎng zài nǎ yì kē gōngzuò ne?

니 시앙 짜이 나 이 크어 꽁쭈어너

2690. 저는 영업부에서 일하고 싶습니다.

我想在营业部工作。

Wǒ xiǎng zài yíngyèbù gōngzuò.

워 시앙 짜이 잉이에뿌 꽁쭈어

2691. 이 회사의 입사조건은 어떻게 됩니까?

入公司条件是什么?

Rù gōngsī tiáo jiàn shì shénme?

루 꽁쓰 티아오지엔 스 션머

2692. 25~30세 이하의 신체 건강한 사람을 구합니다.

本公司找二十五岁以上三十岁以下的身体健康的人员。

běn gōngsī zhǎo èr shí wǔ suì yǐshàng sān shí suì yǐxià de shēntǐ jiànkāng de rényuán.

뻔 꽁쓰 짜오 얼스우 수이 이상 산스 수이 이시아더 션치 지엔캉더 런위엔

2693. 고등학교 이상의 학력을 요구합니다.

要求高中以上的学歷。

yāo qiú gāozhōng yǐshàng de xuélì.

이야오치우 까오중 이상더 쉬에리

2694. 이 조건 이외의 다른 조건은 무엇입니까?

除了这些条件以外没有别的吗?

Chúle zhèxiē tiáojiàn yǐwài méiyǒu biéde ma?

추러 쩌시에 티아오지엔 이와이 메이여우 비에더 마

「除了~以外」는 「~이외에, ~는 제외하고」라고 해석한다.

2695. 해외 경험을 필요로 합니다.

必需有海外经验。

Bìxū yǒu hǎiwài jīngyàn.

삐쉬 여우 하외와이 징이엔

2696. 당신네 회사의 입사 조건은 까다롭습니까?

你们公司的条件挑剔吗?

Nǐmen gōngsī de tiáojiàn tiāoti ma?

니먼 꽁쓰더 티아오지엔 티아오티 마

2697. 본사는 능력만을 중시합니다.

本公司只重视能力。

běn gōngsī zhǐ zhòngshì nénglì.

뻔 꽁쓰 즈 쭝스 넝리

일상생활 중국 여행회화 365

이원준 저 | 128*188mm | 368쪽
14,000원(mp3 파일 무료 제공)

즉석 비즈니스 중국어 회화

최진권 저 | 148*210mm | 244쪽
13,000원 (mp3 파일 무료 제공)

일상 여행 중국어

이국호 저 | 110*170mm | 336쪽
8,500원(mp3 파일 무료 제공)

베스트 여행 중국어 완전정복

서지위, 장현애, 장지연 저 | 128*188mm | 248쪽
9,500원(본문 mp3 파일 무료 제공)

MEMO